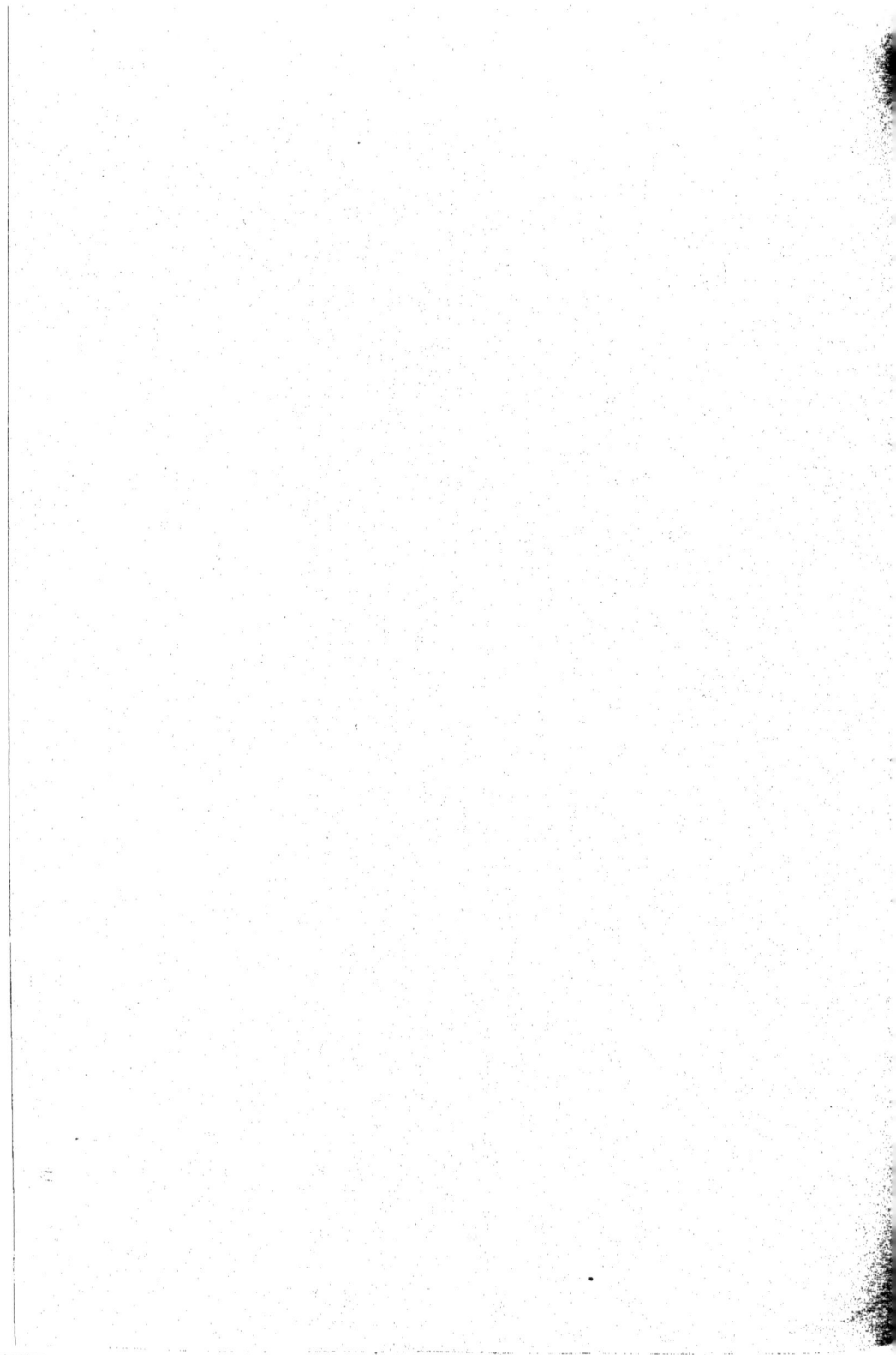

LES

TRAVAUX PUBLICS

DE LA FRANCE

TOME QUATRIÈME : PORTS DE MER

LES

TRAVAUX PUBLICS

DE LA FRANCE

ROUTES ET PONTS — CHEMINS DE FER — RIVIÈRES ET CANAUX
PORTS DE MER — PHARES ET BALISES

PAR

MM. F. LUCAS ET V. FOURNIÉ — ED. COLLIGNON — H. DE LAGRENÉ
VOISIN BEY — E. ALLARD

OUVRAGE PUBLIÉ SOUS LES AUSPICES

DU MINISTÈRE DES TRAVAUX PUBLICS

ET SOUS LA DIRECTION DE

M. LÉONCE REYNAUD
Inspecteur général des Ponts et Chaussées

TOME QUATRIÈME : PORTS DE MER

PAR

VOISIN BEY
Inspecteur général des Ponts et Chaussées

AVEC 50 PLANCHES PHOTOTYPÉES, 73 GRAVURES ET UNE CARTE EN CHROMOLITHOGRAPHIE

PARIS
J. ROTHSCHILD, ÉDITEUR
13, RUE DES SAINTS-PÈRES, 13

M DCCC LXXXIII

A. Quantin imprimeur
S. Benoît, 7, à Paris

CLASSEMENT DU TEXTE ET DES PLANCHES

TEXTE : Faux titre et titre ; feuilles 1 à 33.

PLANCHES : 1 à 50 à classer d'après l'explication des planches (voir texte page 123) ; — *Carte des Ports de Mer.*

N. B. — *Les vues 3 et 18 de l'explication des planches n'ayant pas pu être prises ont été remplacées par les vues 3bis et 18bis qui doivent être classées chacune à son rang.*

PORTS DE MER

CHAPITRE PREMIER

DE LA NAVIGATION MARITIME ET DES ORIGINES DES PORTS[1]

La navigation maritime, en permettant les relations entre tous les peuples malgré les vastes océans qui les séparent; en rendant ainsi possibles entre les diverses contrées du globe l'échange des produits, au grand profit du bien-être des populations, et la diffusion des idées, au grand avantage du développement intellectuel et moral de l'humanité, a joué un rôle immense dans les progrès de la civilisation du monde entier.

La puissance navale des nations a toujours été pour elles un des principaux éléments de force, de prospérité et de grandeur.

Aussi loin, en effet, que l'on puisse remonter dans l'histoire de l'ancien monde civilisé, groupé tout entier, on le sait, autour du bassin de la Méditerranée, on reconnaît que, dans ces temps reculés, ce sont les peuples qui ont eu successivement la suprématie sur mer, qui ont été en même temps les plus riches et les plus puissants, et que la décadence de ces peuples a presque toujours été la conséquence de la perte de leur puissance navale[2].

Il en a été de même depuis la chute de l'Empire romain jusqu'aux temps modernes. C'est ainsi que, pendant le moyen âge, les républiques de Gênes et de Venise, les villes maritimes de la Ligue hanséatique, trouvèrent dans la navigation maritime une source féconde de puissance et de richesses; que, plus tard, des États tels que le Portugal et la Hollande, qui n'occupaient en Europe que de petits territoires, durent à leur puissance navale la conquête dans l'Inde de vastes empires. De nos jours, enfin, ne voit-on pas toutes les nations maritimes du globe rivaliser d'efforts et de sacrifices pour développer leur marine militaire et susciter de constants progrès dans leur marine marchande[1]?

CITÉS MARITIMES DE L'ANCIEN MONDE CIVILISÉ

PHÉNICIE. — Les Phéniciens sont très-probablement des premiers, parmi les peuples de l'antiquité, qui se soient adonnés à la navigation maritime[3]. Ce petit peuple, dont l'existence en corps de

1. Ouvrages consultés et auxquels ont été faits de nombreux emprunts : *Histoire des Villes de France*, par Aristide Guilbert, 1844; *Précis historique de la Marine française*, par F. Chasseriau, 1845; *British and foreign Harbours*, par sir John Rennie, 1854; *Dictionnaire général de biographie et d'histoire*, par Ch. Dezobry et Th. Bachelet, 1869; *Histoire universelle*, par Victor Duruy, 1870; *Ports maritimes de France*, par le Ministère des Travaux publics, 1874.

2. D'après Montesquieu, l'affaiblissement de la force navale aurait été l'une des causes les plus réelles qui empêchèrent le rétablissement de l'Empire d'Occident par Justinien, et qui entraînèrent plus tard la chute de l'Empire d'Orient.

3. Les anciens auteurs parlent de quelques voyages sur mer demeurés célèbres, remontant à une époque antérieure aux Phéniciens ou à peu près contem-

nation ne paraît guère remonter au delà du XIIIe siècle avant J.-C., et qui n'occupait qu'un étroit territoire, formé des pentes maritimes du Liban, le long de la côte de Syrie, parvint rapidement, par le développement de sa puissance navale et de son commerce maritime, à un degré extraordinaire de richesse et de prospérité. Pendant plusieurs siècles, les Phéniciens eurent le monopole du commerce dans tout le bassin de la Méditerranée. Bien avant les Hellènes, ils s'étaient établis sur la Propontide et sur le Pont-Euxin; l'île de Chypre était remplie de leurs colonies; ils visitaient la Crète, Rhodes, et la plupart des îles de la mer Égée, entre autres Thasos, où ils exploitaient des mines d'or. Ce n'est que plus tard que la prospérité croissante des colonies grecques dans la partie orientale de la mer Intérieure contraignit les Phéniciens à porter tous leurs efforts dans la partie occidentale. De ce côté, ils étendirent leurs voyages maritimes jusque dans l'Océan : ils exploitaient des mines d'étain aux îles Cassitérides (Sorlingues), et ils connaissaient les Canaries. Dès le Xe siècle, ils faisaient un grand commerce avec l'Orient par la mer Rouge sur laquelle Solomon leur avait ouvert plusieurs ports enlevés aux Iduméens. C'est de ces ports que partaient leurs vaisseaux pour les rivages de l'Arabie, de l'Éthiopie et de l'Inde. En 616, ils entreprirent pour le compte du pharaon Nechos un voyage de circumnavigation autour de l'Afrique.

Indépendamment des villes maritimes qu'ils fondèrent sur leur propre territoire, parmi lesquelles *Sidon*, la première en date; *Tyr*, dite la fille de Sidon, qui fut une des cités les plus florissantes de l'ancien monde; *Tripolis*, où se réunirent des colons des deux premières villes et d'Aradus, les Phéniciens fondèrent aussi d'importantes stations navales sur un grand nombre de points du littoral de la Méditerranée. D'après la tradition, *Carthage* aurait été fondée ou agrandie, vers 880 avant J.-C., par une colonie de Phéniciens sous la conduite de Didon, sœur de Pygmalion, roi de Tyr. Ce seraient aussi des Phéniciens qui auraient fondé *Utique* sur la côte d'Afrique; *Palerme*, *Carthagène*, *Malaga*, sur l'autre rive de la Méditerranée; sur l'Océan, *Cadix*; et ce n'est que plus tard que ces cités maritimes seraient passées au pouvoir des Carthaginois.

Au milieu de leur merveilleuse prospérité, les Phéniciens eurent à lutter sans cesse contre des peuples jaloux de leur puissance. Ils finirent par succomber. Tyr, leur ville principale, qui avait été établie d'abord sur la côte de terre ferme, fut prise et détruite, après un siége de treize années, par Nabuchodonosor, en 572. Les habitants construisirent alors, sur une petite île située en face de l'emplacement de la ville détruite, à une faible distance de la côte, une nouvelle ville qui devint bientôt plus florissante que l'ancienne, mais qui fut à son tour assiégée et prise par Alexandre le Grand, en 332. Pour s'emparer de la ville, Alexandre avait relié l'île à la terre ferme par une digue. Il rebâtit à son tour, sur la presqu'île ainsi formée, une nouvelle ville qui brilla encore par son activité industrielle, et qui resta un port de commerce important jusqu'à l'ère chrétienne. Mais l'ancienne puissance de Tyr avait à tout jamais disparu. Les Phéniciens, d'ailleurs, avaient déjà perdu depuis longtemps la suprématie sur mer dont ils avaient joui sans partage pendant les premiers siècles de leur existence; cette suprématie était passée entre les mains des Grecs pour la partie orientale de la Méditerranée, et dans celles des Carthaginois pour la partie occidentale.

GRÈCE. — La Grèce, par son admirable position, et avec sa grande étendue de côtes profondément découpées et ses îles nombreuses, devait devenir, et devint rapidement en effet une puissante nation maritime. L'origine de sa puissance navale remonte jusqu'aux temps fabuleux de son histoire. Déjà, à l'époque de la guerre de Troie, vers la fin du XIIe siècle avant J.-C., les Grecs, d'après les récits d'Homère et suivant Thucydide, auraient pu réunir une flotte d'environ 1200 navires portant chacun de 50 à 120 hommes. Dès cette même époque, l'histoire fait mention d'*Athènes* avec ses flottes réunies dans les deux ports de *Phalère* et de *Munychie;* de *Corinthe*, de *Mégare*, chacune avec deux ports, l'un sur le golfe Saronique, l'autre sur le golfe de Corinthe; d'*Égine;* de diverses autres cités maritimes de la Grèce continentale. Toutefois, l'Archipel était encore alors une mer plutôt phénicienne.

C'est à la suite de la guerre de Troie, et pendant tout le XIe siècle, c'est-à-dire pendant toute la période de bouleversement qui précéda et suivit le retour des Héraclides, qu'eurent lieu les premières

porains. Tels sont, par exemple, le voyage de Danaüs fuyant d'Égypte à bord d'un navire monté par cinquante rameurs, environ 1500 ans avant J.-C.; les expéditions maritimes de Sésostris dans la mer Érythrée vers la même époque; le voyage de Phrixus (de Thèbes) et de sa sœur Hellé (d'où le nom donné au détroit), qui essayèrent de traverser l'Hellespont sur un bélier à toison d'or, dit la tradition, avec lequel ils firent naufrage, environ 1400 ans avant J.-C.; enfin, le voyage de Jason à bord de l'*Argo*, (d'où le nom d'expédition des Argonautes), pour purger la mer des pirates ou aller ravir la toison d'or, c'est-à-dire les trésors de la Colchide, au fond du Pont-Euxin, en 1226 avant J.-C.

grandes émigrations de peuplades grecques qui allèrent couvrir de colonies toutes les côtes de l'Asie Mineure sur la Méditerranée et toutes les îles avoisinantes. Parmi les villes maritimes les plus importantes de l'Asie Mineure dont la fondation remonte à cette époque, et qui devinrent elles-mêmes par la suite les métropoles d'autres colonies grecques puissantes répandues en grand nombre sur tous les rivages du Pont-Euxin et de la Méditerranée, on peut citer, à peu près chronologiquement : dans l'Ionie, *Milet,* avec ses quatre ports comblés depuis par les alluvions du Méandre, qui fut si célèbre par son immense commerce et ses trois cents comptoirs établis sur les côtes de l'Euxin, et dont l'importance devint telle que, du VIIIe au VIe siècle, elle put rivaliser avec Tyr et Carthage; *Éphèse,* que nulle cité n'égalait en magnificence, et qui, comme Milet, n'est plus qu'un amas de ruines; dans l'Éolide, *Cymes* ou Cumes; *Phocée,* qui devint très-florissante au VIe siècle, rivalisant alors d'activité et de puissance avec Milet, et dont les habitants furent les premiers parmi les Grecs qui entreprirent de longs voyages et firent connaître à leurs compatriotes l'Italie centrale, la Gaule et l'Espagne; *Smyrne,* qui, malgré de fréquents désastres, grâce à la bonté de son port, s'est toujours relevée de ses ruines, et est encore aujourd'hui l'un des entrepôts les plus considérables du commerce du Levant; en Doride, *Cnide, Halicarnasse.* Parmi les îles : *Lesbos, Chios, Samos, Melos, Crète, Cos, Rhodes, Chypre.*

Après les grands déplacements de peuples auxquels avait donné lieu l'invasion dorienne, la Grèce fut favorisée d'une longue période de paix relative et de prospérité pendant laquelle il n'y eut plus de véritables émigrations. Mais il arriva une époque où elles durent recommencer et se reproduire ensuite périodiquement pour l'écoulement du trop-plein de la population. Le nouveau mouvement d'émigration, commencé dans le VIIIe siècle, se prolongea jusqu'à l'époque des guerres médiques. C'est pendant cette période de trois siècles que le génie colonisateur des Grecs paraît avoir eu son plus grand essor. Pour ne parler que de leurs principales colonies maritimes, voici celles qui furent fondées du VIIIe au VIe siècle :

En Asie Mineure : *Abydos,* sur l'Hellespont; *Chalcédoine,* sur la côte asiatique du bosphore de Thrace (ce n'est qu'un peu plus tard, en 660, que Byzance fut fondée sur l'autre rive beaucoup plus favorable du Bosphore); *Sinope, Héraclée,* sur le Pont-Euxin;

Parmi les îles Ioniennes : *Corcyre* (Corfou);

En Sicile : *Syracuse,* qui devint assez puissante pour pouvoir lutter pendant deux siècles contre Carthage, et qui fonda elle-même des colonies, parmi lesquelles *Ancône, Catane, Zancle* (Messine); *Agrigente,* rivale de Syracuse, et dont il ne reste plus que des ruines situées à peu de distance de la moderne Girgenti;

Dans la grande Grèce : l'ancienne *Sybaris,* qui acquit promptement une merveilleuse prospérité, mais qui fut détruite après une existence de trois siècles; *Crotone,* la rivale de Sybaris; *Tarente, Brindes,* qui comptèrent parmi les cités les plus opulentes de la grande Grèce; *Locres, Rhegium, Neapolis* (Naples);

En Afrique : Cyrène, avec son port *Apollonie* sur la côte de Libye, et dont il ne reste plus que des ruines;

Dans la Gaule : *Massalia* (Marseille), fondée en 600 par des Phocéens, dont la prospérité se développa rapidement, qui devint la rivale de Carthage et l'alliée de Rome, qui fut à son tour la métropole d'autres colonies importantes sur les mêmes rivages, *Nice, Antibes, Agde,* dont les hardis navigateurs, enfin, pénétrant dans l'Océan, s'avancèrent avec Pythéas jusque dans la Baltique, et visitèrent, dit-on, avec Euthymène, la côte d'Afrique jusqu'au Sénégal.

A la suite des guerres médiques, dans la première moitié du Ve siècle, Athènes exerça pendant un certain temps la suprématie maritime sur toute la Grèce et ses colonies. C'est à cette époque (en 478) que la magnifique baie du *Pirée,* malgré sa grande distance de la ville, fut choisie par Thémistocle pour l'établissement d'un nouveau port digne de la puissance navale des Athéniens. C'est vers la fin du même siècle que furent fondés, par des habitants réunis des diverses cités de l'île, la ville et l'ancien port de *Rhodes,* dont il ne reste plus aujourd'hui que quelques ruines situées à une certaine distance à l'ouest de la ville et du port actuels.

Dans le siècle suivant, après de longues luttes intestines, la Grèce étant passée tout entière sous la domination macédonienne, les Macédoniens eurent à leur tour, pendant près d'un siècle, la suprématie maritime dans toute la partie orientale de la Méditerranée. C'est pendant cette période que fut fondée par Alexandre le Grand, en 331, sur la côte d'Égypte, *Alexandrie,* dont le port était alors bien différent de ce qu'il est aujourd'hui.

Enfin, dans le milieu du IIe siècle avant J.-C., la Macédoine et la Grèce devinrent des provinces romaines et ne jouèrent plus dès lors aucun rôle prépondérant comme nations maritimes.

CARTHAGE. — *Carthage,* comme on l'a dit déjà, a été fondée ou tout au moins agrandie par une colonie de Phéniciens dans le commencement du IXe siècle avant J.-C. Grâce à sa puissance navale, elle domina pendant plusieurs siècles dans toute la partie occidentale de la Méditerranée, et elle atteignit à un degré extraordinaire de prospérité et de richesse. Elle était devenue et elle resta longtemps le principal entrepôt du commerce et des richesses de l'ancien monde. Ses vaisseaux lui amenaient chaque jour les produits des contrées les plus lointaines, et ses caravanes lui apportaient, à travers les déserts, les trésors de l'intérieur de l'Afrique et de l'Orient. Ses flottes pénétraient jusque dans l'Océan où elles allaient visiter les côtes occidentales de l'Afrique, — jusqu'à la côte de Sierra Leone, d'après le périple de Hannon, — et les côtes de l'Espagne et de la Gaule jusqu'aux îles de la Grande-Bretagne.

Après avoir établi sa domination sur tout le littoral africain, depuis la Cyrénaïque jusqu'à l'Océan, Carthage aspira à la conquête des îles de la Méditerranée. On voit, par le premier traité de commerce passé entre Rome et Carthage, que, vers 510, les Carthaginois étaient déjà maîtres de la mer, qu'ils possédaient une partie des îles de Sardaigne et de Sicile, et qu'ils avaient porté leur commerce jusque sur les côtes d'Italie. Ils luttèrent pendant plusieurs siècles, avec des fortunes diverses, pour s'emparer de la Sicile tout entière; ils y firent des progrès, mais ils ne purent jamais parvenir à se rendre maîtres de Syracuse. Ils occupèrent aussi la Corse, les Baléares, Malte.

Mais Rome grandissait en même temps que Carthage. La lutte, une lutte sans merci, était inévitable entre les deux puissances conquérantes. De là les guerres puniques, qui prirent naissance en 264, et se terminèrent par la ruine et la complète destruction de Carthage, en l'an 146 avant J.-C.

Le traité qui termina la première guerre punique avait enlevé aux Carthaginois la Sicile, et leur avait fait perdre ainsi l'empire de la Méditerranée. La Sardaigne leur fut également enlevée peu de temps après. Ils cherchèrent à se dédommager de ces pertes par la conquête de l'Espagne dont ils visitaient depuis longtemps les côtes, sur lesquelles leurs ancêtres les Phéniciens avaient fondé de nombreux établissements, et où ils avaient eux-mêmes un entrepôt considérable à *Gades* (Cadix), point de départ de leurs courses lointaines sur les côtes d'Afrique.

Le territoire conquis fut le centre d'un très-grand commerce, et *Carthagène,* sa capitale, devint aussi florissante que la métropole elle-même. Mais l'Espagne fut enlevée à son tour aux Carthaginois pendant la seconde guerre punique. Le traité de paix qui suivit cette guerre commença la ruine définitive de Carthage en lui enlevant sa marine, c'est-à-dire le nerf même de son ancienne puissance.

Malgré l'extrême abaissement où elle était réduite, Carthage inspirait pourtant encore des craintes à son implacable rivale. La troisième guerre punique consomma sa destruction complète que Rome avait depuis longtemps résolue.

ROME. — Rome, dont la fondation remonte au milieu du VIIIe siècle avant J.-C., eut, on le sait, des débuts lents et pénibles. Des colonies grecques telles que Syracuse, Corcyre, fondées plus tard, arrivèrent bien plus vite qu'elle à une grande puissance. C'est que, pendant plusieurs siècles, les Romains restèrent sans marine, n'ayant d'autre souci du côté de la mer que celui d'assurer l'approvisionnement de Rome. Le port d'*Ostie* fut fondé dans ce but, à l'embouchure du Tibre, par Ancus Martius, vers 630. En 467, les Romains prirent aux Volsques la cité maritime d'*Antium* qui leur donna une marine marchande. Mais ce n'est que deux siècles plus tard, en 260, qu'ils armèrent en mer pour la première fois. Ils avaient enfin reconnu qu'ils ne pourraient étendre, conserver même leurs conquêtes, qu'en ayant eux-mêmes des flottes qui leur permissent de lutter contre les puissants peuples maritimes dont ils étaient entourés. Avec leur génie, leur mâle persévérance, ils eurent bientôt conquis à leur tour la suprématie sur mer; et c'est alors, seulement alors, qu'ils purent vaincre Carthage.

Les Romains, toutefois, n'ont jamais été un peuple véritablement maritime. C'est ainsi qu'après la ruine de Carthage ils cessèrent d'entretenir des flottes sur la Méditerranée. La mer fut alors rapidement infestée par les pirates, qui non-seulement rançonnaient tous les navires, mais encore allaient piller les villes des côtes d'Italie, et finirent même par couper les approvisionnements de Rome. Leur principal repaire était en Cilicie; mais ils avaient sur toutes les côtes des arsenaux et des lieux de retraite. Ces pirates furent les véritables maîtres de la Méditerranée pendant près d'un siècle. Rome dut faire contre eux les plus sérieux efforts : ses flottes allèrent les frapper d'abord en Cilicie et en Crète; et, enfin, en 67, Pompée, armé de forces immenses et de pouvoirs illimités, parvint en quatre-vingt-dix jours à balayer toutes les mers et à détruire les pirates dans tous leurs repaires.

Indépendamment des ports déjà existants sur les côtes d'Italie, dont leurs conquêtes les mirent successivement en possession et qu'ils améliorèrent, les Romains construisirent eux-mêmes un certain nombre de ports. Parmi les anciens ports dont ils surent tirer grand parti, on doit citer notamment, *Brindes* (Brindisi), auquel aboutissait la voie Appienne et d'où partaient leurs flottes pour la Grèce et pour toutes les contrées d'Orient; *Ravenne,* anciennement fondée, dit-on, par les Thessaliens, et successivement occupée par les Étrusques et par les Gaulois Sénonais, qui était du temps d'Auguste une de leurs stations navales les plus importantes sur l'Adriatique, et qui se trouve aujourd'hui à 6 kilomètres de distance dans l'intérieur des terres. Une autre des principales stations navales des Romains, du temps d'Auguste, était *Misène,* dans la baie de Naples, où se trouvait aussi le port de *Nisita.* Le port d'*Ostie,* si important pour l'approvisionnement de Rome, et qui avait été comblé par les alluvions du Tibre, fut reconstruit à la nouvelle embouchure du fleuve par l'empereur Claude, puis agrandi plus tard par Trajan; il n'en reste plus aujourd'hui que des ruines situées à une grande distance de la mer. *Antium* (Porto d'Anzio) fut agrandi par Néron. *Centum Cellæ* (Civita-Vecchia), ancien port fondé par les Étrusques, fut amélioré par Trajan dans le but de suppléer au port d'Ostie. Enfin Trajan améliora également le port d'Ancône.

PORTS DE LA FRANCE

PÉRIODE GALLO-ROMAINE. — A l'époque de la conquête romaine, les populations du littoral de la Gaule étaient adonnées depuis longtemps déjà à la navigation maritime. Celles, toutes gauloises, des côtes de la Manche et de l'Océan, avaient eu pour premiers initiateurs les Phéniciens et les Carthaginois, dont les nombreux vaisseaux avaient, pendant des siècles, parcouru tout leur littoral en se rendant dans les îles de la Grande-Bretagne et dans la Baltique; les Gaulois, d'ailleurs, dans les nombreuses et formidables expéditions qui les avaient rendus la terreur de l'Europe et de l'Asie, aussi bien que dans les guerres puniques où ils avaient servi alternativement Rome et Carthage, s'étant trouvés souvent en contact avec les flottes grecques, égyptiennes, carthaginoises et romaines, avaient fini par acquérir eux-mêmes une grande expérience dans l'art nautique. Sur la côte de la Méditerranée, les Phocéens, comme on l'a vu précédemment, avaient fondé, dès l'an 600, la cité maritime de Massalia, qui, à son tour, était devenue la métropole de nombreuses colonies. Aussi, lorsque Jules César pénétra en Gaule, en trouva-t-il l'état maritime parvenu à un degré de développement assez grand, d'abord pour balancer la puissance romaine, puis pour servir d'auxiliaire à ses conquêtes, soit contre la Gaule elle-même, soit contre la Grande-Bretagne. C'est ainsi, par exemple, que César put faire construire et armer dans la Gaule même tous les navires et bâtiments de transport qui lui furent nécessaires pour ses expéditions de l'autre côté du détroit.

César eut à lutter, en Gaule, notamment contre la Confédération des États maritimes de la Gaule occidentale, et, plus tard, contre l'alliance de Massalia et de la Gaule méridionale avec Pompée. Frappée par le conquérant sur l'une et l'autre mer, la Gaule perdit, avec sa force navale, son indépendance. Après une domination de près de trois siècles, elle dut encore à sa marine de voir renaître une nouvelle lueur de nationalité : Carausius disposait alors, en effet, d'une marine assez puissante pour pouvoir repousser les premières invasions des Saxons et des Francs qui menaçaient tout le littoral de la Flandre et de l'Armorique; plus tard (287-293), grâce à cette puissante marine, Carausius et son successeur Allectus purent, pendant plusieurs années, braver la puissance romaine et étendre leur domination de la Gaule à la Grande-Bretagne. Avant la conquête, le commerce des Gaulois ne pouvait être fort actif, car il y avait peu d'objets d'échange; cependant les Séquanes (Franche-Comté) envoyaient par la Saône et le Rhône leurs salaisons à Massalia, d'où elles se répandaient dans l'Italie et la Grèce; la Gaule exportait aussi de gros draps, et entretenait avec l'île de Bretagne d'assez nombreuses relations dont le centre principal était à l'embouchure de la Loire. Pendant l'occupation romaine, le commerce et l'industrie prirent une grande extension qui eut pour conséquence naturelle un très-grand développement du mouvement maritime.

Voici comment se trouvaient distribuées, le long du littoral, les diverses populations maritimes de la Gaule.

A l'extrême nord se trouvait le peuple des Morins ou habitants des marais : c'était l'un des quatre peuples dont se composait la Flandre dans la Gaule-Belgique. La Morinie comprenait, entre autres, le delta de l'Aa, qui a formé depuis l'immense plaine s'étendant de Saint-Omer à Calais et à Dunkerque, mais qui, au moment de la conquête romaine, était en grande partie recouvert par les eaux; cette partie de la Morinie se composait donc de golfes, de lacs, de marais et d'îles nombreuses, les unes constamment isolées de la terre ferme, les autres, tantôt isolées, tantôt rattachées entre elles et au rivage suivant la hauteur de la mer; l'île principale, d'après Strabon, avait pour limites, à l'est, le golfe de Mardick, à l'ouest, un autre golfe, près de l'emplacement que devait plus tard occuper Calais; elle était traversée par un cours d'eau qui se jetait à la mer près du futur emplacement de Gravelines. Parmi les populations de la Gaule-Belgique qui lui opposèrent une glorieuse résistance, César cite les Morins comme ayant été des derniers à se soumettre à ses armes glorieuses. La Morinie n'offrait au conquérant qu'un territoire pauvre et marécageux; mais ses côtes étaient les plus voisines des Iles-Britanniques dont il ambitionnait de devenir également le maître. C'est dans l'un de ses ports, *Portus Iccius*, sur le véritable emplacement duquel les historiens ne sont pas d'accord, que César s'embarqua pour sa nouvelle conquête.

La principale station romaine des îles des Morins était *Mardick*; mais le port le plus sûr et le plus commode de la Morinie, sinon le plus rapproché des Iles-Britanniques, était Gessoriac, situé à l'embouchure de l'Elna (la Liane). Les Romains avaient bien, il est vrai, d'autres ports, tels qu'Ulterior Portus et Citerior Portus, pour abriter leurs armements; mais il n'existait sur la côte aucune place assez forte pour assurer la tranquillité de leur conquête. C'est pour y pourvoir que César (an 50 avant Jésus-Christ) fit construire, en face de Gessoriac, par un de ses lieutenants qui était de Bologne, une nouvelle ville qui reçut le nom de *Bononia* (Boulogne). Bientôt, malgré la profondeur du bras de mer qui les séparait, les deux villes furent réunies par des ponts, et, peu à peu, le nom de Gessoriac disparut. La nouvelle cité prit un accroissement rapide; elle devint le port le plus renommé de la Gaule occidentale; c'est de là que partirent dès lors tous les armements des Romains; un phare, la tour d'Odre, dont la construction est attribuée à Caligula et remonterait à environ 40 ans après Jésus-Christ, y fut élevé sur le promontoire formé par les coteaux de la rive droite de la Liane : la tour, qui avait environ 40 mètres de hauteur, a subsisté jusqu'au milieu du XVIIe siècle.

Dans la baie de Canche se trouvait le port de Quentowic ou *Cuentavicus* (ville de la Canche), très-probablement sur l'emplacement qu'occupe actuellement la ville d'Étaples. Quentowic avait déjà, sous l'empereur Gallien, un atelier monétaire qui subsista sous les rois francs des deux premières races; c'était en outre la résidence d'un intendant chargé de présider au commerce; et il s'y tenait des foires annuelles. Au commencement du Ve siècle, une division de la flotte romaine, commandée par un préfet maritime, et chargée de contenir la Bretagne insulaire, stationnait dans la baie de Canche.

La Flandre resta longtemps sous la domination romaine. Ce n'est que vers la fin du IVe siècle, après la division de l'empire romain entre les fils de Théodose, que commença l'invasion des barbares. La Flandre se trouva alors infestée de brigands qui avaient leurs retraites dans les marais de la Morinie. Enfin, vers 420, les Francs firent irruption dans ces contrées, qui, soustraites à la domination romaine, se soumirent aux rois mérovingiens.

Au sud des Morini étaient les Ambiani qui occupaient tout le territoire avoisinant la baie de Somme. Cette baie n'avait pas anciennement la forme et les dimensions qu'elle a aujourd'hui : les terrains d'alluvions compris actuellement entre Saint-Valery, Ault et le Hourdel, sur la rive gauche, et ceux de Marquenterre, qui forment une large zone à peu près parallèle à la côte entre Noyelle et la baie d'Authie, sur la rive droite, étaient autrefois sous l'eau. Dans ces temps reculés, la Somme devait couler à peu près en ligne droite de Saint-Valery à Ault, le long des falaises; les galets qui voyagent sur le littoral en venant du sud-ouest la refoulèrent peu à peu vers le nord; et, en même temps, sur l'autre rive, des dépôts de sable contribuèrent au rétrécissement de la baie. Au milieu de la vaste embouchure ancienne de la baie de Somme, il y avait de îlots; peu à peu ces îlots se soudèrent aux rives qui continuaient à avancer dans la baie; puis, les parties supérieures de la baie s'ensablèrent à leur tour; les eaux introduites à chaque marée, diminuant constamment de volume, devinrent insuffisantes pour balayer les sables apportés par le flot, et c'est ainsi que l'embouchure alla se rétrécissant de plus en plus et finit par prendre sa forme actuelle. L'histoire ne dit rien des cités maritimes qui existaient sur ces rivages du temps des Romains. On sait seulement que, dès les premières années du ve siècle, les barbares s'avancèrent jusqu'à la Somme, qui formait alors la barrière de l'empire vers la seconde Belgique, et qu'ils ne tardèrent pas à prendre possession du sol.

Au sud-ouest des Ambiani, à la limite de la Gaule-Belgique et de la Gaule-Celtique, était le peuple des Vélocasses, qui avaient pour capitale *Rhotomagus* (Rouen). Le premier monument littéraire de l'antiquité où il soit parlé de Rhotomagus est la géographie de Ptolémée (IIe siècle de l'ère chrétienne). On ignore si, après la conquête, César visita les contrées de la basse Seine; il ne nomme pas la capitale des Vélocasses dans ses Commentaires. Toutefois, si les Romains ne fondèrent pas la ville de Rhotomagus, ils lui donnèrent une vie nouvelle en l'associant à l'immense mouvement de l'empire. Elle fut un des entrepôts du commerce important qui, au dire de Strabon, se faisait par la voie du Rhône, de la Saône et de la Seine, entre l'Italie et la Grande-Bretagne. Elle acquit rapidement un grand développement et devint la capitale de la seconde Lyonnaise.

Les côtes de la presqu'île de l'Armorique (pays de la mer) sont à la fois les plus dangereuses et les plus hospitalières de l'Océan : la nature y a multiplié de très-beaux ports naturels, des baies bien abritées et de vastes rades; mais elle y a, en même temps, prodigué les écueils. La plus considérable des nations qui occupaient l'Armorique au moment de la conquête romaine était celle des Venètes, qui avaient pour capitale la cité de *Dariorig* (Vannes). Les Venètes, par leur supériorité et leur courage, exerçaient une prépondérance marquée sur la fédération armoricaine : l'admirable position de la presqu'île, et la grande étendue de ses côtes profondément découpées, avaient fait d'eux tout naturellement un peuple de navigateurs; ils avaient parfaitement compris que la puissance armoricaine devait principalement reposer sur la mer. Strabon et Jules César donnent la description de leurs navires qui étaient très-propres à la grande navigation aussi bien qu'au petit cabotage; et qui, n'ayant qu'un faible tirant d'eau, pénétraient à travers les écueils et les bancs de sable dans les rivières et dans les ports les moins accessibles. Les Venètes étaient les plus hardis et les plus habiles marins de la Gaule occidentale; ils exerçaient sur l'Océan le même empire que les Massaliotes sur la Méditerranée. Tout le commerce des Iles-Britanniques se faisait par l'intermédiaire de leurs marchands. Ils avaient fondé de nombreux établissements sur les côtes de la Bretagne insulaire. C'est à l'instigation des Venètes que toute l'Armorique se souleva contre l'envahissement des armées romaines. César accourut d'Illyrie pour les combattre. Mais, ne pouvant parvenir à les réduire qu'en ayant lui-même une flotte, il fit construire et armer des galères sur la Loire et sur la Charente. La flotte des Venètes, qui était composée d'environ deux cent vingt bâtiments, fut entièrement détruite, mais non sans avoir vigoureusement disputé la victoire et l'avoir laissée longtemps incertaine.

A la limite sud de l'Armorique, sur la Loire, se trouvaient d'autres populations maritimes, qui avaient très-judicieusement choisi pour l'emplacement de leur capitale le point où les deux rivières, l'Erdre au nord, et la Sèvre au sud, se jettent en face l'une de l'autre dans le grand fleuve : les îles qui se trouvent dans le lit du fleuve établissaient un lien entre ses deux rives, et formaient des retranchements naturels pour empêcher le passage des barques ennemies. Les premiers habitants donnèrent le nom de Cantigwic (plus tard Condivicnum) à la forteresse qu'ils bâtirent au confluent de l'Erdre et de la Loire; sur l'autre rive, au confluent de la Sèvre, était la ville de Ratiate (depuis, Retz ou Rézé). Protégé par ces deux places, le point d'où partaient les vaisseaux, et qui n'a pas toujours été le même, s'appelait *Namnetes* (le port des Nantais). La civilisation des peuples de cette contrée, à en juger du moins par les progrès qu'ils avaient faits dans la navigation, était déjà fort avancée lorsque César y apparut : ce fut, en effet, principalement dans la Loire, comme il est rappelé précédemment, que le conquérant fit construire des vaisseaux capables de se mesurer contre ceux des Venètes. Namnetes devint un des plus importants chef-lieux de l'administration romaine. On ne sait rien de particulier sur l'état de la ville à cette époque. L'autorité romaine, bien que restreinte par les Visigoths établis sur la rive gauche de la Loire, par les Saxons qui fermaient l'embouchure du fleuve, et par les Bretons qui cherchaient à se rapprocher de la rive droite, parvint pourtant à s'y maintenir jusqu'au moment où Clovis se fut rendu maître de tout le fleuve.

Au sud de la Loire, le littoral, très-marécageux, était habité par les Santones, qui avaient leurs villes importantes dans l'intérieur.

En Aquitaine, du temps de Strabon (il y a près de deux mille ans), les Bituriges Vébisques possédaient, dans un des marais de la Garonne, un port appelé *Burdigala,* plus tard, *Civitas Biturigum* (Bordeaux). Les Romains, après s'en être emparés, y élevèrent de nombreux édifices; la prospérité de la ville se développa rapidement; et, au IIIe siècle, Burdigala devint la métropole de la deuxième Aquitaine : c'était le port principal pour toutes les relations commerciales avec l'Ibérie et avec l'Armorique. Au moment de la chute de l'empire romain en Aquitaine, en 412, Burdigala fut occupée par les Goths, et, sous leur domination, elle retrouva toute la splendeur dont l'avait fait momentanément déchoir la chute de l'empire.

Sur l'Adour, non loin de son embouchure, très-probablement dans l'emplacement même du Bayonne actuel, se trouvait une cité maritime à laquelle les habitants avaient donné le nom de *Lapurdum,* que portait la terre de Labourd, et qui lui fut conservé jusqu'au XIIe siècle. La position de Lapurdum, près de l'embouchure d'un grand fleuve, et au principal débouché des Pyrénées, en faisait un point très-important. Aussi, les Romains, habiles colonisateurs, ne négligèrent-ils pas de le fortifier.

Enfin, sur le littoral de la Méditerranée, était l'importante colonie fondée en 600 avant Jésus-Christ par les Phocéens sur les rivages habités par les Celto-Ligures, la cité maritime de *Massalia* ou *Massilia* (Marseille). La colonie naissante s'était développée très-rapidement. Sa prospérité excita la haine jalouse des Ségobriges qui soulevèrent contre elle toutes les tribus de la Celto-Ligurie. Elle eût sans doute succombé sous les efforts des confédérés, si Bellovèse, à la tête de la puissante armée de Gaulois Bituriges qu'il conduisait en Italie, ne fût venu lui prêter secours pour dissiper cette ligue redoutable. Une autre circonstance contribua très-efficacement à assurer la puissance de Massalia : ce fut l'arrivée, cinquante-sept ans après sa fondation, de nouveaux émigrants Phocéens. Cet événement fixa ses destinées et ouvrit pour elle une ère de sécurité et de grandeur. Le commerce maritime, principale source de sa prospérité, prit dès lors un très-grand développement : les ports de l'Asie Mineure, de la Grèce, et de la Péninsule Italienne, étaient ouverts à ses vaisseaux qui s'y procuraient des moyens d'échange. C'est aux Massaliotes que l'on doit l'importation en Gaule du blé, de la vigne et de l'olivier. Pour faciliter leurs rapports avec le centre du pays par le Rhône et la Saône, ils s'appliquèrent également à améliorer la navigation intérieure. Protégés désormais contre les attaques des peuplades barbares indigènes, les Phocéens de la Gaule eurent à lutter contre les grandes cités maritimes plus anciennes de la Méditerranée qui n'avaient pu, sans envie, voir un peuple nouveau partager avec elles l'empire de la mer. Plus d'une fois les navires de Massalia soutinrent avec avantage des combats contre ceux de Rhodes, de Tyr et de Carthage. A une époque qui ne saurait être précisée, vraisemblablement dans les deux premiers siècles de son existence, Massalia, pour assurer les progrès de son commerce, établit sur les côtes de la Méditerranée de nombreuses colonies, entre autres, *Nicœa* (Nice), en commémoration d'une victoire remportée sur les Liguriens; plus tard, *Antipolis* (Antibes), *Citharista* (La Ciotat); plusieurs villes sur les côtes d'Espagne et d'Italie. Toutes ces colonies restèrent soumises aux lois de la métropole et conservèrent longtemps sa langue et ses usages. Les sciences contribuèrent puissamment à étendre la renommée et l'influence de Massalia. On a déjà cité précédemment les noms de Pytheas et d'Enthymène, qui florissaient l'un et l'autre environ 350 ans avant Jésus-Christ. Le premier, tout à la fois astronome, mathématicien, géographe, navigateur, et le plus ancien écrivain qu'ait produit la Gaule, fut chargé par ses compatriotes de faire, dans le nord de l'Océan, un voyage de découvertes, dans le but d'ouvrir de nouveaux débouchés à leur commerce : il côtoya l'Ibérie, la Lusitanie, l'Aquitaine, l'Armorique, suivit les côtes de la Grande-Bretagne, et reconnut l'île de Thulé (Irlande); un second voyage le conduisit, par le Sund, dans la Baltique. Vers la même époque, Enthymène entreprit un voyage dans la direction du sud-ouest : il parcourut les côtes occidentales de l'Afrique jusqu'à l'embouchure du Sénégal. En même temps que les résultats de ces expéditions étendaient les relations des Massaliotes avec le Nord et l'Occident, l'abaissement d'Athènes après la bataille de Chéronée (338 avant Jésus-Christ), puis, bientôt après, la chute de Tyr prise par Alexandre (332), eurent pour résultat de développer dans une large mesure leurs relations commerciales avec la Grèce, la Syrie et l'Égypte. Massalia grandissait donc surtout par son commerce. Rivale de Carthage, elle s'allia, comme son intérêt le lui commandait, avec la

République romaine à laquelle elle donna constamment des preuves d'attachement et de fidélité. Sa puissance maritime et commerciale prit un nouveau développement après la ruine de Carthage (145); elle conquit tous les marchés qu'approvisionnait sa rivale; le commerce de l'Espagne, notamment, lui appartint tout entier. Une nouvelle ligue de peuplades Saliennes mit encore une fois en péril la république des Massaliotes, qui fut de nouveau sauvée par l'intervention romaine. Les Commentaires de César sont muets sur le rôle que joua Massalia pendant les dix années que dura la guerre des Gaules. Dans la lutte entre César et Pompée, elle se déclara pour Pompée et elle y perdit sa liberté (49). César laissa à Massalia ses magistrats et ses lois; mais il lui enleva toutes ses colonies à l'exception de Nicæa, détruisit ses fortifications, se fit livrer les armes, les vaisseaux, le trésor et la citadelle. Le *Julii statio* (port de la Joliette) fut exclusivement réservé aux Romains, et le Lacydon (ancien port) resta seul aux Massaliotes. Quoique dépouillée de sa puissance politique, Massalia ne cessa pas d'être une des premières villes du monde par les arts et par le commerce; sous la protection des Romains, si dédaigneux eux-mêmes du commerce, elle continua de former une république marchande, et ses vaisseaux sillonnaient les mers en toute liberté.

Nicæa, la seule colonie que César eût laissée aux Massaliotes, fut plus tard achetée par les Romains, qui en firent leur arsenal maritime des Gaules. Antipolis vit sa prospérité s'accroître rapidement sous les Romains qui y établirent un arsenal maritime, et même un collège d'utriculaires, sorte de matelots qui naviguaient sur des radeaux soutenus par des outres : la population d'Antipolis formait à cette époque une véritable pépinière de marins et de pêcheurs.

Les Romains avaient, d'ailleurs, diverses autres stations maritimes sur la côte, notamment,

Heraclea Caccubaria (Saint-Tropez), dont l'excellente position dans une vaste baie fut toujours considérée comme un mouillage commode, propre à une importante station maritime.

Forum Julii (Fréjus), dont l'existence est antérieure au principat d'Auguste. Ses premiers habitants étaient des pêcheurs Celto-Ligures. Les Phocéens s'y établirent à leur tour lors du passage de Bellovèse en Italie. César, jugeant la position favorable, y fit construire de nouveaux quartiers et agrandit le port; mais la guerre civile l'empêcha d'achever les travaux. Auguste termina le port et en fit la station d'une flotte chargée de veiller à la sûreté des côtes de la Gaule; il y envoya notamment les 200 galères conquises à la bataille d'Actium.

Telo Martius (Toulon), qui n'était alors qu'une station maritime peu importante. L'infériorité maritime de cette position, du temps des Romains, s'explique par l'avantage que présentaient aux galères, d'un faible tirant d'eau, les mouillages plus sûrs quoique relativement peu profonds qui se trouvaient sur les autres points de la côte.

PREMIÈRE MOITIÉ DU MOYEN AGE. — Au moment de la chute de l'empire d'Occident, en 476, la Gaule se trouvait occupée, on le sait, par des peuples d'origines diverses qui se disputaient sans cesse, les armes à la main, la prépondérance : un général romain continuait à garder les pays entre la Loire et la Somme, que n'occupait encore aucun peuple barbare; les cités de l'Armorique se gouvernaient depuis longtemps d'une manière indépendante; les Francs se pressaient en plus grand nombre dans la Belgique, poussant des incursions jusqu'aux Pyrénées; les Bretons, assaillis dans leur île par des pirates saxons, venaient à leur tour piller les rives de la Loire; les Visigoths, auxquels un des derniers empereurs avait cédé la région sud de la Gaule, à l'ouest du Rhône, étaient parvenus à s'emparer encore de la région à l'est, devenant ainsi les maîtres de tout le littoral méditerranéen; tous ces peuples se mêlaient, se heurtaient, cherchant la fortune dans les combats.

Dès le règne de Clovis, véritable fondateur de la Monarchie (481-511), le royaume s'étend depuis le Rhin jusqu'aux Pyrénées, et de l'Océan à la Méditerranée, à l'exception de la bande étroite de littoral appartenant aux Visigoths et qui constituait la Septimanie. Clovis possédait tout le pays, soit par lui-même, soit par les Burgondes et les Armoricains, ses alliés. Mais, au milieu des sanglants litiges des deux premières races et des incessantes invasions des Normands au nord, et des Sarrasins au sud; comme, plus tard, sous le régime de la féodalité, l'ordre de succession, les alliances et les guerres intestines ou extérieures morcelleront les limites naturelles de la France. Ainsi fractionné, et devenu le partage de la rébellion ou de l'étranger, le littoral reste longtemps séparé du centre du royaume. De là les fréquentes intermittences qui se remarquent dans le développement de la puissance navale de la France du ve au xve siècle.

L'origine de la plupart des ports de la Manche et de l'Océan, autres que ceux qui existaient à l'époque de la période gallo-romaine, remonte à la première moitié du moyen âge.

En 646, deux siècles après la conquête franque, saint Éloi s'arrêta dans les dunes de l'ancien delta de l'Aa, convertit les Diabites qui les habitaient, et fit bâtir une église qui fut nommée *Dune-Kercke* (église des Dunes). Ce fut l'origine de la ville de Dunkerque. Des pêcheurs vinrent peu à peu s'établir autour de l'église. Vers 906, le comte de Flandre fit entourer d'une muraille les habitations agglomérées, et les habitants commencèrent à se livrer au commerce.

A peu près vers la même époque, en 690, une chapelle fut érigée à l'ouest de Mardick en l'honneur de saint Willebrode; quelques chaumières s'établirent également à l'entour, et ce fut l'origine de la ville de Gravelines. Vers l'an 800, *Saint-Willebrode* n'était encore qu'un village de peu d'importance sous l'administration des forestiers de Flandre.

Le grand estuaire des Watringues du Pas-de-Calais, dont le débouché est aujourd'hui formé par le port de Calais, a dû être pendant longtemps inondé et inhabitable. *Petresse* (Saint-Pierre, ou basse ville de Calais) paraît avoir été construite la première sur le banc de galets, dit des Pierrettes, dans le courant du IXe siècle. Ce n'est qu'en 915 que l'on trouve pour la première fois dans l'histoire le nom de *Calais*. A partir de cette époque, la ville appartint alternativement aux comtes de Boulogne et aux comtes de Flandre.

On ne possède des renseignements historiques certains sur *Saint-Valery* qu'à partir du VIIe siècle, à l'époque où le saint qui donna son nom à la ville vint fonder une abbaye autour de laquelle se groupèrent peu à peu des habitations. Ce fut là l'origine de la Ville-Haute, bâtie sur la falaise. Quant à la Ville-Basse, désignée sous le nom de La Ferté, elle doit son origine aux pêcheurs qui s'installèrent sur le bord de la mer au pied de la falaise. Déjà, à cette époque, le port de Saint-Valery recevait des navires étrangers. Trois siècles plus tard, il passait pour un des plus considérables des ports de la Manche. De tous les points de la baie, c'était le seul qui offrît un abri contre les vents régnants et contre les vents de tempêtes.

L'histoire ne commence à parler d'*Abbeville* que vers le commencement du IXe siècle. A cette époque c'était une petite île de la Somme habitée par des pêcheurs qui s'y étaient fortifiés avec des digues et des claies. Abbeville aurait ainsi commencé par être un petit port de refuge.

Saint-Valery-en-Caux comprenait anciennement deux parties très-distinctes : la partie maritime, connue sous le nom de Port Navaille, était située sur la rive gauche du vallon ; la ville proprement dite s'était groupée sur la rive droite autour d'un prieuré fondé au VIIe siècle par un moine dont la ville a pris le nom.

Les premiers temps de la ville de *Fécamp* sont enveloppés d'une grande obscurité : son existence comme ville gauloise ou romaine est encore un problème. Sous la protection de la fameuse abbaye de Fécamp, établie en 658, la ville avait acquis une telle importance qu'elle était devenue la résidence des gouverneurs du pays de Caux, chargés, sous les rois de la première et de la deuxième race, de défendre les rives de la Neustrie contre les invasions réitérées des Normands.

La ville actuelle de *Saint-Malo* se forma du IXe au Xe siècle, c'est-à-dire pendant la durée des invasions normandes, par le déplacement successif de la ville gauloise d'Aleth, qui occupait le point le plus élevé du coteau de Saint-Servan. Au VIe siècle, l'île où se trouve aujourd'hui Saint-Malo (position qui manque d'eau) était, ainsi que les autres îlots voisins de la côte, sans importance pour les habitants d'Aleth qui avaient au pied de leur ville le port sûr et profond de Solidor. Mais comme ces différents points offraient une retraite aux pirates du Nord, soit pour y réunir leur butin, soit pour s'y préparer à de nouvelles expéditions dans la Rance, où la marée les portait jusqu'à Dinan, les Alethiens comprirent le besoin d'occuper eux-mêmes les rochers qui servaient de refuge à leurs ennemis. Depuis Clovis, on vit les rois de France et les ducs de Bretagne se disputer constamment la possession d'Aleth ou de Saint-Malo, dont les habitants, qui s'étaient rendus à peu près indépendants, se déclaraient toujours pour celui des princes français ou bretons qui leur accordait le plus de prérogatives.

Le Croisic est une des villes maritimes les plus anciennes de la Bretagne. Elle doit sa fondation à des Saxons qui, au Ve siècle, vinrent s'établir au milieu des marais salans de la côte, et qui se firent chrétiens en 557. Par suite de leur origine, les habitants du Croisic formèrent toujours, sous beaucoup de rapports, un peuple à part au milieu des Bretons. Pendant le moyen âge, ils ne voulurent se soumettre à l'autorité d'aucun seigneur féodal. Ils obtinrent, des ducs de Bretagne, des privilèges qui leur furent confirmés plus tard par les rois de France, et qui n'étaient qu'une juste récompense de l'activité industrielle et du dévouement patriotique dont ils avaient fait preuve dans tous les temps.

L'origine de *La Rochelle* ne remonte pas à une date antérieure au IXe siècle. La ville fut fondée à cette époque par de pauvres pêcheurs et des serfs fugitifs qui vinrent s'établir au fond du golfe, sur une roche à l'abri des envahissements de la mer. Le premier acte qui fasse mention de la ville date de 961.

Enfin, la ville basque de *Saint-Jean-de-Luz* doit son origine à quelques cabanes de pêcheurs; cette origine peut être rapportée au Xe siècle.

Les premiers successeurs de Clovis eurent déjà à repousser au nord, avec le secours de flottes, des invasions de Danois-Normands, ces pirates redoutés que la soif du pillage et l'amour des aventures chassait sans cesse des régions stériles des pays Scandinaves qu'ils habitaient.

Au sud, vers le milieu du VIIIe siècle, Charles-Martel sauva la France de l'invasion musulmane. Maîtres de la Péninsule Ibérique, les Sarrasins avaient pénétré en Gaule par la Septimanie, et s'étaient avancés au loin dans l'intérieur du pays, prenant ou détruisant les villes sur leur passage. Ils avaient entre autres saccagé Marseille, Fréjus, Saint-Tropez, presque complètement détruit Bordeaux. Ils furent enfin vaincus par Charles-Martel à la bataille de Poitiers, et ils ne conservèrent de toutes leurs conquêtes sur la terre de France que la Septimanie. Quelques années plus tard (739), Charles-Martel pénétra dans cette province, démantela Nîmes, détruisit les villes maritimes de Maguelonne et d'Agde, et acheva la soumission de tout le littoral par la prise des deux puissantes cités d'Arles et de Marseille.

Charlemagne organisa et développa la force navale du pays pour étendre et faire respecter le littoral de son vaste empire, littoral tour à tour menacé, sur les côtes de l'Océan par les Normands, et dans la Méditerranée par les Sarrasins. Dans le même but, il fortifia l'embouchure de plusieurs rivières. Trois flottes furent rassemblées par lui contre les pirates du nord, à Boulogne qu'il avait visitée et où il fit exécuter d'importants travaux, près de Gand, et sur la Garonne; une autre flotte, qu'il avait fait construire à Marseille, fut réunie sur le Rhône contre les Sarrasins. Abbeville lui doit ses premières fortifications. La marine n'est plus alors réduite seulement à la défensive; elle joue un rôle décisif dans les grands événements contemporains : c'est par la puissance de sa marine que Charlemagne parvint à se faire proclamer empereur d'Occident. Indépendamment du développement qu'il donnait à la marine, Charlemagne encourageait par tous les moyens le commerce maritime : c'est ainsi qu'il fit avec l'empereur de Constantinople et avec les califes de Bagdad et de Cordoue des traités qui assuraient aux Marseillais des exemptions de droits et d'importants priviléges.

Sous les successeurs de Charlemagne, la marine est délaissée. Alors le flot des pirates normands, ne trouvant plus de digue, déborde de toute part. Non-seulement ils pillent ou détruisent toutes les villes de la côte; mais encore, établis sur les îles qui dominent l'entrée et le cours des fleuves, aux bouches de la Meuse, sur la Seine, sur la Loire, et jusqu'à l'embouchure du Rhône, ils étendent au loin, à l'intérieur, leurs déprédations (814-890). C'est ainsi, notamment dans la seconde moitié du IXe siècle, que le hameau de Saint-Willebrode est ruiné et pillé à plusieurs reprises par les hommes du nord; que Pétresse est brûlée; Boulogne, emportée d'assaut et livrée à toutes les horreurs du pillage; Étaples, plusieurs fois pillée et ravagée, et, finalement, complétement détruite; le prieuré de Saint-Valery, détruit de fond en comble; Rouen, plusieurs fois dévastée, puis obligée, dès 876, de se soumettre à l'autorité du célèbre chef des Normands, Rollon; Nantes, dévastée à diverses reprises, et en l'absence de tout secours des princes francs aussi bien que des princes bretons, abandonnée pendant trente années par ses habitants et réduite à un véritable désert où les pirates ne daignent même plus s'arrêter; Bordeaux, mise à feu et à sang, et, bien que tout en ruines, occupée pendant cinquante ans par les Normands qui en font le principal repaire d'où ils s'élancent au pillage dans tout le pays d'Aquitaine; Bayonne, enfin, prise et ensuite occupée, également pendant une période d'une cinquantaine d'années. Dans le même temps, les Sarrasins épouvantent et dévastent de nouveau tout le littoral méditerranéen : Marseille, Fréjus, Saint-Tropez sont encore une fois ravagées; Antibes est complétement ruinée. Ils établissent d'ailleurs un poste permanent en un point de la côte qu'ils appelèrent Fraxinet, probablement dans l'emplacement qu'occupe aujourd'hui La Garde Fresnet au fond du golfe de Grimaud.

Dans les premières années du Xe siècle, une nouvelle invasion des Normands, plus formidable encore que les précédentes, met la nationalité française en péril. Les redoutables pirates pénètrent simultanément dans le royaume par la Loire et la Seine. Pour sauver sa capitale, Charles le Simple consent à leur céder la Neustrie, qui, dès lors, prend le nom de Normandie (Traité de Saint-Clair-sur-Epte, 912). Rollon, chef des Normands, exige en même temps la réunion de la Bretagne à la Normandie. La France perdit ainsi de fait presque tout son littoral sur l'Océan; mais, par contre, la province cédée, — qui devait inévitablement revenir plus tard à la France, — devint très-florissante sous la sage administration de son nouveau duc. La cession avait mis fin à des courses dévastatrices qui duraient depuis un siècle; les nouveaux maîtres du pays se mêlèrent aux anciens habitants et oublièrent leur langue et leurs goûts de pillage; mais ils gardèrent un peu de cet esprit d'aventures, de cet amour du gain, qui les avaient déjà poussés à travers de nombreux pays, et qui leur feront un jour prendre l'Italie méridionale, un autre jour, l'Angleterre.

Le traité de cession de la Neustrie avait restitué à la France les cités maritimes de la Flandre occupées par les Normands : Gravelines, Calais, Boulogne. La ville d'Eu formait la place frontière du nouveau duché de Normandie. A peine débarrassée des Normands par ce traité, la Flandre ne tarda pas à voir débarquer sur ses côtes les Danois, qui y revinrent à plusieurs reprises exercer leurs ravages. Ils brûlèrent notamment la ville de Mardick ainsi que les villages et bourgs voisins parmi lesquels Saint-Willebrode.

Lorsque Rollon occupa la Normandie, il se réserva dans le partage Fécamp et son territoire; Fécamp devint par la suite le séjour de prédilection des fils de Rollon. Rouen, sous la domination ducale, s'éleva comme place de guerre à une grande importance.

Les pirates normands continuaient à occuper les cités maritimes de l'Ouest. Ils furent définitivement chassés de Nantes en 939, de Bordeaux vers la même époque, de Bayonne en 980, et ces villes se repeuplèrent alors peu à peu.

Enfin, pendant ses longues luttes avec les Normands, qui avaient déjà entraîné pour elle, comme on l'a dit, la perte d'une grande partie de son littoral sur l'Océan, la France avait également perdu tout son littoral de la Méditerranée par la création du royaume d'Arles, vers la fin du IXe siècle. Les Sarrasins furent du moins chassés définitivement de la contrée: en 972, le comte de Provence, Guillaume Ier, les vainquit dans un combat mémorable, détruisit leur repaire de Fraxinet et les força de repasser la mer. Les villes de Fréjus, de Saint-Tropez, d'Antibes, purent alors se relever de leurs ruines.

SECONDE MOITIÉ DU MOYEN AGE. — L'origine de quelques-uns de nos ports remonte seulement à la seconde moitié du moyen âge.

Dès les premières années du XIe siècle, les environs de la ville de Mardick avaient commencé à se dessécher et à s'assainir. Le reculement de la mer par l'élévation de la côte, et le colmatage du golfe à l'ouest de Mardick par le travail lent des alluvions, avaient laissé à découvert une grande étendue de terres sur lesquelles le trop-plein des populations limitrophes était venu s'établir. Le port de Mardick déclina progressivement par suite de l'obstruction du golfe; vers l'an 1150, le fleuve qui s'y jetait à la mer était entièrement comblé; son lit ne présentait plus que de vastes marécages dont les émanations éloignaient les habitants du pays. C'est alors, en 1159, que le bourg de Saint-Willebrode ou *Gravelines* fut entouré de murs et érigé en ville en vue d'en faire un boulevard contre les Anglais. Bientôt, pour mieux assurer le commerce et la prospérité de la ville, le cours de l'Aa fut amené sous ses murs.

L'existence du port du *Crotoy* remonte très-loin, mais rien ne peut être précisé à cet égard. Ses premières fortifications datent de 1150. Depuis, elles furent successivement agrandies, notamment par les Anglais, qui ne négligèrent rien pour rendre imprenable une place qui leur était extrêmement utile dans leurs guerres contre les rois de France. Dès le XIIe siècle, le Crotoy fut érigé en commune.

C'est vers le milieu du XIe siècle que commence à paraître dans l'histoire du moyen âge le bourg maritime du *Tréport* (l'ancien *Ulterior Portus*).

Il paraît incontestable que, du temps des Romains, une population de marins et de pêcheurs habitait déjà les parages de la ville actuelle de *Dieppe*. Depuis l'époque de l'occupation romaine jusqu'au XIe siècle, tout est ténèbres. Mais on sait que, dès 1030, il existait non-seulement un bourg, mais aussi un port du nom de Dieppe. Il est d'ailleurs fait mention, dans quelques chroniques de cette époque, du port d'Arques qui était alors la ville de la contrée, avec fossés et murailles, et dont le territoire s'étendait jusqu'à la mer.

Le nom du port d'*Étretat* se rencontre pour la première fois en 1024 dans une charte du duc Richard II.

Harfleur fut jadis le « souverain port » de la Normandie. Avant la fondation du Havre, c'était la station principale de l'embouchure de la Seine, et il est probable que cette ville remonte à une haute antiquité. La ville devint surtout importante sous les ducs normands. Toutefois, malgré son importance maritime et commerciale, Harfleur ne marque pas dans l'histoire avant le XIVe siècle.

La fondation d'*Honfleur* ne remonte qu'à l'année 1066. La ville fut érigée en commune au XIIIe siècle. La situation d'Honfleur comme ville forte était subordonnée aux nécessités de sa position maritime : l'ennemi, devenu maître des hauteurs qui l'environnent, pouvait assister pour ainsi dire à tous les mouvements de la place. A l'origine, c'était la nature seule qui avait fait tous les frais du port : les navires, amarrés le long des remparts, reposaient sur la vase quand la mer se retirait ; lorsqu'elle revenait battre les murailles, ils se trouvaient exposés à toutes les violences des flots et des vents.

On ignore la date précise de la fondation de *Caen*. On croit savoir pourtant que la ville, détruite dans les invasions des Saxons au IIIe et au IVe siècle, avait déjà, après avoir été réédifiée, une certaine importance au temps de Rollon. Toutefois, ce n'est que dans un document du XIe siècle qu'il est fait mention de Caen pour la première fois ; le développement de la ville date surtout de Guillaume le Conquérant qui y fit construire une citadelle.

On ignore également la date de la fondation de *Barfleur*. On sait seulement que c'était déjà une ville fort importante au moyen âge.

L'origine de *Cherbourg* remonte très-probablement à une époque antérieure à la conquête des Gaules. L'occupation romaine y date certainement des premiers temps de la conquête. On pense que c'était le Coriallum de l'itinéraire d'Antonin. Vers l'an 497 la ville aurait été achetée par Clovis, et aurait relevé directement depuis lors de la couronne de France jusqu'en 1012, où elle passa sous l'autorité de Rollon devenu maître de toute la Normandie. Quoi qu'il en soit de la véritable date de sa fondation, Cherbourg, comme tant d'autres villes des Gaules, est restée, pendant les quatre siècles de l'occupation romaine, dans une obscurité qui s'est prolongée, après la chute de l'empire, jusqu'à l'époque de la conquête de l'Angleterre par Guillaume de Normandie dans le milieu du XIe siècle. Des documents historiques prouvent qu'à cette époque la ville de Cherbourg était une des cités les plus considérables du duché de Normandie.

Au Xe siècle, il n'existait sur le rocher de *Granville* ni ville ni village. Lors de l'établissement des Normands dans le Cotentin, il devint le patrimoine d'un guerrier de cette nation qui y construisit d'abord un petit château, et, plus tard, une chapelle, autour desquels vinrent se grouper les habitations.

Sous les Romains, *Brest* était un simple camp statif. L'histoire ne commence à en faire mention qu'au XIe siècle, et ce n'est guère qu'après le XIIIe siècle, au plus tôt, qu'elle fut érigée en ville dont les progrès restèrent encore lents et insensibles jusqu'au XVe et même au XVIe siècle.

Sur la Méditerranée, dès le temps de Charlemagne, la tour de Matafère s'élevait aux lieux où est aujourd'hui *Aigues-Mortes*. Au temps de saint Louis, Aigues-Mortes était une petite ville qui communiquait, par un étang, avec la Méditerranée. A l'occasion de la première croisade, le roi l'acheta aux moines de l'abbaye dePsalmodi, afin d'avoir un port à lui sur cette mer, car Marseille appartenait alors à son frère le comte de Provence. Il fortifia la ville et améliora le port.

Les trois grands événements de la seconde moitié du moyen âge : la conquête de l'Angleterre par les Normands, les Croisades, et la guerre de Cent ans, eurent la plus sérieuse influence sur le sort des villes du littoral de la France et sur le développement de la navigation et du commerce maritimes.

Rappelons sommairement les phases principales de ces grands faits historiques.

C'est en 1066, on le sait, que Guillaume de Normandie partit du petit port de *Dives* pour aller faire la conquête de l'Angleterre. Il avait publié son ban de guerre par toute la France; et, de tous les points du territoire, il y avait été répondu avec enthousiasme. L'Angleterre fut conquise; mais la France eut malheureusement bientôt à payer elle-même fort chèrement une conquête à laquelle elle avait pris une si large part. Les ducs de Normandie, devenus rois d'Angleterre, eurent en effet, dès lors, une puissance qui tint longtemps en échec celle de nos rois. Par des alliances, ils réunirent successivement à la couronne d'Angleterre tout le littoral de la France depuis Dieppe jusqu'à Bayonne : c'est ainsi, notamment, que le mariage d'Éléonore d'Aquitaine, femme répudiée de Louis VII, avec l'héritier de la couronne d'Angleterre, Henri Plantagenet, fit perdre à la France pour trois cents ans, parmi d'autres provinces du Midi, tout le duché de Guyenne. En même temps, la Flandre, qui, en 862, avait été érigée en un comté vassal des rois de France, en faveur de Baudoin, gendre de Charles le Chauve, et qui comprenait entre autres les ports de Dunkerque, de Gravelines et de Calais, devint le théâtre de fréquents soulèvements suscités par l'Angleterre contre la puissance suzeraine. Enfin, c'est à partir de cette même époque que les deux nations commencèrent à se disputer la suprématie du détroit, leur voisinage seul étant désormais entre elles l'occasion de fréquents débats, même en temps de paix. Bref, dès après la conquête de l'Angleterre par les Normands, la France se trouva envahie ou constamment menacée sur tout son littoral de la Manche et de l'Océan, et il lui fallut deux siècles de guerres sanglantes (XIIe et XIIIe siècle) pour reconquérir, ici, ses droits de suzeraineté méconnus, là, ses légitimes domaines.

C'est pendant ces deux siècles de luttes entre la France et l'Angleterre qu'eurent lieu les croisades : la première, en 1096, ayant ainsi précédé de quelques années le commencement des hostilités; la dernière, faite en 1270 par saint Louis contre Tunis. Ces grandes expéditions, qui renouèrent les liens brisés des nations chrétiennes, et qui rattachèrent l'Europe à l'Asie, rouvrirent en même temps les routes du commerce de la Méditerranée, fermées depuis l'invasion musulmane. L'Orient redevint ainsi accessible aux marchands de l'Occident.

Avant les Croisades, les villes d'Italie, de Provence et de Catalogne, étaient les seules à ne point trop s'effrayer des distances. Celles d'Allemagne et de France vont suivre maintenant les voies qui viennent de s'ouvrir.

En même temps, un principe nouveau, l'association, sera appliqué dans les relations commerciales, et aura pour conséquence un immense développement du commerce maritime. C'est en 1241 que fut constituée la Hanse ou Ligue commerciale, formée d'abord entre Hambourg et Lubeck seulement, mais à laquelle adhérèrent successivement les principales villes commerçantes du Nord : Brême, Bruges, Bergues, Stralsund, Kiel, Stettin, Rigga, Revel, Novogorod, Londres, Cologne, Brunswick, Dantzick, Dunkerque, Anvers, Ostende, Dordrecht, Rotterdam, Amsterdam, etc. Les avantages qui en résultaient pour les associés, engagèrent un grand nombre de ports de l'Atlantique et de la Méditerranée à entrer dans la Hanse : Abbeville, Rouen, Saint-Malo, Bordeaux, Bayonne, Lisbonne, Cadix, Barcelone, Marseille, Livourne, Naples, Messine, etc. L'association compta bientôt quatre-vingts villes qui centralisaient alors le commerce de l'Europe. Chaque ville fournissait un contingent militaire et une contribution en argent. Les cités hanséatiques s'occupaient du commerce, de la pêche, des mines, de l'agriculture, de l'industrie; leur droit maritime, préparé par les statuts de Hambourg, en 1276, et ceux de Lubeck, en 1299, ne fut publié complétement qu'en 1614, à une époque où la découverte de l'Amérique, et celle d'une nouvelle route vers les Indes par le cap de Bonne-Espérance, les avait ruinées.

Enfin, cette époque est marquée encore par un fait d'une portée immense, l'invention de la boussole, que l'histoire fait remonter à l'an 1302 et attribue à Flavio Gioia, pilote d'Amalfi. La boussole, en permettant aux marins de s'éloigner des côtes sans crainte de s'égarer dans l'immensité des Océans, poussera bientôt tous les peuples maritimes aux grands voyages de découvertes.

Mais la France a encore des luttes à soutenir pour s'assurer la possession entière et incontestée de son territoire. On sait qu'à l'avénement de Philippe VI de Valois, parvenu au trône en vertu de la loi salique, des protestations avaient été soulevées par Édouard III d'Angleterre, petit-fils, par sa mère, de Philippe IV (1328). Néanmoins, les premières années du règne de Philippe de Valois avaient été extrêmement heureuses : le roi de France n'avait jamais été aussi puissant depuis Charlemagne; le pays était dans la situation la plus prospère il voyait, à la faveur de la paix, croître son industrie et son commerce. C'est au milieu d'une telle prospérité qu'Édouard III, en 1337, revendiqua, les armes à la main, ses prétendus droits à la couronne de France, et que commença entre les deux peuples cette longue guerre qui devait rejeter pour plus d'un siècle la France dans le chaos. Ce ne fut, en effet, qu'en 1453, que l'expulsion définitive des Anglais de Bordeaux et de toute la Guyenne, qu'ils avaient occupées pendant trois cents ans, vint mettre heureusement fin à la guerre de Cent ans. Les Anglais ne possédaient plus alors en France que Calais et deux petites places voisines.

Le règne glorieux de Charles VII, terminé en 1461, ferma pour la France la longue période du moyen âge et ouvrit les temps modernes.

Disons maintenant quel fut plus spécialement le rôle des cités du littoral dans les luttes sanglantes qui signalèrent toute cette époque de notre histoire, quelles vicissitudes elles eurent à traverser, quelle était enfin leur situation, et, par là même, la situation maritime de la France, à la fin du moyen âge.

Les Dunkerquois ne prirent aucune part aux troubles qui eurent lieu en Flandre dans le milieu du XIIe siècle; leurs pêcheries, leur commerce, acquirent pendant cette période un nouveau développement. Ils avaient aussi appliqué leur industrie aux constructions navales, puisque le comte de Flandre put leur confier l'équipement de plusieurs vaisseaux destinés au transport de ses troupes en Palestine. Un peu plus tard, en 1170, la prospérité de Dunkerque fut troublée par les pirates normands qui continuaient à infester la Manche; les secours que la ville eut l'occasion de fournir au comte de Flandre, vers 1186, pour repousser cette invasion, lui valurent de nombreux et importants priviléges. Dunkerque eut enfin beaucoup à souffrir également des guerres qui désolèrent la Flandre à la fin du XIIIe siècle. Philippe le Bel la prit en 1297, et la garda jusqu'en 1305; elle passa ensuite entre les mains de différents maîtres; en 1325, elle fut prise et saccagée par les Flamands. C'est pendant les premières hostilités entre Philippe de Valois et Édouard III, en Flandre, que les Français, par l'impéritie de leurs amiraux, eurent leur flotte complétement détruite à la bataille navale de l'Écluse; mais ils restèrent néanmoins maîtres du littoral. En 1357, Dunkerque tomba de nouveau au pouvoir des Flamands révoltés, et devint le port d'où Édouard III tirait ses munitions de guerre et les approvisionnements de son armée. Rentrée ensuite entre les mains de la France, la ville fut assiégée et prise en 1382 par le roi d'Angleterre Richard II; mais elle fut reprise la même année par les Français. En 1403, Philippe, fils du roi de France et comte de Flandre et de Bourgogne, accorda à Dunkerque le droit de se fortifier. Bientôt les Dunkerquois commencèrent des courses contre les pirates anglais qui s'étaient répandus dans la Manche, les détruisirent entièrement, et rapportèrent dans leur port des prises considérables. En 1437, la ville fut prise encore une fois et pillée par les Anglais, qui dévastèrent en même temps tout le pays d'alentour.

Gravelines fut prise, saccagée et presque entièrement détruite par les Anglais, en 1383. Une trêve d'une année fut alors conclue, et Gravelines resta entre les mains des Français jusqu'à la conclusion des démêlés du comte de Flandre avec ses sujets. Le comte étant mort en 1384, la Flandre passa à la maison de Bourgogne. L'année suivante, à l'instigation du duc de Bourgogne, d'immenses préparatifs furent faits sur toutes les côtes de la Manche pour une descente en Angleterre : on réunit assez de vaisseaux, dit Froissart, pour faire un pont de Calais à Douvres; il y en avait quatorze cents; on avait même construit toute une ville en bois, qui se démontait pièce à pièce, afin d'emporter avec soi un camp retranché; mais on laissa passer le moment favorable pour la traversée, et il fallut renoncer au projet.

A partir du XIIIe siècle, Calais devint le point de passage entre la France et l'Angleterre, à l'exclusion des ports de Boulogne et de Wissant, alors dégradés et ruinés. C'est de Calais que Louis de France partit, en 1217, avec quatre-vingts bâtiments de guerre et six cents transports pour aller disputer la couronne d'Angleterre au roi Jean. Calais fut agrandie et fortifiée par saint Louis qui voulait en faire, de ce côté, un boulevard contre les entreprises de l'Angleterre. C'est à Calais que Philippe le Bel, en 1296 et 1302, fit une grande partie de ses armements et réunit sa flotte pour sa guerre contre les Anglais et contre les Flamands. En 1303, Calais entra dans la Ligue hanséatique et fit des armements nombreux, tant pour le commerce que pour la guerre contre l'Angleterre. En 1321, un navire génois en charge pour l'Angleterre fut enlevé dans la Manche par un navire calaisien; on refusa aux instances d'Édouard II lui-même de rendre la prise, et ce fait ne fut certainement pas étranger à la colère que déploya plus tard le vainqueur de Crécy. Enfin, dans la guerre de 1324, on équipa dans le port de Calais une flotte qui devait rejoindre celles de Zélande et de Normandie pour opérer un débarquement dans le comté de Norfolk. Les Calaisiens armèrent en course et firent dans le détroit des prises nombreuses. De leur côté, les Anglais, pour mettre fin à des expéditions qui ruinaient leur commerce, songeaient déjà à se rendre maîtres de Calais; mais ils n'osèrent alors rien tenter. L'entreprise fut ainsi plusieurs fois ajournée. Plus tard, Édouard III, plus habile et plus hardi que ses prédécesseurs, l'exécuta. Il venait de gagner contre l'armée de Philippe de Valois la victoire sanglante de Crécy (1346). Il quitta aussitôt le champ de bataille, se présenta devant Montreuil et devant Boulogne qui refusèrent de lui ouvrir leurs portes, prit Wissant qu'il fortifia, et mit le siége devant Calais; après qu'il eut entouré la ville de lignes de circonvallation et qu'il eut pris toutes les mesures pour l'affamer, il passa en Angleterre et revint avec une flotte de sept cents vaisseaux montés par quinze mille matelots. Calais fut obligée de se rendre. Édouard III expulsa de la ville la population française; et, alors, prit fin la prospérité dont avait joui le port de Calais pendant tout le XIIIe siècle. Les Anglais s'occupèrent immédiatement de rétablir les fortifications, et ils firent beaucoup d'améliorations au port; en 1366, ils créèrent un grand entrepôt pour le transit des laines entre l'Angleterre et la Flandre.

Le port de Boulogne resta longtemps négligé. Toutefois, pendant les Croisades, on vit les Boulonnais paraître avec éclat au milieu de cette armée que commandait le fils d'un de leurs comtes, Godefroid-de-Bouillon. L'histoire a conservé le nom d'un pêcheur boulonnais qui se distingua d'une manière particulière durant la mémorable expédition : il avait armé une petite flotte avec laquelle il alla croiser dans les mers d'Égypte, et il était devenu la terreur des Sarrasins. Boulogne joua un certain rôle pendant la guerre de Cent ans. La situation, la commodité et la sûreté de son port maintinrent constamment la prospérité de la ville : chaque fois qu'elle avait eu à souffrir des ravages de la guerre, le commerce et la pêche réparaient ses pertes. Dès le XIVe siècle, les Anglais essayèrent de s'emparer d'une place dont l'heureuse situation eût puissamment favorisé leurs projets d'envahissement et de conquêtes. En 1339, ils y abordèrent à la faveur d'une brume épaisse, surprirent la basse ville et brûlèrent dans le port quarante-sept bâtiments de guerre; mais ils échouèrent contre les fortifications de la ville haute. Quand ils se furent rendus maîtres de Calais, le Boulonnais fut souvent le théâtre de leurs courses et de leurs déprédations, et, plusieurs fois, ils renouvelèrent sans succès leurs tentatives contre Boulogne.

Étaples appartint longtemps aux comtes de Boulogne, et le port conserva pendant toute cette période une certaine importance. La flotte de Philippe-Auguste y stationnait en 1193. En 1339, Étaples fournit dix vaisseaux à la malheureuse bataille navale de l'Écluse. La ville fut plusieurs fois pillée et brûlée pendant la guerre de Cent ans.

La flotte de Guillaume le Conquérant, après son départ de Barfleur où elle avait été réunie, ayant été contrariée par des vents contraires, relâcha pendant un mois à Saint-Valery. Au XIIIe siècle, les ports du Crotoy et de Saint-Valery étaient très-commerçants et recevaient des navires de tous les pays connus; mais ces deux ports eurent beaucoup à souffrir des guerres entre les rois de France et d'Angleterre. La ville de Crotoy fut prise et brûlée par Édouard III, en 1346, deux jours avant la bataille de Crécy. On y voit encore les restes d'un château-fort, construit par les Anglais en 1369, et où Jeanne d'Arc fut emprisonnée en 1430 avant d'être envoyée à Rouen. Saint-Valery, après le combat naval de l'Écluse où elle avait fourni quatre vaisseaux à la flotte française, réussit à repousser les efforts des Anglais. En 1346, quelques jours avant la bataille de Crécy, Édouard III, après avoir essayé de surprendre la ville, passa la Somme au fameux gué de Blanquetaque, situé un peu en amont de Noyelles. Plus tard, les diverses villes des rives de la Somme, parmi lesquelles Saint-Valery et le Crotoy, se révoltèrent contre Édouard qui avait été maintenu dans la possession du Ponthieu par le traité de Brétigny. Les Anglais, sentant de quelle importance était pour eux le gué de Blanquetaque, reprirent, en 1369, Rue et le Crotoy qui le commandaient. Les ravages qu'ils exercèrent dans les environs furent si épouvantables, que Charles VI vint investir en personne le Crotoy; la place ne se rendit que contrainte par la famine. Jusqu'au XVe siècle, l'histoire de Saint-Valery mentionne une succession de siéges faits par les Anglais, par les Français et par les Bourguignons : chaque fois qu'elle changeait de maîtres, la ville était saccagée, pillée ou incendiée. Le Crotoy et Saint-Valery fournirent des marins à leur compatriote Jean de Béthencourt pour sa conquête des Canaries.

Hugues Capet, en 992, avait établi de nouvelles fortifications à Abbeville pour préserver le port des invasions des Normands. Vers le milieu du XIIe siècle, Abbeville devint la capitale du Ponthieu, et commença alors à prendre un grand développement. Au XIIIe siècle, son port était regardé comme l'un des premiers du royaume : il avait des relations avec toutes les parties de l'Europe maritime. Les rois de France et d'Angleterre s'en disputèrent sans cesse la possession. Malgré les maux inévitables que la guerre traîne à sa suite, la ville jouit d'une grande prospérité dans tout le cours du XIVe siècle. Agrégée à la Hanse teutonique et à la Hanse de Londres, elle faisait un commerce considérable avec l'Espagne, le Portugal, l'Angleterre, la Hollande et la Suède.

Après la conquête de l'Angleterre, les communications fréquentes qui s'établirent entre ce royaume et la Normandie, la commodité que trouvaient les passagers à s'embarquer et à débarquer à Dieppe, tout contribua à augmenter la population de ce petit port et à accroître ses richesses; si bien que, dès le milieu du XIIe siècle, Arques avait une rivale qui grandissait à ses côtés, tandis qu'elle-même, au fond de sa vallée solitaire, ne devait bientôt plus que déchoir. Dieppe devint célèbre pendant la seconde moitié du moyen âge par ses entreprises maritimes; redoutables sur mer aux Anglais, aux Espagnols et aux Portugais, ses armateurs entreprirent des voyages de découvertes. Sous le règne de Charles V (1364-1380), et par conséquent bien avant les Portugais, les Dieppois découvrirent, sur la côte d'Afrique, la Guinée, d'où ils rapportèrent du poivre, de la poudre d'or et de l'ivoire.

Le nom de Fécamp est cité dans une charte de 1024 du duc Richard II. En 1066, les moines de Fécamp étant venus en aide à Guillaume le Conquérant lors de l'invasion de l'Angleterre, ils en furent récompensés par l'obtention de larges bénéfices dans les pays conquis. L'abbaye fut mise définitivement en pleine possession du port par une charte du roi Henri II, vers 1185. Ce furent, en conséquence, les moines qui exécutèrent et entretinrent les premiers ouvrages au moyen d'impôts spéciaux portant spécialement sur la vente du poisson; car, dès le xe siècle, Fécamp se livrait à la pêche et à la salaison du hareng. Après la conquête de Philippe-Auguste, en 1204, Fécamp, ainsi que les autres villes maritimes comprises entre la baie de Somme et l'embouchure de la Seine, le Tréport, Saint-Valery-en-Caux, Étretat, sauf Dieppe, cessa de jouer un rôle dans l'histoire jusqu'au milieu du XIVe siècle. La guerre de Cent ans amena pour toutes ces villes une série de désastres. Dans les luttes incessantes entre les rois de France et d'Angleterre, à partir de 1339, elles tombèrent alternativement, à diverses reprises, entre les mains de l'un et de l'autre parti, jusqu'au moment de la complète expulsion des Anglais de France, en 1450.

La guerre de Cent ans vint porter un premier coup à la prospérité de Harfleur : en 1339 sa flotte fut brûlée par les Anglais. Mais la ville se releva. Charles V y réunit une flotte en 1369 pour porter la guerre en Angleterre. Le règne de ce prince marque l'apogée de la prospérité du port. En 1415 la ville fut prise par le roi d'Angleterre Henri V. Il y avait déjà vingt ans que les Anglais tenaient dans Harfleur la clef de la Normandie, lorsqu'ils en furent chassés par les Cauchois en 1435. Mais les Anglais la reprirent en 1440 et la conservèrent jusqu'en 1450.

La situation des ports de la Normandie, sous la domination ducale, avait été très-prospère. Pour ne parler que de Rouen, son commerce, depuis la dissolution de l'empire romain, s'était créé de nouvelles relations. La compagnie des « Nautes » ou des navigateurs normands, y jouissait depuis un temps immémorial, par envahissement ou par concession de monopoles, du commerce de la Seine. Elle transportait le sel et la marée de la Normandie à Paris, d'où elle tirait en échange les vins et les bois de la Bourgogne. Le port de Rouen recevait du Midi, au moyen de nombreux bâtiments employés au cabotage, des denrées de toute espèce qu'il expédiait ensuite par la voie de terre dans les provinces de l'intérieur. Au delà de la Manche, ses marchands avaient obtenu d'importants privilèges d'Édouard le Confesseur, roi d'Angleterre. Ce prince leur avait accordé le port de Dungeness pour leur usage particulier. Plus tard, vers 1150, Henri Plantagenet, tout en les confirmant dans l'usage particulier de ce port, exempta leurs vaisseaux de tous droits, tant à Londres que dans les autres ports de l'Angleterre, et leur attribua exclusivement le commerce de l'Irlande. Ils exploitèrent avec une rare habileté, durant l'espace d'un siècle et demi, cet immense marché d'outre-mer. La réunion de Rouen à la France, au commencement du XIIIe siècle, lorsque Philippe-Auguste eut reconquis toute la Normandie contre Jean sans Terre, lui fit perdre les franchises commerciales dont elle jouissait en Angleterre; mais elle n'en continua pas moins à entretenir des relations actives avec ce pays qui lui expédiait son étain, ses toiles et son poisson salé, et lui prenait en retour les produits du Midi. Philippe-Auguste avait conservé à ses marchands le monopole du commerce de l'Irlande (1207). Ils avaient obtenu d'ailleurs de précieux avantages des comtes de Flandre : les denrées expédiées de Rouen ne payaient de droits ni à Calais, ni dans aucune autre ville de l'Artois. Par l'intermédiaire des ports de la Flandre et de la Normandie, Rouen recevait les marchandises des villes de la Hanse teutonique. La Norwége, le Danemark et la Frise y envoyaient leurs bois, leurs fourrures, et leurs faucons dressés pour la chasse; l'Italie, la Provence, l'Espagne et le Portugal, leurs fruits, leurs vins et leurs huiles; ce dernier pays était représenté à Rouen par une colonie nombreuse de marchands portugais. Le port de la haute Seine était en outre l'entrepôt des vins, du bois et des autres produits naturels de la Bourgogne, de la Champagne et de l'Ile-de-France. Il s'y faisait un mouvement continuel d'importation et d'exportation auquel les négociants rouennais prenaient la plus grande part. Les Rouennais ne se bornaient pas à trafiquer avec presque tous les pays du nord de l'Europe. Au XIVe siècle, ils s'associèrent avec les Dieppois pour les entreprises de la grande navigation; leurs bâtiments, comme on l'a dit déjà, devancèrent les Portugais sur les côtes de l'Afrique occidentale; ils y bâtirent plusieurs forts et en tirèrent des richesses considérables. Dans un noble esprit d'émulation, les armateurs des deux villes s'engagèrent même, par un acte de 1365, à armer des vaisseaux dans le but d'explorer « des mers encore inconnues ». Rouen était alors presque aussi importante comme port de guerre que comme port marchand. Les Valois, pendant leurs longues luttes contre les Anglais, y entretinrent presque toujours une flotte de guerre. En 1419, après un long siége, Rouen, à la suite des autres villes de la basse Normandie, fut prise par les Anglais. C'est pendant leur occupation qu'y fut condamnée et brûlée Jeanne d'Arc; et ce ne fut qu'en 1449 que les couleurs de la France reparurent sur les murs de la ville. Charles VII confirma à la Cité tous ses priviléges; mais il retira le monopole commercial de la Seine à la compagnie de ses marchands de l'eau, ainsi qu'à celle des Nautes parisiens, et, par cet acte de haute portée politique, il fit rentrer le grand fleuve dans le patrimoine commun de la France.

Les autres ports de la Normandie : Honfleur, Caen, Barfleur, Cherbourg, Granville, eurent beaucoup à souffrir des guerres continues entre la France et l'Angleterre pendant toute la seconde moitié du moyen âge.

Avec la guerre de cent ans, notamment, commença pour Caen une période de troubles et de malheurs. En 1346, les Anglais s'emparèrent de la ville et la mirent à sac pendant trois jours. En 1369, Caen fournit une partie des galères de la flotte de Charles V destinée à l'expédition contre l'Angleterre. Vainement les Anglais voulurent se venger en jetant en France une armée sous les ordres du duc de Lancastre. Du Guesclin, qui s'était réfugié dans Caen, battit les Anglais près de cette ville, et les chassa pour longtemps de la Normandie. Après une courte période de paix, à la fin du XIVe siècle, Caen fut de nouveau profondément troublée par les guerres du XVe siècle. Les Anglais en furent maîtres de 1417 à 1450.

C'est dans la rade de Barfleur que Guillaume, duc de Normandie, avait réuni sa flotte, composée de neuf cents navires et cinq cents transports, pour aller faire la conquête de l'Angleterre.

Pendant les grandes luttes du moyen âge entre la France et l'Angleterre, Cherbourg, qui, par sa situation à l'extrémité septentrionale de la presqu'île du Cotentin, forme l'une des portes de la France vis-à-vis de l'Angleterre, a toujours été l'une des positions le plus vivement disputées, périodiquement conquise par l'Angleterre et reprise par la France, toujours au prix des plus grands efforts. Cédée en 1355, avec tout le Cotentin, à Charles le Mauvais, roi de Navarre, elle devint le principal lieu de débarquement des Anglais. Un siècle plus tard, la ville fut en la possession des Anglais à partir de 1418. Assiégée par l'armée de Charles VII, en 1450, la nombreuse garnison de Cherbourg pensait bien n'avoir rien à craindre, grâce à la force de la place, et surtout au voisinage de la mer; ce fut précisément par là qu'elle fut prise : les Français établirent leurs batteries dans la mer même; quand le flot arrivait, ils quittaient leurs canons bien ancrés sur la grève et fermés par des peaux graissées; quand les eaux se retiraient, ils revenaient servir leurs pièces. La ville fut obligée de se rendre.

En 1436, Granville tomba entre les mains des Anglais, qui en firent une place forte; mais, quatre années plus tard, elle fut reprise par les Français, qui n'en furent plus délogés.

De temps immémorial, les habitants de Saint-Malo étaient ce qu'ils sont restés jusqu'aux temps modernes, des corsaires et des marchands. A l'époque des croisades, on les appelait « les troupes légères de la mer ». Au XIIIe siècle, ils entrèrent dans la Ligue hanséatique. L'Espagne est le pays avec lequel ils avaient les relations les plus importantes : ils recevaient ses vins en échange des toiles de Normandie et de Bretagne. Pendant toutes les guerres de la seconde moitié du moyen âge, Saint-Malo eut à soutenir de nombreuses luttes pour conserver son indépendance. Les Anglais l'assiégèrent à plusieurs reprises.

Brest, qui appartenait d'abord aux comtes de Léon, passa en 1239 entre les mains du duc de Bretagne; et elle devint alors alternativement, ou le boulevard de la France contre les Anglais, ou la tête de pont devant leur faciliter l'entrée, selon que la politique faisait de la Bretagne leur ennemie ou leur alliée. Toutefois, comme on l'a dit déjà, Brest ne joua aucun rôle marqué pendant le XIVe et le XVe siècle.

Nantes eut beaucoup à souffrir des guerres, qui n'y arrêtèrent pourtant pas les progrès du commerce. Au XIIIe siècle, elle était, comme aujourd'hui, la ville la plus importante de la Bretagne. En 1343, elle résista aux Anglais, qui cherchaient à s'en emparer.

Les Rochelais, exclusivement occupés de leurs intérêts maritimes, restèrent indifférents pendant de longues années aux événements qui se passaient autour d'eux, et leur ville ne fit que prospérer pendant toute la période des guerres de Henri II Plantagenet et de Richard-Cœur-de-Lion contre la France. A la mort de ce dernier prince, Éléonore d'Aquitaine, ayant repris la souveraineté directe de ses domaines paternels, confirma par une charte de 1199 l'établissement de la commune de La Rochelle. A cette époque, les expéditions commerciales et maritimes de la place avaient déjà acquis une grande importance et s'étendaient jusque dans le Levant. Les Rochelais étaient donc attachés au parti du roi Jean d'Angleterre par reconnaissance et par intérêt; aussi, pendant la campagne de Philippe-Auguste en Poitou, refusèrent-ils alors d'ouvrir leurs portes au roi de France. C'est dans leur port que le roi Jean débarqua et reprit la mer quand il essaya par deux fois de reconquérir ses domaines. Plus tard, en 1224, lorsque Louis VIII vint faire à son tour le siège de La Rochelle, les habitants, abandonnés à leur sort par Henri III d'Angleterre, se détachèrent du parti anglais; Louis VIII entra dans la ville, reçut serment de fidélité de la commune, et confirma ses privilèges. Les Rochelais se rallièrent dès lors franchement à la monarchie française; et, à partir de ce moment, ils jouirent d'une longue paix, qui ouvrit pour eux une ère de grande prospérité, et pendant laquelle leur ville devint l'entrepôt de tout le commerce de l'Aquitaine. Saint Louis fortifia La Rochelle pour la mettre à l'abri d'un coup de main de la part de l'Angleterre; néanmoins, pendant la guerre de Philippe le Bel contre Édouard Ier, en Guienne, la ville fut insultée par les corsaires anglais, et son territoire envahi et ravagé. Sous Philippe de Valois et le roi Jean, les Rochelais prirent une part active à toutes les guerres qui eurent lieu entre la France et l'Angleterre. Ils avaient été fort attristés de la clause du traité de Bretigny (1360) qui cédait leur ville à Édouard III; en 1373, la place se rendit à Du Guesclin, et Charles V accorda à la ville de nombreux privilèges. Sous Charles VI, La Rochelle repoussa toutes les attaques des Anglais dans le pays d'Aunis. Le rétablissement de la paix, en 1402, permit aux navigateurs de l'Aunis et des autres provinces maritimes d'entreprendre des expéditions lointaines. La plus remarquable de ces expéditions fut celle de Jean de Béthencourt, gentilhomme normand, qui, parti de La Rochelle avec quelques aventuriers montés sur deux navires, reconnut les Iles Canaries, en fit la conquête, et s'en proclama roi, du consentement de Henri de Castille. Jean de Béthencourt traça ainsi le premier la route des Indes occidentales. Lorsque la bataille d'Azincourt (1415) eut replongé la France dans de nouveaux malheurs, on vit les Rochelais se signaler encore par leurs exploits, et contribuer vigoureusement à la défense du royaume; leurs escadres, surtout, se distinguèrent en diverses occasions.

Bordeaux eut beaucoup à souffrir des désordres domestiques et des troubles civils qui désolèrent l'Aquitaine sous le gouvernement des premiers Plantagenets. Toutefois, elle faisait un grand commerce d'exportation de ses vins pour l'Angleterre et la Flandre. Les Français s'en emparèrent en 1293 et la gardèrent dix ans. L'évacuation, moyennant hommage rendu par Édouard Ier à Philippe le Bel, fut suivie d'une longue période de paix. Après la signature du traité de Brétigny, Édouard III voulant récompenser les services du vainqueur de Poitiers, le Prince Noir, avait érigé la Guienne, pour l'en investir à titre de souverain, en une principauté comprenant le Bordelais, la Gascogne, le Poitou, la Saintonge, l'Agenais, le Périgord, le Limousin, la Bigorre, les Landes, le Quercy et le Rouergue, et ayant Bordeaux pour capitale. Ce fut une période de grande splendeur pour cette ville. Plus tard, durant le demi-siècle qu'ensanglantèrent à l'envi les querelles des deux Roses en Angleterre, et celle des deux Croix en France, Bordeaux n'eut affaire à aucun ennemi, mais la ville ne cessa pas d'être agitée par les intrigues des agents français et par les collisions entre bourgeois et soldats, et d'être désolée par la peste, les épidémies, et même des tremblements de terre, jusqu'en 1450. En 1451, Charles VII fit la conquête de la Guienne et de Bordeaux. Mais, l'année suivante, une nouvelle expédition anglaise eut lieu en Guienne : Bordeaux regrettait la domination anglaise; elle était obligée maintenant à payer des impôts et à fournir des soldats; son port était désert et ses magasins encombrés; les habitants introduisirent eux-mêmes les Anglais dans leur ville, et presque tout le pays suivit cet exemple. La conquête était à recommencer. En moins d'une année, après une série de combats victorieux, Charles VII fit une entrée triomphale à Bordeaux, et la ville rentra enfin, pour ne plus s'en séparer, dans la grande famille française (1453). Mais Charles VII avait supprimé ses privilèges, et, pour s'assurer désormais la fidélité de la ville, il fit construire les deux forts de Château-Tropeyte et de Château-du-Hâ.

Au moment de la réunion de la Guienne à la couronne d'Angleterre, Bayonne était déjà parvenue à un état très-florissant. Ses habitants jouissaient d'un important privilége que leur avait accordé, dès 1059, un de leurs seigneurs héréditaires, celui de la vente de tout le poisson pêché le long de la côte, depuis le cap Breton jusqu'à Fontarabie. Ils faisaient la pêche de la baleine et ils se livraient à la navigation et au trafic sur les côtes d'Espagne. La domination anglaise ouvrit au commerce bayonnais une nouvelle ère par la réduction, et, finalement, par la suppression de tous les droits perçus sur les vins de Gascogne et sur toutes les autres marchandises exportées, à leur entrée en Angleterre. Dès l'année 1441, les victoires de Jeanne d'Arc et de Charles VII commençaient à répandre l'alarme en Guienne. Les Bayonnais supplièrent en vain le roi d'Angleterre Henri VI de leur envoyer du secours. En 1451, Bayonne tomba au pouvoir du roi de France. Elle était restée trois cents ans entre les mains de l'Angleterre. Sa prospérité commerciale avait toujours suivi une marche ascendante. La ville avait pris part aux glorieuses expéditions des Basques en Islande et à Terre-Neuve. Mais Bayonne, devenue française, devait nécessairement perdre une à une toutes les franchises qui en faisaient, au temps des rois d'Angleterre, une cité indépendante et presque républicaine. Charles VII lui conserva pourtant une partie de ses immunités.

C'est vers le XIIe siècle que les Basques de Saint-Jean-de-Luz, de Biarritz et de Bayonne ouvrirent, les premiers, le chemin des grandes pêches de la morue et de la Baleine (1). Plus tard, du XIVe au XVIe siècle, après la découverte de la boussole, ils s'élancèrent dans la haute mer, à la poursuite du gigantesque cétacé, jusqu'aux mers du Canada et du Groënland. Aucun fait remarquable ne se passa à Saint-Jean-de-Luz pendant le moyen âge, sous la domination anglaise.

Marseille passa au IXe siècle sous la domination des rois d'Arles. Au Xe siècle, la ville basse, qui avait conservé son organisation romaine, fut soumise à un vicomte; mais, en 1214, elle fut de nouveau érigée en république; quant à la ville haute, elle appartenait à l'évêque. Pendant toute cette période, les événements extérieurs favorisèrent le développement de la prospérité de Marseille et l'extension de son commerce. Les croisades firent affluer les pèlerins dans ses murs et les vaisseaux dans son port; elles lui permirent, après la prise de Jérusalem, d'établir des comptoirs en Syrie où bientôt elle exerça une sorte de suprématie commerciale. Marseille entretenait d'ailleurs un commerce actif avec les côtes de Barbarie d'où provenaient les laines destinées aux fabriques du Languedoc. En 1257, la ville tomba sous la domination du comte de Provence, Charles d'Anjou. La perte de son indépendance politique lui fut fatale. Soumise à des princes qui, pour la plupart, ne connaissaient d'autre gloire que celle des combats, elle fut entraînée à des guerres ruineuses; il fallut enlever au commerce les flottes qui faisaient sa richesse, sa gloire et sa sécurité, et les armer pour d'autres intérêts que les siens. Les républiques d'Italie, Gênes, Pise, Venise, s'emparèrent alors à son préjudice de tout le commerce du Levant. Les premiers temps de la domination des comtes de Provence furent signalés par peu d'événements : c'est à Marseille que Charles d'Anjou, après y avoir fait équiper trente galères, s'embarqua en 1265 pour la conquête du royaume de Naples; c'est aussi à Marseille que saint Louis organisa en 1270 les préparatifs de sa seconde croisade. Pendant la guerre de cent ans, Marseille et les autres villes du littoral de la Méditerranée, qui faisaient alors partie comme elle du comté de Provence, ne furent mêlées en rien aux grandes luttes de cette époque. Toutefois, Marseille ayant aidé de ses trésors et de ses vaisseaux le comte Louis III, dans une guerre qu'il entreprit pour disputer à Alphonse d'Aragon le royaume de Portugal, Alphonse se vengea en venant, en 1413, mettre le siège devant la ville qui fut incendiée et livrée au pillage. Le roi René répara heureusement ensuite ce désastre.

Aigues-Mortes fut choisie par saint Louis comme port d'embarquement pour sa première croisade de Terre-Sainte, en 1248, et pour sa croisade de Tunis, en 1270.

Toulon, enfin, après avoir, comme toute la Provence, fait partie de l'empire de Charlemagne, fut enclavée en 879 dans le royaume d'Arles, qui devint plus tard le comté de Provence. La ville fut ravagée par les Sarrasins en 1178 et 1197, ceux-ci se vengeant ainsi des armements formidables exécutés à Marseille pour la croisade de Terre-Sainte.

RENAISSANCE. — Le siècle de la Renaissance, indépendamment de la révolution si féconde qu'il amena dans les idées et dans les croyances, fut marqué encore, on le sait, par les grandes découvertes maritimes qui déplacèrent le commerce et amenèrent une révolution non moins profonde dans les intérêts des peuples.

1. Les Basques sont les premiers navigateurs de l'Europe, et peut-être du monde connu, qui aient osé attaquer la baleine dont les approches sont si redoutables. Ils en firent seuls la pêche pendant longtemps : les baleines abondaient anciennement dans le golfe cantabrique, et, particulièrement, dans la baie de Saint-Jean-de-Luz. Pour les combattre, ils inventèrent le harpon, le trident, tous les instruments en usage dans cette guerre terrible. Ils ne se servaient dans le principe que de petites barques, et ce n'est que plus tard qu'ils employèrent de gros navires.

Pendant tout le moyen âge, le commerce avait continué à suivre les routes anciennement tracées; mais la civilisation s'étant avancée jusqu'aux limites de l'Europe occidentale, la Méditerranée ne pouvait plus rester le centre d'activité des peuples qui bordaient l'Atlantique. Ces peuples s'étaient peu à peu familiarisés avec la grande mer et avaient pris confiance dans la boussole. Déjà, comme on l'a vu, les Basques, en poursuivant les baleines, avaient poussé leurs navires jusque dans les mers lointaines du nord qu'ils avaient parcourues dans tous les sens; en même temps, les Normands, descendant au contraire vers le sud et longeant le littoral africain, avaient atteint la Guinée et fait la conquête des Canaries; d'un autre côté, enfin, les Scandinaves, partis de Norwége, avaient gagné l'Islande, puis le Groënland, et s'étaient avancés jusqu'au Labrador. Mais ces quelques tentatives vers les régions inconnues étaient jusqu'alors restées isolées. Maintenant, tous les peuples se trouvent animés de l'esprit des grandes entreprises. Dès les dernières années du XVe siècle, les Portugais, sous la conduite de Vasco de Gama, trouvent la route maritime des Indes orientales par le cap de Bonne-Espérance; Christophe-Colomb découvre les Indes occidentales. A partir de ces découvertes mémorables commence le grand mouvement colonial qui va changer la face du monde. Alexandrie, Venise, perdent le monopole du commerce de l'Orient dont elles avaient joui pendant tout le moyen âge; des comptoirs européens s'établissent et se multiplient rapidement dans les Indes orientales et occidentales; de vastes territoires y sont conquis et occupés; désormais les colonies vont jouer un rôle immense dans le développement ou le déclin de la richesse et de la puissance des peuples maritimes.

La France, ainsi que nous aurons à le rappeler, prit sa part, avec des fortunes diverses, au grand mouvement de colonisation provoqué par la découverte du nouveau monde.

La marine avait été fort négligée sous Louis XI, presque exclusivement absorbé par ses luttes contre les grands vassaux révoltés. Toutefois, c'est sous le règne de ce prince, on le sait, que, par donation, Marseille, avec toute la Provence, fut définitivement réunie à la monarchie française. La marine commença à se relever sous Charles VIII, et, surtout, sous Louis XII, dont les flottes, malgré l'infériorité du nombre, combattirent avec succès sur l'une et sur l'autre mer; Marseille, notamment, couvrit la Méditerranée de ses corsaires et porta un dommage considérable au commerce de Venise, sa rivale; ses armateurs commencèrent, dès la même époque, à établir des relations directes par mer avec les ports français de l'Océan. Mais c'est à François Ier qu'est due la première idée d'une marine permanente. Ce prince eut une véritable marine, parfaitement organisée. Il équipa des galères sur la Méditerranée où sa flotte fut assez forte pour faire régner partout en maître le pavillon français; cette flotte en station dans la Méditerranée se composait de cinquante galères. Sur l'Océan, il fit construire de plus grands navires que ceux jusqu'alors en usage, allant à la voile et à la rame; et c'est pour abriter ces navires, qu'en 1518, il fit creuser et agrandir le petit port du *Havre-de-Notre-Dame-de-Grâce* (le Havre), situé dans l'ancienne crique d'Ingouville. Cette crique n'avait d'abord été qu'un lieu de refuge pour les pêcheurs qui avaient élevé sur ses bords une chapelle en l'honneur de la Vierge, patronne des marins; deux tours en défendaient l'entrée du temps de Charles VII, qui, en 1450, les avait reprises aux Anglais. François Ier prévoyant les hautes destinées que promettaient au nouveau port son heureuse situation à l'embouchure du grand fleuve de la capitale du royaume, le développement du commerce extérieur, et la découverte d'un monde vers lequel se tournaient tous les yeux, lui accorda d'importants priviléges qui contribuèrent à y faire affluer une population considérable. Le port devint, sous le règne même de son fondateur, le centre d'un immense armement pour reprendre Boulogne dont Henri VIII d'Angleterre s'était emparé en 1544, et pour une descente en Angleterre qui ne put s'effectuer. La flotte alors réunie au Havre se composait de cent cinquante navires de guerre et de soixante petits bâtiments. En même temps que se créait le nouveau port, la France, malheureusement, perdait, pour plus d'un siècle, les deux ports de Dunkerque et de Gravelines, passés sous la domination espagnole par le traité de paix de Cambrai de 1529.

Dès les premières années du XVIe siècle, les Basques, les Bretons et les Normands avaient fondé des pêcheries à Terre-Neuve. Du côté des Indes orientales, une première tentative avait été faite par des Normands qui, partis d'Honfleur en 1503, s'étaient arrêtés pendant quelques mois à Madagascar, sans pouvoir pousser plus loin leur voyage de découverte, et avaient été capturés au retour par des pirates de Guernesey [1]. François Ier voulut participer au partage de l'Amérique que se disputaient déjà les Espagnols

1. Les marins d'Honfleur s'étaient trouvés prêts, des premiers, à servir cet esprit d'aventures que la découverte de l'Amérique et d'une nouvelle route des Indes avait répandu dans le monde. Un livre publié en 1483, et intitulé « *Le grand routier en pilotage de la mer* », les cite, en effet, en première ligne, parmi les maîtres experts du métier de la mer.

et les Anglais. En 1524, le navigateur florentin Verazzani explora par ordre du roi les côtes de l'Amérique du Nord depuis le trentième degré de latitude jusqu'à Terre-Neuve, et prit possession, au nom de la France, de la côte du Canada à laquelle il donna le nom de Nouvelle-France. En 1535, un autre navigateur, Cartier, de Saint-Malo, chargé également par François Ier de visiter l'Amérique septentrionale, pénétra dans le fleuve Saint-Laurent, en explora les rives jusqu'aux points où devaient être bâties, un siècle plus tard, Québec et Montréal, et fonda lui-même en 1540 le port de Sainte-Croix, le premier établissement de la France dans ces parages. En 1537 et 1543, François Ier publia des édits ayant pour but d'encourager les Français à entreprendre ces campagnes lointaines d'où les Espagnols retiraient de si grands avantages.

Depuis longtemps déjà, du reste, la marine marchande grandissait d'elle-même; en toutes circonstances elle avait prêté un puissant concours à la marine royale; et elle continuait à prospérer sans attendre les encouragements de l'État. Tant qu'il ne s'était agi que de courir les mers, de chercher et d'atteindre des rivages inconnus, nos marins avaient pu rivaliser avec ceux de toutes les autres nations. Mais quand l'Espagne, le Portugal, l'Angleterre, se furent partagé les mondes nouveaux, la situation des armateurs français devint très-difficile. Ils savaient ne pouvoir compter sur la protection du roi de France dans les mers lointaines, et ils s'isolèrent si bien du gouvernement qu'ils ne lui donnaient pas même avis de leurs découvertes. Créer des colonies était, à leurs yeux, métier de roi. Ils se bornaient donc à faire du commerce sans nul souci de bâtir des forteresses. Ne pouvant opposer des flottes à des flottes, ils renoncèrent à fonder des comptoirs et préférèrent consacrer toutes leurs ressources à construire des vaisseaux, à les bien armer de canons, et à leur donner un fort équipage. Ce système fut notamment celui d'un célèbre armateur de Dieppe, Jean Ango. Augmentant sans cesse le nombre de ses navires, qu'il confiait à d'habiles capitaines; les envoyant partout où le commerce était avantageux, sans s'inquiéter s'il empiétait sur les droits de tel ou tel souverain, il trouva le secret d'établir à son profit la liberté des mers en dépit de la jalousie de nos ennemis et de l'impuissance du gouvernement. Quand, plus tard, le partage des Nouvelles-Indes eut été consacré dans le code européen, tout commerce extra-légal s'étant converti en course, Ango fut lui-même un corsaire en grand plutôt qu'un armateur, mais à la fois si riche et si audacieux, qu'il équipa des flottes et fit, par exemple, en son propre nom, la guerre au roi de Portugal : ayant été attaqué dans un de ses voyages par les Portugais, il bloqua Lisbonne avec une flottille, et força le roi à lui payer une indemnité. Toute la première moitié du XVIe siècle fut une période de merveilleuse prospérité pour le port de Dieppe. La plus active émulation régnait d'ailleurs, alors, dans tous nos ports, qui, à l'envi, fournissaient des vaisseaux et des contingents pour les plus aventureuses expéditions.

Sous le règne de Henri II, Boulogne et Calais furent enfin repris aux Anglais, qui ne possédèrent plus alors en France la moindre parcelle de territoire. Une tentative faite par eux, sur Brest, avec une flotte de cent soixante-dix navires, pour se dédommager, ne leur réussit point : les paysans bretons rejetèrent à la mer les troupes qu'ils avaient débarquées au Conquet.

TEMPS MODERNES. — Les guerres de religion vinrent malheureusement arrêter pour près d'un demi-siècle (1562-1598) l'essor des armateurs et marins français vers les entreprises aventureuses. Tant qu'elles durèrent, il ne put être question pour la France, ni de colonies, ni d'expéditions d'outre-mer. Pendant cette douloureuse période de notre histoire, les partis qui se disputaient et déchiraient le pays invoquèrent tour à tour, on le sait, l'appui de l'étranger. C'est ainsi, notamment, que, sous le règne de Charles IX, le Havre et Dieppe furent vendus par les confédérés à la reine Élisabeth. Hâtons-nous de rappeler que si Dieppe ne fut repris, par Henri IV, qu'après l'apaisement des troubles civils, les Anglais furent chassés du Havre par les troupes royales après une seule année d'occupation. C'est ainsi, encore, que La Rochelle, pour échapper aux fureurs de la Ligue, s'érigea en république sous le protectorat de l'Angleterre; qu'elle demeura, dès lors, le centre du protestantisme, et que sa flotte fit souvent des expéditions heureuses contre la flotte royale. C'est également sous le règne de Charles IX, après l'édit de pacification de 1563, que l'amiral Coligny s'occupa de nouveau du « Champ d'asile » qu'il voulait préparer au delà des mers à ses coreligionnaires pour le cas où le sol français leur serait interdit. Il reporta alors ses yeux vers la Floride où il avait envoyé dès 1560 une escadre de cinq vaisseaux sous le commandement de Jean de Ribault, l'un des meilleurs capitaines du port de Dieppe. La seconde expédition eut lieu avec sept navires en 1564 : après que l'on eut pris terre et commencé quelques travaux de défense, la petite escadre ayant été dispersée par une tempête fut aisément détruite par l'amiral espagnol, qui vint ensuite attaquer Jean de Ribault dans ses retranchements et l'égorgea ainsi que tous ses compagnons[1].

Les luttes intestines continuelles, les changements fréquents de partis auxquels les villes maritimes se trouvèrent particulièrement en butte, détruisirent tout principe de force navale. A l'avénement de Henri IV, la marine militaire, qui avait tant brillé sous François Ier, était retombée si bas, que le cardinal d'Ossat écrivait en 1596 à Villeroy : « Les plus petits princes d'Italie, encores que la plus part d'eux n'aient qu'un poulce de mer chacun, ont néanmoins chacun des galères en son arsenal naval, et un grand royaume flanqué de deux mers, quasi tout de son long, n'a pas de quoy se défendre par mer contre les pirates et corsaires, tant s'en faut contre les princes. » Henri IV, après avoir chassé l'étranger et rapproché les catholiques et les protestants, se sentant désormais bien affermi sur le trône, put songer aux moyens de guérir les plaies de la France, et sa pensée se porta aussitôt vers la marine si longtemps délaissée (1598). Sully n'avait pas de répugnance pour la marine, mais les colonies lointaines l'effrayaient; heureusement les vues du roi allaient plus loin que celles de son ministre. Pour encourager le commerce avec l'Amérique du Nord, Henri IV y envoya, avec mission d'y fonder des établissements, un gentilhomme du Brouage, Champlain, qui s'était distingué en 1595 dans la guerre maritime contre l'Espagne. Parti d'Honfleur en 1603, Champlain remonta le fleuve Saint-Laurent jusqu'au point où Cartier s'était arrêté en 1535; dans une seconde expédition, l'année suivante, il visita les côtes de l'Acadie (Nouvelle-Écosse), et fonda Port-Royal (Annapolis); plus tard, enfin, en 1608, il fonda Québec sur le Saint-Laurent. Depuis lors, tout le bas Canada reçut des colons français; mais après la mort de Henri IV, la colonie, presque délaissée par la métropole, eut à soutenir contre les Indiens des luttes incessantes.

Les dernières années du XVIe siècle avaient vu naître en Hollande l'idée de ces grandes associations financières et commerciales qui portèrent le nom de Compagnies des Indes. Henri IV songea, lui aussi, à créer en France une Compagnie des Indes capable de rivaliser avec celles qui se formaient en Angleterre et en Hollande. Le temps lui manqua pour réaliser ce projet. Mais il signa avec la Turquie un traité où il était dit que toutes les nations chrétiennes pourraient commercer librement dans le Levant sous la bannière et protection de la France et en reconnaissant la juridiction de ses consuls. Le pavillon français était le seul qui fût respecté sur les côtes barbaresques. Il savait châtier au besoin : c'est ainsi qu'en 1609, une escadre de navires malouins, accompagnée de quelques navires espagnols, força en plein jour, malgré le feu des batteries de la marine barbaresque, le port de Tunis, et y incendia trente-cinq bâtiments armés en guerre. Nos vaisseaux étaient chassés des ports étrangers par des droits d'ancrage considérables; Henri IV usa de représailles au grand profit de notre marine. On verra que la même idée fut reprise plus tard par Fouquet et Colbert. L'importance militaire de *Toulon* avait été signalée par le cardinal d'Ossat. Le gouvernement résolut de faire de ce port une place forte, « parce que, tant pour la commodité du port que comme l'une des clefs de la Provence, la position importait à la conservation du pays, et qu'il fallait empêcher que la ville et la rade ne fussent encore occupées par des armées et des flottes ennemies comme dans les invasions de Charles-Quint ». C'est en effet de cette époque (1599) que date la création de l'arsenal dont l'édification était déjà fort avancée à la mort de Henri IV.

Pendant la minorité de Louis XIII, la guerre civile ayant éclaté de nouveau ramena un désordre universel dans l'État. Il fallut tout le génie politique de Richelieu pour relever la France épuisée par le demi-siècle de luttes intestines qui avaient succédé aux revers de François Ier. Pour la réalisation de ses grands desseins, Richelieu s'appliqua surtout à réorganiser et à développer la marine. L'expérience lui avait démontré, dès le début de son administration, tout le danger de la privation d'une marine pour un état comme la France : faute de navires de guerre, il n'avait pu, en 1625, dompter les protestants de La Rochelle. L'année suivante il se fit nommer par Louis XIII grand maître et surintendant général de la navigation et commerce de France; puis, après avoir convoqué les notables de Paris, qui, à la fin de leurs travaux, déclarèrent « qu'on ne peut, sans la mer, ni profiter de la paix, ni faire la guerre », il ordonna immédiatement la construction de trente vaisseaux dans les ports de Bretagne. En même temps que des

1. L'amiral espagnol fit pendre tous les hommes de l'expédition avec cette inscription : « Non comme Français, mais comme hérétiques. » Les marins dieppois, empêchés qu'ils étaient par les guerres de religion, ne purent tirer vengeance immédiate de ce massacre. Ce fut un gentilhomme gascon, Dominique de Gourgues, qui se chargea de venger ses compatriotes. Son projet aussitôt formé, il vend son patrimoine, équipe dans le port de La Rochelle trois navires sur lesquels il fait embarquer deux cents soldats d'élite et environ quatre-vingts matelots; et, avec d'aussi faibles forces, l'intrépide capitaine descend sur les côtes de la Floride, surprend les Espagnols, les disperse et les massacre; puis, attachant leurs cadavres aux mêmes arbres auxquels ils avaient pendu les Français, il met à son tour cette laconique expression au-dessus de leurs têtes : « Je ne fais ceci comme Espagnols, mais comme traîtres, voleurs et meurtriers. » Dominique de Gourgues revint ensuite à La Rochelle où il fut reçu avec des transports d'enthousiasme.

vaisseaux étaient construits et achetés, l'ordre se remettait dans les finances et l'armée était reconstituée. Lorsque tout fut prêt, Richelieu entraîna le roi et la noblesse au siége de La Rochelle. L'entreprise, fort populaire dans toute la France, semblait difficile, car le roi d'Angleterre Charles Ier avait envoyé au secours des calvinistes français une flotte de quatre-vingt dix voiles. Mais Richelieu sut pourvoir à tout. Il chassa les Anglais de l'île de Ré où ils s'étaient établis; et, pour les empêcher de ravitailler La Rochelle, il leur ferma les approches du port par cette digue gigantesque dont les vestiges ont toujours conservé depuis le nom de « Digue de Richelieu »; la digue, munie de forts à ses extrémités, était protégée en outre sur les rivages voisins par une flotte de 200 navires réquisitionnés dans tous les ports : Honfleur, Saint-Malo, Saint-Jean-de-Luz, par exemple, avaient fourni de très-importants contingents. Les Anglais essayèrent en vain de forcer ce prodigieux ouvrage; deux nouvelles flottes arrivées d'Angleterre furent repoussées. La Rochelle était donc complétement isolée de l'Océan. Du côté de terre, elle fut entourée de lignes de circonvallation infranchissables. Après avoir tenu quinze mois, la ville fut enfin obligée de se rendre (1628). Il en avait coûté au roi quarante millions; mais du moins, à ce prix, Richelieu avait acheté l'unité politique de la France. Les autres villes révoltées firent, en effet, successivement leur soumission. La paix d'Alais ou « Édit de grâce » termina enfin la dernière guerre religieuse. Les Anglais, qui l'avaient soutenue, cédèrent à la France, par le traité de Saint-Germain, l'Acadie et Cap-Breton. Richelieu laissa aux calvinistes la liberté des cultes et le bienfait de l'égalité civile, mais il commit la faute grave de les exclure de la colonisation du Canada à cause du voisinage des colonies anglaises et pour réserver la conversion des Indiens aux missionnaires catholiques.

Une des suites du siége de La Rochelle fut un premier essai d'organisation de notre marine. Après chaque expédition, les vaisseaux de l'État rentraient dans un port quelconque où ils restaient sous la garde très-insuffisante de leurs capitaines; les bâtiments se détérioraient, et l'on perdait beaucoup de temps à les réparer, puis à les rassembler. En 1629, Richelieu fit faire une inspection complète de tous « les ports, rades, havres, et côtes de la mer Océane », pour y choisir l'emplacement d'arsenaux maritimes. Le Havre, Brest et Brouage ayant été désignés, des magasins y furent aussitôt construits, et, en 1631, trois commissaires généraux de la marine allèrent s'y installer. On avait là les bases d'un établissement maritime permanent pour la France; la marine dite du « Ponant » ou de l'Océan se trouvait organisée. On sait que *Brest*, dont la position admirable répondait si bien à sa nouvelle destination, a continué seul, par la suite, de subsister comme arsenal maritime. De nombreux vaisseaux furent construits et armés dans ces différents ports : Brest, pour sa part, put, dès l'année 1636, fournir à la flotte de l'Océan 16 vaisseaux et frégates parfaitement armés. Pendant la guerre de trente ans (1618-1648) la France eut dans la Méditerranée 20 galères et 20 vaisseaux ronds; dans l'Océan, 60 bâtiments bien équipés. Ses flottes dominaient sur l'une et l'autre mer. En même temps Richelieu pourvut à la défense et à l'amélioration d'un grand nombre de ports. Il organisa les consulats. Enfin, il favorisa de tout son pouvoir le commerce extérieur et donna ainsi un grand essor à la navigation. (Des règlements étroits furent malheureusement imposés au Canada et perdirent la colonie.) Les marins français reprirent les projets de voyages et d'établissements lointains. Dès l'année 1616, des armateurs d'Honfleur avaient envoyé créer des comptoirs à Java, Sumatra et Achem. En 1625, des marins de Dieppe, sous la conduite de Denambuc, et malgré les Espagnols, prirent possession au nom de la France de l'île Saint-Christophe, puis occupèrent la Guadeloupe, la Martinique et Cayenne : ce furent là nos premiers établissements aux Iles sous le vent. Une compagnie dite « de Saint-Chritophe », destinée à occuper ces îles, fut autorisée en 1626; quelques années plus tard, en 1635, cette compagnie, s'étant transformée, prit le nom de compagnie « des Iles de l'Amérique ». En 1628, une autre compagnie, dite « de la Nouvelle-France », eut la concession du Canada. Des essais de compagnies des Indes avaient eu lieu en 1611 et 1615, mais ils étaient restés infructueux; en 1642, une nouvelle société, qui établit au Havre le siége de ses comptoirs et de ses arsenaux, obtint de Richelieu, sous le nom de compagnie « d'Orient » ou des Indes orientales, le privilége exclusif du commerce avec l'île de Madagascar et autres îles adjacentes, parmi lesquelles l'île Bourbon (île de la Réunion), qui fut occupée par les Français dès la même année. Bref, à la fin du règne (1643), on trouve le littoral de la France garni d'excellents ports ouverts aux flottes de l'État et du commerce; de vastes arsenaux abondamment pourvus; les divers éléments de la force navale soumis à de sages règlements; des compagnies instituées pour trafiquer avec toutes les régions du globe; la colonisation s'étendant, en Amérique, des Antilles à la Floride et au Canada, et, du côté des Indes orientales, jusqu'au delà de Madagascar; enfin, le pavillon de la France respecté sur toutes les mers.

Les troubles de la Fronde, pendant la minorité de Louis XIV (1643-1661), ne permirent pas à Mazarin de s'occuper de la marine. Le grand élan qui avait été donné par Richelieu s'arrêta donc; les divers services se désorganisèrent; les ports furent tellement négligés, qu'au Havre, par exemple, suivant des procès-verbaux rédigés plus tard par Colbert, au moment où Louis XIV résolut de gouverner par lui-même, l'avant-port et les bassins étaient remplis de vase et de galets, les écluses du bassin royal, en ruines, les ateliers, absolument dépourvus d'ouvriers, et les magasins, d'approvisionnements; la flotte du Ponant, qui avait été de 60 vaisseaux sous le dernier règne, se trouvait réduite à moitié en 1661. Néanmoins, et malgré les réductions qu'elle commença à subir aussitôt après la mort de Richelieu, la marine concourut puissamment aux résultats qui furent consacrés par le traité de Westphalie (1648). Si, d'ailleurs, les flottes étaient moins considérables, le commerce, la navigation et la colonisation avaient pourtant déjà produit d'heureux effets et préparé les véritables éléments d'un grand établissement maritime. Enfin, on ne doit pas perdre de vue que c'est sous le ministère de Mazarin que les Espagnols furent chassés de Gravelines et de Dunkerque : Gravelines leur avait été enlevée une première fois en 1644, Dunkerque, deux ans plus tard, en 1646, et, pour appuyer ces conquêtes, Mazarin avait dû recourir aux flottes hollandaises; les deux places ayant été reconquises en 1652 par les Espagnols, elles leur furent reprises de nouveau, par Turenne, en 1658, à la suite de la fameuse bataille des Dunes. Dunkerque, il est vrai, dut être immédiatement, d'après les traités, livrée par Louis XIV à l'Angleterre; mais Gravelines resta définitivement acquise à la France par le traité des Pyrénées (1659). Ce même traité donna à la France *Port-Vendres* avec toute la province du Roussillon.

La période la plus brillante du règne de Louis XIV fut, on le sait, celle de 1661 à 1690, sous l'administration pour ainsi dire héréditaire des deux Colbert. Cette période fut aussi celle d'un immense développement donné au commerce et à la marine de la France. L'année même de la mort de Mazarin (1661), Colbert avait été nommé contrôleur général. Grâce à l'esprit de conduite, d'ordre et d'économie, ainsi qu'à la volonté ferme de ce sage ministre, la marine française fut remise sur le pied où elle devait être. Colbert avait compris, comme Henri IV et Richelieu, toute l'importance de la marine comme élément de la puissance nationale de la France; les considérations de politique générale eussent donc suffi pour le faire marcher dans la voie de ses illustres prédécesseurs; mais il avait en outre pour principal objectif, pour préoccupation dominante, le développement du commerce extérieur, et il savait par l'histoire de Gênes, de Venise, de l'Angleterre et de la Hollande, que la protection d'une forte marine militaire peut seule donner à un grand commerce maritime la sécurité qui lui est nécessaire. Colbert, reprenant d'ailleurs, en même temps, une autre partie de l'œuvre de Richelieu, s'attacha à donner la plus grande extension possible aux colonies.

Dans un édit de 1664, il est dit « que les étrangers s'étaient rendus maîtres de tout le commerce par mer, même de celui qui se fait de port en port dans l'intérieur du royaume » : chaque année, par exemple, 4,000 bâtiments hollandais débarquaient sur nos côtes les produits de leur industrie, particulièrement leurs draps, avec les denrées des deux mondes, et enlevaient nos soieries, nos vins et nos eaux-de-vie. Colbert voulut relever la France de cette infériorité. L'intérêt qu'il attachait au développement du commerce maritime du pays se révèle dans ce passage d'une lettre adressée par lui, en 1669, à Arnaud de Pomponne, ambassadeur à La Haye : « Le commerce par mer se fait en Europe par 25,000 vaisseaux environ; dans l'ordre naturel, chaque nation devrait en avoir sa part suivant sa puissance, sa population, et l'étendue de ses côtes; mais les Hollandais en ayant 15 à 16,000 et les Français 5 à 600 au plus, le roi emploiera toutes sortes de moyens pour s'approcher un peu plus du nombre de vaisseaux que ses sujets doivent avoir. » Colbert songeait, en effet, à élever la France, comme puissance navale, au niveau de la Hollande et de l'Angleterre. Déjà une ordonnance rendue sous Mazarin, par le surintendant Fouquet, en 1659, frappait, dans l'intérêt du pavillon national, d'un droit d'ancrage de 50 sous (6 fr.) par tonneau tous les navires étrangers à l'entrée et à la sortie de nos ports. Colbert pensa que ce droit de tonnage était le meilleur moyen de créer une marine en France; aussi le maintint-il, même au risque d'une guerre, contre les réclamations de l'extérieur; et, de fait, ce droit fut presque pour notre marine ce que fut le fameux « Acte de navigation de 1651 » pour la marine anglaise. En outre, Colbert accorda aux navires nationaux des primes pour l'exportation et l'importation, et il encouragea les constructeurs des bâtiments pour la grande navigation par une autre prime de 4 à 6 livres par tonneau. Notre marine marchande, ainsi protégée et stimulée, prit un grand essor.

Mais les Anglais et les Hollandais avaient encore sur nous l'avantage d'une plus grande expérience, de débouchés assurés, de marchés qu'ils fréquentaient depuis un siècle, de capitaux immenses qui leur permettaient d'oser et de risquer davantage. Colbert, pour lutter avec eux, substitua des associations privilégiées aux efforts isolés des individus. Dans les quelques essais d'association tentés jusque-là, les compagnies s'étant formées sans autre concours de l'État que la délivrance de lettres patentes avaient rapidement succombé. Avec son génie actif et organisateur, Colbert comprit sans peine qu'à une époque où l'esprit d'association en était encore à son début, les compagnies ne pouvaient rien entreprendre de grand, rien poursuivre de sérieux, sans l'appui du gouvernement. Il établit donc, sur le modèle des sociétés hollandaises et anglaises, de grandes compagnies qui furent dotées de nombreux avantages : en 1663, la compagnie de Cayenne ou de la France équinoxiale, reconstituée après de premiers essais tentés en 1651 ; en 1664, les compagnies des Indes orientales et des Indes occidentales qui se réunirent plus tard, en 1717, sous le nom de compagnie de Mississipi ou des Indes; en 1670, la compagnie du Levant qui ne dura que vingt ans; en 1673, la compagnie du Sénégal, qui fut plusieurs fois reconstituée et définitivement supprimée en 1719[1]. Colbert accorda à ces diverses compagnies le monopole du commerce dans ces parages éloignés, avec des primes sur les marchandises exportées; il les dota de subventions considérables, et obligea les riches, les seigneurs, les princes du sang à s'y intéresser, un édit de 1669 ayant déclaré que le commerce ne dérogeait pas à la noblesse. Pour ne citer qu'un exemple, la nouvelle compagnie des Indes orientales créée en 1664 fut établie sur une base de quinze millions de livres de capital, et Colbert lui promit trois millions au nom du roi; elle reçut en toute propriété Madagascar et les îles circonvoisines, avec le pouvoir de naviguer et de négocier à l'exclusion de tous autres sujets, depuis le cap de Bonne-Espérance jusque dans toutes les Indes et les mers orientales, et depuis le détroit de Magellan dans toutes les mers du Sud; enfin, elle fut exempte de tous droits sur toutes les choses nécessaires aux bâtiments et à leur ravitaillement. Malgré tous les avantages qui leur furent accordés, les compagnies, à la mort de Colbert, succombèrent ou n'eurent plus qu'une existence précaire. Elles périrent toutes par leurs immenses frais de régie, par des entreprises disproportionnées aux ressources, par l'impossibilité d'allier le commerce avec la guerre. Le monopole avait été impuissant à les faire vivre; et Colbert, reconnaissant lui-même plus tard cette vérité, rouvrit, en 1681, aux particuliers, le commerce d'Amérique.

Dans la Méditerranée, l'ancienne prospérité de Marseille avait depuis longtemps disparu : après les guerres de religion, qui avaient déjà porté une forte atteinte à son commerce, était venu le système de prohibition des produits étrangers établi par Sully pour protéger l'industrie naissante de la France; ce système, il est vrai, n'avait pas été étendu à Marseille, qui était restée port franc; mais une ligne de douanes avait été établie autour de la ville, et les relations de ses habitants avec le reste du royaume en avaient beaucoup souffert, en même temps que la plupart des produits de ses manufactures n'avaient plus trouvé de débouché qu'à l'extérieur. Les courses des corsaires barbaresques avaient achevé de ruiner son commerce. Marseille ne redevint florissante que sous le ministère de Colbert : par les sages mesures qui furent édictées alors pour rendre libres les transactions des négociants français avec l'étranger, le commerce de la ville reprit une partie de son ancienne importance; un édit de 1669, qui constitua ou plutôt rétablit la franchise du port, produisit surtout les plus heureux résultats. Marseille redevint le premier port de la Méditerranée; sa flotte marchande atteignit en quelques années le nombre de quinze cents navires, alors qu'elle en avait à peine deux cents avant Colbert.

En même temps que se créaient et se développaient les grandes compagnies de commerce et de navigation, nos consuls, nos ambassadeurs, recevaient l'ordre, fréquemment renouvelé, de donner partout la plus énergique protection à notre commerce, et de lui fournir tous les renseignements qui pourraient lui être utiles.

1. Deux autres compagnies furent encore constituées en 1685, deux ans après la mort de Colbert : la compagnie de Guinée, qui dura jusqu'en 1716, et la compagnie de la Chine, jusqu'en 1714.

Colbert voulut aussi rendre la vie à notre système colonial fort négligé depuis Richelieu. La France ne possédait que le Canada avec l'Acadie, Cayenne, l'île Bourbon, quelques comptoirs à Madagascar et aux Indes. Il racheta, pour les concéder à la Compagnie des Indes occidentales, les établissements fondés par des particuliers dans les Antilles : les îles de la Guadeloupe, Marie-Galande, la Martinique, Sainte-Lucie, la Grenade et les Grenadines, Saint-Martin, Saint-Christophe, Saint-Barthélemy, Sainte-Croix, et la Tortue, constituèrent un véritable empire français dans ces mers lointaines ; il plaça sous la protection de la France les flibustiers français de Saint-Domingue qui s'étaient emparés de la partie occidentale de l'île [1] ; il envoya de nouveaux colons au Canada, où furent introduites les coutumes de Paris, à Cayenne et dans la Guyane ; il prit Terre-Neuve pour dominer l'entrée du Saint-Laurent, et il commença l'occupation de la magnifique vallée du Mississipi, que venait d'explorer (1680) un hardi capitaine de Rouen, Robert de la Salle, et qui reçut le nom de Louisiane en l'honneur de Louis XIV : le Canada, l'Acadie, Terre-Neuve, Saint-Pierre et Miquelon formaient la « Nouvelle France » dans l'Amérique septentrionale. En Afrique, il enleva Gorée aux Hollandais, dans le Sénégal, et il prit possession des côtes orientales de Madagascar. En Asie, la Compagnie des Indes orientales s'établit à Surate, fit l'acquisition de Pondichéry et fonda Chandernagor. Jamais les colonies françaises ne furent plus florissantes. Pour réserver tout leur commerce au pavillon national, Colbert ferma leurs ports aux navires étrangers ; mais en même temps, pour y développer les cultures, il prohiba par une ordonnance de 1669 l'importation en France des tabacs et des sucres du Brésil, et cette mesure malheureuse eut pour effet de nous aliéner le Portugal et de le jeter dans les bras de l'Angleterre.

Les vues de Colbert ne se portèrent pas avec moins d'ardeur vers le développement de la marine militaire. La marine marchande, école et pépinière de la marine militaire, étant devenue florissante, la seconde devint redoutable. L'attention du ministre se porta d'abord sur le matériel : il fit réparer le peu de vaisseaux que Mazarin avait laissés dans nos ports ; il en acheta d'autres en Suède et en Hollande ; il donna un grand développement aux arsenaux déjà existants, le Havre, Brest et Toulon ; en créa de nouveaux, Dunkerque et Rochefort ; et il y attira des maîtres et ouvriers de Hambourg, de Riga, et de Dantzick ; le martelage des bois fut institué (1669) ; d'immenses approvisionnements furent répartis dans les ports militaires, et, partout, les chantiers se remplirent de bâtiments en construction. En 1661, au début du ministère de Colbert, la flotte, comme on l'a vu déjà, ne se composait que de 30 bâtiments de guerre ; dix ans après, en 1671, on comptait dans les ports français 196 navires ; en 1683, à la mort du ministre, le nombre des bâtiments tant à flot qu'en construction était de 276. Deux intendants, l'un à Rochefort pour l'Océan, l'autre à Toulon pour la Méditerranée, étaient chargés de veiller à la conservation de cet immense matériel.

Pour assurer le recrutement de la flotte sans avoir à recourir aux violences de la « presse » seule pratiquée jusqu'alors, Colbert, par une ordonnance de 1668, créa l'inscription maritime ou le régime des classes qui subsiste encore aujourd'hui et qui assujettit, comme on le sait, la population maritime de nos côtes, en échange de certains avantages, à fournir les recrues nécessaires aux équipages de notre flotte militaire, et la distribue, d'après l'âge et la position de famille, en diverses classes qui sont successivement appelées suivant les besoins du service. Cette institution fut ensuite complétée par la fondation de la caisse des invalides de la marine. Par suite de ces dispositions, le chiffre de la population maritime de la France s'éleva bientôt dans des proportions considérables : le premier recensement, fait en 1670, avait donné 36,000 inscrits ; le second recensement, fait en 1683, donna 60,000 marins valides disponibles. En outre, le corps des gardes-marine, composé de mille gentilshommes, fut institué en 1672 pour former de bons officiers et les préparer au rude métier de la mer ; une école de canonniers fut en même temps créée pour former d'habiles pointeurs ; une école d'hydrographes, pour

1. Les flibustiers, on le sait, étaient des aventuriers français, la plupart Normands, qui succédèrent vers 1660 aux Boucaniers, premiers colons français de Saint-Domingue qui avaient été chassés de l'île par les Espagnols. Établis dans l'île de la Tortue près de Saint-Domingue, on les vit bientôt, sous le nom de « Frères de la Côte », sillonner l'Océan dans de grandes barques découvertes d'où ils épiaient surtout les navires espagnols. Leur renommée, les richesses qu'ils amassaient, engagèrent beaucoup de Français, puis même de marins d'autres pays, à s'enrôler dans la confrérie, où les Dieppois étaient incomparablement les plus nombreux et les plus influents. A cette époque on voyait fréquemment sortir du port de Dieppe de petits lougres ou brigantins armés de quatre canons, montés par trente ou quarante hommes ; ils allaient à la pêche aux Espagnols. Indépendamment de ces petites associations isolées, on compta bientôt à Dieppe jusqu'à sept grandes sociétés qui armèrent des navires pour la flibuste. Parmi les flibustiers, plusieurs se sont illustrés par des traits de bravoure presque fabuleux. Mais la puissance de ces aventuriers ne fut qu'éphémère ; leur décadence commença au moment même où ils semblaient devoir conquérir l'Amérique ; les aversions nationales, assoupies d'abord par la soif commune du butin, éclatèrent parmi eux ; ils se firent la guerre et durent se séparer. Le moment approchait d'ailleurs où Dieppe, la patrie des flibustiers, allait elle-même s'ensevelir sous ses ruines.

donner aux navires des cartes exactes des côtes. C'est aussi de cette époque que datent le conseil supérieur de la marine et le conseil des constructions navales. Il ne se passait pas d'année que Colbert ne promulguât quelque nouveau règlement sur la marine militaire. Il couronna son œuvre en publiant en 1681 la célèbre « Ordonnance sur la marine », qu'il avait mis dix ans à composer, et qui est toujours restée depuis lors le code de la marine de commerce.

Enfin Colbert pourvut à l'amélioration et à la défense des principaux ports du royaume, ayant pour le seconder dans cette double tâche le chevalier de Clairville, qui était l'ingénieur français le plus renommé du temps, et Vauban, de qui l'on a dit « que durant la guerre il prenait les villes, et durant la paix, il les fortifiait ». De nouveaux ports furent créés. Le canal du Languedoc fut construit pour mettre en communication l'Océan et la Méditerranée.

Dès l'année 1662, Dunkerque avait été racheté par Louis XIV aux Anglais pour cinq millions. A partir de ce moment, ce fut le port privilégié de Louis XIV, de Colbert et de Vauban. Un arsenal maritime y fut créé pour la construction et l'armement des navires : le bassin de la marine pouvait recevoir jusqu'à trente bâtiments de haut bord ; les travaux de la place occupèrent la vie entière du grand ingénieur. Vers les derniers temps de la domination espagnole, Dunkerque se trouvait dans la situation la plus prospère : c'était le port le plus considérable que les Espagnols possédassent en Flandre. Dans les guerres de l'Espagne contre la Hollande, toutes les escadres qui sortirent du port, de 1621 à 1642, furent commandées par des amiraux dunkerquois. Ceux-ci firent des prodiges : l'un d'eux ne prit pas à l'ennemi moins de 27 vaisseaux de guerre, 109 navires de commerce et 1,500 pièces de canon. Les corsaires de Dunkerque déployaient, de leur côté, une ardeur égale à celle de ces illustres capitaines. Lorsque l'Angleterre s'allia aux Provinces-Unies contre l'Espagne, ils enlevèrent des vaisseaux marchands jusque dans la Tamise et dans les ports de la Hollande. En 1639, les armateurs de Dunkerque n'eurent pas moins de soixante bâtiments en mer. Le port, les quais et les magasins regorgeaient de butin. Presque tous les armateurs s'étaient enrichis par la course. Le roi d'Espagne, Philippe IV, avait une si haute idée de leurs ressources, qu'afin d'attirer le roi de Danemark dans son alliance, il lui avait offert (1645) de faire armer et entretenir soixante frégates pour son service par les seuls corsaires dunkerquois. A l'époque où Louis XIV faisait exécuter au port tous les travaux d'agrandissement et de défense, Dunkerque, après une période d'arrêt, avait retrouvé son ancienne prospérité commerciale : un paquebot du port transportait d'Angleterre en France les lettres, les passagers et les marchandises ; le « Magistrat » et un grand nombre de particuliers possédaient des fonds considérables dans la Compagnie des Indes. La cité des Dunes avait disparu et fait place à une ville toute française. Après avoir si souvent changé de maîtres, Dunkerque, au moment de sa réunion à la France, était devenue tout à coup l'un des plus héroïques soutiens de la gloire, des sentiments et des intérêts de la nationalité française.

Des travaux considérables de défense furent exécutés par Vauban à Calais. Louis XIV, qui visita le port en 1677 et 1680, voulait que rien ne fût négligé pour rendre la place imprenable.

Le Havre reçut également de très-grandes améliorations ; l'arsenal fut rebâti presque en entier ; une activité inconnue jusque-là régna dans ses chantiers de construction. On lit dans les longs considérants de l'ordonnance de 1669, qu'à cette époque le Havre fournissait les plus habiles et les plus hardis navigateurs de l'Europe.

Honfleur fut doté d'un bassin à flot capable de recevoir les navires de guerre. Les glorieuses expéditions des marins d'Honfleur dans les voyages de découvertes avaient été interrompues par le siége de La Rochelle. Elles allaient être reprises lorsque la Compagnie des Indes alla s'installer au Havre. Honfleur ne fut pas découragée par le rude coup que venait de lui porter la cité rivale ; prenant désormais une direction plus conforme à ses antécédents et à son génie, se souvenant des profits qu'elle avait tirés de la pêche du maquereau et du hareng qui suivaient autrefois les côtes de France, elle fonda sur les côtes de Terre-Neuve un établissement pour la pêche de la morue. Ce fut une source de richesse pour toute la population, l'origine de cet accroissement de prospérité qui attira sur le port l'attention du gouvernement de Louis XIV.

L'importance de Brest comme arsenal maritime ne remonte réellement qu'à Colbert. On voit, en effet, dans une lettre qu'écrivait au ministre le chevalier de Clairville, chargé d'étudier des projets d'agrandissement du port proposés par Duquesne, « que la nature avait beaucoup fait pour Brest, mais que tout y était à créer, ressources, fortifications et vaisseaux ». Des travaux importants y furent donc entrepris par Colbert, et continués ensuite par son fils et successeur Seignelay.

Le port de *Lorient* doit sa fondation à la Compagnie des Indes orientales de 1664. La Compagnie fit partir ses premières flottes des ports de Brest et de La Rochelle qui lui avaient été désignés; mais elle chercha le long des côtes de l'Océan un point où elle fût seule, et elle choisit Port-Louis. Sur la demande de Colbert, le roi lui ayant concédé la rivière du Scorf, elle établit aussitôt des cales de construction dans la lande de Faouëdic et jeta les fondements de l'arsenal actuel. En 1689, la Compagnie possédait une quinzaine de grands vaisseaux, plusieurs petits navires et des magasins. Cette prospérité naissante semblait un gage de prospérité future, lorsque les guerres suscitées par la Ligue d'Ausbourg vinrent malheureusement arrêter le développement commercial de la nouvelle cité.

La France ne possédait sur l'Océan qu'un seul port militaire, Brest, ce qui était évidemment insuffisant pour la réalisation des grands projets du gouvernement de Louis XIV. La création d'un second port fut donc décidée, et l'on s'arrêta finalement à l'emplacement de la Châtellenie de Rochefort située sur la rive droite de la Charente. Cet emplacement présentait de grands avantages : d'une part, situé au centre d'un riche bassin, le port pourrait s'alimenter rapidement de tous les approvisionnements nécessaires à la marine; d'autre part, le fleuve était profond, même à marée basse; la rade de l'île d'Aix à laquelle il aboutissait était accessible par trois passages; la tenue y était bonne, et les îles d'Aix, de Ré et d'Oléron lui constituaient des défenses naturelles faciles à compléter; enfin, son éloignement de la mer, en le mettant à l'abri d'un bombardement, permettait d'y établir en toute sécurité de nombreuses cales de construction et lui assignait ainsi un caractère spécial. Ces importants avantages furent appréciés par Colbert et fixèrent son choix. L'arsenal maritime de *Rochefort* fut en conséquence fondé en 1666. Il avait à peine quelques années d'existence, que, dans les guerres de la France contre la Hollande (1672), il joua un rôle important par le grand nombre de vaisseaux qui y furent construits et armés. L'amiral hollandais Tromp fit contre Rochefort, en 1674, une tentative qui resta infructueuse, mais devint pourtant l'occasion des premières fortifications sérieuses de l'embouchure de la Charente. C'est à Rochefort, vers 1680, que furent installées les premières écoles navales. Trois ans plus tard ces écoles furent réparties entre les trois ports de Rochefort, Brest et Toulon[1].

Dès l'année 1679, Vauban avait entrevu la possibilité de réaliser à *Port-Vendres* la création d'un excellent port militaire. Ce ne fut toutefois que vers la fin du siècle que l'on y entreprit quelques travaux.

La construction du canal du Languedoc eut pour conséquence la création du port de *Cette*, en 1666. Il n'existait sur tout le développement de la côte du Languedoc ni ports ni abris naturels. Le chevalier de Clairville, chargé par Colbert de parcourir cette côte pour y chercher un point favorable à l'établissement d'un port, choisit la presqu'île de Cette comme l'emplacement le plus avantageux, reprenant ainsi une idée de Henri IV et de Sully qui, à la fin du XVIe siècle, avaient voulu établir un port sur le même point et n'en avaient été empêchés que par le refus des États du Languedoc de fournir à cet effet une subvention de cent mille écus. Les travaux du nouveau port furent immédiatement entrepris et poussés avec une grande activité.

Marseille ne pouvant pas recevoir les vaisseaux de haut bord qui avaient remplacé les galères, Toulon devint seul le grand port militaire de la France sur la Méditerranée. Un second bassin, nommé la nouvelle darse, communiquant avec l'ancien port par un chenal, et destiné à recevoir 100 vaisseaux de ligne, y fut creusé comme par enchantement. L'arsenal prit un aspect monumental et une immense étendue. Pendant le règne même de Louis XIV, plusieurs flottes importantes appareillèrent de Toulon qui était devenu le port de construction le plus actif du royaume et le siége de l'intendance de la marine du Levant.

Rappelons maintenant en quelques mots la part glorieuse que prit la marine dans les grandes guerres de cette brillante période du règne de Louis XIV, de 1661 à 1690.

La marine naissante fit ses premiers essais dans la Méditerranée qu'infestaient les pirates barbaresques. Dès l'année 1665, le roi se fit le protecteur de toutes les nations qui trafiquaient dans cette mer : une flotte de 15 vaisseaux sous la conduite de l'amiral duc de Beaufort donna la chasse aux pirates, porta l'incendie dans leurs repaires d'Alger et de Tunis, et força ces barbares à respecter

1. L'institution fut modifiée plusieurs fois. Sous la Restauration elle devint une école unique, placée à Angoulême, et que le gouvernement de Juillet transporta en rade de Brest.

le nom de la France et le commerce des chrétiens; des expéditions semblables furent plus tard plusieurs fois renouvelées. L'année suivante, dans la guerre qui éclata entre l'Angleterre et la Hollande pour la domination et le monopole des mers, la France, aux termes d'une ligue offensive et défensive de 1662, fut obligée de soutenir la Hollande; mais ses flottes ne furent pas alors engagées à fond. De 1670 à 1673, dans les guerres de Louis XIV et de l'Angleterre contre les Provinces-Unies, qui tenaient à cette époque le premier rang parmi les marines marchandes de l'Europe, la France, par une série de combats mémorables, montra qu'elle pouvait maintenant prétendre à marcher à la tête des grandes puissances maritimes. Les années suivantes, l'Angleterre ayant rompu l'alliance, la France eut à lutter seule et à la fois contre la Hollande, l'Espagne et l'Empire. En 1676, notamment, la Méditerranée fut le théâtre d'une longue guerre maritime de la France contre les Hollandais et les Espagnols : la flotte française était commandée par le duc de Vivonne ayant sous ses ordres Duquesne et Tourville; la flotte ennemie, par le célèbre amiral hollandais Ruyter. La lutte fut acharnée entre Ruyter et Duquesne et la victoire resta longtemps indécise; enfin, à la suite de plusieurs rencontres, Ruyter fut tué, la flotte ennemie écrasée, et la France eut pour quelque temps l'empire de la Méditerranée. Cette même année, les Hollandais avaient pris Cayenne et ravagé nos établissements des Antilles : l'amiral d'Estrées arma à ses frais 8 bâtiments que le roi lui confia moyennant réserve de moitié des prises, et reprit Cayenne. En 1678, il enleva Tabago et tous les comptoirs anglais au Sénégal. Le pavillon français régna alors sur l'Atlantique comme sur la Méditerranée. Le fameux traité de Nimègue (1678) qui rétablit la paix générale marque, on le sait, l'apogée du règne de Louis XIV; mais, par ce traité, la France, déviant de la politique commerciale de Colbert, accorda aux Hollandais l'abolition du tarif de 1667, et cette mesure allait porter le plus rude coup à notre industrie et surtout à notre marine marchande. Colbert étant mort en 1681 fut remplacé dans une partie de sa tâche par son fils Seignelay, nommé secrétaire d'état de la marine. En 1688, commencèrent les guerres suscitées par la ligue d'Augsbourg, de toutes les nations contre la France. Pour les luttes maritimes, Louis XIV venait de perdre Duquesne, mais il avait Tourville; il pouvait d'ailleurs opposer aux ennemis 264 vaisseaux ou frégates. La guerre en faveur de Jacques II contre Guillaume d'Orange fut d'abord heureuse; une escadre de 13 grands vaisseaux transporta le prince en Irlande; des convois de troupes, d'armes, de munitions, partirent du Havre, de Brest, de Rochefort, protégés par Chateau-Renaud, d'Estrées et Tourville; les Anglais et les Hollandais essayèrent de leur fermer le passage; Château-Renaud battit une de leurs escadres; Tourville, avec 78 voiles, attaqua leur flotte, composée de 112 navires, sur les côtes de Sussex, coula ou incendia 16 vaisseaux, et obligea le reste à se réfugier à l'embouchure de la Tamise ou entre les bancs de la Hollande. Cette brillante victoire, qui livra pour quelque temps à Louis XIV l'empire de l'Océan, ferma malheureusement l'ère trop rapide des constants succès et de la prépondérance de la marine française.

La dernière période du règne de Louis XIV, de 1691 à 1715, débuta par le désastre maritime de de la Hougue. Tourville avait fait en 1691 cette fameuse campagne, dite « du Large », qui est considérée comme son chef-d'œuvre de tactique navale, mais qui resta infructueuse. L'année suivante, Louis XIV prépara une descente en Angleterre même : 20,000 hommes furent rassemblés entre Cherbourg et la Hougue; 300 navires de transport furent tenus prêts à Brest; Tourville devait les escorter avec 44 vaisseaux qu'il commandait et 30 autres que d'Estrées lui amenait de Toulon; mais le vent ayant changé, la flotte de la Méditerranée ne put arriver à temps. Louis XIV donna quand même à son amiral l'ordre d'aller chercher les Anglais et les Hollandais forts de 99 voiles. Ce fut la bataille navale de la Hougue. Tourville tint tête victorieusement pendant dix heures à l'ennemi; mais il était impossible de renouveler le lendemain cette héroïque témérité. Le vaillant amiral eût fait du moins une glorieuse retraite s'il avait eu un port derrière lui; mais la digue de Cherbourg alors n'existait pas. Il fit signal de se retirer sur Brest et Saint-Malo : 7 de ses vaisseaux gagnèrent le premier port; le reste de la flotte s'engagea dans le canal que les bas-fonds forment à l'ouest de la côte du Cotentin; 22 navires franchirent le Raz-Blanchart et entrèrent à Saint-Malo; malheureusement, la marée venant à manquer, les autres furent empêchés de suivre; 3 s'arrêtèrent à Cherbourg où les capitaines, ne pouvant les défendre, les brûlèrent; 12 se réfugièrent dans la rade de la Hougue, qui n'était pas mieux préparée pour offrir un abri; Tourville retira les canons, les munitions, les agrès, et, à l'approche des Anglais, fit mettre le feu aux coques. L'ennemi ne put se vanter d'avoir pris un seul navire; mais ce désastre n'en fut pas moins un premier coup très-grave porté à la marine militaire de la France.

Dans les guerres maritimes incessantes qui avaient lieu entre la France et l'Angleterre depuis le commencement du xviie siècle, et qui avaient succédé, après une longue période de repos, à leurs anciennes luttes du moyen âge, le théâtre naturel et le plus habituel de la rencontre des flottes était la Manche dont les rivages n'offraient aucun abri aux flottes françaises. Aussi, dès 1640, Richelieu avait-il fait chercher sur cette partie de notre littoral un emplacement propre à l'établissement d'un port militaire; les vues s'étaient portées, dès cette époque, sur Cherbourg, mais on avait reculé devant les dépenses. En 1687, Vauban chargé à son tour d'examiner la question, et frappé de l'importance de la position de Cherbourg, y avait fait décider enfin la construction du port militaire que réclamaient depuis si longtemps les intérêts de la défense nationale; on avait même commencé l'exécution de quelques travaux, lorsque le gouvernement, conseillé alors par une politique timide, et malgré la protestation de Vauban, en avait ordonné la destruction. Le désastre de la Hougue vint donner une nouvelle preuve trop éclatante de la nécessité de créer un grand port d'abri et de refuge dans la Manche. La rade de la Hougue paraissait à quelques-uns se mieux prêter que celle de Cherbourg, moins bien abritée, à l'établissement projeté. Vauban, chargé de nouveau de l'étude du port à créer, n'eut pas de peine à démontrer et à faire reconnaître la supériorité de la position de Cherbourg qu'il caractérisait en disant que c'était « une position audacieuse ». Les embarras financiers qui signalèrent la fin du règne de Louis XIV ne permirent pas d'entreprendre alors l'exécution des projets du célèbre ingénieur. La création du grand port de refuge de la Manche se trouva encore retardée pour un siècle.

En 1693, dans la baie de Lagos, Tourville prit 27 bâtiments de guerre ou de commerce, en brûla 60, et fit éprouver aux alliés une perte de 26 millions : ce fut la dernière grande action de mer à laquelle il assista. Mais la guerre languissait; tout le monde était épuisé; le traité de paix de Ryswick (1697) vint marquer enfin le terme des guerres de la ligue d'Augsbourg. Par l'une des clauses de ce traité, le droit de 50 sous par tonneau sur les navires étrangers fut aboli ; déjà, comme on l'a vu, le traité de Nimègue avait aboli le tarif de 1667 si onéreux pour les Hollandais : c'était le complet abandon de la politique commerciale de Colbert.

Pendant toute la durée des guerres suscitées par la ligue d'Augsbourg, les corsaires de nos ports de la Manche servirent puissamment, tout en s'enrichissant, la politique de Louis XIV. Une noble émulation d'habileté, d'énergie et de témérité régnait parmi nos populations maritimes. Les Dunkerquois et les Malouins étaient cités notamment comme les corsaires les plus fameux et les plus redoutables de la France. Ils ne craignaient pas de s'attaquer aux navires de guerre, et il leur arriva souvent d'enlever des frégates à l'abordage. Ils firent surtout essuyer au commerce ennemi des pertes considérables. Les prises des corsaires dunkerquois pendant ces guerres s'élevèrent, dit-on, à 22 millions; c'est au milieu de leurs expéditions que se forma Jean-Bart. Les Malouins auraient pris, de leur côté, à l'ennemi, plus de 1,500 vaisseaux, sans compter ceux qui furent brûlés; parmi eux, Duguay-Trouin se signala par des traits d'une audace inouïe. Dans ce temps, la guerre des corsaires se faisait avec d'immenses moyens et sur une très-grande échelle; les Malouins, par exemple, armaient des escadres entières où l'on comptait des vaisseaux de 50 à 60 canons; l'État lui-même s'associait à ces entreprises; au besoin, il fournissait des soldats et des navires, tandis que les fonds de l'expédition étaient faits par des particuliers : la campagne terminée, on partageait les bénéfices dans des proportions convenues d'avance. Il arriva même un moment, dans les dernières années du règne de Louis XIV, où les finances de l'État ne permettant plus d'entretenir le matériel naval, une notable partie des bâtiments de la flotte furent remis à des spéculateurs pour être armés en course, et où le rôle de la marine royale se trouva réduit à approvisionner nos colonies et à y escorter des convois. Après la dispersion de notre belle flotte de la Manche causée par le désastre de la Hougue, le centre des opérations maritimes de la France ayant été porté dans la Méditerranée, les flottes ennemies se trouvèrent maîtresses de la mer, menaçant sans cesse d'incendier nos ports et d'opérer des descentes, tantôt sur un point, tantôt sur un autre. Depuis longtemps les Anglais n'aspiraient qu'à détruire de fond en comble Dunkerque et Saint-Malo, ces villes de corsaires qui portaient un si grand dommage à leur commerce et où les armements se multipliaient avec les succès. En 1694 et 1695, ils firent, appuyés par des flottes nombreuses, contre chacune de ces deux villes, des efforts considérables, mais qui, déjoués par l'habileté et l'intrépidité des habitants, restèrent tout à fait infructueux. La ville de Dieppe, moins heureuse, fut bombardée et incendiée par une flotte composée de 120 voiles; ensevelie sous un monceau de ruines, elle fut abandonnée par une grande partie de sa population. La malheureuse ville est restée, depuis, bien longtemps sans pouvoir se relever d'un aussi grand désastre. Une tentative fut faite également par les alliés (Anglais et Hollandais) contre Brest : voyant la place dégarnie de marins et de soldats, ils avaient conçu le hardi projet de l'enlever de vive force, ou, du moins, de s'établir sur la côte sud de la rade ; c'était la reprise des desseins déjà formés un siècle auparavant par les Anglais unis aux Espagnols ; mais, grâce aux mesures prises par Vauban, l'ennemi fut repoussé.

Quelques années après la paix de Ryswick, en 1701, une troisième coalition se forma, on le sait, contre la France, à propos de la succession d'Espagne : ce fut la grande ligue de La Haye où entrèrent l'Angleterre, la Hollande, l'Autriche, l'Empire, et, un peu plus tard, le Portugal. La guerre dura treize ans. La nécessité pour la France de porter toutes ses forces sur terre pour faire face à l'Europe, l'obligea à négliger la marine, et l'Angleterre put prendre alors sans effort possession de l'empire des mers que nous abandonnions et que la Hollande ne pouvait plus retenir. Nos colonies, laissées sans défense, furent dévastées ou conquises. Au début de la guerre, nos flottes avaient pu livrer encore quelques batailles navales ; mais il n'y eut plus ensuite que des rencontres d'escadres, bientôt même, que la guerre de course, dans lesquelles nos capitaines et nos corsaires surent maintenir leur glorieux renom. Tourville, qui avait été avec Duquesne le plus grand homme de mer du règne de Louis XIV, était mort en 1701. Jean-Bart, qui était devenu dans la dernière guerre la terreur du commerce de l'Angleterre et de ses alliés, ne lui avait survécu que d'une année. Mais si Tourville n'eut pas de successeur, Jean-Bart trouva de nombreux émules, parmi lesquels Duguay-Trouin. Celui-ci avait fait ses premières armes sur des vaisseaux de sa famille, faisant chaque année des courses plus hardies, des prises plus nombreuses. Lorsqu'il fut nommé capitaine dans la marine royale, en 1706, le temps de la grande guerre était passé ; il n'y avait plus maintenant que des combats corps à corps à soutenir, des convois à enlever, les côtes ennemies à désoler. Duguay-Trouin fit cette guerre comme Jean-Bart l'avait faite dix ans auparavant ; mais il eût pu certainement remplir un rôle plus important ainsi qu'il en donna la preuve dans sa remarquable expédition contre Rio-Janeiro (1711). Malheureusement, les exploits de nos marins, s'ils assuraient encore quelque protection à notre commerce extérieur, ne pouvaient avoir aucune influence sur la guerre elle-même. Cette longue guerre de la succession d'Espagne prit fin par le traité d'Utrecht (1713). L'alliance avec l'Espagne nous avait ouvert les portes du Pérou et du Chili, circonstance dont le commerce maritime de Saint-Malo, aidé de ses intrépides corsaires, avait tiré de très-grands profits ainsi qu'il est facile d'en juger par les résultats : en 1709, les Malouins avaient pu faire à l'État un prêt de 30 millions ; ils l'avaient aidé puissamment dans les achats de grains que la famine l'obligeait à faire à l'étranger ; ils avaient entrepris eux-mêmes les magnifiques remparts qui défendent leur ville. Mais, par contre, le traité d'Utrecht nous enleva une partie de nos colonies d'Amérique. La France dut, en effet, abandonner à l'Angleterre Terre-Neuve, c'est-à-dire la grande pêche, la baie d'Hudson ou le grand commerce des pelleteries, l'Acadie, qui, avec ses ports abordables en toute saison, formait l'avant-poste du Canada où nous allions nous trouver bloqués. Une autre clause fort humiliante du traité, certainement dictée par l'esprit de vengeance de l'Angleterre contre l'intrépide cité de Dunkerque, prescrivit la destruction complète de son port et de ses fortifications, et stipula qu'ils ne pourraient jamais être rétablis ; des commissaires anglais surveillèrent l'exécution de cette clause pendant les deux années suivantes. Ce douloureux traité de paix, imposé à la France épuisée par la guerre de succession, assura à l'Angleterre l'empire des mers.

Le Régent, abandonnant la politique de Louis XIV, laissa conclure par Dubois le traité de triple alliance avec l'Angleterre et la Hollande contre l'Espagne (1717). Par ce traité, le Régent s'engageait, entre autres conditions humiliantes, à démolir les nouveaux ouvrages de Mardick que Louis XIV avait destiné à remplacer Dunkerque comme port de guerre, et à achever de combler le port de cette dernière ville ; en outre, le commerce, la navigation même, étaient interdits aux Français dans les mers du Sud. La France n'avait jamais autant courbé la tête. La guerre avec l'Espagne, qui lui coûta 82 millions sans profit ni gloire, ne fit qu'affermir la domination de l'Angleterre sur l'Océan. Dubois, d'ailleurs, pendant toute la durée de son ministère, négligea systématiquement la marine afin de ne donner aucun ombrage à la puissance dont il s'était fait le protégé. Après sa mort et celle du Régent, sous le ministère du cardinal Fleury (1723-43), la marine, plus abandonnée encore, tomba tout à fait en ruine, et cela dans le même temps où l'Angleterre couvrait de ses flottes l'Océan et la Méditerranée.

La marine du commerce fut heureusement plus favorisée. A la mort de Louis XIV la dette de la

France dépassait deux milliards et le crédit public était profondément ébranlé. Aussi le Régent prêta-t-il l'oreille aux propositions du financier écossais Law pour un nouveau système d'organisation du crédit qui comprenait, on se le rappelle, en même temps que l'établissement d'une banque de circulation, la création d'une puissante compagnie de commerce maritime. C'est en 1716 que Law avait fondé sa première banque. L'année suivante, des lettres patentes du Régent autorisèrent l'établissement d'une compagnie de commerce sous le nom de « Compagnie d'Occident » à laquelle fut accordé le monopole du commerce avec la Louisiane pendant vingt-cinq ans, ainsi que la cession de tous les approvisionnements, forts et navires de la colonie, mais sous la condition d'y introduire chaque année 6,000 noirs et 3,000 blancs. La nouvelle Compagnie, fondée par Law au capital de 100 millions, choisit Lorient pour son port d'armement; elle racheta presque aussitôt les droits de la Compagnie du Sénégal, s'adjoignit en 1719 les Compagnies des Indes orientales et de la Chine, et, après avoir ainsi réuni dans ses mains presque tout le commerce de la France hors de l'Europe, prit le nom de « Compagnie des Indes ». Le roi lui vendit le port de Lorient, lui céda pour une durée de neuf années, à raison de 50 millions par an, la ferme des impôts, et lui emprunta 1.200 millions de francs. En 1723, après la disgrâce de Law et la ruine de la banque de crédit, la Compagnie des Indes, qui possédait déjà 105 vaisseaux, s'organisa sur de nouvelles bases. Elle reçut, par un édit de 1725, la confirmation définitive de son privilége; la même année, le roi lui accorda le monopole de la vente du café et du tabac; en 1735, elle fut autorisée à lever d'office les matelots nécessaires à l'armement de ses navires. Le port de Lorient prit alors un immense développement et se couvrit de splendides constructions; en même temps, d'ailleurs, qu'il prospérait comme port du commerce, il était devenu le port de construction le plus important du royaume. Les comptoirs de la Compagnie dans les Indes orientales resplendissaient de leur côté d'une activité merveilleuse sous l'habile et énergique direction de deux hommes éminents, La Bourdonnais et Dupleix : le premier avait tout créé à Bourbon et à l'Ile de France (île Maurice) dont il était gouverneur pour la Compagnie des Indes[1]; le second, directeur général des comptoirs français dans l'Inde, cherchait à fonder sur les débris de l'empire du Grand-Mogol une puissance territoriale qui prit, en effet, un moment, des proportions gigantesques, mais qui ne put se consolider et tomba promptement par suite de l'incurie des directeurs mêmes de la Compagnie.

La Compagnie des Indes joua notamment un rôle considérable dans les guerres de la succession d'Autriche (1741-48). La déclaration de guerre de la France à l'Angleterre eut lieu en 1744, après la brillante victoire navale dite « de Toulon »; mais la France se trouva impuissante à soutenir cet énergique mouvement; elle ne pouvait, avec 35 vaisseaux de ligne qu'elle avait alors, lutter contre 110; nos principaux ports, Brest, Toulon, furent bloqués par les Anglais, Antibes bombardé. C'est alors que la Compagnie des Indes se fit guerrière et conquérante en même temps qu'elle restait commerciale. De l'Ile de France, devenue avec son excellent port la clef de l'Océan indien, La Bourdonnais, aussi intrépide marin qu'habile administrateur, par des courses effectuées de concert avec Dupleix, parvint à ruiner une partie du commerce des Anglais dans ces parages et à chasser leurs navires des mers de l'Inde. En même temps, Dupleix étendait sa domination autour de Pondichéry sur le continent indien et parvenait à y restreindre chaque jour l'influence anglaise. Madras tomba même au pouvoir des Français et l'escadre anglaise fut contrainte de se réfugier à Ceylan. A cette époque, c'est-à-dire vers 1745, la Compagnie des Indes était devenue une véritable puissance maritime et justifiait sa fière devise « Florebo quocumque ferar » ; ses navires avaient le droit d'arborer la flamme comme ceux de la marine royale; elle avait dans le port et la rade de Lorient 35 vaisseaux ou frégates sans compter un grand nombre de bâtiments de fort tonnage. Une pareille prospérité excitait les inquiétudes de l'Angleterre. Elle essaya, mais sans succès, en 1746, de détruire ce port d'où s'élançaient tant de hardis marins qui, par leurs nombreuses prises, ruinaient son commerce, d'anéantir le principal établissement de cette Compagnie dont les gouverneurs et les flottes lui faisaient subir de si graves échecs dans les Indes. La désunion qui se mit malheureusement entre Dupleix et La Bourdonnais à la suite de la prise de Madras empêcha la réalisation des grands desseins qu'ils avaient conçus. On sait que La Bourdonnais, rappelé en France, fut enfermé à la Bastille. En 1748, Dupleix sauva Pondichéry de l'attaque des Anglais auxquels il fit éprouver un échec qui retentit jusqu'en Europe. La paix était donc inopportune pour nous dans l'Inde; elle ne l'était pas moins dans les Pays-Bas. Mais notre marine était réduite à un petit nombre de vaisseaux, et notre dette s'était accrue de

1. Les Français s'étaient établis en 1720 à l'île Maurice, qu'avaient délaissée les Hollandais, et qui prit dès lors le nom d'Ile de France.

1200 millions; l'Angleterre, de son côté, redoutant de voir la France s'établir à demeure aux bouches de l'Escaut, désirait maintenant la paix. La guerre de la Succession d'Autriche prit fin par le traité d'Aix-la-Chapelle (1748) qui stipula que les conquêtes seraient restituées de part et d'autre. La France rendit donc Madras et rentra en possession de l'île Royale (cap Breton); mais elle se laissa imposer la condition de ne fortifier Dunkerque que du côté de terre.

Les huit années qui suivirent ce traité de paix furent la plus belle époque du commerce français au XVIIIe siècle. La prospérité de Lorient allait sans cesse croissant; Bourbon était devenue une grande colonie agricole; Dupleix, s'appuyant sur les puissances indigènes, voyait se former le vaste empire colonial des Indes qu'il rêvait pour la France; aux Antilles, la Martinique, la Guadeloupe, surtout Saint-Domingue, arrivaient également à une prospérité qui rejaillissait sur les grandes cités maritimes de la métropole : sur le Havre, sur Nantes, sur Bordeaux, qui se souviennent encore de ces jours de richesse; sur Marseille, qui avait de plus pour elle tout le commerce du Levant dans la Méditerranée où nul ne lui faisait alors concurrence; le sucre, le café des Antilles françaises, chassaient du marché européen les produits similaires des colonies anglaises; la Louisiane, enfin, si longtemps languissante, trouvait dans la liberté du commerce qui lui avait été rendue en 1731 une fortune que n'avait pu lui donner le monopole. La dernière guerre maritime n'avait fait que suspendre le grand mouvement imprimé tout d'abord au commerce par la Compagnie des Indes. A la paix, ce mouvement avait repris son cours avec un redoublement d'énergie secondé, cette fois, par le gouvernement. De louables efforts furent faits pour rétablir la flotte : en 1754, on comptait dans les ports 60 vaisseaux, 31 frégates et 21 autres bâtiments. L'Angleterre, malgré ses 243 bâtiments de guerre, dont 131 vaisseaux de ligne, s'effraya de cette renaissance de notre puissance navale, surtout des progrès de notre commerce, à qui le doublement du droit de 50 sous par tonneau décrété par Machault en 1749, donnait la plus vive impulsion, et elle trouva aisément une cause de rupture.

La France avait dans l'Amérique du Nord les deux magnifiques possessions du Canada et de la Louisiane par lesquelles elle dominait le Saint-Laurent et le Mississipi, c'est-à-dire les deux plus grands fleuves de cette partie du monde. Mais le traité d'Aix-la-Chapelle, dont le programme avait été la paix à tout prix, n'avait pas pris soin de déterminer les limites de l'Acadie, ni de décider si l'Ohio appartenait à la Louisiane (France) ou à la Virginie (Angleterre). Des experts, chargés plus tard de résoudre le différend, n'avaient pu s'entendre. Les hostilités entre les marines des deux nations recommencèrent bientôt, même avant toute déclaration de guerre, d'abord en Amérique même, puis dans les mers d'Europe. Ces hostilités furent le prélude de la guerre de sept ans (1756-63) qui détruisit de nouveau presque entièrement la marine française. L'intérêt de la France était de conserver à la nouvelle guerre son caractère exclusivement maritime; l'Angleterre suscita de nouveau contre elle une guerre continentale. La guerre sur le continent se soutint sans trop de désavantage; mais, sur mer, nous étions malheureusement aux prises avec un ennemi dont l'écrasante supériorité ne laissait à nos marins que l'espérance de quelques succès isolés. L'honneur du pavillon fut néanmoins brillamment soutenu, surtout au début de la guerre, dans nombre de rencontres partielles : c'est ainsi que le maréchal de Richelieu, avec l'escadre de Toulon, alla attaquer l'île de Minorque, sentinelle des Anglais dans la Méditerranée, et, après avoir battu la flotte de l'amiral Bing, s'empara de la forteresse de Port-Mahon réputée imprenable. Au Canada, dans une glorieuse campagne, le marquis de Montcalm enleva aux Anglais le fort Ontario et le voisinage des grands Lacs. Dans l'Inde, les indigènes, sous la conduite d'un nabab allié de la France, chassèrent pour un moment les Anglais de Calcutta et de leurs établissements du Bengale. Mais, tandis que l'Angleterre prodiguait toute sa sollicitude à sa marine, le gouvernement français se trouva obligé de laisser ses colonies manquer de navires, de soldats et d'argent. Les Anglais bloquaient nos ports dont il ne sortait plus un bâtiment qui ne tombât entre leurs mains : 37 vaisseaux de ligne et 56 frégates furent ainsi pris, brûlés, ou périrent sur les écueils. Ils faisaient de fréquentes descentes sur nos côtes de Normandie et de Bretagne pour y détruire les ports ou s'en emparer : à Cherbourg, par exemple, le gouvernement avait fait exécuter en 1738 la partie maritime des plans de Vauban, et avait ainsi créé sur ce point un port de commerce sûr et commode; tous les ouvrages furent détruits en 1758 par les Anglais qui en employèrent les débris à combler le chenal et le port; la même année, avec une flotte de 105 voiles, ils effectuèrent une descente dans la baie de Cancale et assiégèrent Saint-Malo : ils ne purent prendre la ville, mais ils brûlèrent dans le port de Solidor 71 bâtiments tant de guerre que de commerce; en 1761, ils s'emparèrent de Belle-Ile, et ils eurent ainsi dans le golfe de Gascogne, en vue de Nantes, entre Brest et Rochefort, une position aussi avantageuse que celle que leur donnait déjà Jersey de l'autre côté de la Bretagne, en vue de Saint-Malo, entre Cherbourg et Brest. Tout notre littoral de l'Océan se trouva comme assiégé. En même temps nous éprouvions de cruels revers dans nos colonies dont un grand nombre nous étaient enlevées. A la suite de tous ces désastres, en 1761, la France eut un grand élan patriotique pour concourir à la guerre maritime : les États de plusieurs provinces, des compagnies de finances, la ville de Paris, la chambre de commerce de Marseille, des corporations religieuses offrirent au roi des vaisseaux ; mais, malgré tous les efforts, de nouveaux revers nous furent infligés; la lutte était devenue absolument impossible. L'Angleterre avait donc atteint son but qui était la destruction de notre marine militaire et marchande. Mais ses conquêtes mêmes épuisaient ses finances. Toutes les puissances européennes étaient d'ailleurs lasses d'une guerre qui les ruinait également. Le traité de Paris de 1763 régla les conditions de la paix par lesquelles demeurèrent acquis à l'Angleterre le Canada avec les soixante mille français qui l'habitaient, l'Acadie, l'île de Cap-Breton, plusieurs des anciennes Antilles françaises et le Sénégal; la France conservait le droit de pêche sur les côtes de Terre-Neuve et dans le golfe Saint-Laurent, avec les îlots de Saint-Pierre et de Miquelon, mais sous condition de ne pas les fortifier; elle recouvrait la Guadeloupe, Marie-Galande, la Désirade, la Martinique, et obtenait Sainte-Lucie ; l'île de Gorée lui était rendue au Sénégal, celle de Belle-Isle sur les côtes de Bretagne ; mais elle démolissait encore une fois les fortifications de Dunkerque du côté de la mer; aux Indes orientales, Pondichéry, Mahé et trois petits comptoirs au Bengale lui restaient sous réserve de ne pas y envoyer de troupes; enfin, la Louisiane était cédée à l'Espagne, en compensation des pertes subies par elle au profit de l'Angleterre. Ce traité, qui consacrait la perte du Canada, de la Louisiane et de l'Inde, tout désastreux qu'il était pour la puissance maritime de la France, fut pourtant accueilli dans nos ports avec bonheur parce que la mer redevenait libre.

Choiseul était ministre de la guerre et de la marine depuis deux ans quand fut signée la paix de 1763. Ce ministre patriote prit à cœur de relever la France de l'abaissement où elle était tombée. Non-seulement il s'efforça de réorganiser l'armée, mais encore, au grand déplaisir de l'Angleterre, reprenant l'œuvre de Machault, il déploya la plus louable activité à rétablir la flotte et le matériel : nos constructions se perfectionnèrent alors au point de servir de modèles aux autres nations. La politique extérieure de Choiseul n'éprouva qu'un seul revers qui fut une tentative malheureuse, faite en 1763, pour coloniser la Guyane et dans laquelle périrent douze mille colons. C'est sous son ministère, en 1766, qu'eut lieu le voyage de Bougainville autour du monde, qui fut, on le sait, signalé par de nombreuses découvertes en Océanie. En 1768, la France fit l'acquisition de la Corse révoltée contre les Génois ; elle eut ainsi dans la Méditerranée de nouveaux ports parmi lesquels, notamment, *Bastia* et *Ajaccio*.

La perte de la presque totalité de nos colonies avait porté une première atteinte fort grave à la prospérité de la Compagnie des Indes, dont le monopole, du reste, approchait de son terme. Sur les instantes réclamations des grandes villes de commerce du royaume contre un privilége qui leur était fatal, le roi, par un édit de 1769, suspendit le privilége exclusif de la Compagnie et restitua à tous les Français le droit de naviguer et de commercer au delà du cap de Bonne-Espérance, sous la seule condition d'opérer leur retour dans le port de Lorient. L'année suivante, la Compagnie renonça à poursuivre ses entreprises, et elle remit au roi, contre indemnité, toutes ses propriétés. Cette Compagnie, qui avait été sur le point de conquérir pour la France, l'empire des Indes, avait, dans l'espace de cinquante ans, construit et armé 131 vaisseaux, 61 frégates et un grand nombre d'autres bâtiments de tout rang, formant ensemble une flotte de 300 navires. Sous son influence, Lorient était devenu un établissement maritime de premier ordre.

Lorsque Choiseul quitta le ministère, en 1770, la vie était revenue dans nos ports, et nous avions une flotte de 64 vaisseaux et de 50 frégates et corvettes qui se trouva ainsi toute prête pour le rôle que devait bientôt jouer la France dans la guerre d'Amérique. En même temps, Choiseul encouragea l'opposition qui se formait parmi les colons anglo-américains contre leur métropole. Enfin, il détacha le Portugal et la Hollande de l'alliance anglaise et prépara cette union des marines secondaires qui devait, quelques années plus tard, devenir la Ligue des neutres contre ceux qui s'appelaient les maîtres de l'Océan.

La déclaration d'indépendance de l'Amérique (1776) fut accueillie en France avec enthousiasme. La jeune noblesse, exaltée par les idées philosophiques et tout ardente du désir d'effacer la honte de la guerre de sept ans, de combattre l'implacable ennemie de la France, demandait en foule à partir pour l'Amérique ; mais le gouvernement redoutait une rupture avec l'Angleterre et désirait rester neutre. Louis XVI finit pourtant par se laisser entraîner, et, en 1778, il signa avec les États-Unis un traité de commerce corroboré d'une alliance offensive et défensive. Choiseul, fort heureusement, avait relevé la marine de la France : une flotte partit de Toulon pour l'Amérique ; une autre se forma à Brest pour combattre dans les mers d'Europe ; et ces deux flottes se signalèrent, tenant tout au moins la fortune indécise, dans leurs diverses rencontres avec les flottes ennemies. En même temps, tous nos ports recommencèrent la guerre de corsaires avec la même énergie que par le passé, et avec les mêmes succès. En 1779, l'Espagne déclara à son tour la guerre à l'Angleterre et réunit sa marine à celle de la France. Enfin, une vaste coalition se forma contre le despotisme maritime de l'Angleterre qui, pour empêcher la France et l'Espagne de recevoir des régions du nord les munitions navales nécessaires à leurs arsenaux, faisait arrêter et visiter par ses croiseurs les bâtiments neutres : Catherine II, la première, en 1780, proclama la franchise des pavillons, à la condition qu'ils ne couvriraient pas la contrebande de guerre ; et, pour soutenir ce principe, elle proposa un plan de neutralité armée qui fut successivement accepté par la Suède et le Danemark, la Prusse et l'Autriche, le Portugal, les Deux-Siciles et la Hollande. L'année 1781 fut la plus heureuse de cette guerre pour la France et pour l'Amérique : la flotte française remporta une série de brillants succès qui contribuèrent aux victoires que Washington, Rochambeau et Lafayette remportèrent de leur côté sur le continent américain, et ces faits d'armes furent décisifs pour l'indépendance des États-Unis. L'année suivante, Suffren, un de nos plus grands hommes de mer, envoyé aux Indes orientales pour sauver les colonies hollandaises, y gagna quatre victoires navales.

L'Angleterre avait donc perdu son renom d'invincible sur les mers ; en outre, elle avait prodigieusement souffert dans son commerce et accru sa dette de 2 milliards et demi. La France, de son côté, si elle avait obtenu un grand résultat, avait dépensé 1400 millions. La paix, proposée par l'Angleterre, fut signée à Versailles en 1783 ; elle était honorable pour la France qui, tout d'abord, effaçait le honteux article du traité d'Utrecht relatif à Dunkerque, et obtenait de plus la restitution de plusieurs de ses colonies. Le traité de paix de Versailles annonçait d'ailleurs, entre la France et l'Angleterre, un traité de commerce qui fut signé en 1786, et qui substitua à la prohibition alors existante un droit proportionnel à la valeur des objets sur les marchandises communes aux deux pays. Ce traité était le premier pas fait par l'Angleterre dans la voix d'une politique commerciale nouvelle, celle qui a définitivement substitué le régime de la liberté à celui de la prohibition.

Aussitôt après la conclusion de la paix, le gouvernement de Louis XVI reprit l'étude des dispositions à adopter pour faire de Cherbourg un grand port de guerre et de refuge. Il fut décidé que l'on s'occuperait tout d'abord d'abriter la rade ; un plan beaucoup plus vaste que l'ancien plan de Vauban fut arrêté ; et, dès l'année 1784, on commença la construction de la grande digue d'abri qui ne devait, par suite de diverses périodes d'interruption amenées par les événements politiques, être complètement terminée que soixante-dix ans plus tard, en 1854. Quant au port militaire, rappelons de suite que, commencé seulement vingt ans après la digue, il ne fut lui-même, à raison d'agrandissements successifs, complétement achevé qu'en 1866[1].

Au début de la Révolution, la France avait 70 vaisseaux de ligne et 65 frégates à flot, 18 vaisseaux et frégates sur les chantiers. Le génie de la guerre de terre tenant surtout de l'inspiration, la Révolution put improviser des généraux en même temps que des armées. Mais la guerre de mer exige plus de science et une longue pratique. Or, le brillant état-major naval qui avait combattu l'Angleterre dans la guerre d'Amérique avait émigré. La belle flotte organisée dans les vingt-cinq dernières années de la monarchie se trouva donc sans chefs, et il en résulta pour nous une grande infériorité dans tous les combats d'escadres que nous eûmes à soutenir. Les Anglais nous enlevèrent la Martinique, la Guadeloupe, la Corse même. Nos corsaires, du moins, nous vengeaient : à la fin de 1793, ils avaient pris à l'ennemi 410 bâtiments tandis que notre marine marchande n'en avait perdu que 316. Toulon, par haine de la Convention,

1. L'Angleterre avait en face de Cherbourg la belle rade naturelle de Portsmouth, et, à l'embouchure de la Tamise, les deux grands établissements maritimes de Chatham et de Sheerness. Lorsque, sous l'Empire, elle vit marcher avec activité les travaux de la digue de Cherbourg, elle se décida à entreprendre de son côté, en 1812, la construction d'un grand brise-lame à Plymouth. Plus tard, lorsque notre unique port militaire de la Manche parut devoir s'achever, l'Angleterre ne se trouva pas encore suffisamment pourvue de grands établissements maritimes dans les mêmes parages, et elle créa un port de refuge à Portland, un port d'observation à l'île d'Aurigny, un grand port de pêche, en réalité destiné à la guerre, à Jersey.

s'était livrée en 1793, avec toute notre flotte de la Méditerranée, aux Anglo-Espagnols. La place fut reprise par Bonaparte en 1795. L'année suivante la Corse était reprise à son tour. C'est dans le port de Toulon que se prépara, en 1798, la célèbre expédition d'Égypte. On sait quelle fut la fin malheureuse de cette expédition. Bonaparte en proposant de faire la conquête de l'Égypte avait espéré atteindre par là l'Angleterre dans l'Inde et la frapper au cœur en y détruisant son commerce et son empire ; Leibnitz, en 1672, avait proposé à Louis XIV un plan semblable qui était alors exécutable ; mais, en 1798, pour risquer si loin toute une armée composée de nos meilleurs soldats, il eût fallu être maître de la mer, et elle était au contraire couverte des flottes anglaises. Néanmoins, la flotte de l'expédition, qui ne comprenait pas moins de 500 voiles portant 40.000 soldats et 10.000 marins, avait échappé à l'amiral anglais Nelson qui courait d'un bout à l'autre de la Méditerranée ; elle avait même pris Malte en passant ; mais, après le débarquement des troupes en Égypte, elle fut attaquée par Nelson dans la rade d'Aboukir et presque entièrement détruite. En 1800, la Russie, la Prusse, la Suède et le Danemark renouvelèrent contre l'Angleterre, qui, dans sa haine acharnée contre la France, refusait de poser les armes, la ligue des neutres. Cette ligue ne fut malheureusement que de très-courte durée. Bientôt la France se retrouva seule à défendre la liberté des mers. Mais les Anglais, avec leurs 195 vaisseaux de ligne et leurs 250 frégates, avaient une telle supériorité de forces que, loin d'être en état de lutter contre eux, nous ne pouvions même envoyer de secours à Malte qu'ils bloquaient et dont ils finirent par s'emparer, à l'armée d'Égypte qu'ils menaçaient et qui dut être rapatriée (1801). Cependant, l'Angleterre fléchissait sous le poids d'une dette de douze milliards ; elle voyait avec effroi la marine de la France renaître sous la puissante impulsion du premier consul ; enfin, ce qui était plus grave, Bonaparte préparait à Boulogne une immense quantité de chaloupes-canonnières pour une descente en Angleterre, et le vainqueur d'Aboukir, chargé de brûler « ces coquilles de noix », avait éprouvé un échec. La crainte fit taire pour un moment les rancunes implacables de l'aristocratie anglaise, et en 1802 fut signé le traité de paix d'Amiens. Par ce traité, indépendamment des questions continentales réglées, l'Angleterre nous restituait nos colonies et elle rendait Malte aux chevaliers de Saint-Jean-de-Jérusalem.

Le premier consul s'était promis de relever notre marine et notre commerce ; il fut naturellement conduit à la pensée de relever aussi notre empire colonial. Il fit d'abord un sacrifice habile : la Louisiane nous avait été restituée en 1800 ; il la vendit aux Américains pour 60 millions, disant, pour justifier cet acte, qu'il fallait, dans l'intérêt de la France, que l'Amérique fût grande et forte, que c'était nous préparer des vengeurs pour l'avenir. Saint-Domingue, la reine des Antilles, qui, avant 1789, exportait pour 160 millions de produits, n'était plus entre nos mains par suite de la révolte des noirs qui s'étaient déclarés indépendants. Bonaparte voulant recouvrer cette île, le plus riche joyau de notre empire colonial, envoya des forces considérables contre le noir Toussaint-Louverture. La capture de cet homme remarquable fut le seul succès d'une expédition inopportune qui irrita profondément l'Angleterre et que décima la fièvre jaune ; les successeurs de Toussaint, favorisés par la rupture qui eut lieu bientôt entre la France et l'Angleterre, chassèrent les Français de l'île et fondèrent la république d'Haïti.

L'Angleterre, par la paix de 1802, avait espéré arrêter l'accroissement de la France ; mais la France grandissait plus encore dans la paix que dans la guerre : son commerce, son industrie, prenaient un immense essor ; son pavillon reparaissait sur toutes les mers, et il allait faire une concurrence redoutable à ceux qui continuaient à s'appeler les maîtres de l'Océan. Tous les actes de la politique extérieure de la France étaient devenus des motifs à récriminations de la part de l'Angleterre qui s'en faisait un prétexte pour ne pas restituer Malte, la clef de la Méditerranée. Bonaparte, ayant exigé cette restitution, condition principale du traité, le ministère anglais lui répondit par une violation du droit des gens en faisant saisir, sans déclaration de guerre, sur toutes les mers, douze cents navires français et bataves. Les hostilités recommencèrent.

Aussitôt après la rupture de la paix d'Amiens (1804), la plus grande activité fut déployée dans tous les ports pour préparer le matériel naval nécessaire à une descente en Angleterre. Il ne s'agissait pas de construire des vaisseaux de haut bord : des chaloupes canonnières, des bateaux plats, des péniches, allant à la voile et à la rame, devaient suffire. Aussi les chantiers de construction furent-ils établis non-seulement dans les ports, mais aussi sur toutes les rivières d'où l'on pouvait gagner la mer. Les flottilles étaient ensuite dirigées le long des côtes vers le Pas-de-Calais. Douze à treize cents bâtiments ainsi rassemblés devaient être concentrés à Boulogne et dans les ports du voisinage, à Étaples, à Wimereux, à Ambleteuse, que Napoléon fit approfondir. On sait qu'une coalition nouvelle, suscitée par l'Angleterre, obligea Napoléon à renoncer à son projet.

Au milieu des brillants succès de la campagne de 1805, le grand revers maritime de Trafalgar, qui coûta à l'escadre combinée de France et d'Espagne 18 vaisseaux et 7,000 hommes, fut l'irrévocable condamnation de la marine impériale. Napoléon ne compta plus sur elle ; et, désespérant de pouvoir se prendre corps à corps avec l'Angleterre, il conçut la pensée de ruiner son insaisissable ennemie en lui fermant le continent. L'Angleterre, par une abusive extension du droit de la guerre, avait dénoncé le blocus de toutes les côtes, de Brest à Hambourg, ce qui en interdisait l'approche aux bâtiments neutres. A son tour, Napoléon, en 1806, promulgua le fameux décret de Berlin qui déclarait les Iles-Britanniques elles-mêmes en état de blocus : en conséquence, tout commerce avec ces îles était formellement interdit ; les marchandises anglaises, en quelque endroit qu'elles fussent trouvées, étaient confisquées ; tout Anglais arrêté sur le continent devenait prisonnier de guerre ; toute lettre venant d'Angleterre ou y allant était détruite. Ainsi, la tyrannie de l'Angleterre sur l'Océan conduisait l'empereur à établir la même tyrannie sur le continent. Dans cette lutte de géants, les intérêts des petits disparaissaient, et le droit des gens était des deux côtés foulé aux pieds. Mais, pour que le système réussît et obligeât l'Angleterre à demander merci, il fallait que pas une porte sur le continent restât ouverte. Après avoir fermé les portes de la Prusse, il fallait donc fermer aussi celles de la Russie, c'est-à-dire se rendre partout le maître. Le blocus continental était une gigantesque machine de guerre qui devait tuer sûrement un des deux adversaires. Ce fut Napoléon qui succomba dans la lutte.

En 1814, Talleyrand signa cette convention désastreuse qui réduisait la France à ses frontières de 1792, livrait aux alliés, avec 53 places fortes et 13,000 bouches à feu, 30 vaisseaux et 12 frégates, cédait enfin à l'Angleterre nos colonies de l'Ile-de-France et de Sainte-Lucie.

La longue période de paix qui a succédé aux grandes guerres de l'empire a produit chez tous les peuples un immense développement de la production agricole et industrielle et du commerce international. Toutes les nations rivalisent depuis soixante ans pour améliorer leurs ports et faciliter par tous les moyens l'essor de la navigation maritime. La France, qui occupe certainement un des premiers rangs dans ce grand mouvement, s'est d'ailleurs enrichie sous ses derniers gouvernements de plusieurs colonies nouvelles, dont quelques-unes d'une très-grande importance : c'est ainsi que la conquête de l'Algérie, en 1830, lui a donné sur la Méditerranée 250 lieues de côtes le long desquelles elle a établi d'excellents ports, notamment, *Oran, Alger, Bougie, Philippeville, Bone;* en 1842, elle s'emparait des îles Marquises; en 1843, de quelques îles du groupe des Comores; en 1853, de la Nouvelle-Calédonie; en 1858, de l'île à guano de Clipperton. La dernière conquête coloniale a été celle de la Basse-Cochinchine en 1862-67. Aujourd'hui, l'ensemble des colonies françaises, non compris l'Algérie, renferme une population d'environ 2,600,000 habitants, dont 120,000 Européens.

Le grand événement du siècle, au point de vue du commerce et de la navigation maritimes, a été le percement de l'isthme de Suez, qui a raccourci de 3,000 lieues, pour les marines de l'Europe, la route des Indes. Le créateur de cette œuvre si féconde par ses résultats est, on le sait, un Français, Ferdinand de Lesseps, dont le nom figurera à juste titre dans les fastes de l'histoire, après un intervalle de quatre cents ans, à côté de ceux de Vasco de Gama et de Christophe Colomb. L'œuvre du canal maritime de Suez, malgré son caractère universel, a été pourtant une œuvre éminemment française, non-seulement par son illustre fondateur, mais aussi par les ingénieurs qui ont dirigé et exécuté les travaux et par les capitaux qui ont été employés à la construction ; il ne lui a pas même manqué l'opposition jalouse de l'Angleterre, qui s'est efforcée de tout son pouvoir et de toute son influence d'en empêcher la réalisation, et qui en tire aujourd'hui plus de profit à elle seule que ne le font ensemble toutes les autres nations de l'Europe.

CHAPITRE II

OUVRAGES DES PORTS[1]

HISTORIQUE. — Les peuples maritimes de l'antiquité paraissent avoir poussé fort loin l'art de la construction des ports. Non pas que l'on puisse s'en rapporter entièrement sur ce point au seul témoignage des anciens auteurs, dont les descriptions sont souvent mêlées de fables et empreintes de merveilleux. Mais, si l'on compare ces descriptions aux vestiges encore existants des anciens ports, on arrive aisément à se convaincre que, dès ces temps reculés qui ont marqué les premiers âges de la navigation maritime, les peuples qui s'y adonnaient ont fait rapidement de très-grands progrès dans l'art si difficile de l'amélioration des ports naturels et de la construction de ports artificiels; et ce fait, à lui seul, serait une preuve suffisante de la richesse, de la puissance et de l'état avancé de civilisation auxquels ces peuples étaient parvenus.

Toutefois, un temps plus ou moins long se passa nécessairement avant que l'art des constructions à la mer pût être arrivé à un certain degré de perfection. Il n'existe, ou, du moins, il n'a été trouvé le long des côtes aucuns vestiges d'ouvrages de ports antérieurs à la fondation de Sidon et de Tyr. Le trafic de l'Europe avec l'Inde se fit d'abord dans la rade ouverte de Bérénice, sur la mer Rouge, où les cargaisons ne pouvaient être embarquées et débarquées qu'au prix de très-grandes dépenses, de longs délais et de beaucoup de risques. Les hommes aventureux, alors en petit nombre, qui se livraient au commerce maritime, largement récompensés par les profits qu'ils en retiraient, se contentaient de la protection offerte à leurs navires par les baies naturelles qu'ils rencontraient sur leur route; et, pendant longtemps, ils ne songèrent guère à entreprendre, encore moins regardèrent-ils comme possible, de construire des ouvrages capables de résister à la violence des tempêtes de la mer. Ce ne fut que plus tard, et pour éviter les pertes qu'entraînaient les opérations dans les rades ouvertes, qu'ils commencèrent à construire des quais grossiers, à pierres sèches empilées les unes sur les autres, dans les endroits les mieux abrités des rivages. Plus tard encore, reconnaissant l'inconvénient d'avoir à tirer leurs navires à sec pour les soustraire à l'agitation de la mer, ils construisirent dans la mer même des jetées composées de pierres brutes coulées pêle-mêle, et qui furent avancées progressivement vers le large jusqu'à former de gigantesques môles entourant des espaces de mer plus ou moins vastes, mis ainsi à l'abri des tempêtes, et offrant en même temps tous les aménagements intérieurs nécessaires, soit pour la guerre, soit pour le commerce.

En comparant, comme il est dit plus haut, les descriptions données par les écrivains de l'antiquité, Hérodote, Polybe, Strabon, Pline le Jeune, Diodore, etc., des ouvrages de ports construits par les peuples de l'ancien monde civilisé avec les vestiges encore existants de ces ouvrages, il est le plus souvent très-difficile, sinon tout à fait impossible, de les concilier. Cette étude comparative est d'autant plus difficile que les anciens ports, non-seulement ont eu beaucoup à souffrir, comme toutes les autres œuvres de l'antiquité, de la double action du temps et de la main des hommes, mais encore qu'ils sont soumis depuis de longs siècles à cette autre action, bien plus destructive encore, d'une attaque incessante par les eaux de la mer, et d'un envahissement constant par les alluvions qu'amènent des côtes voisines les vents et les

1. Ouvrages consultés : *Architecture hydraulique*, par Bélidor, 1750; *British and foreign Harbours*, par Sir John Rennie, 1854; *Études et notions sur les constructions à la mer*, par Bouniceau, 1866; *Ports maritimes de la France*, par le Ministère des Travaux publics, 1874; *Cours de construction* et *Cours de Ports de mer* professés à l'École des ponts et chaussées.

courants. Pour certains ports cette action a été telle qu'elle a fait disparaître presque toutes traces de leur existence. Toutefois, même sans accorder trop de crédit aux descriptions des anciens écrivains, il reste encore assez de vestiges des ports de l'antiquité pour permettre de se former une idée suffisamment exacte de quelques-uns des ouvrages dont ils se composaient et de leur mode de construction. Et l'on est alors émerveillé de reconnaître que les peuples de l'ancien monde civilisé, nos maîtres en cela comme en tant d'autres choses, ont imaginé les principes mêmes et commencé à appliquer, il n'y a pas moins de deux ou trois mille ans, les principaux procédés d'exécution en usage chez les peuples modernes pour l'amélioration et la construction des ports.

Il règne une grande incertitude sur la forme exacte des navires des Phéniciens, et même sur celle des navires des Grecs et des Romains; mais il paraît toutefois à peu près certain que tous ces navires, aussi bien ceux destinés à la guerre que ceux du commerce, étaient d'un faible tonnage et que leur tirant d'eau ne devait que bien exceptionnellement dépasser 1^{m},50 à 2 mètres. Les anciens devaient donc avoir pour principale préoccupation, bien plutôt de créer des abris pour leurs flottes contre la tempête et contre l'ennemi, que d'assurer aux navires une grande profondeur d'eau au mouillage. Leurs ports se composaient généralement d'un port extérieur, ou avant-port, ou rade, et d'un port intérieur. Souvent il y avait, soit deux ports communiquant entre eux par un canal intérieur, soit tout au moins une double entrée au port, pour permettre aux navires d'entrer et de sortir par tous les vents. Ces ports, à défaut de la configuration naturelle des lieux, étaient formés ou tout au moins complétés par des môles, les uns rattachés à la terre, les autres isolés. Lesdits môles étaient construits sous l'eau à pierres perdues; et, sur la base ainsi formée, étaient érigés des quais et murs d'abri en pierres équarries. Aux extrémités des môles se trouvaient des tours servant à la fois à l'installation de phares et pour la défense. L'entrée du port était en outre fermée par des chaînes.

Vitruve, au commencement de notre ère, a donné sur le mode de construction des môles et des murs à la mer des détails intéressants. Les procédés qu'il décrit sont probablement ceux surtout qu'employaient les Romains, mais que ceux-ci avaient sans doute plus ou moins imités, en les perfectionnant, des procédés suivis avant eux par les Grecs et par les Phéniciens. Vitruve mentionne notamment le mode de construction consistant à jeter, à partir du rivage, des masses de pierres perdues pour former les môles. Un siècle plus tard, Pline le Jeune, dans le récit d'une visite qu'il fit à Trajan pendant la construction du port de Centum-Cellæ (Civita-Vecchia), décrit le mode de construction du môle isolé de ce port à l'aide de blocs de grandes dimensions apportés par des navires et jetés de même à pierres perdues. Vitruve mentionne également le mode de construction des murs à la mer dans des coffrages en bois au moyen de masses de blocailles mêlées avec de la pouzzolane et de la chaux, et auxquelles on laisse un temps suffisant pour durcir sous l'eau avant d'enlever les coffrages. Il décrit enfin un procédé consistant à construire à sec de gros blocs artificiels en béton pour les faire tomber ensuite à la mer.

Fig. 1. — SAIDA (ancienne Sidon). Echelle de [illegible]

Indépendamment des môles à pierres perdues, les Romains ont construit plusieurs môles en maçonnerie à claire-voie, c'est-à-dire formés d'arches suffisamment pleines pour empêcher la transmission de la houle dans l'intérieur du port, mais, en même temps, assez ouvertes pour laisser passer les courants et combattre ainsi les dépôts d'alluvions. On ne saurait dire d'ailleurs, avec quelque apparence de certitude, si les Phéniciens ou les Grecs avaient jamais fait avant eux quelque application d'une semblable disposition.

Pour compléter les indications générales qui précèdent, nous donnerons ici, avec les plans de la situation actuelle des localités placés en regard pour permettre la comparaison, une description succincte des dispositions d'ensemble que présentaient, autant du moins qu'on peut le conjecturer, plusieurs des principaux ports de l'antiquité.

Le port de *Sidon* était situé à l'extrémité d'une langue de terre assez basse, formant saillie sur la ligne générale du rivage, et sur laquelle était bâtie la ville (la moderne Saïda). Le peu de vestiges qui restent aujourd'hui de ce port autrefois célèbre ne permet guère de formuler une opinion précise à son sujet. On croit pourtant qu'il était en grande partie artificiel et qu'il se composait de deux ports distincts : l'un, au sud, formé par un banc de rocher courant parallèlement au rivage, et qui se prolongeait par un môle dans la direction d'un autre ouvrage semblable partant de terre, et la profondeur d'eau dans ce port était probablement beaucoup plus grande alors qu'elle ne l'est aujourd'hui ; l'autre port, au nord, formé par un môle en prolongement de l'extrémité nord du banc de rochers : ces deux ports communiquaient d'ailleurs entre eux par une ouverture ménagée dans un mur transversal de séparation et au-dessus de laquelle il y avait un pont. La situation du port était bien choisie. Non-seulement les grandes profondeurs d'eau existantes en avant des ouvrages devaient le rendre facilement accessible pour tous les vents, mais encore le port tirait certainement grand profit de la bonne rade naturelle qui se trouve au nord de la langue de terre sur laquelle la ville était assise.

Il n'existe aucun document authentique indiquant ce qu'était le port de *Tyr* lorsque la ville se trouvait sur le continent ; et l'île est rejointe à la terre depuis si longtemps, le petit bras de mer qui les séparait est tellement comblé par les sables, qu'il est absolument impossible de découvrir aucun vestige d'ouvrages se rapportant à l'ancien port. L'île, cependant, devait former à elle seule un brise-lame naturel, abritant une bonne rade, et peut-être n'y avait-il alors que de simples ouvrages le long du rivage de terre ferme pour faciliter les opérations de chargement et de déchargement. C'est surtout lorsque la nouvelle ville fut bâtie sur l'île que les Phéniciens durent aviser à construire un véritable port capable de recevoir leurs nombreux navires et de suffire à leur immense commerce. Le port de Tyr, comme celui de Sidon, mais sur de plus vastes dimensions, se composait probablement de deux ports artificiels situés, l'un au nord, l'autre au sud de la presqu'île, et communiquant entre eux par un canal intérieur. Le port du sud était formé par un môle, prolongeant le rivage de la presqu'île sur une longueur de 2 à 3,000 mètres dans une profondeur d'eau de 6 à 7 mètres, et formant ainsi une vaste et excellente rade, aujourd'hui entièrement comblée par les sables, en arrière de laquelle se trouvait un port intérieur entouré de quais et de tous les établissements nécessaires à la construction et à la réparation des navires ; ce port intérieur était d'ailleurs séparé en deux parties, l'une servant de port militaire, l'autre de port marchand, toutes deux entourées de hauts murs fortifiés et de tours faisant partie de la ville et qui n'avaient pas moins, paraît-il, de 40 mètres de hauteur. Le port, ou mieux, la rade du nord était formée par le banc de rochers qui s'étend au nord de la presqu'île sur une longueur d'un millier de mètres et qui était complété à la hauteur voulue par des blocs à pierres perdues et de la maçonnerie ; son entrée, tournée vers l'ouest, était formée elle-même par deux môles circulaires couverts par un troisième môle établi dans des profondeurs de 6 à 9 mètres ; les extrémités de ces môles portaient des tours pour la défense et l'installation de phares, et l'entrée pouvait être fermée par des chaînes ; enfin, sous la protection des môles extérieurs se trouvait un petit port intérieur abrité en outre par un môle transversal.

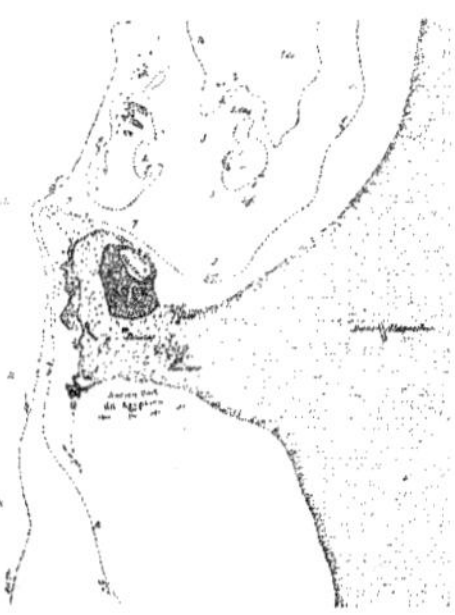

Fig. 2. — Sour (ancienne Tyr). Échelle de [illegible]

Le port de *Tripolis* était formé par une langue de terre s'avançant sur une distance de près de 2,000 mètres dans la mer, et se continuant au delà, dans la même direction, par plusieurs récifs de rochers qui forment autant de brise-lames naturels couvrant contre les vents du sud à l'ouest une vaste baie dans laquelle les navires trouvent un bon mouillage. Quelques vestiges d'ouvrages à l'extrémité de la langue de terre permettent de penser qu'il y avait sur ce point un port intérieur.

Ainsi, dans la faible distance d'environ 100 milles marins de côte, les Phéniciens avaient construit trois grands ports, comparables, à en croire les anciens auteurs, par leurs dimensions et par l'importance des ouvrages dont ils se composaient, aux plus grands ports des temps modernes.

Malgré les nombreuses recherches de savants archéologues de toutes les nations, la plus grande incertitude a toujours régné et règne encore sur la position exacte et l'étendue qu'occupaient la ville et le port de *Carthage*. Tout est conjecture et confusion à ce sujet. L'incertitude est d'autant plus grande qu'il ne reste aujourd'hui que bien peu de vestiges capables d'attester la splendeur de l'ancienne cité, et que de profondes modifications se sont certainement produites dans la ligne de la côte et dans la forme et la position du lido qui sépare de la baie la lagune de Tunis. Toutefois, d'après les témoignages assez concordants des anciens écrivains, rapprochés des résultats des recherches des savants modernes, il est généralement admis que le port était situé dans l'une des petites baies de la presqu'île sise au sud du cap dit de Carthage. La ville se composait de trois parties : Byrsa, ou la citadelle, bâtie sur le point culminant de la presqu'île; Mégare, ou la ville proprement dite, établie au bas de la citadelle; enfin Cothon, ou le port militaire, de forme circulaire, ayant à son centre une petite île, naturelle ou artificielle, sur laquelle se trouvait le palais de l'amiral, et communiquant avec un second port, de forme rectangulaire, qui était le port marchand. L'entrée des deux ports était commune; elle était formée par deux môles partant des deux extrémités opposées de la baie, se dirigeant l'un vers l'autre, et se terminant par deux tours pour la défense et l'éclairage. Les deux ports mesuraient ensemble environ 800 mètres de longueur et 325 mètres de largeur, soit une superficie de 26 hectares. Le port militaire était entouré de quais avec des loges voûtées pour 220 galères, et il était pourvu en outre de tous les magasins, ateliers, dépôts et hangars nécessaires pour la construction et les réparations des navires et pour l'équipement des flottes.

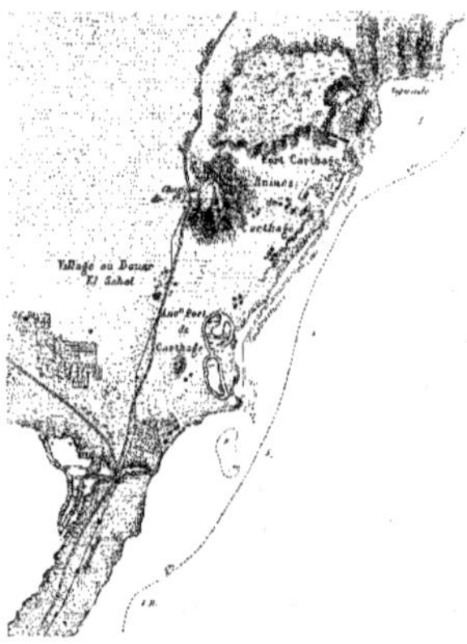

Fig. 3. — Carthage. Échelle de [illegible]

On sait que les Carthaginois, lorsqu'ils étendirent leurs conquêtes en Espagne, y fondèrent d'importantes colonies, notamment à *Carthagène* et à *Cadix*, où existaient de magnifiques ports naturels déjà visités et peut-être occupés avant eux par leurs ancêtres les Phéniciens.

Le port d'Athènes se composait des trois ports de *Phalère,* de *Munichie* et du *Pirée.* Ces trois ports, compris dans une même enceinte fortifiée s'étendant jusqu'à Athènes, étaient entourés de tous les ateliers, dépôts, hangars et magasins nécessaires à la construction, aux réparations et à l'armement des navires. L'arsenal, situé près de l'entrée du Pirée, au nord, et calculé pour équiper mille galères, avait été construit par le célèbre ingénieur Philon; il fut plus tard détruit par Sylla, et l'on n'en voit plus aujourd'hui que de très-faibles vestiges. Jusqu'au temps de Thémistocle, la baie de Phalère, qui est la plus rapprochée de la ville, était le principal, sinon le seul port d'Athènes. Cette baie était abritée par deux môles partant de chacune de ses extrémités et s'avançant l'un vers l'autre de manière à ne laisser qu'une entrée de 50 à 60 mètres qui était protégée par des tours et pouvait être fermée par des chaînes. Le port de Phalère pouvait contenir environ cent galères. Avec l'augmentation de la flotte athénienne, ce port devint insuffisant; et ce fut alors, sur les conseils de Thémistocle, que la République adopta le magnifique port du Pirée malgré son plus grand éloignement de la ville. L'entrée du Pirée, déjà rétrécie naturellement par une pointe très-saillante de la côte nord, fut rendue plus étroite encore par deux môles s'avançant à partir de chaque rive l'un vers l'autre jusqu'à ne plus laisser qu'une passe pour cinq ou six trirèmes de front par des fonds de 20 mètres. Cette entrée était d'ailleurs flanquée, suivant le mode généralement suivi, de tours de phares fortifiées, et elle pouvait être fermée par des chaînes. Enfin, entre Phalère et le Pirée, se

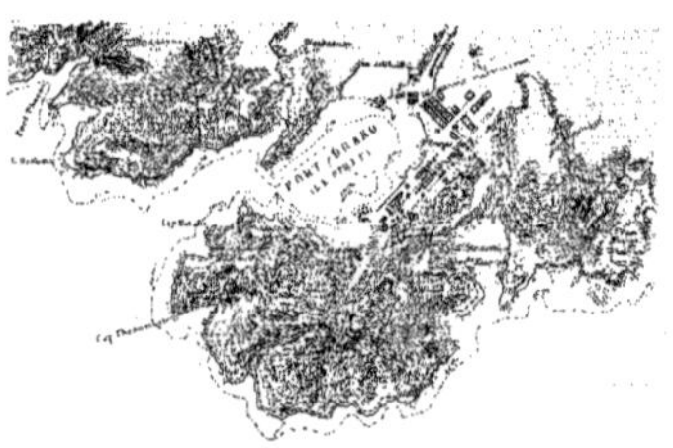

Fig. 4. — Le Pirée. Échelle de [illegible]

trouvait le port de Munichie, consistant en une baie circulaire de 450 mètres environ de diamètre, avec une entrée d'une soixantaine de mètres de largeur, protégée sans doute comme les entrées des autres ports par des môles et des tours fortifiées.

La plupart des ports de la Grèce étaient, comme ceux qui viennent d'être décrits, formés par des baies naturelles, le plus souvent améliorées au moyen de môles. Tel était le cas, par exemple, pour les ports d'*Halicarnasse*, de *Chios*, de *Cos*, de l'*ancienne Rhodes*. *Égine*, qui fut si célèbre par sa marine et par la part active que prirent ses habitants aux principales actions navales du temps, avait un port entièrement artificiel. *Smyrne*, au contraire, avait un excellent port naturel. A *Cnide*, la ville était située en partie sur le continent, en partie sur une longue presqu'île très-élevée qui était reliée à la terre ferme par un isthme de sable étroit et très-bas, formant ainsi deux grandes baies, l'une, au nord, l'autre, beaucoup plus étendue, au sud; ces baies naturelles furent converties, au moyen de môles, en d'excellents ports qui communiquaient entre eux à travers l'isthme de sable; les môles, dont il reste d'importants vestiges, s'avançaient, paraît-il, jusque dans des profondeurs de près de 30 mètres.

Pour leurs colonies lointaines, les Grecs avaient fort judicieusement fait choix de magnifiques baies ou criques naturelles qui n'exigeaient guère les ressources de l'art que pour les aménagements intérieurs. Tels étaient notamment : en Sicile, les ports de *Syracuse*, de *Catane* et de *Zancle* (Messine); dans la grande Grèce, les ports d'*Ancône*, de *Brindes*, de *Neapolis* (Naples) : dans la Gaule, le port de *Massalia* (Marseille).

Lors de la fondation de la ville d'*Alexandrie*, le port consistait en une simple rade abritée par l'île dite de Pharos, située à une distance d'environ 1,000 mètres de la côte, et s'étendant, avec les rochers qui s'y rattachaient, sur une longueur de près de 10 kilomètres. Sous le règne de Ptolémée, l'île fut jointe au continent par un pont ou môle ouvert offrant notamment deux larges passages pour les navires. Deux ports spacieux se trouvèrent ainsi formés, l'un à l'est, appelé le Grand, et aujourd'hui le Nouveau-Port; l'autre à l'ouest, que l'on appelle aujourd'hui le Vieux-Port. La facilité de communication entre les deux ports permettait aux navires de profiter toujours, pour l'entrée et la sortie, des vents favorables; de plus, les ouvertures ménagées dans le môle de séparation, en laissant circuler librement les courants de la mer, empêchaient les dépôts d'alluvions. Les dispositions adoptées avaient donc été très-habilement combinées. A l'extrémité est de l'île de Pharos se trouvait un roc isolé, qui fut relié à l'île par un môle, et sur lequel fut construite la tour fameuse du phare d'Alexandrie. On suppose que, pour abriter les deux ports contre les vents du large, les entrées avaient été réduites de largeur par des môles artificiels; du moins croit-on voir encore quelques vestiges d'anciens ouvrages à l'entrée du port de l'est. Aujourd'hui, les deux ports sont séparés par un isthme qui s'est élargi avec le temps, et sur lequel se trouve bâtie en grande partie la ville moderne d'Alexandrie. Le port de l'est, plein d'écueils, peu profond, exposé à presque tous les vents du large, n'est guère utilisé que par les navires d'un faible tonnage. Le port de l'ouest, bien abrité au contraire, et avec de grandes profondeurs, est un excellent port que l'on a récemment amélioré encore par la construction d'un brise-lame.

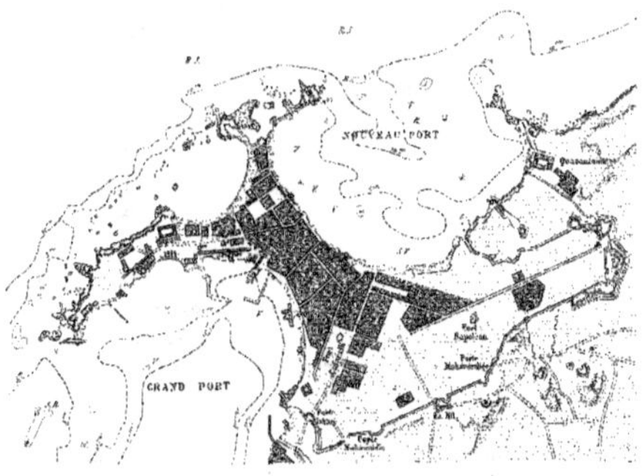

Fig. 5. — Port d'Alexandrie. Échelle de [illegible]

Ostie, on le sait, était le port de Rome à l'embouchure du Tibre. La navigation rencontrait à cette embouchure de grands obstacles naturels par suite de l'immense quantité d'alluvions dont les eaux du fleuve sont chargées et de l'exposition aux vents du large qui chassent constamment vers la côte les matières tenues en suspension par les eaux. Toutefois, ces obstacles ne présentèrent pas de bien graves inconvénients aussi longtemps que l'on ne se servit que de navires de faibles dimensions. Mais, lorsqu'il devint nécessaire d'avoir des navires plus grands et en plus grand nombre, les Romains prirent résolûment le parti d'essayer d'améliorer l'embouchure du fleuve. Les premiers ouvrages exécutés dans ce but furent entrepris par Ancus Martius, qui régularisa et encaissa le lit du Tibre à son embouchure et sur une certaine distance en amont au moyen de solides quais en maçonnerie et d'éperons; et ce, en vue d'augmenter suffisamment la vitesse du courant pour le rendre capable d'empêcher le dépôt des alluvions, et d'entretenir ainsi à l'embouchure la profondeur nécessaire. Ces travaux donnèrent tout d'abord de magnifiques résultats; et Ancus Martius, encouragé par son succès, bâtit près de l'embouchure du fleuve une ville considérable qui fut la ville d'Ostie. Les vestiges de ces anciens ouvrages sont encore visibles. Le port d'Ostie resta dans son état rudimentaire jusqu'au temps de Jules César. A cette époque, le développement du commerce d'approvisionnement de Rome, aussi bien que l'utilité

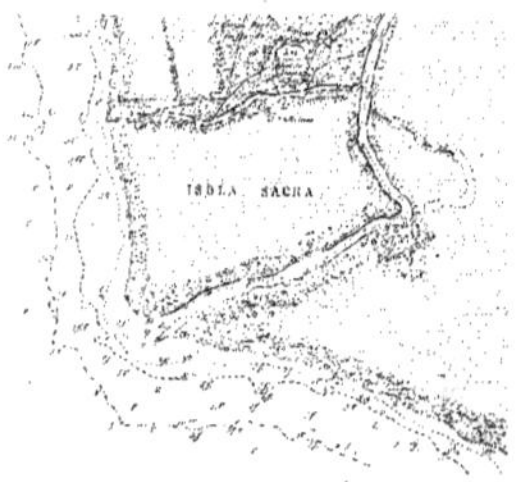

Fig. 6. — Embouchure du Tibre. Échelle de [illegible]

d'avoir une flotte de navires de guerre en station à l'embouchure du fleuve pour prévenir toute attaque soudaine sur la capitale, fit reconnaître la nécessité impérieuse de nouvelles améliorations. L'empereur Claude résolut alors de construire un port entièrement nouveau, en dehors du lit du fleuve, mais en communication avec lui par une dérivation. Le plan qui fut adopté comprenait un grand avant-port et un port ou bassin intérieur. L'avant-port était formé par deux môles d'environ 800 mètres de développement chacun et de 50 à 60 mètres de largeur, distants d'un millier de mètres à leur origine, mais se courbant vers leur extrémité de manière à se rapprocher et à ne plus présenter qu'un intervalle, d'à peu près un tiers seulement de la largeur totale du port, et au milieu duquel était un môle isolé de plus de 100 mètres de largeur ne laissant que des passes d'une cinquantaine de mètres entre chacune de ses extrémités et celles des môles. Cet avant-port avait ainsi une superficie d'environ 70 hectares, dont à peu près un tiers avait été creusé dans la terre ferme, et le reste pris sur la mer par la saillie des môles. Le port intérieur se trouvait en arrière de l'avant-port dont il était séparé par un môle isolé semblable à celui de l'entrée, mais avec des passes plus étroites, et sa superficie était d'environ 5 hectares et demi. Enfin, derrière ce bassin se trouvaient deux canaux, l'un établissant la communication du port avec le Tibre et avec la mer, l'autre formant un lit nouveau pour le fleuve. La partie circulaire du môle nord de l'avant-port était constituée par des arches destinées à donner un libre accès aux courants, et à combattre ainsi la tendance à l'envasement; le môle sud était, au contraire, entièrement plein pour empêcher les alluvions du fleuve de pénétrer dans le port. Les extrémités de tous les môles étaient munies d'appareils propres à tendre des chaînes en travers des passes. Les parties supérieures des môles étaient disposées pour la défense; les parties inférieures, couvertes de hangars et de magasins pour le commerce, et de colonnades pour la promenade. Enfin, au centre du môle isolé de l'entrée de l'avant-port se trouvait le grand phare décrit par Suétone, dont la base était établie sur des pilotis et fondée sur un caisson formé du navire qui avait amené à Rome le grand obélisque d'Égypte. Le port intérieur devint bientôt insuffisant. Aussi Trajan fit-il plus tard un nouveau bassin, de forme hexagonale, et d'une superficie d'environ 19 hectares. En même temps, les anciens canaux de Claude furent comblés et remplacés par un nouveau canal, qui établissait également la communication du port avec le Tibre et avec la Méditerranée, mais qui débouchait à la mer à une plus grande distance de l'entrée de l'avant-port. Par la description qui précède, on voit que le port d'Ostie était un des plus complets des anciens temps. Les ouvrages dont il se composait témoignent d'une science profonde de l'art de l'ingénieur, à la fois par les dispositions et par le mode de construction qui furent adoptés. Les

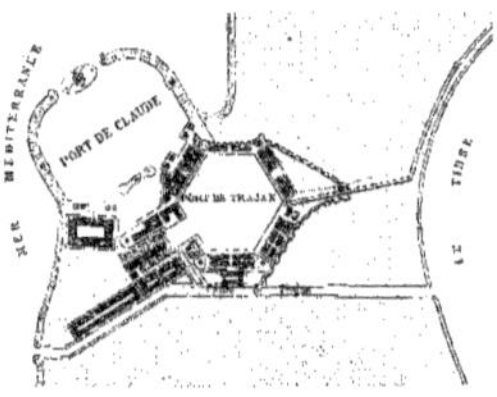

Fig. 7. — Ancien port d'Ostie. Échelle de [illegible]

Romains eux-mêmes considéraient ce port comme une de leurs œuvres les plus remarquables. Mais, malgré ces gigantesques travaux, les difficultés naturelles étaient si grandes qu'il fut impossible de maintenir longtemps dans le port la profondeur indispensable; et l'on se rend aisément compte des difficultés contre lesquelles on avait alors à lutter, par ce fait, que, depuis la fondation d'Ostie jusqu'à nos jours, c'est-à-dire pendant une période de 2,500 ans, la côte s'est avancée d'environ 4,000 mètres. Par suite du rapide avancement général de la côte contre lequel étaient impuissants à lutter des ouvrages artificiels quelconques, il fallut non-seulement se résigner à abandonner à lui-même le port d'Ostie, mais encore renoncer à toute idée d'obtenir dans le voisinage de l'embouchure du Tibre un port sûr et commode. On chercha donc plus loin sur le littoral un autre emplacement, et le choix s'arrêta sur Centum-Cellæ.

Fig. 8. — Civita-Vecchia (ancien Centum-Cellæ). Échelle de [illegible]

Près de l'emplacement où fut établi le nouveau port de *Centum-Cellæ,* la moderne Civita-Vecchia, la côte forme un promontoire très-saillant; la crête des Apennins s'approche tout près du rivage; l'eau est profonde et toujours limpide; il n'y a à proximité ni grandes rivières ni ruisseaux pouvant amener des alluvions; les courants du littoral rasent d'ailleurs la côte et empêchent les dépôts. C'étaient là des circonstances extrêmement favorables à l'établissement d'un port. Mais, par contre, le point choisi était exposé à toutes la violence des tempêtes; et il fallait une grande hardiesse pour y entreprendre des travaux, en même temps qu'il fallut une grande habileté pour les mener à bonne fin.

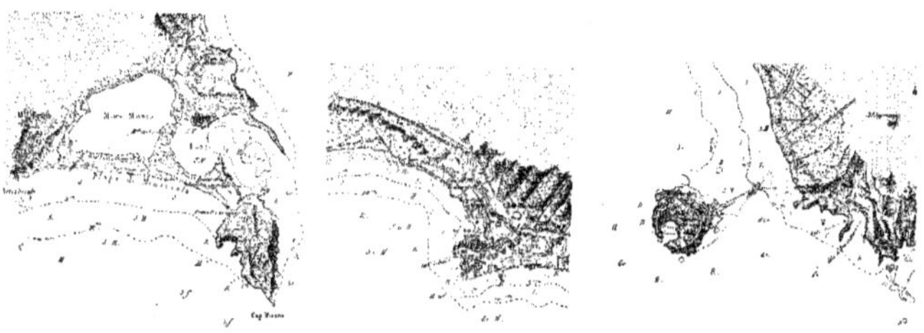

Fig. 9 à 11. — Ports de Misène, Pouzzoles et de Nisita. Échelle de [illegible]

Le nouveau port, construit par Trajan, se composait de deux môles rattachés à la terre, et d'un môle isolé placé en avant de leurs extrémités et fondé dans des profondeurs de 7 à 8 mètres. On avait ainsi deux passes, l'une au nord, l'autre au sud, qui permettaient l'entrée et la sortie par tous les vents, en même temps que le port était parfaitement abrité.

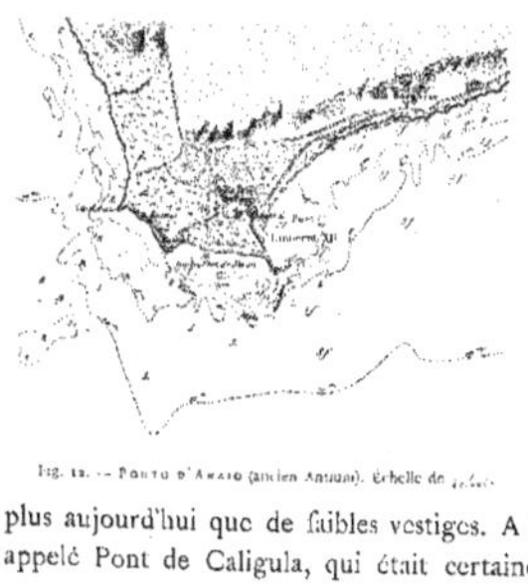

Fig. 12. — Porto d'Anzio (ancien Antium). Échelle de [illegible]

Les ports de *Misène,* de *Pouzzoles* et de *Nisita,* dans la baie de Naples, offraient des exemples de môles à arches destinés, comme on l'a expliqué déjà, à empêcher la houle de pénétrer dans le port tout en laissant circuler les courants. Le port de Misène se composait de deux bassins naturels communiquant entre eux et offrant un emplacement suffisant pour les plus grandes flottes; le môle occupait moitié à peu près de la largeur de la passe d'entrée; il n'en reste plus aujourd'hui que de faibles vestiges. A Pouzzoles, on voit encore quelques piles d'un ancien ouvrage, appelé Pont de Caligula, qui était certainement aussi un môle à arches. A Nisita, il y avait un double môle, avec les piles de l'un placées en face des ouvertures de l'autre, de manière à briser plus efficacement les lames sans pourtant arrêter complétement les courants.

Enfin, on voit encore un autre exemple des môles à ouvertures à l'ancien port d'*Antium*, aujourd'hui Porto d'Anzo. L'ancien port est depuis longtemps entièrement comblé par les sables. On a construit à côté, dans les temps modernes, suivant d'autres principes, un nouveau port qui se comble à son tour.

Après la chute de l'empire romain, l'Europe entière, on le sait, retomba pour plusieurs siècles dans la barbarie; et jusqu'au moment où le trafic et le commerce commencèrent à revivre, et où les mers furent de nouveau couvertes par de nombreuses flottes, soit pour la guerre, soit pour le transport des marchandises, les peuples ne sentirent guère la nécessité de pourvoir, par de bons ports, à la protection de leurs navires contre la tempête ou contre l'ennemi. Ce n'est que vers la fin du moyen âge que les républiques de Gênes et de Venise retrouvent la tradition, longtemps oubliée, des grands travaux de l'ancien monde civilisé : Gênes améliore son port par des môles artificiels; Venise donne un immense développement à son arsenal et entreprend sur toute l'étendue du lido de la lagune des travaux de défense qui, au commencement du XVIIIe siècle, se transformèrent en ces magnifiques « murazzi » ou murs de protection en pierres de taille et gros enrochements.

La France, vers la même époque, commença, elle aussi, à consacrer son énergie à l'amélioration de ses ports, pour ne plus cesser désormais de donner toute sa sollicitude à cet important élément de sa puissance et de sa grandeur. Mais c'est surtout dans le cours des cinquante dernières années que d'immenses progrès ont été réalisés.

La plupart de nos ports du littoral de la Manche et de l'Océan sont établis dans des baies ou criques formées le plus souvent par le débouché de rivières, de simples cours d'eau ou de canaux de desséchement. Ces points de la côte offrant, à la fois, des abris naturels et de la profondeur d'eau, on comprend aisément qu'ils aient été choisis dès l'origine comme ports par les anciens navigateurs.

Pendant longtemps on put se contenter de ces ports naturels, parce que les anciens navires n'avaient pas un grand tirant d'eau, et que, d'ailleurs, la profondeur d'eau se maintenait assez bien dans les chenaux d'accès de pareils ports par l'effet de chasse résultant tout à la fois de l'écoulement des eaux de l'intérieur et des courants alternatifs des marées remontant plus ou moins loin dans la baie, la crique, ou le lit de la rivière. Tous les efforts étaient surtout alors presque exclusivement consacrés à fortifier les ports pour les mettre à l'abri des attaques incessantes de l'ennemi; tout au plus jugeait-on utile d'établir quelques bouts de quais ou estacades en charpente pour faciliter les opérations d'embarquement et de débarquement. Mais le commerce, en se développant, obligea à augmenter non-seulement le nombre, mais aussi, très-notablement, les dimensions des navires. Simultanément, par l'action incessante du temps, les criques s'envasèrent, et les courants alternatifs des marées, perdant ainsi de leur force, devinrent impuissants à entretenir des chenaux qui se déplaçaient et tendaient sans cesse à se combler par suite de la marche constante du sable ou des galets des plages le long des rivages. On chercha d'abord à assurer la fixité du chenal dans la direction reconnue la meilleure et avec la largeur juste indispensable à la navigation, à l'aide de jetées basses en enrochements ou fascinages. Plus tard, on substitua à celles-ci des jetées en charpente ou en maçonnerie s'élevant au-dessus du niveau des plus hautes mers afin de donner en même temps de l'abri et de servir de chemin de halage. Mais ces ouvrages, tout en remplissant le but désiré, eurent malheureusement pour autre résultat de faire avancer la plage, ce qui ne faisait qu'éloigner le mal. On prolongea les jetées; mais, au bout d'un certain temps, la situation redevenait la même à la nouvelle extrémité. L'idée vint alors d'emmagasiner l'eau de la mer montante dans de grands bassins naturels ou artificiels, et de l'y retenir pendant la mer descendante, au moyen d'une écluse de forme spéciale, pour la laisser ensuite écouler en masse au moment de la basse mer, de manière à produire une puissante chasse artificielle dans le chenal. Telle a été l'origine des écluses de chasse. Dès la fin du XIIe siècle, il est fait mention d'une grossière écluse de ce genre au port de Fécamp. Pendant les siècles suivants, les écluses des fossés des fortifications de divers ports furent souvent utilisées pour donner des chasses. Ce n'est guère qu'à partir du XVIIe siècle que les ports furent successivement dotés d'écluses de chasse spéciales; et c'est surtout dans le courant du siècle actuel que de nombreuses et très-importantes applications ont été faites de ce mode si puissant d'amélioration des entrées des ports qui débouchent sur des plages de sable ou de galets. Pour tirer d'ailleurs tout le profit possible de l'augmentation de profondeur à l'entrée des ports, on dut faire creuser les ports eux-mêmes. Ces travaux de creusement ont été faits, suivant les cas, à bras d'hommes, à la mine, ou au moyen de dragues.

Les ports, anciennement, ne comprenaient qu'un seul bassin, dit port d'échouage, d'une superficie plus ou moins grande, en libre communication avec la mer, et soumis par conséquent à toutes les fluctuations des marées. Au fur et à mesure du développement du commerce, on construisit, sur le pourtour de ces bassins, des quais, le plus généralement en charpente, pour faciliter les opérations d'embarquement et de débarquement. A la suite des travaux de creusement, les anciens quais se trouvèrent fondés trop haut; leur mode de construction les rendait d'ailleurs peu durables; on les remplaça presque partout par de solides quais en maçonnerie fondés le plus bas possible. Dans les ports du littoral, où l'on a généralement affaire à un sol vierge ou composé d'alluvions de sable ou de galets, la construction de ces quais a presque toujours été facile; mais dans les ports situés sur le cours même des fleuves, la nature vaseuse du sol des rives a obligé souvent de recourir à des dispositions extrêmement coûteuses.

Les ports d'échouage ont pu suffire à tous les besoins aussi longtemps que les navires employés, soit à la guerre, soit au commerce, ont été de faibles dimensions : ces navires pouvaient alors, en effet, sans trop d'inconvénients, supporter l'échouage pendant la mer basse. Mais lorsque, par suite des progrès dans l'art naval, on en arriva à faire de grands navires de guerre chargés d'une puissante artillerie, il fallut absolument aviser à un moyen de maintenir ces navires à flot quand on devait les mettre à l'abri dans les ports. On construisit pour cela des bassins spéciaux, entourés de quais, et communiquant avec l'avant-port ou port d'échouage par des écluses fermées au moyen de portes busquées qui permettent de maintenir une profondeur d'eau à peu près constante dans lesdits bassins, lesquels, par ce motif, reçurent le nom de bassins à flot. C'est vers la fin du XVIIme siècle qu'ont été construits les premiers bassins à flot à Dunkerque, au Havre, à Honfleur, qui étaient alors des ports militaires. De pareils bassins n'ont jamais été jugés indispensables dans les arsenaux maritimes de Brest, de Lorient, de Rochefort, tous établis sur les bords de rivières où les navires trouvent toujours une profondeur d'eau suffisante même à mer basse. Plus tard, les navires de commerce furent faits également de dimensions de plus en plus grandes et avec des formes toujours plus effilées. Pour eux, aussi, il fallut faire des bassins à flot. Ces bassins offraient d'ailleurs l'immense avantage de supprimer les graves inconvénients qui résultent dans les ports d'échouage, au double point de vue de l'économie de temps et de dépense, de la grande variation du niveau de l'eau pendant les opérations de chargement et de déchargement. Le plus grand nombre des bassins à flot de nos ports de commerce sont toutefois de création très-récente.

De temps immémorial les navires se construisent sur les pentes des rivages, en dehors de l'atteinte des eaux, et ils sont ensuite lancés de là à la mer. Longtemps on a pu se contenter de travaux très-simples d'appropriation du terrain en vue de l'opération du lancement. Mais lorsque l'on a commencé à construire des navires de grandes dimensions, il a fallu recourir à des ouvrages spéciaux, très-solidement établis, que l'on appelle des cales de construction. Ces ouvrages sont surtout nombreux dans les ports militaires. Pour les réparations des navires de guerre, on remonta d'abord ces navires sur les cales au moyen d'appareils puissants; mais cette opération était longue, difficile, et fatiguait beaucoup la coque. Pour remédier aux très-graves inconvénients que présentait le remontage sur cale des navires de grandes dimensions, on imagina les bassins de radoub ou formes sèches, qui sont de petits bassins spéciaux dans lesquels on fait entrer le navire à mer haute, et d'où l'on épuise ensuite l'eau pour maintenir le navire à sec pendant toute la durée de la réparation. Les premières formes, construites à Brest et à Rochefort, datent, comme les premiers bassins à flot des ports de la Manche, de la fin du XVIIe siècle. Depuis lors, les formes sèches se sont multipliées dans les différents ports militaires. Dans les ports de commerce, on s'est contenté jusqu'à ces dernières années d'ouvrages moins importants, tels que les cales d'abatage en carène, les platins d'échouage et les grils de carénage, les cales de halage, les formes flottantes. Mais on a construit récemment, à la grande satisfaction des armateurs, des formes de radoub au Havre et à Marseille, et l'on sera certainement conduit à doter successivement d'ouvrages semblables les autres grands ports de commerce.

La construction de la grande digue d'abri de la rade de Cherbourg, destinée, comme on le sait, à doter la France d'un port de guerre et de refuge dans la Manche, après avoir été ajournée pendant plus d'un siècle par suite des événements politiques, fut enfin commencée en 1784. C'était le premier ouvrage de ce genre projeté dans l'Océan. La digue, isolée, devait être établie dans des fonds de 13 mètres à mer basse, et avoir près de 4,000 mètres de longueur. Par imitation sans doute du procédé auquel

Richelieu avait eu recours pour la confection de la digue destinée à bloquer le port de la Rochelle, et qui avait consisté à couler une série de navires chargés de pierres, on essaya d'abord à Cherbourg des grands cônes en charpente remplis d'enrochements; mais l'essai ne fut pas heureux, et l'on en revint finalement au système des anciens, c'est-à-dire à l'établissement d'un massif de fondation en enrochements naturels jetés à pierres perdues, sur lequel on construisit plus tard un mur d'abri en maçonnerie. Ce mode de construction a reçu, depuis, d'autres applications sur divers points de notre littoral de l'Océan, mais avec un perfectionnement, imité de travaux exécutés pour la première fois avec un plein succès à Alger, après la conquête, et consistant dans l'emploi de gros blocs artificiels, soit simplement pour la défense des talus d'enrochements naturels, soit même pour la confection complète des digues.

Enfin, indépendamment des diverses natures d'ouvrages qui viennent d'être sommairement indiquées, on doit mentionner encore les jetées ou môles en maçonnerie destinés à augmenter l'abri des ports naturels formés par de simples anfractuosités de la côte sur les parties du littoral que bordent des côtes rocheuses. Du reste, et sauf quelques rares exceptions, ce n'est guère que depuis une cinquantaine d'années que l'on est entré dans cette voie d'amélioration de ports qui n'ont pour la plupart qu'une faible importance.

Les conditions de construction et d'exploitation des ports ne sont pas les mêmes dans la Méditerranée, où le niveau de la mer est à peu près constant, que dans l'Océan, où l'on est soumis aux fluctuations des marées. Parmi nos ports de la Méditerranée, les uns sont naturels, les autres entièrement artificiels. On n'a plus ici la ressource des chasses si la profondeur est compromise, et l'on ne peut généralement lutter en pareil cas qu'à l'aide de dragages. Tous les ouvrages doivent être construits sous l'eau, ce qui augmente beaucoup les difficultés d'exécution. Longtemps même ces difficultés ont été jugées tellement insurmontables pour l'exécution de formes de radoub, que la première forme n'a été construite à Toulon qu'un siècle après celles de Brest et de Rochefort. Mais, par contre, on n'a pas besoin de fermer les bassins au moyen d'écluses; ces bassins, qui portent le nom de darses, sont en libre communication avec la mer par des passes dont on réduit toutefois plus ou moins la largeur afin d'assurer la tranquillité intérieure. Pour l'amélioration ou l'agrandissement des ports naturels et pour la construction des ports artificiels, on a eu invariablement recours au système des môles des anciens, avec le perfectionnement déjà mentionné de l'emploi sur une grande échelle de blocs artificiels de fortes dimensions. Après les premiers travaux de ce genre exécutés à Alger, on en a fait sur tout notre littoral de la Méditerranée de nombreuses applications. C'est ainsi qu'à l'aide de môles rattachés à la terre et d'une digue isolée placée en avant on a créé un immense port artificiel à Marseille (et des dispositions semblables ont été adoptées plus tard pour la création d'un port de commerce dans la rade de Brest); c'est ainsi, également, que l'on a amélioré le port de Cette, abrité le port naturel de Port-Vendres; que plusieurs ports de Corse ont été améliorés; que, sur la côte d'Algérie, indépendamment du port d'Alger, on a créé de grands ports artificiels à Oran, Philippeville et Bone.

Quelques-uns de nos anciens ports, parmi lesquels plusieurs sont encore aujourd'hui des premiers par leur degré d'importance, se trouvent placés sur le cours de grands fleuves ou de rivières, à une distance plus ou moins grande de l'embouchure. Les conditions d'accès de ces ports étant devenues insuffisantes par suite de l'augmentation croissante du tonnage et du tirant d'eau des navires, on a cherché à remédier à la situation : ici, en améliorant la partie maritime du fleuve à l'aide de travaux de redressement et d'endiguement, comme on l'a essayé d'abord sur la petite rivière la Vire pour le port d'Isigny, puis, appliqué sur une grande échelle sur la Seine pour le port de Rouen, et sur une échelle moindre sur la Loire pour le port de Nantes, et sur la Gironde pour le port de Bordeaux; là, en améliorant directement l'embouchure comme on l'a fait à l'Adour pour le port de Bayonne; là, enfin, en construisant un canal maritime latéral, soit pour remplacer une partie défectueuse de la rivière, comme on l'a fait pour la Somme par le canal d'Abbeville à Saint-Valery, soit pour créer un nouveau débouché à la mer en remplacement de l'embouchure barrée de la rivière, comme on l'a fait par le canal de Caen à la mer, remplaçant la partie inférieure du cours de l'Orne, et par le canal Saint-Louis, à l'embouchure du Rhône, pour le port d'Arles.

Enfin, parmi les travaux maritimes, on doit mentionner encore ceux destinés à la défense des côtes d'alluvions contre les attaques incessantes de la mer et qui consistent en digues, épis et brise-lames.

QUALITÉS DES PORTS ET DES RADES

PORTS. — Un port, dans l'acception la plus étendue du mot, est un espace que la mer remplit constamment dans la Méditerranée, à chaque marée dans l'Océan, où les navires peuvent être construits et réparés, chargés et déchargés, abrités, enfin, contre la tempête.

Les ports sont classés, d'après leur destination, de la manière suivante : il y a les ports militaires, destinés principalement à la marine de l'État; les ports de commerce, affectés à la marine marchande, mais pouvant recevoir aussi des navires de guerre; les ports de refuge, destinés surtout à servir d'abri et de point de ravitaillement aux navires assaillis en mer par les mauvais temps; enfin, les ports de pêche, recevant seulement ou principalement des bateaux-pêcheurs.

Un port doit remplir plusieurs conditions :

1° Il faut que, par sa position, il réponde bien à sa destination. C'est ainsi, notamment, qu'il convient que les ports de commerce soient en communication facile avec l'intérieur du pays, ces ports devant former, pour ainsi dire, le point d'intersection entre les voies maritimes et les voies continentales.

2° Il faut une entrée et une sortie faciles, l'entrée surtout, par tous les vents, et principalement par les vents régnants; ce qui exige une certaine configuration de la côte par rapport à la direction des vents régnants, certains ouvrages pour fixer l'entrée, et, le plus généralement, en avant du port, une rade, c'est-à-dire un espace de mer abrité où les navires puissent en sécurité attendre le moment favorable pour entrer, ou faire leurs manœuvres d'appareillage à la sortie.

3° Il faut de la profondeur; en d'autres termes, il faut que la côte soit suffisamment profonde pour que les navires puissent l'aborder, mais sans être pourtant tellement abrupte, qu'il devienne difficile de l'habiter. Il est d'ailleurs le plus généralement nécessaire, dans les ports de l'Océan destinés à recevoir des navires qui ne peuvent supporter l'échouage, d'y créer des bassins à flot.

4° Il faut du calme par tous les temps, ce qui exige certaines dispositions de la nature et de l'art.

5° Il faut que la profondeur d'eau se conserve à l'entrée et dans l'intérieur du port; et, pour cela, il faut que le point de la côte où le port est établi ne soit pas sujet à être encombré par des apports venant, soit de la mer, soit de cours d'eau; ou bien il est indispensable, dans le cas contraire, de créer des moyens de chasser ou d'enlever les alluvions.

6° Enfin, il faut faciliter la navigation et le commerce, ce qui exige un grand nombre d'ouvrages spéciaux.

Les points d'un littoral où il est possible d'établir des ports sont toujours très-limités, car il est rare que l'on puisse trouver des emplacements qui présentent, sinon complétement, tout au moins dans une mesure suffisante, le concours de toutes les circonstances qui viennent d'être énumérées.

Nos trois principaux ports militaires, Toulon, Brest et Cherbourg, présentent une analogie assez remarquable sous le rapport du gisement géologique : tous trois, en effet, se trouvent sur des côtes formées de terrains granitiques. On conçoit, d'ailleurs, que de pareilles côtes soient généralement favorables à l'établissement de ports, car elles ont fréquemment subi des dislocations, et, par cela même, elles découpent dans le rivage des échancrures profondes; et c'est là ce qui explique pourquoi il existe un grand nombre de ports sur notre littoral de la Bretagne et de la Vendée.

Du reste, toute côte disloquée ou montagneuse est également favorable, quelle que soit sa constitution géologique. Ainsi, dans la Méditerranée, Marseille, Cassis, la Ciotat, Bandol, Saint-Nazaire, Antibes, se trouvent à la rencontre de la mer avec des collines qui appartiennent à divers terrains. Des ports peuvent même s'établir dans les parties du rivage où de grandes chaînes de montagnes disparaissent sous la mer : c'est ce qui a lieu, par exemple, à Saint-Jean-de-Luz, à Port-Vendres et à Collioure, dans les Pyrénées; à Villefranche, dans les Alpes.

Sur les côtes plates et sablonneuses les conditions favorables à l'établissement de ports se rencontrent plus rarement, et, par suite, les ports y sont moins nombreux; ils manquent même parfois complétement, ainsi que la côte si étendue des Landes en offre un exemple.

Les embouchures des fleuves sont naturellement indiquées pour l'établissement de ports, car elles offrent toutes les conditions désirables de calme et de sécurité, en même temps qu'elles permettent de pénétrer jusque dans l'intérieur du pays et d'en recevoir facilement et économiquement tous les produits.

Toutefois, ces ports d'embouchure ne sont fréquents que dans les mers à marées. On peut citer comme exemples de pareils ports sur les côtes de France : Bayonne, sur l'Adour; Bordeaux, sur la Gironde; Rochefort, sur la Charente; Saint-Nazaire et Nantes, sur la Loire; Lorient, sur le Scorf; Le Havre et Rouen, sur la Seine. (On remarquera d'ailleurs, à ce sujet, que les ports de commerce les plus importants du monde se trouvent sur des fleuves débouchant dans des mers à marées. Tels sont : Calcutta, sur l'Hougly; New-York, sur l'Hudson; Liverpool, sur la Mersey; Londres, sur la Tamise; Hambourg, sur l'Elbe.) Les ports d'embouchure manquent généralement, au contraire, dans les mers intérieures, notamment dans la Méditerranée. C'est ainsi, par exemple, qu'il n'y a pas de port à l'embouchure du Rhône. La profonde différence qui existe, au point de vue de l'établissement de ports aux embouchures, entre les fleuves de l'Océan et ceux de la Méditerranée, tient à ce que, dans l'Océan, les bouches fluviales font golfe, tandis que, dans la Méditerranée, elles font saillie. C'est qu'en effet, aux embouchures des fleuves de l'Océan, les courants alternatifs résultant des marées, aidées, au reflux, de l'écoulement des eaux du pays, suffisent pour maintenir toujours une certaine profondeur d'eau sur les *barres* qui existent en travers desdites embouchures; tandis que, dans la Méditerranée, le simple courant du fleuve est insuffisant pour entraîner au loin les matières amenées d'un côté par les eaux du pays et rejetées de l'autre côté par la mer, en sorte qu'il se forme des dépôts croissant sans cesse et qui constituent les *deltas*.

Un port a été rarement créé d'un seul jet. Dans le choix de l'emplacement d'un nouveau port ou des moyens d'amélioration d'un port existant, il importe de toujours combiner les dispositions de manière à réserver l'avenir. C'est ainsi que, dans certains ports nouvellement construits en pleine mer, le long du littoral, on a le champ entièrement libre pour des agrandissements futurs. Tel est le cas, notamment, pour le nouveau port de Marseille et pour le nouveau port de commerce de Brest. Le port du Havre peut s'étendre à volonté le long de la baie de Seine. Dans d'autres ports, les agrandissements se font du côté des terres. C'est le cas, par exemple, des ports de Dunkerque et de la Rochelle.

RADES. — Comme on l'a dit plus haut, une rade est très-utile en avant des ports pour permettre aux navires, soit d'attendre le moment favorable pour entrer, soit d'appareiller en sécurité au départ. Au point de vue militaire une rade est indispensable pour pouvoir faire appareiller toute une flotte en même temps. Il n'y a pas de bon port militaire sans rade.

Les meilleures rades sont celles qui sont le mieux abritées. Elles sont ordinairement formées par une concavité de la côte et entourées de coteaux.

On appelle rade foraine une rade peu abritée et qui ne peut servir que par certains vents. Les rades foraines sont ordinairement formées par des bancs sous-marins qui brisent les lames du large. La plupart de nos ports de commerce n'ont que des rades foraines.

On donne le nom de rade de relâche à une rade destinée seulement à servir de refuge aux navires contre l'ennemi ou contre la tempête.

Enfin, on appelle rade de quarantaine une rade destinée à recevoir les bâtiments soumis à des mesures sanitaires.

Les rades proprement dites doivent satisfaire à diverses conditions :

1° Il faut, avant tout, qu'elles soient bien abritées contre la mer du large. Les rades naturelles qui ne remplissent qu'imparfaitement cette condition sont améliorées au moyen de digues, môles ou brise-lames.

2° Il faut que les rades présentent une grande superficie de mouillage ainsi que l'on peut s'en rendre compte par les considérations suivantes : D'une part, la chaîne de l'ancre d'un navire au mouillage a d'ordinaire une longueur égale à celle du navire, en sorte qu'un bâtiment de 100 mètres de longueur décrit autour de son ancre un cercle de 200 mètres de rayon; il faut donc pour le mouillage d'un navire de 100 mètres un espace d'environ 16 hectares, espace qui peut, il est vrai, être réduit à moitié en mouillant le navire sur deux ancres, ce que l'on appelle mouillage par affourchement. D'un autre côté, il faut également de grands espaces pour l'évolution des navires, laquelle est d'autant plus difficile que le navire est plus long, parce que le gouvernail, pour ne pas être trop exposé, est loin de croître en proportion de la longueur du navire; toutefois l'hélice permet de réduire le diamètre du cercle d'évolution. Pour les grands navires on compte un diamètre de 600 à 800 mètres.

Mais, en même temps, il ne faut pas une étendue de rade trop grande, parce qu'il y règne alors de l'agitation.

La rade de Brest a une superficie de 3,000 hectares qui est trop grande. La rade de Cherbourg a 800 hectares ; celle de Toulon 400 : ces superficies, au contraire, ne sont pas tout à fait suffisantes.

3° Il faut que l'entrée et la sortie soient faciles. A cet effet, les passes doivent être assez larges pour que les navires puissent s'y diriger obliquement ; mais, par contre, il importe de ne pas perdre de vue que les passes trop larges ont l'inconvénient de permettre la propagation de l'agitation extérieure jusque dans l'intérieur de la rade. Dans certaines rades naturelles on a dû, tantôt agrandir les passes, tantôt les diminuer. Dans les rades artificielles il est rare que l'on donne aux passes une largeur de moins de 200 à 250 mètres ; suivant l'orientation cette largeur est quelquefois beaucoup plus grande.

4° Il faut avoir dans la rade une profondeur d'eau suffisante pour que les navires qu'elle est destinée à recevoir ne puissent ni échouer, ni même talonner par l'agitation des lames. La profondeur de 10 mètres constitue ce que l'on appelle un petit brassiage ; celle de 13 à 24 mètres, un bon brassiage. Il a fallu faire d'importants dragages dans la rade de Toulon pour l'amener partout à la profondeur de 10 mètres. Des dragages ont dû être faits également à Lorient.

Le calme produit par les digues destinées à améliorer des rades naturelles ou à former des rades artificielles peut donner lieu à des envasements. On a essayé de prévenir cet effet, tout au moins dans une certaine mesure, par des passes plus larges ou des doubles passes, par des môles à arcades ou des digues à claire-voie, par des brise-lames flottants. On peut dire d'une manière générale que, sur des côtes d'alluvions voyageuses, là où l'on crée de l'abri, on provoque inévitablement par cela même des atterrissements ; en sacrifiant plus ou moins les conditions d'abri, on atténue évidemment par cela même le danger de dépôts d'alluvions. En toute hypothèse on a toujours la ressource des dragages, procédé aujourd'hui très-puissant et peu coûteux qui tend à entrer de plus en plus dans la pratique de l'entretien des ports et des rades.

5° Les navires une fois en rade devant mouiller, il faut que le fond soit convenable pour l'ancrage. Les terrains rocheux, le sable pur, la vase molle, sont également mauvais ; l'argile, le sable vaseux et la vase compacte donnent au contraire une bonne tenue pour les ancres.

6° Enfin, il faut des côtes élevées qui abritent du vent ; des amers et des phares pour guider les navigateurs tant le jour que la nuit : des ouvrages défensifs toujours proportionnés aux nouveaux moyens d'attaque.

Dans l'étude des projets d'amélioration des rades naturelles ou de création de rades ou d'avant-ports artificiels, il est d'ailleurs de la plus grande importance, ainsi qu'on l'a déjà fait remarquer pour les ports proprement dits, de réserver largement l'avenir. Plusieurs ports et rades de création récente, tant en France qu'en Angleterre, et constitués par des digues artificielles, présentent malheureusement aujourd'hui des dispositions défectueuses parce que les travaux ont été primitivement conçus et exécutés dans des vues trop restreintes qui ont ensuite fatalement pesé sur les agrandissements ultérieurs reconnus promptement indispensables.

MATÉRIAUX DANS L'EAU DE MER

Avant de commencer l'étude des ouvrages des ports, il est utile de savoir de quelle manière se comportent à la mer les matériaux de construction.

L'eau de mer, par les sels qu'elle contient et par certains animaux qu'elle fait vivre, peut, en effet, attaquer les matériaux.

PIERRES ET MORTIERS. — Les pierres résistent généralement. Sur nos côtes elles sont peu attaquées par les animaux perforants.

Mais si les pierres résistent bien à l'action saline, il n'en est pas toujours ainsi des mortiers, même après plusieurs années d'immersion. Ce n'est guère que vers l'année 1840, à un moment où les travaux d'amélioration des ports venaient de recevoir une grande impulsion, que l'attention des ingénieurs a été sérieusement appelée sur la décomposition des mortiers dans les maçonneries à la mer, décomposition telle que beaucoup d'ouvrages en cours de construction paraissaient déjà menacés d'une ruine plus ou moins prochaine. Depuis lors on n'a jamais cessé, pour ainsi dire, de faire de nouvelles expériences sur le choix des meilleurs mortiers à employer dans l'eau de mer. Deux genres de décomposition ont été observés. Dans certains cas on a vu des mortiers se décomposer en masse par boursouflement et amener ainsi la dislocation des maçonneries : là, on avait employé des pouzzolanes artificielles renfermant des calcaires que la cuisson a transformés en chaux, et l'extinction de cette chaux ne s'était faite que tardivement dans les mortiers, c'est-à-dire seulement après la confection et l'immersion des maçonneries. Cette cause de destruction une fois connue peut être facilement évitée. Mais, et c'est là le côté le plus important de la question, il y a un autre mode de décomposition dans lequel les mortiers subissent, sous l'influence de l'action saline, une décomposition lente par couches successives, même, comme il est dit plus haut, après un temps plus ou moins long d'immersion.

L'analyse chimique ne peut donner que de simples indications sur les meilleures matières à employer ; elle a été jusqu'à présent impuissante à établir des règles fixes pour des composés inattaquables. Dans les cuves de laboratoires les décompositions sont plus rapides encore qu'en mer libre, parce que la salure augmente par la concentration et que certaines enveloppes protectrices ne peuvent se développer ; des mortiers décomposés dans des cuves peuvent donc quelquefois résister dans des constructions à la mer. Une longue expérience en mer libre peut seule donner toute sécurité. On a vu, en effet, se décomposer les mortiers les plus divers : des mortiers de ciment aussi bien que des mortiers où entraient, soit des chaux éminemment hydrauliques, soit des pouzzolanes artificielles formées d'alluvions marines, soit des pouzzolanes d'Italie ou du strass d'Andernach.

Voici quels sont les principaux effets de l'eau de mer sur les mortiers. On sait qu'en outre du chlorure de sodium qui forme près des deux tiers du résidu salin, la mer contient encore en dissolution des sels où entrent la magnésie, la chaux et la potasse, les acides chlorhydrique, sulfurique, carbonique, silicique et même sulfhydrique. Les sels de magnésie, et surtout le sulfate, agissent avec la plus grande force de décomposition : la magnésie se substitue à la chaux dans une proportion plus ou moins grande, et c'est cette substitution qui amène la désagrégation. L'acide carbonique produit sur la surface des mortiers une enveloppe protectrice en donnant lieu à la formation d'un carbonate de chaux qui est insoluble. L'acide sulfhydrique, de son côté, par sa tendance à former des sulfates de chaux qui ont une force expansive, peut au contraire contribuer par là à la désagrégation des mortiers ; et c'est par ce motif que, dans certains ports où l'eau de mer se trouve contenir une proportion inaccoutumée d'acide sulfhydrique par suite de circonstances locales, on a été amené à rejeter des mortiers qui réussissaient bien dans des ports voisins.

La chaleur a une grande influence sur la prise, et, par suite, sur la résistance des mortiers immergés. Dans la Méditerranée la température moyenne est de 15 à 18° ; dans l'Océan, de 12° ; dans la Manche, de 10°. Or, l'on a observé que les mortiers prennent plus vite dans la Méditerranée que dans l'Océan et dans la Manche. Il peut donc se faire que certains mortiers qui résistent bien dans la Méditerranée ne puissent pas acquérir dans l'Océan, et surtout dans la Manche, une cohésion suffisante pour résister aux forces destructives.

Le changement de milieu peut hâter la décomposition. Les mortiers constamment immergés se conservent mieux que ceux qui sont tantôt à l'air, tantôt sous l'eau.

La forme extérieure des ouvrages a aussi une influence. Il a été constaté, en effet, que les arêtes vives résistent moins que les parties arrondies ; les joints à fleur ou en saillie, que les joints en creux.

Le mode de fabrication des mortiers a d'ailleurs une extrême importance. Il convient de n'employer les matières qu'après l'achèvement de certaines réactions ; d'éteindre la chaux par immersion et de la tamiser ; d'étudier soigneusement les dosages ; de rendre enfin les mortiers aussi compactes que possible en les fabriquant au manége qui corroie et écrase, plutôt qu'au tonneau qui ne fait que mélanger.

Il est très-important, enfin, que la surface soit résistante et imperméable. Il s'y développe alors, en effet, plus ou moins rapidement, une croûte préservatrice de carbonate de chaux ; souvent, des incrustations de mollusques ou des végétations marines.

Mais, comme on l'a dit déjà, ce n'est que par des expériences de longue durée que l'on peut connaître les mortiers qui résistent bien à la mer. Les observations demandent d'ailleurs à être faites avec une grande attention. Toutes celles recueillies jusqu'à ce jour permettent de formuler pour le moment actuel les conclusions suivantes :

1° Tous les ciments à prise rapide sont décomposés après un laps de temps plus ou moins long, quelquefois après plusieurs années. Il paraîtrait pourtant y avoir exception pour le ciment espagnol de Zumaya qui, bien que décomposé à Cherbourg et à Lorient, ne présenterait pas de décomposition dans les travaux de Bayonne ni dans ceux de Saint-Jean-de-Luz ;

2° Tous les mortiers de chaux quelconques, soit de chaux grasses avec pouzzolanes naturelles ou artificielles, soit de chaux plus ou moins hydrauliques, directement exposés à la mer, sont décomposés. La chaux du Theil (département de l'Ardèche) fait toutefois exception. Cette chaux résiste parfaitement, en effet, dans la Méditerranée; elle a réussi également à Cherbourg et à la pointe de Grave; mais elle a échoué pourtant, paraît-il, au Havre et au fort Boyard. On cite aussi le succès de chaux hydrauliques artificielles à double cuisson employées à Saint-Malo.

3° La seule substance qui ait jusqu'ici parfaitement résisté dans toutes les mers d'Europe indistinctement est le ciment à prise lente dit de Portland.

Le ciment de Portland a été fabriqué d'abord en Angleterre avec de la craie blanche et de l'argile de la Medway. Depuis une quinzaine d'années on le fabrique également en France, notamment à Boulogne-sur-mer, avec des matières analogues. Il est employé maintenant sur une très-grande échelle dans tous nos ports de la Manche et de l'Océan. Les anciens ouvrages de ces ports, bien que construits avec des mortiers qui se décomposent à l'eau de mer, ont pourtant pour la plupart résisté. Cela tient à ce que les maçonneries de fondation sont généralement protégées par des enceintes en charpente et par de la vase qui empêchent le renouvellement de l'eau de mer; les maçonneries au-dessus des eaux basses, par des parements en pierres de taille bien rejointoyés formant une enveloppe imperméable qui permet, même à des mortiers peu hydrauliques, d'atteindre une dûreté suffisante, et qui, dans tous les cas, les met à l'abri de la décomposition. Mais, partout où cesse l'entretien des rejointoiements, où des fissures viennent à se produire, partout, en un mot, où la mer peut pénétrer librement jusqu'aux mortiers intérieurs, la décomposition arrive et marche alors rapidement. Dans les nouveaux ouvrages, le plus généralement, on fait la maçonnerie de parement, sur 50 à 60 centimètres d'épaisseur moyenne, avec du mortier de ciment de Portland; pour le reste du massif on emploie sans aucun inconvénient, et avec une sérieuse économie, les mortiers moyennement hydrauliques du pays, quelquefois un mortier plus maigre de Portland.

Dans la Méditerranée, au moins dans tous nos ports, c'est la chaux du Theil qui est aujourd'hui presque exclusivement employée. Il a été constaté que les mortiers de chaux grasse et de pouzzolane d'Italie dont on se servait naguère encore à Toulon, à Cette, à Alger, ne pouvaient, partout où ils étaient directement exposés au contact de l'eau de la mer, résister à son action destructive. L'emploi de la chaux du Theil se répand d'ailleurs de plus en plus dans tout le bassin de la Méditerranée et dans la mer Noire.

MÉTAUX. — Le fer plongé dans l'eau de mer est attaqué plus ou moins vite suivant sa qualité. Pour le protéger on a employé la peinture au minium, plus récemment celle au coal-tar, puis le zingage qui peut doubler la durée du métal; on a essayé aussi les dépôts galvaniques de cuivre. Mais tous ces procédés supposent qu'il n'y a pas de grands frottements; ils sont, par exemple, peu efficaces pour les chaînes.

La fonte, comme on l'a constaté sur des boulets longtemps immergés, éprouve dans l'eau de mer un ramollissement particulier, jusqu'à pouvoir se couper au couteau comme du plomb. Toutefois, dans certaines portes d'écluses marines on a employé des pivots en fonte qui font depuis longtemps un excellent usage. On peut citer aussi des pieux isolés en fer et en fonte très-anciens et parfaitement conservés. Il est présumable que dans certains cas l'usage retarde la formation de la rouille comme cela a lieu dans les rails de chemins de fer en service. L'homogénéité plus ou moins complète du métal paraît d'ailleurs avoir une très-grande importance au point de vue de sa conservation. Le cuivre et le bronze résistent généralement bien. Mais il faut avoir grand soin d'éviter les contacts de cuivre et de fer qui, développant en présence de l'eau salée des courants galvaniques, accélèrent beaucoup ainsi les décompositions.

Enfin, le zinc est fortement attaqué par l'eau de mer, et même simplement par l'air salin.

BOIS. — Les bois résisteraient par eux-mêmes à l'eau de mer. On sait qu'en général les bois constamment plongés dans l'eau se conservent indéfiniment; mais, dans l'eau de mer, ils sont exposés aux attaques de deux espèces de vers : les tarets, qui les perforent longitudinalement, et la limnoria ou pelouze qui les ronge à la surface. Le taret pénètre dans le bois à l'état microscopique; il s'y développe en sécrétant une enveloppe calcaire destinée à le protéger, et il atteint jusqu'à 2 centimètres de diamètre et 30 centimètres de longueur. Les progrès de la destruction des bois par les tarets sont quelquefois très-rapides : on a vu des estacades en charpente entièrement détruites en deux ou trois ans, parfois même en quelques mois. La limnoria n'atteint que 5 à 6 millimètres de longueur et elle n'attaque le bois qu'à la surface. Elle fait également des ravages considérables.

Les deux espèces de vers se trouvent en Angleterre, en Hollande, en Belgique, en France. Certains ports, toutefois, en sont heureusement exemptés. Dans la Méditerranée, on a surtout à redouter les tarets.

Les vers marins ne vivent qu'au-dessous des plus faibles hautes mers. Ils périssent dans la vase. Ils fuient l'eau douce et les eaux sales.

Pour garantir les bois de l'attaque des vers, il suffit de préserver les surfaces. On a essayé pour cela divers moyens, savoir : le mailletage, le doublage, les enduits, l'injection des bois, et la carbonisation.

Le mailletage consiste à recouvrir la surface des bois de clous à large tête enfoncés jointivement ou à une très-petite distance les uns des autres. Le fer, en s'oxydant, forme une enveloppe générale protectrice qui se renouvelle sans cesse. Quelquefois, au lieu de clous à large tête, on emploie de simples clous à ardoises, enfoncés à une distance de 10 à 15 millimètres les uns des autres, et qui provoquent la formation, à partir de la surface du bois, d'une véritable croûte imprégnée d'oxyde de fer. Pour les surfaces dressées appelées à former des appuis étanches, ce second mode de mailletage est le seul possible ; on y emploie d'ailleurs de préférence les pointes dites de Paris, dont on fait pénétrer la tête jusque dans l'intérieur du bois. On fait quelquefois aussi des mailletages avec des clous en cuivre à tête carrée qui recouvrent complétement la surface ; mais c'est là un mode de protection extrêmement coûteux.

Le doublage consiste à recouvrir la surface du bois de feuilles métalliques. On y emploie le cuivre, le zinc ou la tôle galvanisée. Le doublage en cuivre est très-cher, celui en zinc peu durable. Pour les doublages en tôle galvanisée, on prépare d'abord tout le travail avec la tôle ordinaire ; et ce n'est que quand toutes les pièces ont été taillées, percées et ajustées qu'on les envoie à la galvanisation. Les doublages ne préservent les bois que tout autant qu'ils forment des surfaces sans aucune solution de continuité, et c'est là une condition souvent difficile à réaliser, difficile surtout à maintenir en présence de toutes les éventualités d'avaries.

On a essayé pour la confection des enduits des matières très-diverses. L'enduit au goudron ou au coal-tar préserve bien les bois ; mais il a besoin d'être souvent renouvelé, et ce renouvellement ne peut se faire que dans les parties qui découvrent. L'enduit à la céruse ou au vert-de-gris préserverait ; mais il est promptement dissous. Tous les enduits, en général, doivent être considérés comme n'offrant qu'une protection essentiellement temporaire et, par conséquent, tout à fait insuffisante, parce qu'un enduit quelconque ne tarde pas à être d'abord endommagé, puis plus ou moins détruit, soit par des actions mécaniques telles que le frottement de l'eau ou le choc des corps flottants, soit par l'action dissolvante même de l'eau. Quelquefois on a recouvert des pieux d'un enduit de ciment retenu au moyen de clous assez espacés ; mais c'est là un procédé qui ne peut évidemment recevoir que des applications très-restreintes.

Les premières expériences faites en France sur l'emploi de bois injectés dans les travaux à la mer ont porté sur des bois injectés au sulfate de cuivre par le procédé Boucherie ; le sel de cuivre a été promptement dissous, et, au bout de deux ans, parfois même d'une seule année, des bois ainsi préparés ont été attaqués. On peut dire qu'en général l'injection avec des sels inorganiques solubles considérés habituellement comme étant des poisons pour les animaux ne met pas les bois à l'abri de l'invasion des vers marins ; et l'on doit attribuer cette inefficacité, en partie à ce que les sels absorbés par le bois en sont extraits par l'action dissolvante de l'eau de mer, en partie aussi sans doute à ce que ces sels ne paraissent pas avoir d'action sur les vers. Ce qui a le mieux réussi jusqu'à présent, ce sont les injections à la créosote, huile lourde provenant de la distillation de la houille dans les usines à gaz. Les bois ainsi préparés portent le nom de bois créosotés. Des expériences comparatives ont été faites à diverses époques, depuis l'année 1839, en Angleterre, en Hollande, en Belgique et en France pour juger de la durée des bois créosotés en parallèle avec des bois de diverses essences, naturels, ou ayant subi diverses préparations. Tous les bois créosotés, sauf quelques exceptions, se sont bien comportés à l'exclusion des autres. Toutefois leur emploi est encore peu répandu en France. Dans beaucoup de ports on continue à donner la préférence au mailletage. Les idées ne sont d'ailleurs pas encore bien fixées sur le point très-important de savoir si l'opération du créosotage altère ou non l'élasticité du bois. Par ce motif, aussi bien que par des considérations d'économie, on limite l'absorption de créosote aux chiffres de 160 à 180 kilogrammes par mètre cube pour les bois de sapin, et d'environ 220 kilogrammes pour le bois de chêne. Le créosotage n'étant que superficiel, il faut se bien garder d'entamer après coup les surfaces ; on ne doit donc créosoter les bois que quand ils sont taillés et prêts à être mis en place. Il n'y a, d'ailleurs, pas d'inconvénient à percer des trous de boulons dans les bois créosotés, parce que la rouille se répand rapidement et préserve des vers.

Des expériences faites en Hollande, en 1859, ont montré que la carbonisation des bois ne les mettait pas à l'abri des tarets. Depuis lors, il est vrai, on a perfectionné l'ancien mode de carbonisation superficielle destinée à protéger le bois des navires contre la pourriture sèche; mais on n'a pas encore immergé des bois préparés par les nouveaux procédés.

Les bois employés dans les travaux de fascinages ne pouvant être protégés sont condamnés à une prompte destruction sur tous les points où se trouvent des tarets.

Enfin, certains bois durs tels que le bois de teck et le greenheart paraissent parfaitement résister, sans aucune préparation, à l'attaque des vers marins.

OUVRAGES POUR ABRITER LES PORTS ET EN FIXER L'ENTRÉE.

ENTRÉES DES PORTS ET AVANT-PORTS. — Nous avons vu, en parlant des conditions que doit remplir un port, que certains ouvrages sont généralement nécessaires, à la fois pour fixer l'entrée du port, et pour abriter l'avant-port, c'est-à-dire la portion du port qui précède les bassins plus spécialement affectés aux opérations de chargement et de déchargement des navires.

La nature de ces ouvrages dépend essentiellement de la position et des conditions dans lesquelles se trouve le port à améliorer ou à créer. Mais, en toute hypothèse, on a toujours deux buts principaux à atteindre. D'une part il faut faire en sorte d'avoir une bonne entrée; d'autre part il est nécessaire que l'espace abrité présente des surfaces d'eau suffisantes avec des profondeurs proportionnées aux tirants d'eau des navires qui fréquentent le port ou que l'on espère y attirer. L'étendue desdites surfaces d'eau dépend d'ailleurs naturellement tout à la fois de l'importance du port, des conditions générales de son exploitation, et de sa destination. C'est ainsi, par exemple, qu'un port de commerce même d'importance moyenne doit être pourvu d'un grand avant-port, si, par sa position, il est destiné à servir en même temps de port de relâche ou de refuge sur une côte exposée et très-fréquentée; ou bien encore, si, par suite de l'absence ou de l'insuffisance de bassins spéciaux, les opérations de chargement et de déchargement des navires doivent se faire en tout ou en partie dans l'avant-port même; tandis que, par contre, il suffit généralement d'espaces abrités plus ou moins restreints pour les petits ports de commerce et les simples ports de pêche. Dans chaque cas les dimensions de l'avant-port doivent être combinées de manière à y assurer les libres évolutions et le facile accès aux bassins des plus grands navires qui fréquentent ou doivent fréquenter le port; et cela, indépendamment des espaces affectés aux bâtiments qui font leurs opérations dans l'avant-port même, de ceux affectés au stationnement des bâtiments en relâche et des bâtiments de service du port, de ceux enfin qu'il est nécessaire de réserver aux abords des entrées des bassins pour y faciliter les manœuvres d'entrée et de sortie. Il importe, dans tous les cas, que l'avant-port ait une longueur suffisante pour permettre aux navires entrants de perdre leur aire et de mouiller avant d'entrer dans les bassins; et l'on estime généralement qu'une longueur minimum de 4 à 6 cents mètres, suivant les cas, est pour cela nécessaire. Mais, d'un autre côté, dans les ports à marée, il faut éviter d'avoir une longueur trop grande qui ne permettrait pas aux navires d'un fort tonnage ne trouvant assez d'eau dans l'avant-port qu'à mer haute, soit d'atteindre à temps pendant la marée l'entrée des bassins, soit de gagner à temps la pleine mer à la sortie du port, ce qui les obligerait à échouer et à courir ainsi le risque de graves avaries; et il convient, par ce motif, de ne pas dépasser, autant que faire se peut, la longueur d'environ 1000 mètres. Toutefois, ces conditions de minimum et de maximum de longueur sont moins rigoureuses dans les ports où il existe des services de remorquage à vapeur pour l'entrée et la sortie des bâtiments à voiles. En outre, dans les petits ports de cabotage, l'avant-port peut sans inconvénient avoir une longueur moindre que le minimum indiqué, si, comme aux ports d'Honfleur et de Ramsgate, par exemple, il présente des hauts-fonds vaseux sur lesquels vont s'échouer au besoin les navires qui entrent.

Au point de vue de la nature des ouvrages à exécuter pour atteindre le double but ci-dessus indiqué, les ports peuvent se diviser en deux grandes classes : l'une, celle des ports constitués ou améliorés par des brise-lames; l'autre, celle des ports dont le chenal d'entrée est compris entre deux jetées.

La première classe de ports comprend tous ceux situés dans des anfractuosités des côtes, c'est-à-dire dans des anses naturellement plus ou moins bien abritées contre les vents du large, et les ports artificiels que des circonstances spéciales obligent à créer de toutes pièces sur un littoral quelconque. Pour les premiers, il suffit de compléter l'abri naturel, pour les autres, de créer un abri artificiel au moyen de môles ou brise-lames couvrant le port contre tous les vents qui amènent des grosses mers, et s'avançant vers le large jusqu'à la distance voulue pour que l'on ait à l'entrée la profondeur d'eau indispensable et pour que l'espace abrité présente les surfaces d'eau jugées nécessaires.

Lorsqu'il s'agit de ports naturels à améliorer, tantôt l'abri est obtenu au moyen d'un seul brise-lame enraciné à la terre ou isolé, tantôt d'une combinaison de deux ou de plusieurs brise-lames. Et, dans le tracé de ces ouvrages, il importe de ne pas perdre de vue que l'on a à se protéger non-seulement contre les vents qui amènent directement les grosses mers, mais encore, autant que possible, contre ceux qui pourraient occasionner du ressac dans l'intérieur de l'avant-port, soit par suite de la réflexion des lames du large sur certaines portions des côtes de la baie ou des ouvrages eux-mêmes, soit par suite de leur pivotement autour des extrémités desdits ouvrages. Presque tous les ports de la Méditerranée, anciens et modernes, offrent des exemples de ports naturels situés dans des anfractuosités de côtes rocheuses et améliorés ainsi au moyen de brise-lames; et l'on trouve également sur les portions du littoral de l'Océan à côtes rocheuses un certain nombre d'exemples semblables parmi lesquels on peut citer notamment, en France : Granville, Saint-Malo, et la plupart des petits ports de la presqu'île de Cotentin et de la côte de Bretagne; Saint-Denis d'Oléron , Royan, à l'embouchure de la Gironde; Socoa, à l'extrémité sud de la rade de Saint Jean-de-Luz; dans la Grande-Bretagne, indépendamment d'un très-grand nombre de petits ports disséminés sur tout le littoral, les ports très-importants de Holyhead dans la mer d'Irlande, de Hartlepool dans la mer du Nord, de Douvres, de Folkestone, et le port de refuge d'Aurigny dans la Manche.

Lorsqu'il s'agit de ports artificiels à créer de toutes pièces, l'avant-port est généralement formé par deux brise-lames enracinés à la terre aux limites extrêmes de la largeur que l'on veut obtenir, se dirigeant d'abord plus ou moins normalement à la côte, et se rapprochant ensuite l'un de l'autre de manière à ne plus laisser finalement entre leurs extrémités que la distance jugée nécessaire pour la passe d'entrée. Dans quelques ports cette entrée est couverte elle-même par un brise-lame isolé placé plus au large, à distance suffisante pour former entre ses musoirs et les extrémités des môles enracinés deux passes directement opposées permettant d'entrer et de sortir par tous les vents. Les ports entièrement artificiels sont, on le comprend aisément, en petit nombre. Parmi les ports de l'antiquité on ne peut guère citer sûrement comme exemples que les trois ports romains d'Ostie, d'Antium (Porto d'Anzo) et de Centum-Cellæ (Civita-Vecchia), dont nous avons déjà indiqué les origines et donné la description succincte à l'historique des ouvrages des ports. Parmi les ports modernes, nous mentionnerons, à peu près par ordre de dates : Cette, construit au XVIIe siècle dans le but de doter d'un port de commerce et de refuge la longue côte du Languedoc qui était dépourvue d'abris naturels; à la fin du siècle dernier, le petit port de refuge de Ramsgate, près de l'embourchure de la Tamise, vis-à-vis de la rade des Dunes; depuis le commencement du siècle, en Angleterre, Kingstown, au sud de la baie de Dublin, pour faciliter les relations entre la métropole et l'Irlande ; le port de refuge de Sainte-Catherine, dans l'île de Jersey ; le nouveau port de Sunderland, sur la mer du Nord, devenu indispensable par suite du tonnage croissant des navires ; les deux petits ports de Granton et de Burntisland, situés vis-à-vis l'un de l'autre sur les deux rives opposées de la large embouchure de la rivière Forth, et destinés à établir, à l'aide de bateaux à vapeur, la continuité des lignes de chemins de fer qui desservent le nord et le sud de l'Écosse ; en France, Port-en-Bessin qui avait pour destination de suppléer à l'absence de tout port de refuge sur la portion de la côte de Normandie s'étendant de la presqu'île de Cotentin à l'embouchure de la Seine ; le port de Port-Saïd formant la tête du canal maritime de Suez, du côté de la Méditerranée ; enfin, le port d'Ymuiden qui est le port de débouché du nouveau canal maritime d'Amsterdam à la mer du Nord. Tous ces ports artificiels ont été composés de deux môles ou brise-lames enracinés à la terre. Au port de Cette, seul, on a, au commencement de ce siècle, ajouté un brise-lames isolé pour couvrir l'entrée primitive, imitant ainsi, mais, ainsi que nous l'expliquerons plus tard, sans le même succès, la disposition du vieux port romain de Civita-Vecchia.

Nous devons mentionner encore un autre type de ports artificiels, qui a été adopté pour la première fois à Marseille, et qui reçoit en ce moment même de nouvelles applications à Trieste et à Fiume, pour l'agrandissement de ports déjà existants. Ce type de port se compose d'une digue dite du large, parallèle à une portion de côte située dans le voisinage immédiat du port primitif, et abritant ainsi un espace de mer que l'on partage en une série de bassins par des môles enracinés à la côte même et s'avançant normalement jusqu'à ce qu'il ne reste plus entre leurs extrémités et la digue que les intervalles nécessaires pour la facile communication entre les divers bassins. A Marseille, la digue du large déborde les deux môles extrêmes de manière à créer à chacune de ses extrémités un petit avant-port ; les dispositions sont à peu près semblables à Trieste ; mais, à Fiume, la digue du large est rattachée par l'une de ses extrémités à la côte, en sorte qu'il n'y a d'avant-port qu'à l'autre extrémité. Ce type de port offre le très-précieux avantage, là où les dispositions et circonstances locales permettent de l'appliquer, de se prêter à tous les agrandissements que les développements du mouvement maritime peuvent rendre nécessaires. Il n'exige pas d'ailleurs de grands avant-ports, parce que chaque navire, en arrivant à l'abri derrière la partie saillante de la digue, trouve de suite en face de lui l'entrée des bassins. Le type des nouveaux ports de Marseille a été également imité à Brest pour la création d'un nouveau port de commerce destiné à remédier à l'insuffisance des espaces précédemment réservés à la marine marchande dans le port militaire, et à permettre la séparation, toujours désirable, des deux marines : dans le nouveau port, en effet, l'avant-port, seul exécuté jusqu'à présent, est formé par deux môles ou brise-lames perpendiculaires à la côte et par une digue d'abri couvrant, et un peu au delà, tout l'espace compris entre ces deux môles, avec passe à chaque extrémité.

Nous mentionnerons enfin, comme type très-exceptionnel de port artificiel, celui du port militaire de Cherbourg creusé tout entier dans le terrain rocheux de la côte.

Dans le tracé en plan des môles et brise-lames, — et cette observation s'applique également aux digues d'amélioration des rades, — il faut éviter autant que possible d'avoir du côté du large des courbes concaves ou des angles rentrants qui ont le double inconvénient, d'une part, en concentrant les efforts des lames sur les points correspondants de l'ouvrage, d'y aggraver leurs effets destructeurs ; d'autre part, de réduire la surface d'eau abritée. Sous ce dernier rapport, d'ailleurs, la forme polygonale à angles saillants, ou la courbe convexe circonscrite, est préférable également aux grands alignements droits qui, eux, présentent en outre cet inconvénient d'un autre genre que l'ouvrage peut se trouver soumis simultanément à l'effort maximum des lames sur de grandes longueurs. La forme convexe est surtout la seule, comme nous l'expliquerons plus loin, que l'on doive adopter pour la digue au vent dans les ports situés sur des plages de sable. Toutefois, la réserve relative à la forme concave ne s'applique pas rigoureusement à la partie extrême des digues ou brise-lames qu'il peut y avoir avantage au contraire, dans certains cas, comme nous l'expliquerons également plus loin, à courber plus ou moins vers le large ; il importe seulement alors de renforcer le bout de digue établi en courbe concave.

Enfin, les digues, môles et brise-lames présentent généralement à leurs extrémités libres une portion à plate-forme plus large que sur le reste de leur longueur et arrondie par le bout qui constitue ce que l'on appelle le musoir. Cet élargissement des extrémités des digues, indépendamment du surcroît indispensable de résistance qu'il apporte à la partie des ouvrages la plus exposée à la violence de la mer et aux abordages des navires, est destiné à recevoir des cabestans et autres engins propres à venir en aide aux navires dans leurs mouvements d'entrée et de sortie, souvent une tourelle de phare et un mât de signaux, quelquefois un ouvrage de fortification.

Mais, indépendamment de l'abri à créer, les ouvrages doivent encore, comme nous l'avons déjà sommairement indiqué, être combinés de manière à assurer le facile accès du port par tous les vents, et surtout par les vents régnatns. Quant à la question d'une sortie également facile par tous les temps, quoique moins rigoureuse, — les navires ayant toujours la possibilité d'attendre à l'abri dans le port un temps favorable pour la sortie, — elle ne doit pourtant pas être complétement négligée.

Les bonnes conditions d'une passe d'accès ou entrée de port dépendent de sa position, de son orientation, de sa largeur, de sa forme et de sa profondeur d'eau.

En ce qui concerne la position, il importe notamment que l'entrée ne soit pas trop rapprochée de la côte sous le vent, afin que les navires chassés par la tempête venant attaquer l'entrée et la manquant aient encore devant eux une étendue de mer suffisante pour pouvoir se relever et reprendre le large. Pour la même raison, il faut éviter autant que possible de placer immédiatement sous le vent de l'entrée et à peu de distance des ouvrages qui, dans bien des cas, peuvent se trouver plus dangereux encore qu'une côte trop rapprochée, soit en formant écueil, soit en rendant l'entrée difficile par suite de ressacs que produirait dans la passe la réflexion des lames. Les graves inconvénients d'un ouvrage sous le vent n'existent plus, on le comprend, lorsque l'entrée est suffisamment large, c'est-à-dire lorsque les navires ont devant eux assez d'espace pour pouvoir se tenir loin de l'écueil ou de la région des ressacs. Il convient même d'observer à ce sujet que la production du ressac au-devant d'un ouvrage sous le vent de l'entrée d'un port est une condition que l'on doit plutôt chercher à réaliser dans tous les cas, qu'à éviter, attendu que les lames réfléchies par un semblable écueil ont pour effet d'en empêcher l'approche aux navires qu'y pousse la tempête. Or, l'étude pratique des lames, dont nous parlerons plus au long en nous occupant de la question des formes et du mode de construction des brise-lames, a montré que les lames de la mer se réfléchissent presque complétement, c'est-à-dire sans perdre leur caractère oscillant, sur des murs à parements verticaux ou peu inclinés (jusqu'à 45°), tandis que ces mêmes lames, en arrivant sur des talus très-inclinés, dès qu'elles rencontrent une profondeur d'eau moindre que leur hauteur, brisent et se transforment en lames de translation animées d'un mouvement de transport ayant des vitesses parfois considérables. Un ouvrage formant écueil par sa position repousse donc les navires dans les tempêtes lorsqu'il est à parement vertical ou peu incliné; il les attire au contraire lorsqu'il est en pente douce. La conclusion est facile à tirer en ce qui concerne la meilleure forme à donner à tout ouvrage sous le vent de l'entrée d'un port. Par les mêmes considérations, en même temps que pour ne pas perdre de la largeur de la passe, il convient que les musoirs ou extrémités des brise-lames formant l'entrée d'un avant-port, surtout lorsque cette entrée est étroite, soient formés par des murs à parement plus ou moins vertical, ou à talus ne dépassant pas 45°, tout au moins jusqu'à une profondeur égale à la hauteur des plus fortes lames dans les parages où l'on se trouve. Nous verrons plus tard qu'on arrive à la même conclusion pour les brise-lames en général, et surtout pour les musoirs, en envisageant la question à un autre point de vue non moins important, celui de la force de résistance de ces ouvrages à l'action des lames.

En ce qui concerne l'orientation de l'entrée, il importe qu'elle soit telle que les navires n'aient pas à virer de bord par les vents régnants pour pénétrer dans le port et se trouver abrités, manœuvre toujours difficile et souvent très-dangereuse dans les gros temps; mais telle aussi, d'un autre côté, que les navires n'éprouvent pas trop de difficultés à la sortie par les mêmes vents; il faut d'ailleurs, en outre, que l'entrée ne donne pas un trop facile accès aux fortes lames du large, et, pour cela, il est nécessaire qu'elle soit aussi complétement couverte que possible du côté du large, et, en tous cas, entièrement couverte contre les vents régnants.

En ce qui concerne la largeur, elle doit être combinée de manière à satisfaire le mieux possible, dans chaque cas spécial, à la double condition contraire d'une dimension assez grande pour donner toutes facilités aux mouvements d'entrée et de sortie des navires, et d'une ouverture pourtant assez réduite pour que l'agitation extérieure ne puisse pas se propager d'une manière dommageable pour les navires ou pour les ouvrages dans l'avant-port. Ce que l'on peut exprimer d'une autre manière en disant que la largeur à adopter dans chaque cas, dépend, d'une part, des dimensions des navires qui fréquentent le port et de l'importance du mouvement maritime; d'autre part, de la superficie de l'avant-port, les lames qui franchissent l'entrée s'affaissant plus ou moins vite, suivant qu'elles trouvent à s'épandre dans une étendue d'eau plus ou moins grande; en troisième lieu, enfin, de l'orientation plus ou moins exposée de la passe et de la violence plus ou moins grande de la mer aux abords du port. Mais ce n'est pas tout encore; car, en même temps que l'on doit s'attacher à éviter qu'il ne règne une trop grande agitation dans l'avant-port par les gros temps, on trouve d'un autre côté le plus souvent intérêt à y conserver pourtant alors une agitation suffisante et des courants de marée assez forts pour y empêcher le dépôt des vases et sables fins dont les eaux de la mer sont presque toujours plus ou moins chargées le long des côtes pendant les tempêtes.

L'extrême diversité de toutes ces conditions explique les grandes différences que l'on constate dans les largeurs des entrées des ports constitués par des brise-lames. A défaut de règles fixes qu'il est impossible d'établir, nous donnerons dans le tableau ci-dessous quelques exemples :

DÉSIGNATION DES PORTS.	SUPERFICIE de L'AVANT-PORT.	LARGEUR de L'ENTRÉE.	OBSERVATIONS.
1° Ports formés de deux brise-lames enracinés à la côte, s'avançant ensemble plus ou moins vers le large et se rapprochant de manière à former l'entrée entre leurs musoirs.			
	Hect.	Mètres.	
Ramsgate (Manche)		60	L'entrée avait été faite d'abord à 90 mètres et elle n'était pas couverte contre les mauvais vents d'une certaine direction. On prolongea l'un des brise-lames suivant un nouvel alignement, de manière tout à la fois à produire l'abri qui manquait et à réduire d'un tiers la largeur de l'entrée.
Sunderland (Mer du Nord) . . .	12 à 13	75	L'entrée est satisfaisante.
Port-en-Bessin (Manche)		100	Il règne dans ce port une très-grande agitation par les gros temps. (Le vieux port entièrement naturel de Marseille, qui a une superficie de 29 hectares, a une entrée de 72 mètres, laquelle est parfaitement abritée par les côtes voisines.)
Alicante (Méditerranée).	30	120	Le port construit au fond de la rade d'Alicante est de date récente. Le projet primitif comprenait, indépendamment des deux brise-lames partant de terre et qui ont été exécutés, un brise-lame isolé couvrant l'entrée auquel on a renoncé parce que la tranquillité dans le port s'est trouvée suffisante avec les deux premiers brise-lames.
Oran (Méditerranée).		130	On avait donné d'abord à l'entrée une largeur de 180 mètres, et quoique cette entrée fût parfaitement abritée par la jetée au vent, l'expérience a fait reconnaître la nécessité de la réduire de 50 mètres. Cette réduction s'est faite d'ailleurs, pour la plus grande partie, à l'aide d'un éperon enraciné à la susdite jetée et destiné à empêcher la transmission des lames le long de sa face intérieure jusque dans l'avant-port.
Kingstown (Mer d'Irlande). . . .	84	235	Il règne dans ce port pendant les gros temps une agitation si préjudiciable aux navires que l'on a dû étudier sérieusement à diverses reprises les moyens d'y remédier. On n'osait pourtant rétrécir l'entrée, dans la crainte de rendre l'entrée et la sortie du port trop difficiles. Quelques-uns proposaient de couvrir cette entrée par un brise-lame isolé. On s'est finalement décidé à construire au fond du port, dans l'endroit le moins agité, une jetée le long de laquelle les navires trouvent par tous les temps un abri suffisant.
Ymuiden (Mer du Nord).	120	260	Ce port est de création trop récente pour que son régime ait pu encore être sérieusement étudié
Barcelone (Méditerranée). . . .	130	300	L'entrée du port agrandi est difficile et les marins voudraient que l'on prolongeât la digue du large pour créer une petite rade en avant de ladite entrée. Il y a, en outre, un fort ressac au fond du port.
Alger (Méditerranée)..	95	340	Il régnait une grande agitation dans le port, produite à la fois par la transmission directe de l'agitation extérieure et par le pivotement des lames autour du musoir de la jetée au vent. Plutôt que de rétrécir l'entrée, on a préféré l'abriter davantage en prolongeant de 200 mètres la susdite jetée.
Valence (Méditerranée)	20	350	L'entrée est très-abritée par une saillie de 800 mètres de la digue du large, créant une rade en avant de l'avant-port.
Ancône (Adriatique).	60	350	L'entrée était précédemment plus large et la digue au vent moins longue qu'aujourd'hui, et il régnait alors une grande agitation dans le port par les vents du nord à l'ouest. D'une part on a prolongé le brise-lame sud d'une centaine de mètres à la fois pour réduire d'autant la largeur de l'entrée et mieux couvrir ainsi le port contre les vents de la région ouest, et pour tâcher de repousser les alluvions voyageuses venant de la côte nord; et, d'autre part, on a prolongé le brise-lame nord de 250 mètres pour mieux couvrir cette entrée contre les vents du nord. On n'entretient d'ailleurs la profondeur dans le port qu'au prix de continuels dragages.
Bone (Méditerranée).	65	400	Entrée excellente, très-large, mais en même temps parfaitement abritée. Le port de Bone est réputé le meilleur de tous ceux de la côte d'Algérie.
2° Ports formés de deux brise-lames placés sur chacun des deux côtés opposés d'une baie, en arrière l'un de l'autre, et courant en sens opposé dans des directions à peu près parallèles.			
NOTA. — Par suite de la disposition de l'entrée de pareils ports il faut une grande largeur pour permettre aux navires d'effectuer facilement le mouvement tournant qu'ils sont obligés de faire pour pénétrer dans la partie de l'avant-port que couvre le brise-lame sous le vent.			
Carthagène (Méditerranée) . . .	120	350	La construction des deux môles d'abri de la baie est de date encore récente.
Gênes (Méditerranée)	130	500	Le môle du large ou môle neuf, qui n'avait anciennement que 500 mètres de longueur, a été prolongé depuis le commencement du siècle d'une nouvelle longueur de 500 mètres, afin de mieux couvrir le port contre les tempêtes du sud-ouest.
3° Ports ayant leur entrée abritée par un brise-lame isolé.			
Civita-Vecchia (Méditerranée)..	9	200	Le brise-lame isolé forme en avant de l'avant-port une petite rade couverte de 3 hectares avec des passes de 150 mètres.
Cette (Méditerranée).	17	300	Le brise-lame isolé forme une rade couverte de 13 hectares avec des passes de 200 et 300 mètres.

A propos des deux ports précédents nous devons signaler les ports ayant deux entrées constituées par des ouvertures ménagées entre des brise-lames formant en plan des lignes plus ou moins continues. Ce sont, en général, de petits ports seulement accessibles par des passes étroites, le plus souvent au nombre de deux, dans des directions plus ou moins opposées, et pour l'amélioration desquels les ouvrages ont été combinés de manière à réserver ces deux passes. On a pensé, parfois, à adopter de semblables dispositions dans de grands ports, non-seulement pour faciliter les mouvements d'entrée et de sortie des navires par tous les vents, mais aussi pour permettre aux courants de marée de traverser le port et de combattre ainsi la tendance aux dépôts d'alluvions. Mais, en fait, la solution n'a encore été appliquée qu'à des ports d'une faible importance. C'est ainsi, par exemple, qu'à Alger où l'on avait adopté à l'origine une double entrée, on y a renoncé en cours d'exécution. C'est ainsi encore qu'à Douvres, où presque tous les projets présentés pour la construction sur ce point d'un grand port de refuge comprenaient de même une double entrée, — les projets ne différant entre eux que par la position de la seconde entrée en vue du double but ci-dessus indiqué, — on s'est contenté jusqu'à présent de construire un seul des trois brise-lames qui devaient constituer ledit port de refuge. Disons de suite que cet unique brise-lame, par l'abri qu'il donne, tantôt d'un côté, tantôt de l'autre, suivant les vents, par sa forme et par les profondeurs d'eau dans lesquelles il est établi, rend de très-grands services.

4° Ports à un seul brise-lame et Ports naturels similaires.

Nous ne mentionnerons que d'une manière générale les ports naturels tels que Brindisi, Messine, Syracuse, et, tout récemment encore, Alexandrie d'Égypte, formés par une baie qui se trouve, sans le secours d'aucun ouvrage d'art, plus ou moins bien abritée par un cap ou une langue de terre partant de l'une de ses extrémités, et les ports artificiels, en très-grand nombre, aussi bien dans l'Océan que dans la Méditerranée, situés de même le plus souvent dans une baie, mais où l'abri est complété ou obtenu au moyen d'un môle enraciné sur l'un des côtés de ladite baie. Dans de pareils ports la passe située entre l'extrémité de la langue de terre ou le musoir du môle et la rive opposée de la baie est généralement plus large que dans les ports précédemment considérés. On a alors, en effet, le plus souvent, des passes de 400 à 500 mètres; mais quelquefois aussi, lorsque la superficie de l'espace abrité n'est pas très-grande, la passe est moindre. C'est ainsi qu'au nouveau port de Bastia, pour une surface d'eau couverte de 21 hectares, la passe n'a que 240 mètres. Au port de Livourne, au contraire, pour un avant-port de 16 hectares, on avait une entrée de 500 mètres; aussi le port n'était-il pas tenable par les gros temps et a-t-on dû construire en avant de l'entrée une jetée qui ne laisse plus qu'une passe d'accès de 100 mètres; de plus, comme l'ancien port manquait de profondeur, on a créé à côté, à l'aide d'un brise-lame courbe isolé, un nouvel avant-port, ou mieux une petite rade couverte où se tiennent les navires d'un fort tonnage.

On aura remarqué que le tableau ci-dessus ne mentionne que des ports d'une certaine importance. On devine aisément qu'il existe dans l'une et l'autre mer beaucoup de petits ports artificiels ayant des largeurs d'entrée notablement moindres que celles données en tête du tableau. Nous insisterons pourtant encore une fois sur cette considération que, pour les petits ports comme pour les grands, la largeur de l'entrée ne dépend pas seulement de l'importance du port et des dimensions des navires qui le fréquentent, mais aussi, dans une certaine mesure, de l'exposition de ladite entrée et de la violence de la mer sur la portion de la côte où se trouve le port.

En ce qui concerne la forme de l'entrée, il est de la plus grande importance, tout à la fois, que les extrémités des digues soient tracées par rapport à la direction des vents régnants et que la forme des musoirs soit combinée de manière à éviter autant que possible les graves inconvénients qui peuvent résulter, soit des lames réfléchies, soit des lames pivotantes. Lorsqu'en effet, d'une part, les ouvrages ont des directions ou des formes telles, que, pendant les gros temps, les lames réfléchies par ces ouvrages viennent rencontrer dans la passe les lames directes, il se produit là un ressac, toujours gênant même pour les grands navires, souvent très-dangereux pour les navires de moindres dimensions. Lorsque, d'autre part, un ouvrage, par sa direction et sa forme, favorise le pivotement des lames autour de son extrémité, non-seulement il contribue par cela même à augmenter notablement dans l'avant-port l'agitation générale qui s'y propage directement par la passe, mais encore il produit souvent en même temps une agitation locale exceptionnelle qui se propage de proche en proche le long de la face intérieure de l'ouvrage, parfois jusqu'à de très-grandes distances. Au double point de vue que nous venons d'indiquer, il semble donc y avoir généralement intérêt, tout au moins pour la digue au vent ou digue du large, supposée tracée en ligne droite ou en courbe convexe, à la dévier un peu à son extrémité, de manière qu'elle présente alors à la direction des vents régnants une courbe légèrement concave, et à faire l'élargissement de son musoir du côté du large; mais on doit avoir bien soin en même temps, cela va sans dire, de renforcer autant qu'il est nécessaire la partie concave de la digue et l'angle formé par l'élargissement du musoir. Par une pareille disposition, on évite la nécessité d'éperons comme il a fallu en construire après coup à quelques digues, près de leur musoir, pour empêcher la transmission et le pivotement des lames du large et le transport des matériaux mêmes du talus extérieur de la digue jusque dans l'intérieur du port. Nous devons faire remarquer, d'ailleurs, que ce que nous venons de dire au sujet de la forme de l'extrémité de la digue au vent s'applique surtout aux ports dans lesquels on n'a pas à redouter l'envahissement des surfaces abritées et l'exhaussement des plages au large des ouvrages par des sables voyageurs. Pour les ports situés sur les plages de sable, en effet, par cela même qu'il convient, comme nous l'avons déjà signalé et ainsi que nous le justifierons plus loin, que la digue au vent présente toujours en plan une forme convexe s'infléchissant de plus en plus dans le sens de la direction du courant littoral, il est de toute évidence qu'il convient également que cette forme convexe se prolonge jusqu'à l'extrémité de la digue sans aucune solution de continuité. Donc, en pareil cas, non-seulement il faut éviter tout angle rentrant ou courbe concave dans le tracé de l'extrémité de la digue, mais encore c'est du côté intérieur qu'il est alors préférable que soit fait l'élargissement du musoir. Il est à peine besoin d'ajouter que les considérations qui précèdent ne s'appliquent pas nécessairement aux ports situés sur des plages à galets, le courant littoral ne jouant souvent sur de pareilles plages qu'un rôle plus ou mois secondaire dans le régime des alluvions voyageuses. Quant à la digue sous le vent, les dispositions les meilleures à lui donner dépendent de sa position. Il faut, dans chaque cas, étudier de quelle manière les fortes lames doivent venir la rencontrer et se réfléchir à son extrémité, car, suivant le cas, il peut convenir, soit de maintenir la direction générale de la digue jusqu'à son extrémité, soit de courber celle-ci, tantôt vers l'intérieur, tantôt vers le large; mais, dans tous les cas, au point de vue des inconvénients du pivotement des lames, il y a intérêt, comme pour la digue au vent, quand on n'a pas à se préoccuper des alluvions, à faire toujours l'élargissement du musoir du côté du large, sans se laisser d'ailleurs arrêter par les considérations de plus forte dépense à laquelle entraîne nécessairement l'adoption d'une semblable disposition. Enfin, on a quelquefois discuté la question de savoir si la forme arrondie que l'on donne habituellement à l'extrémité même des musoirs était dans tous les cas la meilleure que l'on pût adopter, et s'il ne conviendrait pas parfois de lui substituer, tantôt une forme carrée pour mieux combattre la tendance au pivotement des lames, tantôt une forme plus ou moins allongée, avec la face en biseau vers l'extérieur, afin de couper les lames qui viennent frapper le musoir et d'en détourner ainsi la plus grande partie vers le large. Nous ferons remarquer à ce sujet que, au point de vue de l'effet sur les lames de la forme de l'extrémité du musoir, on peut dire que cette forme seule n'a vraiment pas une bien grande importance, tandis que, au point de vue de la résistance de la partie extrême de la digue à la violence des lames venant de toutes les directions ou au choc possible des navires, la forme arrondie est certainement meilleure que la forme carrée avec ses angles et qu'une forme quelconque plus ou moins allongée; et que cette forme arrondie est également la meilleure au point de vue des navires eux-mêmes dans les cas, qu'il faut toujours prévoir, où ils sont jetés plus ou moins violemment par la tempête sur les musoirs d'entrée.

En ce qui concerne enfin la profondeur d'eau à l'entrée, il importe de tenir compte de la perte résultant du creux de la houle, et de prolonger en conséquence les ouvrages tout au moins jusqu'à ce que ladite entrée se trouve dans des profondeurs suffisantes pour que les navires qui doivent fréquenter le port ne soient pas sujets à talonner dans les plus gros temps. Dans la Méditerranée, la profondeur se mesure naturellement en contre-bas du niveau des plus basses mers. Dans l'Océan, pour les ports que l'on veut rendre accessibles à tout état de la mer, la profondeur doit évidemment se mesurer de même en contre-bas du niveau des plus basses mers. Mais, pour beaucoup de ports, on se contente d'une profondeur moindre. Toutefois on doit toujours chercher à réaliser un minimum tel que les navires puissent au moins entrer à toutes les marées, ce qui conduit alors à mesurer la profondeur en contre-bas du niveau des plus faibles hautes mers de morte eau.

Les règles ci-dessus concernant les dispositions que l'on doit chercher à réaliser autant que le permettent les circonstances locales, dans toute étude de projet de création ou d'amélioration de ports au moyen de môles ou brise-lames, se rapportent surtout, comme nous l'avons dit déjà, aux ports situés sur des parties de littoral où il n'existe pas d'alluvions voyageuses. Ces règles, ainsi que nous l'avons sommairement indiqué plus haut, ont à subir certaines modifications lorsqu'il s'agit d'un port placé sur une côte le long de laquelle voyagent des sables ou des galets. C'est qu'en effet la construction d'un ouvrage quelconque en travers de la route des alluvions voyageuses a pour conséquence naturelle et inévitable d'arrêter ces alluvions dans leur marche et de les faire s'accumuler dans l'angle que forme ledit ouvrage avec la côte; cet angle se remplit donc peu à peu ; la plage s'exhausse et s'avance ; et, au bout d'un temps plus ou moins long qui dépend tout à la fois de la saillie de l'ouvrage par rapport à la ligne générale de la côte et de l'importance de l'arrivage annuel des alluvions voyageuses, celles-ci finissent par déborder l'ouvrage saillant et par aller, en proportion plus ou moins considérable, envahir l'espace de mer qu'il abrite, tantôt sous forme d'un relèvement général des fonds à l'entrée et à l'intérieur, tantôt sous forme de bancs de sable ou de pouliers de galets se déposant le plus souvent immédiatement en dedans de l'entrée de l'avant-port. C'est là le grand écueil de tous les ports situés sur des plages de sable ou de galets. Il n'existe pas un seul de ces ports, croyons-nous, où les profondeurs primitives des espaces abrités par des ouvrages quelconques se soient naturellement conservées. La question étant d'un très-grand intérêt, nous y insisterons.

Nous rappellerons tout d'abord que l'envahissement par les alluvions voyageuses n'est pas la seule cause de réduction des profondeurs dans les ports en question; qu'il y a une autre cause agissant, elle, dans tous les ports sans exception, et provenant de ce fait, que, pendant les tempêtes, les eaux de la mer le long des côtes sont plus ou moins chargées de matières légères, vases et sables fins, qu'elles laissent déposer en proportion plus ou moins grande, dès qu'elles pénètrent dans des espaces abrités. Mais, comme nous l'avons dit précédemment, on peut lutter plus ou moins efficacement contre cet effet par des dispositions combinées de manière à maintenir dans l'espace abrité une agitation suffisante et des courants de marée assez forts pour empêcher le dépôt des matières en suspension dans l'eau de la mer; et, parmi ces dispositions, indépendamment d'une entrée plus ou moins large et plus ou moins exposée, ou bien d'une double entrée, il y a également les môles à claire-voie dont nous reparlerons tout à l'heure.

La lutte, dans des conditions assurées de succès, est-elle également possible contre les alluvions voyageuses? Grave question qui a déjà donné lieu à bien des controverses, et qui n'est pas encore résolue. Les Romains, on se le rappelle, ont essayé dans plusieurs de leurs ports de combattre la double cause des envasements et des ensablements par des môles à claire-voie, et l'on sait que le seul port où se trouvent encore d'importants vestiges de ces anciens ouvrages, le port d'Antium, est depuis longtemps entièrement comblé par les sables. On a essayé des ouvrages semblables sur une plus petite échelle, il est vrai, dans quelques ports modernes; et il a été constaté partout que, lorsque les ouvrages donnaient véritablement du calme, ils produisaient en même temps par cela même l'exhaussement des fonds abrités, cet exhaussement étant toujours en rapport avec le degré de calme obtenu. Un autre moyen, qui a reçu de nos jours plusieurs applications, consiste à pousser les ouvrages assez loin vers le large pour que leurs extrémités se trouvent à la fois dans de grandes profondeurs d'eau et dans la région des forts courants de marée. Les partisans du système pensent que, dans de pareilles conditions, on n'a plus du tout à redouter l'envahissement des espaces abrités par les alluvions voyageuses; et ils citent volontiers à l'appui de leur opinion l'exemple du port de Kingstown qui se maintient en parfait état depuis plus de quarante ans. Mais cet exemple est loin d'être concluant, car Kingstown est situé sur une côte rocheuse le long de laquelle il ne voyage pas d'alluvions, et où les courants de marée sont assez forts pour entretenir tout près du rivage de grandes profondeurs; et d'ailleurs, malgré ces circonstances favorables, malgré aussi l'agitation qui règne dans le port par les gros temps, sans parler d'un relèvement général des fonds par suite de dépôts de vases et de sables vaseux dans la partie la plus abritée, celle que couvre directement le brise-lame du sud, il se forme en dedans de l'entrée un banc de sable contre lequel on ne peut lutter que par des dragages annuels. Si nous prenons un autre exemple, celui du port d'Ymuiden, construit tout récemment sur le type de Kingstown, mais à travers une plage de sable très-plate, longée par des courants de marées relativement peu énergiques, c'est-à-dire dans des conditions beaucoup moins favorables, on pourra concevoir quelque crainte que le nouveau port ne se comporte pas aussi bien que le port justement renommé qui lui a servi de modèle, en d'autres termes, qu'il ne puisse, avec le seul secours des forces naturelles, conserver longtemps ses profondeurs. Indépendamment de Kingstown, il existe d'autres exemples, parmi lesquels nous pouvons citer Gênes, Civita-Vecchia, de ports abrités par des combinaisons diverses de brise-lames, où la profondeur s'est toujours bien maintenue; mais tous les ports qui sont dans ce cas sont situés, comme Kingstown, sur des côtes rocheuses le long desquelles se trouvent de grandes profondeurs et où il n'existe pas d'alluvions voyageuses. Quant aux ports situés, au contraire, sur des plages de sable ou de galets, ils sont tous, au bout d'un certain temps plus ou moins long après la construction des ouvrages destinés à les abriter, de nouveau et incessamment envahis par les alluvions voyageuses; en sorte que, si l'on ne combat pas par des moyens quelconques cet envahissement, la situation va sans cesse en empirant jusqu'à ce que le port finisse par être plus ou moins entièrement comblé. Il est à peine besoin, d'ailleurs, de faire remarquer que la rapidité d'encombrement est d'autant plus grande que l'ouvrage d'abri a une moindre longueur et se trouve dans de moindres profondeurs d'eau, et que l'espace qu'il couvre est mieux abrité. C'est ainsi qu'un grand nombre d'anciens ports ont été complétement perdus par l'envahissement des alluvions; c'est pour conjurer ce danger que, dans d'autres ports très-nombreux, on a été amené, soit à prolonger à diverses reprises les ouvrages quand les dispositions d'ensemble rendaient ce moyen possible, soit, depuis l'invention, et, surtout, depuis les très-grands perfectionnements de la drague à vapeur, à faire pour la conservation des profondeurs des dragages annuels plus ou moins considérables. Le premier moyen, employé seul, n'est jamais suffisant, ou, du moins, il n'a jamais qu'une efficacité d'une durée limitée. C'est en vain, en effet, que dans beaucoup de ports on a essayé et que l'on essaye quelquefois encore de lutter contre les alluvions simplement en poussant les ouvrages plus au large; la plage, derrière l'ouvrage prolongé, recommence alors à s'avancer parallèlement, et les alluvions finissent toujours tôt ou tard par déborder la nouvelle extrémité. Il ne saurait en être autrement. Pour le reconnaître, il suffit de se rendre exactement compte, comme nous allons le faire, des effets successifs que produit sur les alluvions voyageuses un ouvrage quelconque formant saillie sur la ligne du rivage.

Il importe tout d'abord de bien connaître le régime des alluvions voyageuses, en d'autres termes, de savoir de quelle manière et sous l'influence de quelles causes se forment les plages et voyagent les alluvions le long des côtes. Voici comment les choses se passent. Dans la partie voisine du rivage les lames agissent sur le fond et mettent les matières qui le tapissent en mouvement, cette zone d'action des lames s'étendant jusqu'à des profondeurs plus ou moins grandes suivant les circonstances locales; les matières ainsi soulevées du fond sont poussées vers le rivage par suite du mouvement de transport qu'acquièrent les lames en approchant des faibles profondeurs de la côte; et, comme conséquence de cette double action, les matières les plus lourdes se cantonnent dans les parties supérieures de la plage, les plus légères redescendent avec les lames de retour et se déposent dans les parties plus profondes; enfin, les vases proprement dites, tant que la mer reste agitée, restent elles-mêmes en suspension. Simultanément, d'autres effets se produisent : d'une part, sur la largeur d'une première zone, celle du déferlement des lames, toutes les matières quelles qu'elles soient, sable, gravier et galets, sans cesse alternativement soulevées et poussées en avant par les lames obliques, puis redescendant sur le talus de la plage suivant la ligne de plus grande pente, cheminent en zigzag le long du rivage, tantôt dans un sens, tantôt dans l'autre, suivant la direction des lames, la résultante de ces mouvements alternatifs se traduisant, en définitive, par la marche générale des alluvions dans le sens de la direction des vents dominants ou de tempêtes; d'autre part, dans une seconde zone où les lames ne déferlent plus, mais où elles exercent pourtant encore assez d'action sur les matières du fond, plus légères que dans la zone précédente, pour les soulever et les mettre en prise au courant littoral, ce courant, qui, le plus généralement, n'est pas assez fort pour agir dans les temps calmes sur le fond, entraîne les matières momentanément en suspension et les fait avancer par des espèces de bonds successifs dans le sens de sa direction qui est aussi le plus souvent celle des vents régnants; enfin, les matières légères qui restent en suspension dans les eaux agitées de la mer sont entraînées au loin directement par les courants. Ces effets de cheminement des alluvions sur les plages s'accentuent dans les tempêtes non-seulement parce que l'action des lames est alors plus puissante sur les fonds du rivage, mais encore parce que les fortes tempêtes du large, en poussant les eaux de la mer vers les côtes, y développent des courants littoraux accidentels plus ou moins énergiques dont l'action, en s'ajoutant à celle des courants ordinaires, est souvent suffisante pour balayer directement les fonds, et, en tous cas, vient fournir un surcroît de puissance pour le transport des matières en suspension. Les effets que nous venons de décrire se produisent invariablement sur toutes les plages à matériaux meubles. Aussi, sur un point donné d'une pareille plage, celle-ci se dénude-t-elle rapidement dès que, par une cause quelconque, naturelle ou de main d'homme, les parties voisines ne sont plus en état de lui restituer au fur à mesure les matières qui lui sont incessamment enlevées par la double action des lames obliques au rivage et du courant littoral dominant. C'est sous cette double action, combinée avec la quantité et avec la nature des apports de la côte d'amont et avec les circonstances locales, que les plages arrivent à un certain état d'équilibre, les unes étant plus ou moins plates, les autres plus ou moins accores, en sorte que les grandes profondeurs d'eau s'y trouvent à des distances plus ou moins grandes du rivage.

Voyons maintenant quelle influence exerce sur le régime de ces plages à alluvions voyageuses un ouvrage quelconque placé en travers de la marche desdites alluvions et que nous supposerons prolongé jusqu'aux fonds qui ne sont plus remués par les lames. Les alluvions transportées par les lames s'accumulent d'abord inévitablement dans l'angle que forme avec la côte l'ouvrage par lequel elles sont arrêtées, et elles font avancer progressivement la crête de la plage de sable ou de galets; l'avancement, qui est maximum le long de l'obstacle, se raccorde par une courbe plus ou moins allongée avec la ligne générale du rivage en amont; quant aux alluvions transportées par le courant littoral, comme ce courant, dans la zone correspondante à la saillie de l'ouvrage, perd peu à peu de sa vitesse en approchant dudit ouvrage pour se retourner ensuite le long de sa face extérieure et gagner le large, il devient de moins en moins apte à faire cheminer les matières arrivant d'amont, et il les laisse se déposer sous forme d'un exhaussement général des fonds dans la zone en question. C'est sous cette double action que la plage s'exhausse et s'avance. Immédiatement derrière l'ouvrage elle forme un cap plus ou moins prononcé par rapport à la ligne du rivage, et par conséquent elle se tient, au fur et à mesure qu'elle avance, à un talus de plus en plus raide; en sorte que l'avancement des courbes des diverses profondeurs est successivement en retard dans l'ordre desdites profondeurs; et c'est là ce qui explique, en même temps que l'allongement progressif de la courbe de raccordement, ou, ce qui revient au même, de la portion de plage affectée par l'ouvrage saillant, comment ledit ouvrage peut avoir une complète efficacité d'une certaine durée. Mais il arrive nécessairement un moment ou la crête de la plage, en continuant d'avancer, finit par se raccorder avec les fonds primitifs à l'extrémité de l'ouvrage par le talus ayant la raideur maximum correspondant non-seulement à la violence habituelle des lames et à la force des courants, mais aussi, comme nous le montrerons tout à l'heure, à la forme de l'ouvrage et à sa direction. A partir de ce moment, les nouvelles alluvions qui arrivent débordent nécessairement l'extrémité de l'ouvrage saillant. Bien avant même ce moment limite, des quantités plus ou moins considérables d'alluvions accumulées pendant les temps calmes derrière l'ouvrage ont déjà été périodiquement entraînées au delà de son extrémité, pendant chaque tempête, par les forts courants accidentels dont nous avons parlé, lesquels, épousant le contour de la nouvelle plage, entraînent avec eux des eaux qui se trouvent alors exceptionnellement chargées de matières, à la fois par suite de la grande agitation générale de la mer, et par suite du ressac qui se produit le long de la face extérieure de l'ouvrage.

Qu'advient-il de ces alluvions voyageuses qui finissent tôt ou tard par déborder, et qui continuent ensuite à déborder d'une manière plus ou moins régulière l'extrémité de l'ouvrage? C'est le dernier point qui nous reste maintenant à examiner. Nous considérerons d'abord le cas d'un ouvrage dirigé en ligne droite normalement ou à peu près au rivage, c'est-à-dire normalement à la marche des alluvions et au courant littoral, et à l'extrémité duquel ce courant littoral, ainsi que cela a lieu le plus généralement sur les plages de sable, n'a pas une vitesse suffisante pour agir directement sur les fonds dans les temps calmes. En pareil cas, les fonds s'exhaussent peu à peu et par conséquent la profondeur d'eau diminue au large de l'extrémité et sous l'abri de l'ouvrage, et cet effet se propageant de proche en proche, la situation va sans cesse en empirant ; en outre, pendant les tempêtes, d'une part, le courant contournant accidentel fortement chargé d'alluvions qui longe la face extérieure de l'ouvrage, venant rencontrer normalement le courant direct du large, subit en le traversant un ralentissement de vitesse qui fait précipiter une partie des alluvions, et provoque ainsi la formation, au large de l'ouvrage et dans sa direction prolongée, d'un grand banc de sable allant progressivement en s'étendant dans le sens du courant littoral, c'est-à-dire en travers de l'entrée de l'espace de mer abrité ; d'autre part, le courant direct du large, auquel le courant contournant a cédé toute la portion des alluvions restées en suspension, après avoir dépassé l'extrémité de l'ouvrage, forme dans l'espace abrité un grand remous qui produit à son tour sur ce point un autre banc de sable ; simultanément, enfin, par suite de l'exhaussement général des fonds à l'extrémité et au large de l'ouvrage saillant, la plage tout entière, trouvant désormais un point d'appui inférieur, reprend sa marche continue d'exhaussement et d'avancement. Bref, on voit que la presque-totalité des alluvions voyageuses reste sur place, produisant, indépendamment de l'avancement progressif de la plage derrière l'ouvrage, une barre en avant de l'entrée de l'espace abrité et des bancs de sable en dedans de cette entrée. Les conditions sont donc aussi défavorables que possible, et la situation ne peut que s'aggraver plus ou moins rapidement si l'on n'y remédie pas à temps par des moyens quelconques. Les effets que nous venons de décrire se sont produits à Port-Saïd : moins de quatre ans après l'ouverture du canal, ils étaient déjà devenus si menaçants qu'il a fallu, pour parer au mal le plus rapidement et le plus sûrement possible, prolonger la jetée sur la longueur de 500 mètres nécessaire pour franchir la barre qui s'était formée en avant de l'entrée et aller regagner ainsi la profondeur d'eau primitive ; simultanément, d'ailleurs, on a entrepris d'importants dragages que l'on a continués depuis régulièrement et grâce auxquels la situation se maintient maintenant dans un état satisfaisant. Restons encore dans les conditions d'un faible courant littoral, mais supposons que l'ouvrage saillant s'infléchisse peu à peu de manière à devenir vers son extrémité parallèle audit courant. Dans de telles conditions, les alluvions, qui, dans les temps calmes, par suite de la faiblesse du courant littoral, ont une tendance à se déposer et à exhausser ainsi les fonds et faire avancer la plage le long de la face extérieure de l'ouvrage jusque vers son extrémité, étant mises en suspension à chaque tempête par le ressac plus ou moins violent qui a lieu sur toute la partie de l'ouvrage qui fait face à la mer du large, sont entraînées alors par le courant contournant accidentel, en sorte que l'on a finalement beaucoup moins à redouter, au delà d'une certaine limite, l'exhaussement et l'avancement de la plage ; et comme d'ailleurs le courant contournant vient se mêler au courant direct du large, sans que ni l'un ni l'autre perde de sa vitesse, une proportion plus ou moins considérable de la masse totale des alluvions voyageuses se trouve nécessairement entraînée au loin sous le vent de l'ouvrage, l'autre portion allant encore, il est vrai, sous l'influence d'une double cause, ainsi que nous l'expliquerons tout à l'heure, se déposer dans l'espace abrité. Tout concourt donc à rendre la situation beaucoup meilleure que dans le cas précédent. A la vérité, on ne peut pas espérer de conserver à l'entrée tout à fait la profondeur primitive ; mais si l'on a eu le soin de tenir compte de la réduction probable de profondeur en poussant dès le début les ouvrages jusqu'à des profondeurs plus grandes que celles rigoureusement nécessaires, et si l'on a ensuite le soin de draguer régulièrement les apports incessants qui ont lieu dans l'espace abrité, on peut arriver, en définitive, à créer et à maintenir un nouvel état d'équilibre de la plage réalisant à l'entrée les conditions de profondeur que l'on avait en vue. La quantité de dragages annuels à faire pour obtenir ce résultat peut sans doute représenter une proportion plus ou moins notable de la masse totale des alluvions voyageuses ; mais l'expérience déjà acquise sur des plages placées dans des conditions fort diverses prouve qu'en somme on n'a généralement pas affaire à des cubes devant lesquels il faille absolument reculer ; et, en outre, il importe de remarquer que, dans le cas considéré, les dragages ne doivent plus être faits que dans des espaces abrités, c'est-à-dire dans les meilleures conditions possibles d'économie et de célérité. Nous ferons remarquer, enfin, qu'indépendamment des résultats ci-dessus décrits, la forme infléchie convexe de l'ouvrage saillant présente encore cet autre avantage très-réel de laisser la plage en arrière plus ou moins en butte à l'attaque de toutes les tempêtes du large, en sorte que, par les vents de la région opposée à celle des vents régnants, les alluvions accumulées retournent en arrière et peuvent être alors entraînées en partie par les courants ordinaires ou accidentels dans les grands fonds. La situation au point de vue de la conservation des profondeurs d'eau sera bien plus satisfaisante encore, aussi bonne que possible, peut-on dire, si l'on se trouve sur un point tellement privilégié que l'extrémité infléchie de l'ouvrage saillant doive aboutir dans des fonds parcourus par un fort courant de masse y maintenant de temps immémorial de grandes profondeurs, et assez puissant pour que la construction des ouvrages ne puisse l'influencer ni dans sa direction ni dans sa vitesse. En pareil cas, en effet, on n'aura plus à redouter aucun exhaussement de la plage, même momentané, à l'extrémité de l'ouvrage, puisque toutes les alluvions qui arriveront en prise au courant seront au fur et à mesure immédiatement entraînées ; et, surtout, dans les gros temps, les alluvions enlevées en quantités plus ou moins considérables par le courant accidentel, aidé de l'agitation générale de la mer et du ressac, à la plage artificielle accumulée derrière l'ouvrage pendant les temps calmes, venant tomber dans le fort courant de masse, seront entraînées plus sûrement encore que dans le cas précédent, et en plus grande proportion, à de grandes distances. Néanmoins, même dans les conditions favorables que nous supposons, tout danger ne sera pas conjuré : d'une part, en effet, le grand courant de masse chargé des alluvions qui lui sont apportées et qu'il entraîne, après avoir dépassé l'extrémité de l'ouvrage, et quelles que soient d'ailleurs l'orientation et la largeur de l'entrée du port, se détournera en partie sous forme de courant de remous dans l'avant-port où il formera inévitablement un banc en dedans de ladite entrée ; en outre, pendant les tempêtes, les fortes lames du large en pénétrant dans la passe, plus ou moins douées alors, par suite de la réaction du fond, d'un certain mouvement de translation, par leur propagation à travers le courant littoral fortement chargé d'alluvions, contribueront pour leur part à faire entrer une partie desdites alluvions dans l'avant-port ; mais, quoi qu'il en soit, la situation sera excellente puisque l'on n'aura jamais à redouter que la profondeur à l'entrée soit dans aucune circonstance compromise, et que les dragages à faire annuellement dans l'avant-port pour y entretenir constamment les profondeurs primitives ne représenteront plus qu'une fraction plus ou moins restreinte de la totalité des alluvions voyageuses.

On trouve la confirmation de toutes les vues développées ci-dessus au sujet des effets des môles infléchis suivant le sens du courant littoral dans l'étude du régime des alluvions du port de Cette aux diverses périodes de son histoire. Au siècle dernier ce port ne comprenait que les deux môles enracinés à la terre, celui de l'est étant moins long de 200 mètres qu'aujourd'hui, et la passe, plus large alors de 70 mètres, étant complétement ouverte aux vents du sud-est qui sont les vents de tempêtes. Les alluvions, qui cheminent de l'est à l'ouest, débordaient l'extrémité du môle de l'est ; mais, dès qu'elles l'avaient dépassée, elles étaient poussées par les lames jusqu'au fond de l'avant-port, où elles allaient s'accumuler le long de la jetée extérieure faisant face à la passe sous forme d'un haut-fond avec plage en pente douce en avant. Les dépôts se cantonnaient donc ainsi dans la région est de l'avant-port ; toute la surface abritée par le môle de l'ouest en était exempte ; les profondeurs dans la passe allaient en croissant de l'extrémité du môle de l'est jusque tout près du musoir du môle de l'ouest où se maintenait une profondeur de 8 à 9 mètres. Mais, pour conserver cette bonne situation, il fallait chaque année enlever le dépôt formé par les tempêtes d'hiver, ce qui exigeait un cube moyen annuel de dragages d'environ 45,000 mètres. Tout le temps que l'on fit régulièrement ces dragages, c'est-à-dire depuis le commencement du XVIIIe siècle jusqu'à la Révolution, la situation se maintint excellente. Pendant la Révolution, les dragages ayant été interrompus, non-seulement les profondeurs se perdirent peu à peu dans toute la partie du port abritée par le môle de l'ouest, mais encore la plage du haut-fond intérieur dont nous avons parlé, s'avançant de plus en plus, finit par envahir la passe et y réduire les profondeurs d'environ 1 mètre. Sous l'Empire, on reprit les dragages ; mais il eût fallu faire un cube annuel plus considérable que par le passé pour remédier au mal accumulé ; on ne fit qu'un cube moitié moindre ; aussi la situation continua-t-elle à empirer, à ce point qu'en 1814 la profondeur maximum dans la passse n'était plus que de $6^m,40$. Il est de toute évidence que si l'on avait tout à fait cessé de draguer, le port eût fini par être complétement comblé. Quelques années plus tard, pour soustraire le port, à la fois à la grande agitation qu'y occasionnait l'entrée directe des fortes lames du large, et aussi, du moins l'espérait-on, aux ensablements, on prolongea la digue de l'est de 200 mètres, et l'on construisit le brise-lame isolé. Ce brise-lame a, en effet, donné l'abri qu'on en attendait ; mais, en même temps, comme on aurait dû le prévoir, il a augmenté les ensablements, les courants chargés d'alluvions qui pénètrent par la passe de l'est ne pouvant plus, sous l'abri du brise-lame, conserver, comme ils le faisaient précédemment, les matières en suspension pour les entraîner en proportion plus ou moins grande au loin sous le vent du port. Non-seulement il faut aujourd'hui faire un cube annuel de 80,000 mètres, presque double de l'ancien cube, pour entretenir dans les passes une profondeur de $6^m,50$ à 7 mètres, mais encore, à l'encontre de ce qui avait lieu jadis, les hauts-fonds se produisent aujourd'hui, à l'abri du nouveau brise-lame, sur la route même des navires, ce qui rend le travail des dragues beaucoup plus difficile et extrêmement gênant pour la navigation. Ces dragues creusent dans chacune des deux passes jusqu'à 7^m et $7^m,50$, et l'on n'a guère à la fin de l'hiver que des profondeurs de 6m,20 à 6m,30 ; il suffit quelquefois d'une seule tempête pour produire des hauts-fonds de 1 mètre. La disposition actuelle du port de Cette n'est donc pas à imiter sur des plages à alluvions voyageuses.

Les dernières considérations que nous avons présentées relativement aux effets des ouvrages saillants sur les alluvions voyageuses s'appliquent surtout aux ports établis sur des plages de sable. Pour les ports établis sur des plages de galets il serait difficile de compter sur l'action des courants pour empêcher le relèvement des fonds à l'extrémité des ouvrages. Aussi est-ce sur d'autres considérations que l'on s'est quelquefois appuyé pour prétendre qu'il suffit, sur de pareilles plages, de pousser un ouvrage jusque dans les grandes profondeurs pour mettre l'espace couvert à l'abri de tout envahissement ultérieur des galets. La raison invoquée, c'est que les galets, par suite du mode même de formation des plages et de transport des matériaux le long des côtes, se tenant toujours dans la partie supérieure de la plage, ne s'étendant, ne se rencontrant jamais dans les grandes profondeurs, on n'a pas à craindre, même dans les plus fortes tempêtes, que les galets de la plage viennent déborder l'extrémité de l'ouvrage. Ceci peut sans doute rester vrai pendant très-longtemps si l'ouvrage présente une forte saillie sur le rivage et atteint de grandes profondeurs, et si, en même temps, l'arrivage annuel des galets est peu considérable. C'est ce qui a lieu, par exemple, pour le brise-lame de Douvres, établi à peu près normalement au rivage, et dont l'extrémité, légèrement recourbée, se trouve dans les fonds de 14 mètres; bien que les travaux en aient été commencés il y a déjà une trentaine d'années et achevés il y a environ dix ans, la plage de galets à l'ouest, sous le vent de laquelle se trouve l'ouvrage, est encore aujourd'hui extrêmement maigre, si maigre que l'on est obligé de défendre vigoureusement la côte contre les attaques de la mer ; et rien n'indique que cette situation doive un jour ou l'autre se modifier. On peut donc dire que le brise-lame de Douvres répond admirablement à son but, puisque l'on ne saurait prévoir aucune époque à laquelle les galets arriveraient à déborder son extrémité. Mais des conditions si favorables sont dues à des circonstances locales tout à fait exceptionnelles : d'une part, pendant la construction, on a pris sur la plage alors existante des masses considérables de galets pour la construction des blocs artificiels dont est composée la majeure partie du brise-lame ; d'autre part, sur la distance de moins de cinq milles à l'ouest qui sépare Douvres de Folkestone, pour la conservation du chemin de fer littoral reliant les deux ports, la falaise a été protégée sur beaucoup de points contre les attaques de la mer, en sorte qu'elle ne fournit plus depuis longtemps que de rares matériaux par les éboulements ; enfin, et surtout, on a fait au port de Folkestone même des ouvrages qui arrêtent toute marche vers l'est des galets venant de l'ouest. (Il ne sera pas sans intérêt d'ajouter au sujet du brise-lame de Douvres que la surface d'eau qu'il couvre contre les tempêtes de l'ouest n'est pourtant pas complétement à l'abri de tout exhaussement des fonds; qu'en effet, une partie du courant de flot qui rase l'extrémité du brise-lame et la pointe avancée que forme la côte à l'est se détache du courant principal pour contourner la baie sous la forme d'un grand courant de remous qui creuse les petits fonds de la côte et va déposer les matières qu'il entraîne dans les grands fonds.) Mais lorsque les circonstances exceptionnelles qui se rencontrent à Douvres n'existent pas, c'est-à-dire lorsque l'arrivage annuel des galets est plus ou moins considérable, alors l'avancement progressif de la plage derrière l'obstacle qui arrête les alluvions, tel que nous l'avons décrit précédemment, est inévitable ; et par conséquent, quelle que soit en pareil cas la longueur de l'ouvrage, il doit nécessairement arriver un moment, si l'on n'avise à temps, où les fonds se relèveront à son extrémité. L'exemple de la grande jetée du port de Folkestone, si voisine du brise-lame de Douvres, confirme pleinement cette manière de voir. Cette jetée, construite il y a une quinzaine d'années pour faciliter le service des paquebots entre Folkestone et Boulogne, forme une assez grande saillie sur la ligne de la plage de galets, et son extrémité se trouve dans des profondeurs de 4 à 5 mètres à mer basse. Malgré ces conditions favorables de longueur et de profondeur d'eau, on a reconnu l'impérieuse nécessité d'empêcher les galets de venir s'accumuler immédiatement derrière la jetée ; et, pour cela, indépendamment d'une série de longs épis sur la plage de l'ouest, on a construit à l'enracinement même de la jetée, dans une direction divisant à peu près en deux parties égales l'angle qu'elle forme avec la ligne du rivage, un fort éperon destiné à arrêter les galets. Cet éperon a d'ailleurs si bien rempli son but, qu'il a fini par être débordé et que l'on a dû le prolonger ; et il faudra certainement plus tard le prolonger encore, probablement en arriver à prolonger la jetée elle-même. Nous ajouterons que des effets identiques à ceux que nous venons de décrire pour Folkestone s'observent invariablement, sur une échelle plus ou moins grande, dans tous les ports situés sur des plages à galets où, par des moyens quelconques, on ne parvient pas à empêcher les galets voyageurs de venir s'accumuler derrière l'ouvrage saillant qui abrite le port.

Ces galets, comme nous l'avons dit, finissent toujours par déborder l'ouvrage et par envahir l'espace abrité où il faut en conséquence, lorsqu'on ne veut pas prolonger l'ouvrage, lutter par de continuels dragages pour le maintien des profondeurs; l'envahissement commence d'ailleurs évidemment d'autant plus vite à se produire que l'ouvrage saillant a une moindre longueur. C'est surtout en pareil cas que l'on doit chercher à combattre la tendance à l'exhaussement général et à l'avancement de la plage ; et, dans ce but, il convient d'infléchir, comme nous avons vu qu'on doit le faire dans tous les cas sur les plages de sable, l'ouvrage saillant en forme de courbe convexe. Non-seulement cette forme convexe est la plus propre à empêcher, tout à la fois la formation de pouliers au large de la passe, où ils sont toujours plus difficiles et plus coûteux à draguer, et les trop grandes accumulations de galets derrière l'ouvrage qui sont pour la passe une menace permanente d'encombrement subit par les fortes tempêtes des vents régnants ; mais encore, en laissant la plage au vent soumise à l'action de toutes les mers du large elle permet aux galets qui la constituent de prendre, suivant la direction variable des lames, des mouvements alternatifs qui les usent et finissent par les réduire en proportion plus ou moins considérable à l'état de gravier et même de sable pouvant être entraîné au loin par les forts courants.

En résumé, on voit par tout ce que nous venons de dire au sujet de la tendance à l'encombrement par les alluvions voyageuses de tous les ports situés sur des plages de sable ou de galets, que c'est là une question sur laquelle doit se porter très-sérieusement l'attention dans toute étude de création ou d'amélioration de semblables ports.

D'une part, il faut avant tout, pour pouvoir arrêter en conséquence le tracé des ouvrages et établir quelques prévisions sur leurs résultats, être bien fixé sur la direction finale de la marche des alluvions, qui, on le sait, voyagent le long d'une portion quelconque de littoral, quel que soit d'ailleurs le gisement de la côte, tantôt dans un sens, tantôt dans l'autre, suivant la direction variable des forts vents du large. Or la marche des alluvions a lieu, comme nous l'avons vu, sous la double action des lames et des forts courants accidentels développés par les tempêtes. Aucun doute n'est donc possible au sujet de sa direction finale lorsque la direction des vents dominants ou de tempêtes est oblique au rivage, et que les courants accidentels développés par ces vents agissent, comme c'est le cas le plus fréquent, dans le même sens. Mais il peut y avoir incertitude dans les cas où, comme cela a généralement lieu dans les golfes profonds, par suite des divers gisements d'une même côte en butte à des vents dominants d'une direction déterminée, les courants accidentels produits par ces vents parcourent certaines parties de ladite côte en sens contraire de la direction du vent, attendu que l'action des lames sur la marche des alluvions peut se trouver alors, suivant que ces lames frappent plus ou moins obliquement le rivage, supérieure ou inférieure à l'action contraire des courants. Dans le golfe de Lion, par exemple, les vents de tempête sont les vents du S.-E. à l'E.-S.-E. Ces vents poussent les eaux de la mer dans le fond du golfe ; et comme les eaux accumulées ne peuvent trouver d'issue par l'est, où elles sont arrêtées par la saillie du delta du Rhône, elles s'écoulent nécessairement toujours par l'ouest, en sorte que, dans les tempêtes du large, il règne tout le long de la côte française du golfe un fort courant littoral accidentel constamment dirigé de gauche à droite en regardant la mer. Les lames viennent frapper en même temps la même étendue de côte, et il est facile de voir au simple examen de la carte qu'elles agissent dans le même sens que le courant littoral sur toute la partie Est de la côte du Languedoc, en sens contraire sur la côte de Roussillon, où, par suite de leur obliquité, leur action est prépondérante. Entre ces deux parties de côte le long desquelles les alluvions marchent à la rencontre les unes des autres, il existe naturellement une certaine étendue de littoral, à peu près normale à la direction des vents dominants, où la direction finale de la marche des alluvions dans un sens ou dans l'autre est plus difficile à apprécier. En pareil cas, à défaut de la présence d'un cours d'eau, qui donne toujours par le sens plus ou moins permanent de la déviation de son embouchure des indications fort nettes, ce n'est qu'en comparant les matériaux de la plage au point que l'on considère avec ceux des plages de chaque côté sur une étendue assez grande, notamment avec les matières respectivement fournies par les cours d'eau qui débouchent plus ou moins loin à droite et à gauche, que l'on peut se rendre compte du véritable sens de la marche des alluvions.

D'autre part, dans l'étude des projets, autant il faut éviter de se faire des illusions au sujet des alluvions, de croire, par exemple, que l'on pourra uniquement par telles ou telles dispositions des ouvrages mêmes les empêcher, sinon en totalité, du moins en très-forte proportion, d'envahir les espaces abrités ; autant, en même temps, on ne doit pas perdre de vue que la lutte est toujours possible, la question se ramenant, en dernière analyse, après la forte dépense de premier établissement, à une simple prévision de nouvelle dépense plus ou moins grande, soit annuelle pour des dragages réguliers, soit simplement périodique à des intervalles plus ou moins reculés pour des prolongements successifs des ouvrages, à mettre en parallèle avec le degré de satisfaction donné aux intérêts commerciaux et maritimes.

Les diverses considérations que nous avons présentées et les quelques exemples que nous avons cités permettent d'ailleurs, conformément aux indications sommaires précédentes, de formuler les conclusions suivantes :

Pour les ports établis sur les plages de sable, il convient tout spécialement, en ce qui concerne le tracé et la forme des ouvrages : d'une part, que l'ouvrage au vent de la marche des alluvions, partant de terre plus ou moins normalement, s'infléchisse peu à peu de manière que sa partie extrême devienne autant que possible parallèle à la côte, cette partie extrême étant d'ailleurs poussée au besoin jusque dans des fonds qui assurent une profondeur primitive un peu plus grande que celle que l'on veut finalement obtenir, et le profil extérieur de l'ouvrage présentant un parement plus ou moins vertical ou un faible talus afin de favoriser le ressac ; d'autre part, que l'entrée ait à la fois une largeur et une orientation telles qu'elle satisfasse le mieux possible à la double condition contraire d'abriter l'avant-port contre les fortes mers du large, et de permettre pourtant aux lames d'empêcher les dépôts d'alluvions de se former dans les passes mêmes. Quant à ce qui concerne le maintien des profondeurs, il n'y a pas grand intérêt à chercher à arrêter les alluvions, toutes dépenses faites dans ce sens ne pouvant avoir qu'une efficacité de peu de durée ; mais il est de nécessité impérieuse de draguer annuellement la totalité des dépôts qui se forment dans l'avant-port.

Pour les ports établis sur des plages à galets, on ne peut plus compter sur l'action des courants pour entraîner au loin une proportion plus ou moins considérable des alluvions qui arrivent, en sorte que, si l'on laisse celles-ci s'accumuler librement derrière l'ouvrage, la plage de galets finit nécessairement par gagner son extrémité et par envahir l'espace abrité. Il faut donc, ou bien arrêter en amont la marche des galets, et l'on a pour cela les épis, conjointement avec le revêtement du pied de la falaise, sans parler de l'enlèvement éventuel des galets pour lest ou comme matériaux de construction ; sinon, quand on n'a pas besoin de grandes profondeurs, lutter par des dragages réguliers pour le maintien de ces profondeurs dans l'espace abrité ; et, dans l'un et l'autre cas, on n'a à se laisser guider dans la question du tracé de l'ouvrage au vent que par les considérations générales que nous avons précédemment développées, cet ouvrage devant dès lors toujours avoir une forme infléchie convexe ; ou bien, il faut se résigner d'avance à des prolongements ultérieurs de l'ouvrage au vent au fur et à mesure des pertes de profondeur à son extrémité ; et, dans ce cas, il convient évidemment de combiner les dispositions d'ensemble de manière que ledit ouvrage consiste autant que possible en une jetée rectiligne plus ou moins normale à la côte, et que ses prolongements ultérieurs ne puissent pas compromettre les bonnes conditions primitives de l'entrée de l'avant-port.

Et, à propos des études de projets d'amélioration de ports au moyen de brise-lames, nous ajouterons une dernière observation : c'est que, lorsqu'il s'agit simplement d'un agrandissement, et que le port à améliorer se trouve être au point de vue de l'entrée dans de bonnes conditions constatées par une longue pratique, on doit s'efforcer, comme cela, par exemple, a été fait tout récemment pour le port de Gênes, de combiner les nouveaux ouvrages de manière à reproduire aussi exactement que possible, seulement plus au large, les dispositions déjà existantes.

La seconde classe de ports comprend tous ceux situés à l'embouchure de criques plus ou moins profondes, de bras de mer étroits, de canaux de desséchement de terrains marécageux ou de canaux d'écoulement de lagunes, de rivières, enfin, débouchant directement à la mer à travers des plages de sable ou de galets. Ces ports sont très-nombreux dans l'Océan. On en trouve également un assez grand nombre dans la Méditerranée.

Nous avons expliqué, à l'historique des ouvrages des ports, comment l'on a été amené à améliorer de pareils ports au moyen de jetées, c'est-à-dire d'ouvrages encaissant le chenal d'accès du port de manière à assurer sa fixité à travers la plage, avec la largeur juste indispensable et la direction reconnue la meilleure pour la navigation. Mais les jetées n'ont pas seulement pour objet, en guidant les courants naturels ou les chasses artificielles, d'assurer par là, dans la mesure du possible, le maintien de la profondeur à l'entrée du chenal ; il suffirait, pour remplir cet unique but, de simples jetées basses ou submersibles; elles ont encore pour autre objet d'abriter le chenal et par cela même l'avant-port, et de fournir aux navires des moyens de halage pour faciliter leurs mouvements d'entrée et de sortie, ce que ne peuvent faire les jetées basses; ces jetées basses, d'ailleurs, indépendamment de leur utilité restreinte, ont le très-grave inconvénient de former écueil à l'entrée même du port. Aussi fait-on le plus généralement les jetées insubmersibles. Ces jetées sont terminées, comme les extrémités des môles et brise-lames dont nous avons parlé précédemment, et dans le même but, par des musoirs.

L'étude des jetées, en dehors de la question de la forme en profil et du mode de construction que nous examinerons un peu plus tard, peut être envisagée sous les divers aspects de leur direction ou orientation, de leur longueur, de leur forme en plan et de leur espacement ou de la largeur du chenal. Les dispositions à adopter sous ces différents rapports dépendent d'ailleurs des conditions spéciales dans lesquelles se trouve le port à améliorer.

Ainsi que nous l'avons dit déjà, les anciens ports compris dans la classe que nous étudions ne comportaient originairement aucun ouvrage d'art; la profondeur du chenal d'accès s'y maintenait plus ou moins bien par l'effet de chasses naturelles résultant du mouvement alternatif des marées, aidé, dans certains cas, de l'écoulement des eaux de l'intérieur du pays; et ce n'est que plus tard que pour un grand nombre de ces ports, de ceux du moins situés sur les côtes de l'Océan, malgré une première amélioration résultant de la fixité du chenal obtenue au moyen de jetées, la profondeur, en raison surtout du tonnage croissant des navires, étant devenue insuffisante, on eut l'idée de chercher à obtenir une certaine augmentation de cette profondeur en créant des chasses artificielles. C'est cette catégorie de ports, dans lesquels les espaces plus ou moins vastes situés en arrière de la partie réservée pour avant-port ou port d'échouage, et où pénétraient jadis librement les marées, ont été clos pour servir de bassins de retenue pour les chasses artificielles, que nous étudierons en premier lieu au point de vue des dispositions des jetées.

Nous parlerons d'abord de l'orientation. En principe, les jetées devraient être orientées de telle sorte que les navires à voiles pussent toujours entrer et sortir, surtout entrer par les vents régnants. L'angle de $67^{\circ}\,{}^{1}/_{2}$ avec la direction des vents régnants qui correspond à « l'allure au plus près » paraîtrait donc être la limite extrême au-dessous de laquelle il ne faudrait pas descendre. D'un autre côté, il y a trois graves inconvénients à avoir les jetées dans la direction même du vent régnant : d'une part, les fortes lames du large enfilant directement le chenal se propagent plus facilement jusque dans l'avant-port où elles produisent le maximum d'agitation; d'autre part, les navires entrant vent arrière ou grand largue ont nécessairement une grande vitesse, et si le chenal n'a pas une longueur suffisante pour leur permettre de perdre leur aire, ils sont exposés à venir choquer plus ou moins violemment les ouvrages de l'avant-port ou les navires qui s'y trouvent au mouillage; en troisième lieu, enfin, les navires à voiles, qui veulent sortir, non-seulement doivent forcément être halés jusqu'au bout des jetées, mais encore il leur est alors presque impossible ou tout au moins très-difficile d'appareiller pour quitter le port. Ce serait, en définitive, une direction correspondante à un angle d'environ 100 à 110 degrés avec la direction des vents régnants, intermédiaire entre les deux limites extrêmes que nous venons d'indiquer, qui donnerait en principe la solution la plus satisfaisante. Toutefois, ce sont ordinairement des dispositions locales dont on a cherché à profiter qui ont surtout fixé dans les anciens ports la direction des jetées; et c'est ainsi que sur les côtes de France, entre Dunkerque et Bayonne, on trouve pour l'inclinaison des jetées sur la direction des vents régnants des angles variant de 10 à 110 degrés; qu'à Ostende le vent régnant enfile l'entrée du chenal. L'emploi qui tend de plus en plus à se généraliser de la navigation à vapeur, et l'usage de plus en plus répandu des remorqueurs à l'entrée des ports pour les bâtiments à voiles, a, du reste, dans la question de l'orientation des jetées, enlevé à la considération des facilités des mouvements des navires dans le chenal proprement dit, à l'entrée et à la sortie du port, beaucoup de son importance. Aussi est-ce sans avoir à se trop préoccuper à ce sujet, et en profitant d'ailleurs autant que possible, comme on l'a toujours fait, des dispositions locales, que l'on doit chercher dans chaque cas spécial à combiner la direction des jetées de manière surtout à gagner le plus directement possible les grandes profondeurs de la plage, tout en cherchant en même temps néanmoins à abriter le mieux possible l'avant-port.

Pour résoudre en parfaite connaissance de cause la question de la longueur à donner aux jetées, il est indispensable de se rendre tout d'abord un compte bien exact, tout à la fois des effets des chasses à l'entrée du chenal et de l'effet des jetées sur les alluvions voyageuses. Ainsi que nous l'expliquerons plus tard en détail, les chasses, que l'on donne seulement en vives eaux, enlèvent du chenal compris entre les jetées toutes les alluvions qui ont pu s'y déposer dans l'intervalle d'une vive eau à l'autre; elles continuent même à agir encore un peu au delà de la tête des jetées ; mais, bientôt, elles n'ont plus assez de vitesse pour maintenir en suspension les matières qu'elles ont entraînées, et elles les déposent alors sous forme de bourrelet ou de barre à une certaine distance en avant de l'entrée du chenal. En présence de ce grave inconvénient, l'idée toute naturelle est venue de chercher à repousser le bourrelet plus au large de manière à le faire se produire dans de plus grandes profondeurs ; et l'on a essayé d'obtenir ce résultat de deux manières, tantôt en augmentant la puissance des chasses, tantôt en prolongeant les jetées. Ce n'est pas ici le lieu de parler du premier moyen. Nous nous contenterons de mentionner en passant que, s'il a réussi, ce n'est pourtant jusqu'à présent que dans une mesure assez restreinte. Quant au second moyen, l'expérience a partout démontré que, passé une certaine limite de longueur, le prolongement des jetées ne produit plus qu'une amélioration essentiellement temporaire, la situation à la nouvelle extrémité redevenant plus ou moins promptement la même qu'à l'ancienne entrée ; ce qui fait que, dans tous nos ports à chasses artificielles, on a renoncé depuis longtemps à poursuivre l'amélioration de l'entrée par des prolongements successifs de jetées. C'est qu'en effet les jetées, comme nous l'avons dit en général de tous les ouvrages construits sur les plages en travers de la marche des alluvions, ont pour effet d'arrêter ces alluvions, et, par suite, d'exhausser et de faire avancer la plage. Il n'existe pas un seul exemple de jetée de port sur une plage d'alluvions voyageuses où ces effets ne se soient produits. Partout, notamment, où l'on a tenté de dépasser avec les jetées la limite de l'estran, la laisse de basse mer a progressivement reculé vers le large jusqu'à mettre de nouveau à sec l'extrémité desdites jetées. On doit évidemment conclure de là, qu'au seul point de vue de l'encaissement du chenal pour assurer la plus grande efficacité possible des chasses artificielles, la limite la plus extrême de la longueur des jetées est celle qui correspond à la largeur de l'estran. Et encore ne doit-on pas perdre de vue à ce sujet que, pour éviter la nécessité de prolongements ultérieurs, lesquels, indépendamment de la question de dépense, ont, parmi d'autres inconvénients, celui de réduire la puissance effective des chasses, il faut aviser aux moyens d'empêcher ou tout au moins de retarder le plus possible l'exhaussement de la plage derrière la jetée au vent qui a pour conséquence inévitable le recul de la laisse de basse mer jusqu'à une distance plus ou moins grande de sa position primitive ; mais c'est là une question dont nous devons réserver l'examen pour le moment où nous nous occuperons de l'étude générale des moyens d'entretenir la profondeur dans les ports. Ayant trouvé une limite maximum de la longueur à donner aux jetées, la question qui se pose naturellement est celle de savoir s'il convient d'aller toujours jusqu'à cette limite. A ne considérer que les conditions de l'entrée, la réponse ne saurait être douteuse lorsque l'on dispose de chasses assez puissantes pour pouvoir entretenir dans le chenal et à l'entrée une certaine profondeur d'eau en contre-bas des basses mers de vives eaux. Avec des chasses peu puissantes il vaut mieux le plus souvent se contenter de jetées plus courtes, afin de restreindre par là autant que possible les risques d'exhaussement et d'avancement de la plage. Toutes autres circonstances supposées les mêmes, les jetées sont d'ailleurs moins longues sur les plages à galets, qui sont à pente plus ou moins rapide, que sur les plages de sable, qui sont au contraire à pente généralement très-douce ; elles varient même beaucoup de longueur sur des plages de l'une ou de l'autre nature, suivant, par exemple, que ces plages se trouvent sur des côtes en saillie ou au fond de baies plus ou moins profondes, la pente de l'estran de sable ou de galets étant très-différente dans ces cas extrêmes. En résumé, la longueur des jetées doit, dans chaque cas spécial, être en rapport avec la puissance des chasses et avec l'inclinaison de la plage, mais sans jamais dépasser, tout au moins en ce qui concerne les jetées pleines, la largeur de l'estran. A un autre point de vue, les très-longues jetées, en augmentant outre mesure la longueur ensemble du chenal et de l'avant-port, ont, surtout pour les navires de fort tonnage, le très-grave inconvénient que nous avons déjà signalé en étudiant la question des dimensions des avant-ports, celui de ne pas permettre auxdits navires, à l'entrée, d'atteindre les bassins, à la sortie, de gagner le large, en une seule marée. Cet inconvénient est devenu tel dans certains ports, après des prolongements successifs des jetées, que l'on a dû y transformer en bassin à flot une partie de l'avant-port afin de réduire d'autant sa longueur. C'est ce que l'on a fait notamment, parmi les ports débouchant sur une plage de sable, à Dunkerque, où la longueur ensemble du chenal et de l'avant-port, qui était primitivement de 2,600 mètres, a été réduite ainsi de 500 mètres ; et, parmi les ports débouchant sur une plage à galets, à Dieppe, où la longueur primitive de 1,400 mètres a été réduite de 400 mètres. Il y a évidemment là une raison de plus de faire tous les efforts possibles pour combattre la tendance des alluvions à s'accumuler derrière la jetée au vent, c'est-à-dire pour s'efforcer d'éviter la nécessité de prolongements successifs des jetées.

Autrefois on faisait généralement les deux jetées de longueur inégale, la jetée au vent plus longue que la jetée sous le vent. Cette disposition était destinée à faciliter les mouvements d'entrée et de sortie des navires. A l'entrée, en effet, les navires à voiles arrivant par les vents régnants doivent raser le musoir de la jetée au vent et donner aussitôt un coup de barre pour pénétrer dans le chenal et se trouver ainsi à l'abri derrière la jetée; mais si, dans cette manœuvre, ce qu'il faut toujours prévoir, le navire attaque mal le port, ou que, par suite de circonstances quelconques, il n'obéisse pas bien au gouvernail, il peut par un vent violent être poussé et aller se briser sur l'autre jetée; il y a donc sous ce rapport un véritable intérêt à faire cette dernière jetée moins longue: on trouve encore à une pareille disposition cet autre avantage que le navire, après avoir dépassé le chenal, y est quelquefois naturellement ramené par le courant de remous qui, se détachant du musoir de la jetée au vent, va se développer dans l'angle formé par la saillie des jetées avec la côte sous le vent. A la sortie, les navires se font haler jusqu'à l'extrémité de la jetée au vent d'où ils peuvent appareiller sans courir le risque d'aller se heurter à l'autre jetée. Enfin, la plus grande longueur donnée à la jetée au vent offre encore l'avantage de retarder l'envahissement du chenal par les alluvions voyageuses; mais nous avons vu que ce n'est là qu'un effet temporaire. Quelquefois, dans des circonstances spéciales, c'est la jetée sous le vent que l'on a faite plus longue. Cette disposition a été adoptée, par exemple, au port de commerce de Cherbourg, qui, avant l'achèvement de la digue, servait souvent de refuge aux bâtiments à voiles venant y attendre les vents d'est pour sortir du port et de la Manche. Mais, à l'encontre des avantages ci-dessus décrits, l'inégalité de longueur des jetées présente ce double inconvénient, d'une part, que la portion en saillie de la jetée la plus longue forme écueil pour les navires entrant par de forts vents de la direction opposée à celle des vents régnants, et, d'autre part, que la jetée la plus courte, en permettant l'épanouissement des chasses avant leur arrivée sur la barre extérieure, leur fait perdre une grande partie de leur efficacité pour le redressement et pour le creusement du cheval d'accès du port. Bref, la tendance aujourd'hui est de faire les deux jetées d'égale longueur.

Quant à leur forme en plan, les jetées présentent ordinairement de grandes lignes à peu près droites ou légèrement courbes. Anciennement, on croyait, en adoptant pour les jetées un tracé polygonal à angles saillants et rentrants, pouvoir rompre ainsi l'agitation et mieux abriter par cela même l'intérieur du port contre l'action immédiate des lames du large de toutes directions. C'est notamment la disposition que présentait l'ancien chenal du port du Havre. Mais lorsque les lames sont ainsi brisées en se réfléchissant et en s'entre-croisant, il se produit dans le chenal un tel ressac que les navires n'y obéissent plus régulièrement au gouvernail. La forme sinueuse s'accorde mal d'ailleurs avec la grande longueur actuelle des navires. Quelquefois, toujours dans le but principal de soustraire autant que possible l'avant-port ou les écluses d'entrée des bassins à l'action trop directe des lames du large, et afin, en même temps, tout à la fois de mieux diriger les courants de chasse sur les alluvions qui tendent à obstruer le chenal en débordant le musoir de la jetée au vent, et de ne pas trop dévier le courant littoral, on a adopté des jetées courbes à convexité naturellement tournée du côté du vent régnant dans les ports du littoral, du côté du courant de jusant dans les ports en rivière. Cette disposition a été adoptée, par exemple, à Boulogne, où l'on s'en trouve satisfait, bien qu'il paraisse difficile d'apprécier, quant au but principal, dans quelle mesure l'agitation qui règne encore par les gros temps dans l'avant-port se trouve atténuée par la forme courbe des jetées. Par contre, la même disposition ayant été adoptée à Saint-Nazaire, il fallut bientôt la modifier, parce que la forme courbe des jetées, avec un chenal relativement assez étroit, causait une gêne extrême aux mouvements d'entrée des grands transatlantiques: d'une part, la jetée d'aval ou du large a été prolongée après coup d'une certaine longueur en ligne droite pour permettre aux navires amarrés au musoir de s'y appuyer; d'autre part, la partie extrême de la jetée d'amont a été reconstruite suivant une direction rectiligne normale à la tête des écluses d'entrée du bassin. On voit par là, en définitive, que, lorsqu'on veut adopter des jetées courbes, il y a toujours une relation indispensable à observer entre la courbure des jetées, la largeur du chenal et la dimension des navires, laquelle relation peut obliger à sacrifier plus ou moins les conditions d'abri. Une dernière observation à faire au sujet des jetées courbes, c'est que, dans le cas à prévoir de la nécessité d'un prolongement ultérieur, par suite de l'obliquité que présente leur partie extrême par rapport à la direction générale de la côte, même en supposant un prolongement en ligne droite, il faut une plus grande longueur de jetées pour gagner les profondeurs que l'on veut atteindre.

L'espacement des jetées ou la largeur du chenal dépend surtout des dimensions des navires qui fréquentent le port et de l'importance du mouvement maritime. Il est de toute évidence, en effet, que l'on doit s'attacher à donner au chenal une largeur d'autant plus grande que les dimensions des navires et la fréquentation du port sont elles-mêmes plus grandes. Toutefois, il est impossible d'établir à ce sujet des règles fixes, parce que, à raison de diverses autres circonstances, très-variables d'un port à l'autre, il y a souvent un très-sérieux intérêt à limiter dans une certaine mesure la largeur du chenal. C'est le cas, notamment, en vue du calme indispensable à avoir dans le port, lorsque celui-ci est situé sur une côte exposée aux grosses mers et que l'avant-port ou champ d'épanouissement des lames pénétrant par le chenal n'a qu'une faible superficie. Nous verrons plus tard que l'on peut pourtant suppléer parfois, au moins en partie, à l'insuffisance de la surface d'épanouissement des lames comparée à la largeur du chenal, par des ouvrages spéciaux établis autant que possible le long même du chenal, en arrière des jetées, et que l'on appelle des brise-lames. C'est le cas également, au point de vue de la profondeur d'eau à l'entrée du port, lorsqu'on ne dispose pas de chasses très-puissantes. Il faut donc, en définitive, dans les études concernant la largeur à donner à un chenal de port, se guider sur les exemples déjà existants, en ayant soin de se bien renseigner au préalable sur les avantages ou les inconvénients qu'ils présentent. Voici, à ce sujet, les largeurs des chenaux d'accès de nos principaux ports de commerce de la Manche et de l'Océan à chasses artificielles : le Tréport, 38 mètres; Fécamp, 45 mètres; Dieppe, 50 mètres; Dunkerque, 60 mètres; Saint-Nazaire, 64 mètres; Boulogne, les Sables-d'Olonne, 70 mètres; le Havre, 75 mètres, mais cette largeur doit être portée à 100 mètres; Calais, 100 mètres. C'est surtout depuis l'introduction de la marine à vapeur que l'on a reconnu l'inconvénient des chenaux trop étroits; les grands transatlantiques à roues, notamment, exigent beaucoup d'espace. L'ancien chenal du Havre était sinueux et fort étroit par suite de l'existence de deux vieilles tours, dites de Vidame et de François Ier, servant autrefois à la défense de l'entrée du port; par la suppression successive de ces deux ouvrages et la réalisation d'autres améliorations, le chenal a été rectifié, et sa largeur, qui n'était primitivement que de 33 mètres, a été portée finalement à la largeur actuelle de 75 mètres; mais nous ne devons pas manquer de mentionner à ce sujet qu'à chaque élargissement on a eu le soin de construire en même temps le long du chenal, alternativement d'un côté et de l'autre, un nouveau brise-lame. Dans quelques ports la largeur du chenal va en augmentant vers la mer. Cette disposition est assurément favorable à l'entrée et à la sortie des navires, mais elle a, par contre, le double inconvénient fort grave, d'une part, d'augmenter l'agitation dans le chenal près du rétrécissement, à moins que, comme à Dieppe et à Fécamp, par exemple, les jetées ne soient à claire-voie avec brise-lame en arrière; d'autre part, de faire épanouir les chasses aux dépens de leur efficacité. Sous ces deux derniers rapports la disposition inverse serait préférable, mais elle rendrait plus difficiles l'entrée et la sortie. Il convient, en définitive, à moins de circonstances locales toutes particulières, de faire autant que possible les deux jetées parallèles, tout au moins dans la partie du chenal vers la mer, cette disposition tenant une balance égale entre toutes les conditions auxquelles il importe également de satisfaire, et offrant en outre l'avantage d'être celle qui se prête le mieux aux prolongements ultérieurs. Nous mentionnerons enfin une excellente disposition adoptée au port de Fécamp pour la jetée au vent. Cette jetée, en bordure du chenal, est à claire-voie à partir du niveau des basses-mers ordinaires, satisfaisant ainsi au double but de guider les chasses et de fournir un moyen de halage; mais, en même temps, en arrière de ladite claire-voie se trouve un large talus brise-lame assurant la tranquillité dans le chenal; enfin, cet ouvrage est lui-même adossé, du côté du large, à un solide môle en maçonnerie enraciné au rivage, présentant à l'action des vents régnants la forme convexe si favorable à la bonne tenue des profondeurs à l'entrée, et se terminant par un fort musoir auquel vient s'appuyer l'extrémité de la jetée à claire-voie.

Parmi les ports de la seconde classe, une autre catégorie comprend les ports situés soit à l'embouchure même, soit à une certaine distance en amont de l'embouchure de rivières, où, comme pour les ports de la catégorie précédente, existe toujours la nécessité d'assurer à l'aide de jetées la fixité du chenal à travers la plage de sable ou de galets du littoral, mais où, en même temps, on laisse le soin d'entretenir la profondeur à l'entrée aux chasses naturelles résultant de l'écoulement des eaux du pays, puissamment aidé, dans les ports de l'Océan, par le reflux des marées pénétrant librement dans le fleuve. Dans ces ports, malgré la fixité du chenal obtenue au moyen des jetées, la profondeur à l'entrée est incessamment compromise par la tendance des alluvions voyageuses, après leur accumulation derrière l'obstacle formé par la jetée au vent, d'une part, comme nous l'avons précédemment expliqué, à relever le niveau général de la plage et à produire ainsi l'avancement progressif vers le large de la laisse de basse mer et des courbes des diverses profondeurs; d'autre part, à former, tantôt en dedans, tantôt en dehors de l'extrémité des jetées, une barre à l'alimentation de laquelle contribuent en même temps plus ou moins les matières charriées en temps de crues par la rivière. Pour combattre ce double effet, en dehors du moyen consistant à empêcher, quand cela est possible, l'accumulation des alluvions, on a recours, tantôt à des prolongements successifs des jetées destinés, soit à regagner la profondeur perdue par suite de l'avancement de la plage, soit même à augmenter la profondeur primitive; tantôt à des travaux d'amélioration du cours de la rivière dans toute sa partie maritime en vue d'y favoriser les mouvements alternatifs des marées et d'augmenter ainsi la puissance des chasses naturelles; tantôt aux deux moyens réunis, en les complétant au besoin par des dragages annuels plus ou moins considérables sur la barre même. Mais, pour pouvoir bien juger dans chaque cas des meilleures dispositions à adopter pour lutter efficacement contre la tendance aux réductions de profondeur à l'embouchure, il est indispensable de se rendre bien compte tout d'abord du mode de formation de la barre.

Dans l'état naturel, c'est-à-dire lorsque la rivière débouche librement à la mer, sans aucun ouvrage à l'embouchure, les choses se passent de la manière suivante. S'il s'agit d'une rivière ne transportant à la mer que des matières vaseuses et débouchant sur une côte où, comme c'est généralement le cas dans l'Océan, les courants marins, aidés de l'agitation habituelle de la mer, sont suffisants pour entraîner toujours ces matières au loin dans les grandes profondeurs, on n'a à se préoccuper que des alluvions voyageuses du littoral. Celles-ci, mises en mouvement par les lames, et dont la marche finale est toujours dans le même sens le long de la côte, tendent sans cesse à envahir le chenal; en arrivant en prise au courant de la rivière, elles sont en partie d'abord entraînées; mais, bientôt, ledit courant perdant rapidement sa vitesse à la rencontre des eaux de la mer, les matières entraînées s'arrêtent, et elles se déposent alors sous la forme d'un banc sous-marin s'appuyant à la plage au vent, s'étendant en travers du chenal direct de la rivière, continuant ensuite à s'allonger dans le sens de la marche des alluvions, déviant ainsi de plus en plus le chenal jusqu'à le détourner plus ou moins parallèlement au rivage sur des longueurs parfois fort grandes, allant enfin se rattacher par un talus en pente douce à la plage sous le vent. C'est ce banc sous-marin, à forme généralement semi-circulaire, rattaché par des pentes douces aux langues de terrains d'alluvions qui limitent l'embouchure de la rivière, établissant en fait la continuité de la plage, qui constitue la barre; et comme cette barre oppose un obstacle au libre et direct écoulement des eaux de la rivière, celle-ci, suivant le débit de ses eaux et l'état de la mer, porte son embouchure tantôt dans une direction, tantôt dans une autre, creusant à travers la barre des sillons plus ou moins profonds qui constituent les passes. Si la rivière transporte elle-même jusqu'à la mer des matières autres que des vases légères, ces matières, en arrivant en prise aux courants marins qui se combinent alors avec le courant propre de la rivière, peuvent bien être encore en partie emportées jusque dans les grandes profondeurs, mais une autre partie se dépose inévitablement par suite du ralentissement de vitesse de ce dernier courant et contribue ainsi pour sa part à l'extension et à l'exhaussement de la barre. Cette barre est d'ailleurs attaquée pendant les tempêtes par les lames qui en écrêtent irrégulièrement la partie supérieure, repoussant, suivant la direction du vent, la barre tout entière vers l'intérieur, ou bien rejetant les matières qui la composent, tantôt sur une rive, tantôt sur l'autre, en sorte qu'il y a un mouvement incessant desdites matières alimentant alternativement la barre aux dépens de la plage et la plage aux dépens de la barre, celles de ces matières qui sont rejetées à la plage sous le vent n'étant évidemment plus à redouter, à moins de circonstances exceptionnelles, pour le chenal. Les crues de la rivière, et aussi le courant de jusant des marées de vives eaux quand il s'agit de fleuves débouchant dans l'Océan, agissent de leur côté sur la barre, tendant à la repousser plus au large, ou, tout au moins, à écrêter également sa partie supérieure et à entraîner une partie des matières dont elle se compose dans la région du littoral sous le vent où elles continuent ensuite à cheminer dans le sens de la marche générale des alluvions. Les tempêtes du large et les forts courants de jusant exercent donc une grande influence sur la position de la barre et sur les profondeurs des passes; en général, sur les rivières qui débouchent dans l'Océan, avec des eaux abondantes et la mer belle, la barre est poussée au large, et les passes tendent à se creuser; avec des eaux faibles et la mer grosse, la barre est, au contraire, rejetée vers l'intérieur, et les passes tendent à se combler. C'est d'ailleurs par suite de la double action des grosses lames de la mer et des forts courants du fleuve sur la barre que celle-ci ne s'exhausse pas indéfiniment, et que la situation arrive à une espèce d'état d'équilibre moyen dans lequel, seulement, la position et les dimensions des passes éprouvent, comme nous venons de l'expliquer, au grand préjudice de la sécurité et des facilités de la navigation, de continuelles variations; dans lequel même, comme cela arrive souvent après des tempêtes du large ou à la suite de crues du fleuve, la passe principale peut être brusquement déplacée et transportée à une grande distance de sa position précédente. Lorsqu'il s'agit, enfin, de grands fleuves charriant jusqu'à leur embouchure des quantités considérables d'alluvions, et débouchant dans des mers sans marées ou à faibles marées et de peu de profondeur, les alluvions fluviales jouent le principal rôle dans la formation de la barre. Pour combattre le dépôt incessant de ces alluvions, la nature n'a plus ici l'action journalière ni des courants de marée ni des courants de reflux dans le fleuve, et elle ne déploie plus la même énergie d'action passagère avec les lames et les courants de tempêtes. Aussi les alluvions se déposent-elles en énorme proportion en avant et tout autour de l'embouchure du fleuve, repoussant sans cesse la barre vers le large et faisant avancer simultanément la côte à droite et à gauche en forme d'éventail; le courant du fleuve finit par s'ouvrir à travers les terrains bas ainsi formés différents bras, et l'on a alors ce que l'on appelle un delta, dont la saillie sur la ligne générale de la côte devient sans cesse de plus en plus grande. Les fluctuations de la barre sont d'ailleurs soumises à d'autres lois que dans le cas précédent : dans les grandes crues, la barre est bien encore, il est vrai, par suite de l'action du fort courant, repoussée vers le large; mais, en même temps, par suite de l'énorme quantité de matières en suspension qui se dépose lorsque la vitesse est amortie par les eaux à peu près stagnantes de la mer, elle s'étend ou s'exhausse, au lieu de s'approfondir; en d'autres termes, l'effet des grandes crues est d'augmenter la distance, la longueur et la hauteur de la barre à chacune des bouches du fleuve, cet effet étant d'ailleurs plus ou moins influencé par les vents qui dominent pendant la crue, les vents du large exhaussant la barre et ceux de terre l'approfondissant. Lorsque la crue diminue, les alluvions charriées par le fleuve sont précipitées plus près du rivage, la formation précédente n'est plus alimentée et est au contraire graduellement rongée par les lames aidées du courant littoral, la barre, en un mot, reprend sa position primitive qu'elle conserve jusqu'à l'arrivée d'une nouvelle crue. Enfin, l'observation a montré que les quantités annuelles de dépôts aux différentes bouches d'un fleuve sont sensiblement proportionnelles aux volumes d'eau respectivement débités par chaque embouchure; en d'autres termes, que plus le débit d'une bouche comparée à une autre est considérable, plus l'avancement de la côte y est rapide, — la déclivité du fond de la mer étant supposée la même, — et plus la barre y est mauvaise au double point de vue de sa distance au rivage et de sa hauteur.

Les causes de la formation des barres à l'embouchure des rivières étant connues, voyons comment on peut, sinon faire disparaître complètement la barre d'une rivière, du moins fixer la position de la passe et en améliorer les conditions de profondeur.

Le plus généralement, le chenal, comme nous l'avons dit déjà, est fixé à travers la plage d'alluvions au moyen de deux jetées. On n'empêche pas ainsi, il est vrai, la formation de la barre. Mais comme, en portant jusqu'à proximité de cette barre le courant de la rivière, on augmente notablement l'efficacité de son action pour l'ouverture et le maintien d'une passe dans une direction à peu près constante; et comme, en même temps, on se trouve alors assez rapproché des grandes profondeurs pour n'avoir plus guère à redouter les sinuosités du chenal ainsi formé à la sortie des jetées, on est du moins à peu près assuré de la fixité de la direction de la passe. La position de la barre par rapport à l'extrémité des jetées et les dimensions de la passe varient d'ailleurs, comme nous l'avons expliqué, avec l'état de la mer et le volume des eaux du fleuve.

La direction à donner aux jetées dépend de deux ordres de considérations : d'une part, il y a intérêt à gagner le plus promptement possible les grandes profondeurs, ce qui correspond à une direction plus ou moins normale à la côte ; mais, d'autre part, il n'est pas moins important de disposer les jetées de manière, tout à la fois, à rendre facile l'entrée du chenal par les gros temps et à faire concourir le mieux possible les forces naturelles au creusement de la passe à travers la barre. Au point de vue de la facilité de l'entrée, la meilleure orientation du chenal, toutes choses supposées égales d'ailleurs, est évidemment celle de la direction des vents régnants qui permet aux navires dans les gros temps de franchir les brisants de la barre avec vent sous vergues; et nous ferons remarquer au sujet des brisants, que comme les lames brisent d'autant plus violemment qu'elles rencontrent un ressaut plus brusque, les barres de galets sont généralement plus mauvaises sous ce rapport que les barres de sable douées d'un talus beaucoup plus doux du côté du large. Mais ladite orientation présente, par contre, plusieurs inconvénients très-graves :

en premier lieu elle tend à aggraver l'état de la barre en ce que, les fortes lames du large agissant alors dans un sens directement opposé au courant de la rivière, non-seulement la perte de vitesse de ce courant et par suite la quantité de matières qu'il laisse déposer sur la barre est maximum, mais encore que toute la puissance des lames brisant sur la barre est employée à en retrousser les matériaux, c'est-à-dire uniquement à rapprocher la barre de l'extrémité des jetées et à l'exhausser; de plus, à raison de ce fait général que des lames qui rencontrent un fort courant s'exhaussent et brisent comme à la rencontre d'un haut-fond, elle augmente les brisants de la barre toutes les fois que, soit par suite de crues, soit comme cela a lieu à toutes les marées de vives eaux, il y a fort courant de jusant; enfin les lames du large enfilant directement le chenal y produisent le maximum d'agitation au grand détriment, à la fois, de la sécurité de la marche des navires, surtout s'ils ont à franchir les brisants d'une barre intérieure, et de la tranquillité du port s'il n'est pas à une grande distance de l'embouchure. Par suite de ces diverses considérations, c'est-à-dire au double point de vue de l'état de la barre et de l'abri intérieur, il y a finalement toujours intérêt, tout au moins dans la dernière partie du chenal, à incliner la direction des jetées sous celle des vents régnants du large. L'inclinaison à adopter dépend d'ailleurs dans chaque cas des circonstances locales. En toute hypothèse, il convient de tenir compte dans le choix de la direction des jetées, tout à la fois des indications de la nature, c'est-à-dire de la direction du cours habituel du chenal le plus profond à travers la barre, et de la considération des avantages que présente sous divers rapports, surtout dans les cas où l'on peut prévoir la nécessité de prolongements ultérieurs, une direction ne s'écartant pas trop de la normale à la côte. En inclinant plus ou moins les jetées, comme il est dit ci-dessus, sous la direction des vents régnants, non-seulement on fait concourir dans une certaine mesure les fortes lames et les courants accidentels de la mer avec le courant de la rivière à l'entraînement des matières de la barre jusque sous le vent du chenal où elles ne sont plus à redouter, — et l'on reconnaît aisément que l'état général de la barre, en pareil cas, est surtout satisfaisant lorsque les circonstances locales sont telles que les crues de la rivière ont lieu dans la saison des fortes tempêtes, — mais encore on réalise en même temps les autres avantages, déjà signalés à l'occasion du tracé des brise-lames, résultant des bons effets de la forme convexe des ouvrages pour combattre la tendance à l'avancement de la plage au vent. Il va sans dire d'ailleurs que pour que ces bons effets soient complets, il faut, comme pour les brise-lames, que la jetée au vent présente dans sa dernière partie du côté du large et à son musoir des faces verticales ou à faible inclinaison afin de favoriser le ressac.

La longueur à donner aux jetées dépend des circonstances locales, très-variables, indépendamment des différences résultant du régime des alluvions voyageuses du littoral, suivant la quantité et la nature des alluvions que la rivière charrie elle-même jusqu'à la mer, et suivant que cette rivière débouche dans l'Océan ou dans une mer intérieure. Dans l'Océan, sauf une seule exception dont nous parlerons tout à l'heure, la construction de jetées parallèles pour encaisser et fixer à travers la plage le chenal de débouché à la mer n'a encore été et ne pouvait être appliqué qu'à des rivières de faible importance, l'embouchure des grandes rivières consistant généralement, en effet, en un estuaire plus ou moins vaste dont l'amélioration, quand il y a lieu, exige des ouvrages conçus dans un autre système et beaucoup plus considérables. Sur les points où elles ont été appliquées, et sauf l'exception déjà mentionnée, les jetées s'avancent habituellement, comme celles des ports à chasses artificielles, jusqu'à la laisse des basses mers de vives eaux. Toutefois, dans quelques ports peu importants à longue plage de sable et où les chasses naturelles sont peu puissantes on a dû s'arrêter à de moindres profondeurs. On a d'ailleurs essayé, dans plusieurs cas, d'ajouter à l'effet des jetées proprement dites par une seule ou par deux jetées basses en prolongement; mais il y a lieu de faire remarquer, au sujet de ces ouvrages, que si les jetées basses suivent simplement la pente de l'estran, elles sont peu efficaces, et que si elles sont en relief, elles forment écueil. A l'embouchure de l'Adour, et c'est le seul exemple dans l'Océan, les jetées s'avancent jusque dans les fonds de 4 mètres, s'approchant ainsi très-près de la barre de sable et de galets qui existe toujours au large de leur extrémité. Pendant près de deux siècles on a cherché à obtenir l'amélioration de cette barre par des prolongements successifs de jetées pleines, et, simultanément, par des rétrécissements de l'embouchure; mais, toujours la barre a avancé vers le large, conservant sa hauteur, à mesure que l'on poussait en avant les ouvrages et que l'on rétrécissait le chenal. Pour conjurer cet effet, par imitation de ce qui avait été appliqué avec succès à l'embouchure du petit cours d'eau des Regii-Lagni dans le golfe de Naples, on a, il y a une vingtaine d'années, commencé à substituer aux jetées pleines des jetées à claire-voie, lesquelles ont eu pour très-heureux résultat, comme on l'espérait, d'arrêter l'avancement de la barre et de fixer la position de la passe en augmentant d'environ 1 mètre sa profondeur moyenne. Les choses se passent avec ces jetées à claire-voie de la manière suivante : la jetée au vent n'arrête plus les alluvions voyageuses qui tombent dans le chenal au lieu de s'accumuler par derrière, ce qui prévient l'exhaussement et l'avancement de la plage, et, par suite, l'avancement simultané de la barre ; les alluvions, en tombant dans le chenal, y forment un atterrissement plus ou moins saillant appuyé à la jetée ; mais elles se trouvent alors en prise au courant du fleuve qui combat sans cesse l'extension de l'atterrissement ; dans les forts courants de jusant, surtout, une partie des alluvions est entraînée par le courant direct vers le large où elle peut encore, il est vrai, se déposer dans une certaine proportion sur la barre ; mais, en même temps, une autre partie est entraînée par la portion du courant qui s'échappe à travers les interstices de la jetée sous le vent, exonérant ainsi la barre d'une fraction plus ou moins notable des alluvions voyageuses qu'elle recevait en totalité avec des jetées pleines ; en fait, l'atterrissement du chenal le long de la jetée au vent se maintient dans une sorte d'état d'équilibre moyen, sa saillie étant plus ou moins considérable suivant le débit plus ou moins grand du courant de jusant ; le courant littoral qui se développe dans les tempêtes de la région des vents régnants aide aussi à faire passer une partie des alluvions voyageuses à travers le chenal jusqu'à la plage sous le vent où elles ne sont plus à redouter ; et comme, d'un autre côté, l'avancement des jetées n'a plus pour conséquence de faire avancer parallèlement la barre, on peut prolonger ces jetées jusqu'à ce qu'elles arrivent tout près de la barre, ce qui présente ces deux très-sérieux avantages : d'une part, que le courant de jusant, suffisamment concentré encore par les parties pleines des jetées, rencontrant la barre presque à son issue desdites jetées, maintient la fixité de la passe et y produit son effet maximum de creusement ; d'autre part, que les navires, dès qu'ils ont franchi la barre, au lieu d'avoir comme précédemment à traverser encore un long espace de brisants, entrent presque immédiatement dans le chenal où ils sont mieux à l'abri des dangers. Dans les mers intérieures, où l'estran a peu de largeur, on a pu, sans de trop grandes dépenses, prolonger les jetées au delà de la laisse des basses mers ; ces prolongements ont invariablement amené, comme cela était inévitable, un certain avancement des plages ; toutefois, comme, indépendamment de l'amélioration résultant de la fixité du chenal, on formait ainsi des caps plus en prise que la plage primitive à l'action des lames et aux courants de tempêtes, on est pourtant parvenu à obtenir à l'extrémité des jetées convenablement prolongées une profondeur d'eau moyenne notablement plus grande qu'à l'ancienne embouchure, profondeur naturellement variable suivant les variations des diverses circonstances locales qui influent sur la formation des barres. Dans la Méditerranée, par exemple, à l'embouchure du Lez ou grau de Palavas, où se trouve un petit port de pêche, les jetées ne s'avançant qu'à une faible distance au delà de la laisse des basses mers, le port se trouve souvent plus ou moins complétement bloqué par la barre ; tandis qu'à l'embouchure de l'Hérault, où elles sont poussées jusque dans les fonds de 3 mètres, elles assurent presque en tout temps à l'entrée cette profondeur ; dans quelques ports de la Baltique les jetées s'avancent même jusque dans des fonds de 4 et 5 mètres, la situation de l'embouchure ne pouvant toutefois être maintenue dans de telles conditions de profondeur que par d'importants dragages annuels ; dans la mer Noire, enfin, à la Soulina, l'une des branches du Danube, les jetées sont poussées jusque dans les fonds de $5^m,50$, la passe conservant naturellement aujourd'hui cette profondeur moyenne de $5^m,50$ alors qu'elle n'offrait jamais plus de $2^m,50$ à 3 mètres avant les travaux d'amélioration.

Dans la plupart des ports à chasses naturelles, aussi bien ceux des mers intérieures que ceux de l'Océan, les jetées sont d'égale longueur, ou, du moins, elles ne présentent que les petites différences de longueur résultant de l'avantage que l'on trouve assez généralement à défiler la ligne des musoirs suivant la direction des vents régnants. Il y a pourtant quelques exceptions. Ainsi, par exemple, dans plusieurs ports de l'Océan, on a pu, par suite de circonstances locales favorables, obtenir la fixité du chenal au moyen d'une seule jetée placée tantôt au vent, tantôt sous le vent de la marche des alluvions ; d'autres fois, la jetée unique a été adoptée dans de simples vues d'économie, mais alors avec des conditions de succès naturellement moins complètes que si l'on avait deux jetées. Quelques ports de la Baltique, parmi lesquels nous citerons notamment le port de Swinemünde, ont des jetées d'inégale longueur, la jetée au vent de la marche des alluvions étant la moins longue et permettant ainsi aux alluvions d'entrer dans le chenal d'où elles sont en partie repoussées vers le large par le courant et enlevées pour le reste à l'aide de dragages. Nous reviendrons un peu plus loin sur cette question en étudiant d'une manière toute spéciale les dispositions des jetées du port de Swinemünde. A la Soulina on avait construit d'abord la jetée sous le vent moins longue que l'autre, non-seulement pour éviter, suivant une remarque précédente, que la dernière partie de cette jetée ne fît écueil aux navires entrants, mais aussi afin de permettre auxdits navires, grâce à l'abri que leur donnait la saillie de la jetée au vent contre les lames des vents régnants au moment où ils avaient à pénétrer dans le fort courant compris entre les jetées, de conserver plus facilement leur route au milieu des brisants. Mais l'expérience a montré que le courant du fleuve, cessant d'être soutenu du côté de la jetée la plus courte, n'avait plus assez de force pour entraîner au delà de l'extrémité de l'autre jetée les matières en suspension et les laissait se déposer sous forme d'un grand banc traversant le chenal d'un musoir à l'autre et qui, se trouvant à l'abri de la jetée au vent, ne pouvait pas être balayé par les tempêtes d'hiver. Pour remédier à ce très-grave inconvénient, qui compromettait le succès des travaux, il a fallu prolonger la jetée sous le vent à la même distance que l'autre jetée. Depuis l'achèvement des travaux, en 1871, un régime à peu près régulier s'est établi, la passe subissant bien encore, il est vrai, suivant les crues du fleuve, quelques variations dans sa direction, mais conservant invariablement, comme il est dit plus haut, la profondeur minimum de $5^m,50$. Les travaux ont donc parfaitement réussi. Toutefois, ainsi que cela devait inévitablement arriver, et comme on l'a du reste parfaitement prévu dès l'origine, les fonds de la mer se relèvent d'une manière générale au large des jetées, en même temps qu'il se produit un avancement très-sensible de la plage derrière la jetée sous le vent, de sorte qu'il faudra quelque jour prolonger les jetées. Nous ferons remarquer d'ailleurs au sujet du relèvement des fonds et de l'avancement de la plage : d'une part, que la construction des jetées a eu pour résultat de rendre proportionnellement moins rapide l'avancement du delta à la Soulina qu'aux autres branches du Danube, ce qui s'explique aisément par ce fait que les eaux chargées d'alluvions, en débouchant, comme elles le font aujourd'hui, immédiatement dans une eau profonde au delà des musoirs des jetées, sont par cela même entraînées au loin en grande quantité par le courant littoral, tandis qu'autrefois elles ne s'écoulaient qu'avec un faible courant rapidement décroissant par de nombreux chenaux peu profonds et changeant sans cesse de direction et de dimensions ; d'autre part, que c'est par suite de circonstances locales toutes particulières que, contrairement à ce qui se passe d'habitude, l'avancement de la plage a lieu du côté de la jetée sous le vent en même temps que la plage est rongée au contraire derrière la jetée au vent. Nous ne devons pas manquer de mentionner, à propos des travaux d'amélioration de la Soulina, que des travaux analogues ont été entrepris en 1875 à l'une des bouches du Mississipi, la bouche appelée la Passe-Sud, et que ces travaux paraissent devoir être également couronnés d'un succès complet : la profondeur sur la barre n'était précédemment que de $4^m,20$ à $4^m,50$; par l'encaissement progressif du lit de la passe entre des digues longitudinales, on a obtenu jusqu'à ce jour des profondeurs constamment croissantes, et ces premiers résultats permettent d'espérer que l'on arrivera finalement à avoir sur la barre, suivant les prévisions, une profondeur constante d'au moins 9 mètres, double de la profondeur primitive et suffisante pour les plus grands navires.

On adopte généralement pour l'écartement des jetées ou la largeur du chenal de débouché à la mer une largeur égale à celle de la rivière dans les parties immédiatement en amont où elle présente un lit régulier avec une largeur et une profondeur convenables pour la navigation. Parmi les ports d'embouchure des mers intérieures il en est pourtant quelques-uns, par exemple le port de l'embouchure de l'Hérault, dans la Méditerranée, et le port russe de Vindau, dans la Baltique, où l'on a adopté un chenal allant légèrement en se rétrécissant vers son extrémité à la mer afin de renforcer en proportion l'action du courant sur la barre extérieure. A ce point de vue le rétrécissement, s'il est maintenu dans de justes limites, est assurément favorable; mais, à tous autres égards, comme pour les ports à chasses artificielles, sinon identiquement par les mêmes motifs, il a des inconvénients : lorsque, par exemple, les tempêtes poussent des alluvions dans le chenal, le courant de la rivière, ralenti en amont par le rétrécissement, a moins de force pour les emporter; en outre, l'entrée est rendue ainsi plus difficile pour les navires, non-seulement par suite de la moindre largeur du chenal, mais aussi à raison même de la plus grande vitesse du susdit courant immédiatement à la sortie des jetées; cette grande vitesse peut d'ailleurs, si le rétrécissement est exagéré, aller contre son but en aggravant même la situation de la barre simplement poussée plus au large ; enfin, suivant une remarque déjà faite et qui s'applique à tous les cas, le rétrécissement se prête mal aux nécessités de prolongements ultérieurs. Il vaut donc mieux, en définitive, ne pas rétrécir le chenal. Toutefois, lorsque la rivière débouche à la mer par une espèce d'estuaire, — comme c'était le cas à la Soulina, — on ne pourrait pas sans de très-grandes dépenses construire des jetées à partir du point même où la rivière a sa largeur normale ; en pareil cas il faut enraciner les jetées en des points convenablement choisis sur le rivage, et, à partir de ces points, diriger les jetées obliquement à la côte de manière à les rapprocher progressivement l'une de l'autre jusqu'au moment où elles se trouvent à l'écartement voulu et où on les fait alors courir parallèlement dans la direction adoptée pour le chenal, le raccord entre les deux directions se faisant par des courbes qui ont naturellement leur convexité tournée du côté de la rivière. L'élargissement en arrière du chenal de débouché proprement dit qui résulte de cette disposition est favorable à l'épanouissement des lames et par conséquent à la tranquillité du chenal intérieur. Par contre, à raison du ralentissement qu'il produit dans les vitesses du courant de la rivière, il peut provoquer sur toute son étendue la formation de hauts fonds; mais, lorsque cet inconvénient se présente, on peut y remédier facilement en continuant le parallélisme des jetées vers l'amont, jusqu'à l'endroit où le lit de la rivière a ses dimensions normales, par de simples ouvrages de rivière très-peu coûteux. Quant à la disposition inverse de celle dont nous avons parlé ci-dessus, et qui consisterait à élargir le chenal vers la mer pour en rendre l'accès plus facile, elle aurait le très-grave inconvénient d'amoindrir l'effet du courant de la rivière sur la barre extérieure. Bref, dans tous les ports d'embouchure des mers intérieures, il est toujours préférable de conserver le parallélisme des jetées dans toute la longueur du chenal. Parmi les ports de l'Océan, il en est également où l'on a adopté un chenal de débouché allant en se rétrécissant vers la mer. Pour ces ports, une pareille solution est tout à fait vicieuse, en ce sens qu'indépendamment des inconvénients précédemment signalés elle a encore et surtout celui fort grave de gêner la libre entrée des marées dans la rivière au double détriment, d'une part, de la durée de la marée montante et de la hauteur de la marée dans tous les ports échelonnés sur la partie maritime du cours de la rivière; d'autre part, du volume et de la vitesse du courant de jusant qui joue un rôle extrêmement important dans les conditions de profondeur de la barre; nous avons vu notamment, en parlant des travaux d'amélioration de l'embouchure de l'Adour, que les rétrécissements qui y ont été opérés à diverses époques et qui ont malheureusement engagé l'avenir, n'ont jamais produit d'autre résultat que de pousser la barre plus au large en lui conservant sa hauteur. Des travaux de rétrécissement analogues exécutés à l'embouchure d'une autre rivière du golfe de Gascogne, le Rio Nervion, sur laquelle se trouve le port de Bilbao, ont produit identiquement le même résultat. C'est qu'en effet, ainsi que nous l'expliquerons plus tard en détail, il est nécessaire, au point de vue des bons effets du libre mouvement alternatif des marées, que la largeur de la rivière aille légèrement mais continuellement en progressant de l'amont vers l'aval (et ce, indépendamment d'ailleurs de la nécessité d'un lit sans coudes brusques et à pente régulière, depuis l'extrémité de la partie maritime jusqu'au débouché à la mer). Donc, dans les ports de l'Océan, loin de songer à rétrécir le chenal d'embouchure, il vaut mieux, en définitive, adopter plutôt une largeur un peu plus grande que la largeur normale de la rivière immédiatement en amont. Et, sous ce rapport, bien que les marées n'aient pas une grande amplitude dans le golfe de Gascogne, on ne peut méconnaître pourtant que le banc de sable qui obstrue constamment plus ou moins le chenal d'embouchure déjà trop étroit de l'Adour n'ait sur l'état de la barre une très-préjudiciable influence; en sorte que, s'il était possible, sans de trop grandes dépenses et conformément à la pratique aujourd'hui suivie sur un grand nombre de rivières, de combattre efficacement par des dragages annuels exécutés en temps opportun une pareille obstruction, on pourrait certainement en espérer une très-sérieuse amélioration de la barre. Enfin, et pour compléter l'étude de la question de l'écartement des jetées, nous ajouterons une dernière observation : c'est que les jetées parallèles, en regard des divers avantages qu'elles présentent, ont le grave inconvénient de transmettre dans toute la longueur du chenal, sans réduction sensible, l'agitation qui pénètre par son extrémité; en sorte que, s'il s'agit d'un port d'embouchure, celui-ci, dans les gros temps, ne jouit pas d'un calme suffisant pour le mouillage des navires en rivière ou pour les manœuvres des portes d'entrée des bassins; et que, dans le cas d'une rivière à lit encaissé entre des digues faisant suite aux jetées du chenal d'embouchure, l'agitation se propage de proche en proche jusqu'à de très-grandes distances. Mais on remédie sûrement à ce très-sérieux inconvénient en ayant le soin de ménager sur chaque rive, immédiatement en amont du chenal de débouché, et en profitant d'ailleurs autant que possible des dispositions locales, des chambres d'épanouissement des lames, tout à fait analogues aux brise-lames dont nous avons parlé à l'occasion des chenaux des ports à chasses artificielles, conçues plus ou moins dans le même système, et d'une étendue naturellement proportionnée tout à la fois à la largeur du chenal et à la force des lames.

Nous terminerons l'exposé ci-dessus des conditions auxquelles il faut chercher à satisfaire autant que possible dans le tracé des jetées des ports à chasses naturelles par un examen critique des dispositions exceptionnelles qui ont été adoptées à Swinemünde, situé au débouché de l'Oder, dans la mer Baltique, et port d'embouchure de la grande cité commerciale de Stettin, située elle-même à 70 kilomètres en amont sur le cours du fleuve. Les circonstances locales au port de Swinemünde sont les suivantes : les vents régnants sont du nord-ouest; et comme il existe un courant littoral allant de l'ouest vers l'est, les sables voyageurs, par cette double cause, marchent également vers l'est; mais les vents des plus fortes tempêtes sont de la région nord-est où se trouve la plus grande étendue de mer. Les grands vents produisent sur le littoral des marées accidentelles dont l'amplitude peut atteindre 1^m,50; les hautes marées ont lieu à la suite de forts vents continus du nord au nord-est, et la mer pénètre alors dans le grand lac d'eau douce appelé mer de Stettin; les marées deviennent basses, au contraire, quand le vent tourne au sud, et alors la masse d'eau précédemment accumulée dans la mer de Stettin se décharge en produisant de puissantes chasses dans le chenal du port; en outre, les eaux de l'Oder qui passent par Swinemünde, n'arrivant à la mer qu'après avoir traversé une série de lacs où elles se décantent, sont toujours limpides, même en temps de crues. Au point de vue de l'action des chasses naturelles pour la conservation des profondeurs à l'entrée du chenal la situation présente donc des conditions favorables qui expliquent l'existence fort ancienne et la prospérité du port intérieur de Stettin. Toutefois, les sables arrivant sans cesse de l'ouest deviaient de plus en plus vers l'est l'entrée de la passe d'embouchure, le chenal, comme cela arrive fréquemment, se retournant ensuite au delà de la pointe du banc formé par ces sables, dans une direction opposée, c'est-à-dire, ici, vers le nord-ouest, et formant ainsi finalement une grande courbe à concavité tournée du côté des vents régnants. Par suite de cette forme contournée du chenal à son débouché dans la mer et de sa non-fixité à travers la plage, en même temps qu'à raison du peu d'efficacité des courants de chasse par suite de leur épanouissement, la situation allait sans cesse en empirant, et elle était devenue telle au commencement de ce siècle que l'on ne trouvait plus guère que de 2^m,10 à 2^m,50 de profondeur d'eau sur la barre. Pour fixer le chenal et améliorer en même temps par cela même les profondeurs, on a construit deux jetées. Seulement les dispositions qui ont été adoptées pour le tracé de ces jetées sont entièrement contraires à celles qui sont généralement suivies dans des circonstances analogues. Non-seulement, en effet, on a adopté des jetées à courbure très-prononcée, mais, surtout, leur concavité a été tournée du côté de l'arrivée des sables voyageurs, et, comme nous l'avons déjà mentionné précédemment, la jetée sous le vent de la marche des alluvions a été faite notablement plus longue que l'autre jetée. Ces dispositions étaient motivées par les considérations suivantes : la grande jetée de l'est avait pour double but, avec sa forme courbe concave, d'assurer un chenal profond le long de ladite jetée par l'action du courant de jusant et d'abriter le chenal contre les lames des tempêtes du nord-est; la jetée de l'ouest était destinée, de son côté, à arrêter les sables voyageurs et à fixer la direction du courant fluvial. On donna à la jetée de l'est une longueur de 1,340 mètres, atteignant les fonds de 5^m,50, et à la jetée de l'ouest une longueur de 1,000 mètres seulement, telle que son musoir se trouvait à 425 mètres en arrière de celui de l'autre jetée; la largeur du chenal était d'ailleurs de 350 mètres. Les travaux, commencés en 1818, ont été complétement terminés dans une période de dix années, à l'expiration de laquelle on avait dans le chenal une profondeur moyenne de plus de 6 mètres. C'était là un très-beau résultat, qui fut attribué en partie à la rapidité avec laquelle avaient été poussés les travaux. Mais la situation n'est pas restée longtemps aussi satisfaisante; et il est aisé de reconnaître qu'une pareille éventualité était inévitable à raison de la disposition des ouvrages, ceux-ci formant un vaste entonnoir qui devait arrêter, recueillir et maintenir sur place la totalité des sables voyageurs. Vers 1860, une trentaine d'années après l'achèvement des travaux, voici quelle était la situation. Les sables voyageurs, après s'être accumulés derrière la jetée de l'ouest au point d'enfouir à peu près la moitié de sa longueur, ayant fini par déborder son musoir, étaient venus former intérieurement, en s'appuyant à ladite jetée, un banc qui rétrécissait le chenal de plus des deux tiers de sa largeur, de telle sorte que ce n'était que par d'incessants dragages que l'on parvenait à conserver un chenal navigable de 135 mètres de largeur avec une profondeur de 5^m,50; ils avaient, en outre, formé dans le prolongement de la même jetée de l'ouest un autre banc allant sans cesse en s'allongeant vers le large et dont l'extrémité correspondante à la ligne des fonds de 5^m,50 se trouvait déjà à 550 mètres en avant du musoir de la jetée de l'est. Bref, la situation était si menaçante que l'on se préoccupait sérieusement, dès cette époque, de l'étude des moyens d'y remédier, soit par un prolongement simultané des jetées, mais avec courbure en sens contraire de manière à diriger désormais le courant de la rivière vers le N.-N.-E., soit par le simple prolongement de la jetée de l'ouest jusqu'à la même distance que l'autre jetée et dans une direction réduisant la largeur du chenal à l'entrée au chiffre précédemment indiqué d'environ 135 mètres, en aidant d'ailleurs à l'efficacité de l'une ou de l'autre combinaison par des travaux de consolidation de la côte qui fournit les alluvions voyageuses. Il n'a pas été donné de suite à ces projets et l'on s'est contenté jusqu'à ce jour de chercher à maintenir une espèce d'équilibre par des dragages annuels plus ou moins considérables. Quoi qu'il en soit, il ressort évidemment de l'exposé qui précède que les dispositions qui ont été adoptées à Swinemünde, et qui se retrouvent dans d'autres ports de la même côte, tels que Stolpmünnde, notamment avant le prolongement de la digue ouest, et Colbergermünde, ne sont pas à imiter. Non-seulement il eût été préférable à Swinemünde de tourner la convexité des jetées du côté de l'arrivée des sables voyageurs, mais encore on aurait dû ne pas donner aux jetées une aussi forte courbure qui a le double inconvénient, d'une part, de produire un approfondissement exagéré le long de la rive concave au détriment des profondeurs sur le reste de la largeur du chenal; d'autre part, de rendre impossible tout prolongement ultérieur des jetées dans la même direction. La grande différence de longueur des deux jetées présente. d'ailleurs, elle aussi, comme nous l'avons déjà plusieurs fois signalé, un double inconvénient, en ce que, d'une part, le courant de chasse commençant à s'épanouir à partir du musoir de la jetée la plus courte a une action beaucoup moindre à l'extrémité du chenal; et que, d'autre part, la jetée sous le vent dans toute sa partie en saillie forme écueil pour tous les navires entrant par les vents régnants. Il eut donc mieux valu, en définitive, au point de vue du maintien des profondeurs à l'entrée du chenal, adopter, conformément aux principes précédemment développés, deux jetées à faible courbure, ayant leur convexité tournée du côté de l'arrivée des alluvions voyageuses, et d'une longueur à peu près égale. Sans doute le chenal eût été ainsi ouvert aux vents de tempêtes; mais nous avons vu qu'il est toujours possible de remédier dans une large mesure à ce grave inconvénient au moyen de brise-lames intérieurs.

Une variété extrêmement importante parmi les ports d'embouchure de rivière à chasses naturelles comprend les ports situés sur de grandes rivières se jetant dans l'Océan, dont l'embouchure consiste généralement, comme nous l'avons dit déjà, en un estuaire plus ou moins vaste en largeur et pénétrant plus ou moins profondément dans les terres. Dans un certain nombre d'estuaires, il n'y a pas de barre proprement dite à l'embouchure, ou, du moins, les passes y conservent assez de profondeur, même à mer basse, pour les plus grands navires : tel est le cas, en France, pour la Gironde; en Angleterre, pour le Forth, le Humber, la Tamise, le canal de Bristol, la Clyde. D'un autre côté, parmi les estuaires où les profondeurs d'eau sont insuffisantes à mer basse, il en est dont la largeur d'embouchure est tellement grande que l'on ne peut songer à rien entreprendre à cette embouchure même en vue de l'amélioration des profondeurs des passes : tel est le cas, en France, pour la Seine et la Loire; en Angleterre, pour la Mersey et d'autres rivières. Dans les rivières de l'une et de l'autre espèce tous les efforts sont dirigés vers l'amélioration du chenal dans la région amont de l'estuaire et dans toute l'étendue de la partie maritime du cours d'eau; et ce, non-seulement afin d'y rendre ainsi meilleures les conditions de la navigation, mais aussi en vue d'augmenter par là la puissance de l'action des courants de jusant pour l'approfondissement des passes de l'embouchure. Il est enfin certaines rivières à barre dont les estuaires n'ont pas une largeur tellement grande qu'elle s'oppose absolument à toute tentative d'amélioration directe de l'embouchure. Aussi des travaux dans ce but ont-ils été entrepris depuis un certain nombre d'années en Angleterre sur plusieurs rivières, savoir : sur la Liffey, dans la baie de Dublin; sur la Dee, sur la Tyne et sur la Tees, débouchant par des estuaires dans la mer du Nord. A chacune des embouchures les ouvrages d'amélioration consistent en deux brise-lame partant de points convenablement choisis sur la côte, vers les limites de la largeur de l'estuaire ou de la baie, puis, s'avançant plus ou moins dans les grands fonds en se rapprochant en même temps l'un de l'autre jusqu'à ne plus laisser entre leurs musoirs que l'intervalle jugé nécessaire pour l'entrée ou la passe. Ainsi, dans la baie de Dublin, les deux brise-lames s'avancent jusque dans les fonds de 3 mètres, le brise-lame nord diminuant progressivement de hauteur à partir du milieu de sa longueur de manière à être submersible à mi-marée à son extrémité, et la largeur de l'entrée étant de 370 mètres. Sur la Dee, où se trouve le port d'embouchure d'Aberdeen, l'un des brise-lames s'avance jusque dans les fonds de 7 mètres; l'autre, celui du nord, dans les fonds de 5 mètres seulement, et ils laissent entre leurs musoirs une passe de 300 mètres; mais le brise-lame nord doit être prolongé, et l'entrée sera alors réduite à 200 mètres. Sur la Tyne, où se trouvent échelonnés plusieurs ports importants jusqu'à Newcastle, situé à 19 kilomètres environ de l'embouchure, les deux brise-lames s'avancent jusque dans les fonds de 8 mètres, avec une largeur d'entrée de 500 mètres, double de la largeur normale de la rivière en amont; les deux ouvrages sont d'ailleurs encore en voie de prolongement. Enfin, sur la Tees, où à la suite de plusieurs ports se trouve celui de Stockton, à 24 kilomètres de l'embouchure, deux brise-lames sont également projetés devant s'avancer jusque dans les fonds de 6 mètres et laisser entre eux une passe d'environ 580 mètres de largeur, double également de la largeur du lit mineur endigué à la traversée de la baie; un seul de ces brise-lames est jusqu'à présent en cours de construction et il n'est encore arrivé que dans les fonds de 4 mètres. De très-intéressantes controverses ont eu lieu en Angleterre au sujet des résultats que l'on peut attendre de pareils travaux au point de vue des profondeurs sur la barre. En attendant que l'expérience ait prononcé sur les résultats définitifs des travaux les plus récemment exécutés, et de ceux encore en cours d'exécution, nous chercherons, de notre côté, la question ayant un très-grand intérêt d'actualité, à conjecturer lesdits résultats.

Nous ferons remarquer tout d'abord que les dispositions qui ont été adoptées à chacune des embouchures sont en tout semblables à celles du type ordinaire des ports constitués artificiellement par des brise-lames, en sorte que l'on peut y appliquer les diverses considérations que nous avons présentées précédemment au sujet du tracé en plan et de la forme de ces ouvrages, ainsi que de l'orientation et de la largeur de l'entrée, en ayant égard toutefois, en même temps, aux autres considérations que nous avons également présentées relativement aux entrées des ports à chasses naturelles; et, pour notre étude, nous nous placerons naturellement dans l'hypothèse d'ouvrages conçus et exécutés en conformité de toutes les susdites considérations.

Les deux brise-lames de l'embouchure réalisent incontestablement le triple avantage très-important de fixer l'entrée de la passe, d'abriter les navires dès qu'ils ont franchi cette entrée, enfin de permettre le travail des dragues employées à combattre les ensablements intérieurs. Tout le monde s'accorde à reconnaître leur haute utilité sous ces divers rapports. La question douteuse est de savoir s'ils peuvent avoir aussi pour résultat certain d'augmenter d'une manière permanente la profondeur d'eau sur la barre. Pour parvenir à se former une opinion à ce sujet, il faut chercher à se rendre bien compte de l'influence des ouvrages, d'une part, sur les alluvions voyageuses du littoral, d'autre part, sur les alluvions charriées par la rivière. En ce qui concerne les alluvions du littoral, on sait qu'après avoir exhaussé progressivement la plage derrière l'ouvrage au vent, elles finissent toujours inévitablement par déborder cet ouvrage et par relever plus ou moins les fonds au large; seulement, ici, par suite des courants de jusant de la rivière, le relèvement des fonds n'est pas régulier comme dans les ports artificiels : le courant de jusant, en effet, entraîne une partie des matières qui viennent en prise à son action jusqu'à une certaine distance, plus ou moins grande suivant sa force, où lesdites matières se déposent et forment ainsi une barre extérieure ; en même temps les fortes lames du large, surtout lorsqu'elles sont aidées par le courant de flot, entraînent une autre partie des alluvions en dedans de l'entrée où elles se déposent sous forme de bancs isolés ou d'une véritable barre intérieure. En ce qui concerne les alluvions charriées par le courant de jusant de la rivière, les matières les plus lourdes se déposent en dedans de l'entrée où elles contribuent à exhausser la barre intérieure, puis, de proche en proche, dans le chenal en amont de cette barre; et quant aux matières plus légères, elles peuvent, suivant les circonstances, être entraînées en proportion plus ou moins considérable jusqu'en dehors de l'entrée où une partie se dépose à son tour, contribuant ainsi à réduire les profondeurs au large, une autre partie étant transportée au loin par les courants de marée. Nous ne mentionnerons d'ailleurs que pour mémoire les envasements généraux qui se produisent pendant les gros temps dans l'espace abrité où le flot fait pénétrer alors des eaux plus ou moins chargées de matières en suspension. Tels sont les effets généraux que tendent inévitablement à produire les deux brise-lames. Mais en même temps, d'une part, les fortes lames du large et les courants littoraux de marée, avec leur puissance d'action plus ou moins accentuée par le fait de la saillie de la nouvelle entrée par rapport à la ligne générale de la côte; d'autre part, le courant de jusant de la rivière, plus ou moins augmenté en volume et en vitesse par tous travaux exécutés sur la rivière même en vue d'y favoriser la propagation de la marée, et concentré, par le fait des travaux de l'embouchure, en un chenal unique à son débouché à la mer, combattent sans cesse la tendance au dépôt des alluvions ou à la formation des deux barres extérieure et intérieure. Que peut-on, suivant les circonstances locales et suivant les profondeurs d'eau atteintes par l'extrémité des ouvrages d'embouchure, espérer d'une pareille lutte? C'est ce que nous avons à rechercher.

Si les ouvrages ne sont poussés que jusque dans les faibles profondeurs, de manière que les lames conservent leur action sur les fonds au large de leur extrémité, et que le courant de jusant n'ait pas à son débouché à agir sur une masse d'eau stagnante d'une trop grande épaisseur, on est fondé à espérer une notable amélioration de la barre. Dans de pareilles conditions, en effet, le courant de jusant de la rivière, plus ou moins aidé par l'action des lames, peut être assez puissant pour entraîner les alluvions qui tendent à se déposer en avant de l'entrée à une distance suffisante au large pour que la profondeur d'eau sur la nouvelle barre, — à laquelle profondeur contribue d'ailleurs en même temps l'action directe des lames et des courants littoraux, — soit plus grande que sur l'ancienne barre avant l'exécution des travaux. C'est ce qui est arrivé dans la baie de Dublin : avant 1820, il n'y avait au débouché de la Liffey, pour guider le chenal extérieur, qu'une seule jetée prolongeant la rive droite de la rivière; le courant de jusant se répandait donc en partie dans toute la région nord de la baie; aussi n'avait-on alors qu'une profondeur d'eau de 2 mètres à mer basse sur la barre; depuis la construction du brise-lame nord, cette profondeur d'eau est devenue de 4 mètres. Quant à la barre intérieure, toujours formée, quelle que soit sa provenance, de sables qui se tassent promptement et deviennent très-compactes et très-durs, le courant de jusant peut bien l'écrêter un peu aux époques de crues, mais il est absolument impuissant à la faire disparaître. Il faut donc de toute nécessité, comme cela se pratique du reste dans les deux baies de Dublin et d'Aberdeen, où la barre intérieure provient exclusivement des alluvions voyageuses du littoral, recourir à des dragages périodiques pour le maintien des profondeurs en dedans de l'entrée. C'est, on se le rappelle, la conclusion à laquelle nous sommes déjà arrivé en nous occupant des ports artificiels.

Si les ouvrages sont poussés dans des profondeurs plus grandes que celles qui correspondent à la limite de l'action des lames sur les fonds, et telles, par conséquent, que l'on ne puisse pas compter non plus sur l'action déblayante des courants de jusant de la rivière, l'exhaussement des fonds au large de l'entrée par les alluvions voyageuses du littoral est à la longue inévitable, et il arrive de même forcément un moment où lesdites alluvions forment des bancs en dedans de l'entrée. Toutefois, d'après les considérations que nous avons présentées précédemment, on peut espérer d'obtenir, si les ouvrages sont bien conçus, un nouvel état d'équilibre conservant encore au large de l'entrée de bonnes profondeurs. En sorte que, si l'on a le soin de draguer régulièrement la barre intérieure, et si, d'un autre côté, la rivière ne charrie pas des sables jusqu'à son embouchure, on aura finalement réalisé une très-grande amélioration. Lorsque la rivière charrie elle-même des sables, le courant est impuissant à les entraîner en dehors de l'entrée, et la masse presque tout entière de ces sables se dépose forcément dans la portion abritée de l'estuaire, où ils forment une barre à une distance plus ou moins grande en dedans de l'entrée, et où il faut régulièrement les draguer, tout au moins sur le parcours du chenal pour y maintenir la profondeur. C'est ce qui a lieu sur la Tyne. Les travaux d'embouchure de cette rivière consistent, comme nous l'avons dit, en deux brise-lames s'avançant jusque dans les fonds de 8 mètres et qui sont encore aujourd'hui en voie de prolongement. Ces ouvrages sont de date trop récente pour qu'il soit possible de juger de leur influence sur l'état de la plage. Toutefois, comme les alluvions voyageuses sont, paraît-il, peu importantes sur cette côte, on est fondé à espérer que l'on conservera pendant bien longtemps à l'entrée des profondeurs à mer basse suffisantes pour les plus grands navires, et que, pour bien longtemps également, l'espace abrité sera exonéré de tout envahissement par les alluvions du littoral. Mais la rivière, par suite surtout d'importants travaux d'amélioration exécutés dans toute sa partie maritime, charrie des masses énormes de sable qui viennent s'amonceler dans l'estuaire. C'est ainsi que, pour arriver à obtenir et à maintenir dans le chenal à la traversée de cet estuaire une profondeur d'eau, tout artificielle, de 5 mètres à mer basse, — au lieu de la profondeur de $2^{m},40$ qui avait été primitivement obtenue par de simples travaux de régularisation du lit conçus uniquement en vue de tirer le meilleur secours possible des forces naturelles, — on a dû, pendant les dix années de 1858 à 1867, draguer un cube moyen annuel de 1,200,000 mètres, et que, dans l'année 1868, le cube des dragages s'est élevé jusqu'à 3 millions de mètres. Ce sont là des chiffres formidables sur lesquels ne peuvent avoir aucune influence les ouvrages de l'embouchure. Dès l'année 1869, il est vrai, on espérait qu'à mesure que le lit de la partie maritime de la rivière arriverait aux dimensions normales qu'on voulait lui donner, avec des talus d'une inclinaison assurant leur stabilité, les cubes des dragages annuels subiraient une réduction progressive, finalement considérable. Nous ne savons si ces prévisions se sont réalisées. Le port d'embouchure d'Aberdeen présente, de son côté, certaines particularités qui méritent de fixer l'attention : la rivière ne transporte que des matières vaseuses, en sorte qu'elle ne contribue en rien à la formation de la barre; la côte nord est une plage de sable, tandis que la côte sud est rocheuse et ne fournit pas de sables voyageurs; enfin les vents régnants sont de la région nord, tandis que les vents dominants ou de fortes tempêtes sont de la région sud, en sorte que, par suite de la lutte alternative entre les lames des deux directions, la plage ne s'exhausse pas d'une manière permanente derrière le brise-lame nord. Dans l'état actuel des ouvrages de l'embouchure, c'est-à-dire avec la faible longueur relative du brise-lame nord, et grâce à l'abri que donne la saillie du brise-lame sud, les sables de la plage nord, poussés par une succession de tempêtes des vents régnants, après s'être accumulés derrière le brise-lame nord, finissent par le déborder et par aller former une barre intérieure; aussi est-on obligé de faire annuellement, pendant la belle saison, environ 60,000 mètres cubes de dragages pour obtenir sur cette barre une profondeur moyenne de $3^m,30$; et encore les premières tempêtes d'hiver réduisent-elles, alors qu'il n'est malheureusement plus possible de draguer, ladite profondeur d'environ 1 mètre. On se propose de prolonger le brise-lame nord, en l'inclinant légèrement vers le sud, jusqu'à ce que son extrémité soit exactement défilée par la direction des vents dominants passant par le musoir du brise-lame sud, et l'on espère arriver ainsi à supprimer complètement la barre intérieure. A supposer même que la disparition de cette barre ne soit pas complète, l'exécution du travail projeté réalisera à coup sûr une très-grande amélioration.

Nous terminerons cette étude des travaux d'amélioration de l'embouchure des estuaires en disant quelques mots de la largeur de l'entrée ou de la passe. Parmi les considérations générales que nous avons rappelées ci-dessus à ce sujet, il importe surtout de ne pas perdre de vue qu'ici la question de la largeur se complique des considérations relatives aux mouvements de flux et de reflux des marées : d'une part, en effet, il faut faire en sorte de ne pas gêner la libre et facile introduction de la marée montante dans l'estuaire; d'autre part, à marée descendante, il faut éviter d'avoir dans la passe un trop fort courant qui, sans grande utilité pour la bonne tenue des profondeurs, aurait le très-grave inconvénient de faire naître dans les gros temps des brisants d'autant plus dangereux, pour les navires entrants notamment, que ceux-ci auraient à lutter en même temps contre le courant lui-même. Par ce double motif, et au risque d'un abri moins complet dans l'estuaire, il convient de réserver, au moins tout d'abord, une très-large entrée entre les extrémités des deux brise-lames, sauf à ne pas trop se presser de construire les musoirs afin de conserver la possibilité de prolongements ultérieurs.

Enfin une troisième catégorie de ports de la seconde classe, c'est-à-dire de ports ayant leur entrée fixée par des jetées, comprend tous ceux qu sont situés à l'embouchure de canaux de dessèchement de terrains marécageux ou d'écoulement de lacs ou de lagunes; et, parmi ces ports, nous aurons à étudier séparément ceux des mers à marées où le reflux périodique de la mer, plus ou moins aidé de l'écoulement des eaux de l'intérieur, produit des chasses régulières, et ceux des mers sans marées, où les chasses naturelles n'ont lieu que d'une manière intermittente et par suite de circonstances accidentelles.

L'exemple le plus remarquable de port d'embouchure de lagune situé dans une mer à marées et amélioré au moyen de jetées est le port de Malamocco, dans l'Adriatique, l'une des cinq ouvertures ou passes par lesquelles les lagunes de Venise communiquent avec la mer. Ces lagunes, qui occupent une étendue de littoral d'environ 60 kilomètres, et dont la superficie est d'environ 52,000 hectares, ne sont séparées de la mer, on le sait, que par une étroite bande de terrain qu'il a fallu protéger sur une notable partie de sa longueur contre les attaques des lames par de fortes défenses en enrochements. Des sables voyagent le long de cette côte, marchant du nord au sud, ainsi que le prouve la forte déviation vers le sud du chenal de chacune des passes. Par suite des marées qui règnent dans l'Adriatique, et dont l'amplitude dans les vives eaux varie de $0^m,80$ à $1^m,40$ et atteint parfois jusqu'à $2^m,50$, il se produit dans les passes des courants alternatifs qui ont toujours suffi pour y entretenir une certaine profondeur. La profondeur naturelle des passes est donc intimement liée à la quantité d'eau qui pénètre à chaque marée dans les lagunes. Aussi l'ancienne république de Venise et les divers gouvernements qui lui ont succédé ont-ils toujours veillé avec la plus grande sollicitude à combattre toutes les causes qui pouvaient tendre à réduire la superficie et la profondeur de ce vaste réservoir de chasses naturelles. C'est ainsi, notamment, que la plupart des cours d'eau qui débouchaient anciennement dans les lagunes ont été détournés et rejetés, soit en dehors, soit vers les extrémités, non-seulement pour soustraire les lagunes à l'apport des alluvions charriées par ces cours d'eau, mais aussi pour éviter l'introduction de l'eau douce qui favorise le développement de la végétation. Malgré tout, la portion des lagunes la plus rapprochée des terres s'est peu à peu exhaussée et a fini par former une zone d'une assez grande largeur découvrant à mer basse et à laquelle on a donné le nom de lagune morte, par opposition au nom de lagune vive réservé à la zone constamment couverte par les eaux. La réduction progressive, quoique lente, de la superficie de la lagune vive créait un sérieux danger pour le maintien des profondeurs des passes. Ces profondeurs devenaient d'ailleurs de plus en plus insuffisantes par suite du tonnage croissant des navires. Dès l'année 1806, sous le premier Empire, une commission, dans laquelle se trouvaient Sganzin et Prony, fut chargée de rechercher les moyens d'améliorer la situation. Sur l'avis de cette commission, il fut décidé que l'on améliorerait la passe de Malamocco en y construisant deux jetées à peu près normales à la côte, destinées à fixer la position du chenal et à concentrer ainsi dans une direction constante toute la puissance des courants de jusant. Les travaux, ajournés longtemps par les événements politiques, n'ont pu être commencés qu'en 1840, et ils n'ont été terminés qu'en 1870. Ils ont consisté, conformément aux dispositions du projet primitif, dans la construction de deux jetées parallèles laissant entre elles un chenal de 470 mètres de largeur : l'une, dite du nord, au vent de la marche des alluvions, qui a été poussée à travers la barre jusque dans les fonds de 8 mètres; l'autre, dite du sud, ayant son musoir à 400 mètres environ en arrière du musoir de la jetée nord, la partie de cette dernière jetée qui forme ainsi saillie étant légèrement déviée vers le sud. La portion de lagune alimentée par la passe de Malamocco a une superficie de 15,000 hectares qui, par suite de l'amélioration de la passe, tend encore à s'enrichir aux dépens des portions de lagune voisines. Le jusant, dans cette partie de l'Adriatique, dure moins que le flot, et, grâce surtout à cette heureuse circonstance locale, la vitesse du courant de jusant dans le chenal est plus forte que celle du courant de flot; cette vitesse est de $1^{m},70$ par seconde dans les vives eaux, et de 0,50 à 0,60 dans les mortes eaux. A l'époque où les travaux ont été entrepris, le chenal était fortement dévié vers le sud par un banc sous-marin sur lequel on ne trouvait que 4 mètres d'eau à mer basse, la profondeur dans le chenal même étant d'environ 5 mètres. On construisit d'abord la jetée nord, et cet ouvrage unique, en arrêtant le courant littoral N.-S. et le détournant vers le large, eut déjà pour résultat d'amener la coupure de la barre par les courants de jusant et de donner un chenal direct avec des profondeurs de 6 mètres. On exécuta alors le massif de fondation de la jetée sud arasé au niveau des hautes mers ordinaires, et la profondeur dans le chenal devint de 7 mètres; enfin on construisit le massif de couronnement de cette jetée qui, faisant utiliser désormais toutes les grandes marées pour les chasses, procura une profondeur normale à l'entrée de plus de 9 mètres. C'est là incontestablement un magnifique résultat. Peut-on espérer qu'il sera d'une très-longue durée? Déjà l'on constate que la plage s'exhausse et s'avance derrière la jetée du nord; en sorte que l'on doit prévoir une époque, plus ou moins reculée, où les sables voyageurs, finissant par déborder le musoir de cette jetée, viendront dans une certaine proportion former un banc en dedans et à l'abri dudit musoir. Déjà, également, on reconnaît à l'examen des plans de sondages que le chenal le plus profond dévie vers le sud immédiatement à la sortie de la portion comprise entre les deux jetées; et il est de toute évidence que cet effet ne pourra que s'aggraver rapidement lorsque les sables voyageurs commenceront à déborder la jetée du nord. On sera donc forcément conduit quelque jour à prolonger d'abord la jetée sud jusqu'à la même distance que la jetée nord; probablement, ensuite, à prolonger ensemble les deux jetées; mais la nécessité de ce dernier prolongement ne se produira certainement que dans un avenir très-éloigné, grâce aux heureuses circonstances locales de la faible quantité relative des alluvions voyageuses, de la grande puissance des courants de jusant et de la forte déclivité des fonds au large des extrémités actuelles des jetées.

Les anciens ports d'Ostende, de Dunkerque, de Calais, situés au débouché de canaux de dessèchement de vastes terrains marécageux, avaient jadis leur profondeur entretenue par le simple mouvement alternatif des marées. Ce n'est que dans les temps modernes que les terrains en question s'étant peu à peu exhaussés, puis ayant été finalement endigués pour être mis en culture, on a dû recourir dans ces ports au procédé des chasses artificielles.

Comme autre exemple de canaux de desséchement débouchant dans des mers à marées, on peut enfin citer les cinq petits cours d'eau, appelés courants, par lesquels les eaux de trop-plein des petits lacs des dunes et d'égouttement de tous les versants maritimes du département des Landes, entre le bassin d'Arcachon et l'embouchure de l'Adour, se rendent à la mer, et qui sont les courants de Mimizan, de Contis, de Huchet, du vieux Boucau et de Cap-Breton. Ici le mouvement alternatif des marées ne joue plus qu'un rôle insignifiant, et l'on ne peut plus compter pour l'entretien de la profondeur des passes que sur l'action très-faible des petits courants produits par l'écoulement des eaux de l'intérieur pendant la mer basse. Aussi les cours d'eau en question étaient-ils tous, sous l'influence des alluvions voyageuses du littoral, fortement déviés vers le sud; l'un d'eux, par exemple, le plus important, le courant de Mimizan, ne débouchait dans la mer qu'après un parcours de 5 kilomètres le long du pied des dunes. Par suite de l'insuffisance d'écoulement des eaux de l'intérieur résultant d'une pareille situation, de grandes superficies de terrain restaient à l'état marécageux; et, souvent même, les terrains cultivés étaient inondés. On a amélioré sur chaque point cette situation en ouvrant au courant un nouveau lit, direct, à travers la plage, barrant alors l'ancien lit, enfin prolongeant la rive sud de la coupure, convenablement protégée, par une jetée s'avançant au plus loin jusqu'à la laisse de basse mer de vive eau, la rive nord de la coupure n'étant d'ailleurs protégée que par de simples clayonnages. Ces travaux, exécutés depuis un certain nombre d'années, ont donné de bons résultats. A Cap-Breton, on a fait davantage : on a mis le chenal de débouché du courant en communication par un canal avec un lac à plafond bas situé à quelque distance dans les terres, le lac d'Osségor, qui s'est trouvé ainsi transformé en un petit réservoir de chasses naturelles. Grâce à ce travail, le bourrelet par-dessus lequel s'écoulent les eaux du courant, et qui se maintenait encore précédemment à $1^m,50$ environ au-dessus du niveau des basses mers de vives eaux, s'est abaissé d'environ $0^m,50$. Nous devons ajouter que les embouchures améliorées comme il vient d'être dit ne peuvent donner accès qu'à de petits bateaux de pêche, lesquels préfèrent même souvent, dans les gros temps, échouer sur les plages voisines plutôt que de tenter l'entrée du chenal.

Parmi les ports d'embouchure de canaux de communication entre des lacs ou étangs littoraux et la mer situés dans des mers sans marées, nous mentionnerons surtout ceux de notre littoral du golfe de Lion. On sait que la portion de ce littoral qui s'étend de l'embouchure du Rhône au massif montagneux du cap Béar, embrassant ainsi les quatre départements du Gard, de l'Hérault, de l'Aude et des Pyrénées-Orientales, est bordée par une série d'étangs qui ne sont séparés de la mer que par une zone étroite et basse de terrains sablonneux constituant ce que l'on appelle le cordon littoral. Les canaux de communication, naturels ou artificiels, entre la mer et ces étangs portent le nom de graus. Les anciens graus naturels existant à travers le cordon littoral ont conservé longtemps des dimensions suffisantes pour permettre aux petits bâtiments de pénétrer dans les étangs et de desservir ainsi les ports situés sur leurs rives. Mais les étangs ayant peu à peu perdu de leur profondeur, et les graus naturels ayant par cela même périclité, toute cette longue côte du Languedoc et du Roussillon se trouva dépourvue de ports ou abris naturels, et c'est précisément pour remédier à une pareille situation que fut créé, ainsi que nous l'avons précédemment expliqué, vers le milieu du XVIIe siècle, le port de Cette, à l'embouchure du grau du même nom par lequel le vaste étang de Thau communique avec la mer. Nous n'avons pas à revenir ici sur les dispositions qui ont été adoptées à Cette, sinon pour rappeler que sur ce point spécial le port a été constitué par une combinaison de brise-lames, et pour faire remarquer que le régime du grau proprement dit, malgré les travaux d'amélioration dont ce grau a été en même temps l'objet, ne joue absolument aucun rôle dans les fluctuations de profondeur du port d'embouchure et de ses passes d'entrée. Postérieurement et indépendamment des améliorations effectuées aux embouchures de l'Hérault et du Lez que nous avons déjà mentionnées en parlant des ports à chasses naturelles, on a amélioré deux autres graus pour en faire également des ports, mais de bien moindre importance que le port de Cette : l'un, le grau du Roi, traversant l'étang de Repousset et passant par Aigues-Mortes; l'autre, le grau de La Nouvelle, donnant écoulement aux eaux des étangs de Bages et de Sijean, et communiquant avec Narbonne par le canal de la Robine. Dans l'un et l'autre cas le travail d'amélioration a consisté, d'une part, comme à Cette, à rectifier et creuser le lit du grau entre l'étang et la mer, et, d'autre part, à fixer son débouché à travers la plage par deux jetées prolongées jusque dans des fonds capables de procurer une profondeur à l'entrée égale à celle du chenal intérieur. Or on sait qu'avec de pareils ouvrages il y a inévitablement tendance constante à la formation d'une barre plus ou moins haute en avant de l'entrée. En outre, dans les gros temps, les lames repoussant vers l'intérieur du chenal une partie des sables qui passent devant l'entrée y provoquent la formation d'une seconde barre; et, en même temps, le courant qui s'établit alors de la mer vers l'étang, entraînant avec lui des matières en suspension, produit un dépôt général desdites matières, et, conséquemment, un relèvement uniforme du fond du lit sur une étendue plus ou moins grande du grau à partir de son embouchure. Il est vrai que lorsque les vents soufflent de terre, le niveau de la mer, qui reste calme, étant moins élevé que celui de l'étang, il se produit alors un contre-courant de l'étang vers la mer. Mais dans des conditions locales telles que celles qui existent aujourd'hui, c'est-à-dire par suite de la faible profondeur actuelle des étangs, ce contre-courant n'est pas assez fort pour pouvoir agir d'une manière efficace ni sur les dépôts intérieurs ni sur la barre extérieure; en sorte que, en réalité, avec des ouvrages donnés, on ne peut généralement lutter pour le maintien tel quel des profondeurs primitives à l'entrée et dans toute la longueur du chenal qu'au moyen de dragages périodiques; et comme ces dragages, en ce qui concerne la barre extérieure et même, en grande partie, la barre intérieure, ne peuvent s'exécuter que pendant la belle saison, et que leurs bons effets disparaissent malheureusement dès les premières tempêtes d'hiver, il en résulte que la situation reste mauvaise précisément pendant toute la période de temps où il serait au contraire le plus indispensable d'avoir de bonnes profondeurs. Pour remédier à la perte inévitable de profondeur à l'entrée résultant de l'existence de la barre extérieure sans recourir à des dragages annuels, toujours, comme nous venons de le dire, d'une efficacité de peu de durée, il n'y a qu'un moyen qui est de prolonger les jetées jusqu'à une certaine distance, à déterminer par l'expérience, au delà des fonds naturels correspondant à la profondeur normale du chenal du grau. C'est ce que l'on se propose de faire, par exemple, au grau de La Nouvelle, où, avec les jetées actuelles allant jusque dans les anciens fonds naturels d'environ 3 mètres, on n'a pendant tout l'hiver à l'entrée qu'une profondeur de moins de 2 mètres, descendant souvent jusqu'à $1^{m},50$: les jetées doivent être prolongées jusque dans les fonds de $4^{m},50$, et l'on espère obtenir ainsi une profondeur d'eau constante d'au moins 3 mètres sur la barre. D'un autre côté, pour combattre dans la mesure possible la tendance à la formation de la barre intérieure, il faut abriter l'entrée, et, pour cela, conformément aux considérations générales précédemment exposées, incliner ou courber légèrement la jetée au vent sous la direction des vents régnants du large, en ayant le soin de défiler suivant cette direction, à moins d'indications locales contraires, la ligne des musoirs des deux jetées. On sait d'ailleurs qu'une pareille disposition exerce en outre une action favorable sur le régime de la plage et sur celui de la barre extérieure. Mais, quelle que soit la disposition adoptée, on ne peut éviter complétement les dépôts en dedans de l'entrée, et il n'y a pas d'autre moyen de se débarrasser de ces dépôts que de les draguer régulièrement. Ce n'est également que par des dragages périodiques que l'on peut se débarrasser des dépôts vaseux qui se produisent dans le chenal même du grau. Quant à toutes les autres conditions d'établissement des deux jetées d'embouchure, elles sont les mêmes que celles que nous avons précédemment mentionnées à l'occasion des entrées des ports à chasses naturelles. Nous devons faire remarquer enfin que les circonstances locales peuvent être telles qu'elles contribuent beaucoup au succès des travaux d'amélioration du grau. C'est ce qui a eu lieu, par exemple, pour le grau du Roi. D'une part, en effet, ce grau débouche sur une partie de côte abritée contre les vents régnants du large par la pointe très-saillante dite de l'Espiguette; en sorte que, la mer dans l'anse formée par cette pointe n'étant jamais très-mauvaise et restant toujours limpide, les dépôts de sable à l'entrée ne sont jamais considérables, et que le chenal du grau reste exempt de dépôts vaseux et conserve en conséquence naturellement sa profondeur. D'autre part, la portion de l'étang de Repousset sise à l'ouest du grau, après avoir reçu une petite rivière appelée le Vidourle, déchargeant son trop-plein par une ouverture ménagée dans la berge du grau immédiatement en amont de l'enracinement de la jetée, il en résulte dans le chenal d'entrée, surtout aux époques de crues, des chasses naturelles grâce auxquelles, sans que l'on ait jamais à faire aucuns dragages, et bien que les jetées ne s'avancent guère que jusqu'à la ligne des fonds naturels de 2 mètres, la profondeur sur la barre ne descend jamais au-dessous de 3 mètres.

Mais, indépendamment des graus précédemment cités, où les travaux d'amélioration de l'embouchure ont eu pour but principal de les transformer en ports, il en est d'autres, moins importants, où l'on a eu surtout en vue, en agissant sur l'embouchure, de modifier le régime des étangs littoraux dans le triple intérêt de l'agriculture, de la pêche et de la salubrité publique. Dans l'état naturel, voici quel est le régime des étangs et des graus. Les fortes pluies d'hiver élèvent beaucoup le niveau des étangs. Si, alors, le vent souffle de terre, les eaux de l'étang sont projetées par-dessus le cordon littoral; et comme le niveau de la mer subit en même temps un abaissement brusque, les eaux se creusent à travers le cordon littoral et la plage un lit ou grau naturel plus ou moins large et profond. Mais ce grau est bien vite comblé de nouveau par les énormes masses de sable qu'y jettent les vents du large, sa fermeture complète ayant lieu d'autant plus rapidement que l'étang qu'il rejoint a moins de profondeur. Or, depuis longtemps, comme nous l'avons dit déjà, la profondeur des étangs a toujours été en diminuant; la durée des graus naturels a donc suivi la même marche, en sorte que pour certains étangs l'on ne peut plus compter comme autrefois sur une communication à peu près constante entre eux et la mer. Les inconvénients d'une pareille situation sont multiples : au point de vue agricole, en été, le grau étant alors fermé, le niveau de l'étang est bas et l'on cultive ses bords; mais dès que la mauvaise saison approche, l'évaporation ne suffit plus à maintenir ce niveau contre l'invasion des sources, des eaux pluviales, des lames de la mer déferlant dans les gros temps par-dessus le cordon littoral, et il résulte de là que les eaux s'élèvent souvent dans l'étang de 1 mètre à $1^m,50$ au-dessus du niveau des basses mers, envahissant ainsi les terrains cultivés; au point de vue de la pêche, en hiver, quand les brèches se forment dans le cordon littoral, le poisson en profite pour quitter l'étang et aller frayer à la mer; quand vient l'été, les brèches se ferment et le poisson ne peut plus rentrer; et lors même qu'il rentrerait il ne pourrait supporter le séjour de l'étang à cause de l'élévation de la température des eaux; enfin, au point de vue de la salubrité publique, en été, les maladies s'abattent sur les rives de l'étang qui sont entourées de marais dont les eaux se sont retirées par suite de l'évaporation. On ne peut remédier à ces très-graves inconvénients qu'à l'aide de travaux propres à maintenir la communication constamment ouverte entre les étangs et la mer par les graus naturels ou par des graus artificiels. C'est ce que l'on a fait au grau Saint-Ange donnant écoulement aux eaux de l'étang de Leucate et au grau de Pérols servant de débouché à l'étang de Mauguio. Les travaux consistent tout d'abord dans l'ouverture d'un canal à lit régulier de 12 à 15 mètres de largeur et de 1 mètre à $1^m,50$ de profondeur en contre-bas du niveau des basses mers. Ce canal se termine du côté de la mer par un barrage mobile à poutrelles avec pertuis central de 3 à 4 mètres de largeur pour le passage des bateaux de pêche; on ferme ledit barrage lorsque la mer est grosse afin d'éviter l'obstruction du chenal intérieur par les sables; on l'ouvre, au contraire, dès que les eaux atteignent dans l'étang un niveau menaçant pour les terres cultivées, et l'on obtient ainsi des chasses plus ou moins énergiques qui déblayent le devant du barrage. Enfin l'ouvrage est protégé contre les attaques de la mer par deux jetées en prolongement des berges du canal, d'une longueur de 15 à 20 mètres, et que l'on prolonge encore au delà par des musoirs d'une longueur à peu près égale et présentant dans leur partie supérieure, au-dessus du massif de fondation arasé au niveau des eaux basses, une forme un peu évasée. Cette dernière disposition a pour but, en élargissant l'espace battu par les lames pendant les tempêtes, et sans nuire d'ailleurs à la puissance des chasses lors de l'ouverture des pertuis, de donner un ressac beaucoup plus fort et de diminuer ainsi les dépôts d'alluvions voyageuses en avant du barrage; ce qui offre le très-sérieux avantage de diminuer par cela même la durée de la fermeture des pertuis, la communication pouvant alors, en effet, être rétablie aussitôt que la mer est redevenue calme, et sans attendre que le niveau de l'étang soit notablement supérieur.

Enfin, comme autres exemples de ports d'embouchure de canaux de communication entre des lacs littoraux et la mer, nous citerons encore, savoir :

Dans la Méditerranée, les deux ports de la Goulette et de Bizerte, situés tous deux dans la régence de Tunis, et qui ont été l'un et l'autre améliorés au moyen de jetées parallèles. Le chenal de la Goulette, en fort mauvais état, faute d'entretien, ne peut donner accès qu'à de très-petits bâtiments. A Bizerte, situé à l'embouchure du canal d'écoulement d'un immense lac recevant plusieurs cours d'eau, le chenal est fixé à l'aide de deux jetées inégales, celle au vent s'avançant jusque dans les fonds de 4 mètres; malgré des circonstances locales très-favorables le chenal ne présente qu'une profondeur de $2^m,50$; mais il y a tout lieu de penser qu'avec des dragages annuels probablement peu considérables, on pourrait le rendre accessible aux grands bâtiments;

Dans la Baltique, sur la côte de Prusse, le port de Pillau donnant écoulement aux eaux du lac littoral appelé Frische Haff qui reçoit une partie des eaux de la Vistule, et le port de Memel par lequel s'écoulent les eaux du Curische Haff où débouche le Niémen; sur la côte russe, le port de Libau donnant écoulement aux eaux du lac de même nom alimenté par plusieurs petites rivières. Les trois ports sont améliorés au moyen de jetées destinées à fixer la position et la direction du chenal. Les deux premiers se trouvent dans d'excellentes conditions par suite de la grande superficie et de la profondeur des lacs littoraux qui font que, indépendamment de l'écoulement régulier des eaux de l'intérieur, les marées accidentelles résultant des vents produisent dans le chenal de chacun d'eux de puissantes chasses naturelles, suffisantes pour entretenir à l'entrée des profondeurs de 5 et 6 mètres. Quant au port de Libau, bien qu'il se trouve dans des conditions beaucoup moins favorables sous le rapport de l'étendue et de la profondeur du lac littoral, on est parvenu pourtant à y obtenir également à l'entrée la profondeur de 5 mètres par un prolongement convenable des anciennes jetées; mais comme les forces naturelles sont ici notablement moins puissantes que sur les deux autres points, il y a évidemment tout lieu de craindre qu'une telle profondeur ne puisse être longtemps conservée.

DIGUES, MOLES ET BRISE-LAMES. — Les digues, môles et brise-lames sont, comme nous l'avons vu, des ouvrages destinés à améliorer des rades naturelles ou à créer des rades ou des avant-ports artificiels.

On fonde ces ouvrages, soit dans des enceintes, soit à mer libre. Chacun de ces deux systèmes de fondation comporte d'ailleurs différents modes d'exécution. Ainsi la fondation dans une enceinte peut se faire par l'un des trois procédés suivants : ou bien en construisant un batardeau sur tout le pourtour de l'ouvrage et épuisant ensuite pour faire la maçonnerie à sec, procédé toujours coûteux et souvent impraticable; ou bien en établissant un encoffrement formé de pieux jointifs ou de pieux et palplanches et y coulant du béton sans épuisement, procédé coûteux également et d'une application restreinte; ou bien enfin en se servant de caissons en charpente, les uns foncés et parfaitement étanches dans lesquels on fait de la maçonnerie; les autres sans fond, dans lesquels on coule du béton ou que l'on remplit de simples enrochements. Quant à la fondation en mer libre, elle se fait, soit au moyen de pierres arrimées, c'est-à-dire de pierres empilées par assises régulières, horizontales ou inclinées, que l'on met en place à l'aide de grues et d'appareils à plongeurs; soit au moyen de pierres jetées pêle-mêle, ce qui constitue le mode de travail appelé « à pierres perdues ».

Le mode de fondation dans des enceintes s'applique surtout à la construction des ouvrages intérieurs des ports. Nous nous en occuperons en parlant de ces ouvrages.

Le système de fondation à pierres perdues est celui qui est le plus généralement employé dans la construction des digues, môles et brise-lames.

Les matériaux jetés pêle-mêle à la mer prennent le talus nécessaire à leur stabilité, talus qui varie avec la force des lames, la profondeur de l'eau, la forme, les dimensions et le poids des blocs immergés. Un calcul très-simple montre que, pour des blocs semblables, la stabilité augmente rapidement avec les dimensions, et, surtout, avec la densité de ces blocs. On a d'ailleurs reconnu par l'observation que des enrochements de moyenne grosseur prennent sur la face intérieure de l'ouvrage, c'est-à-dire du côté abrité, un talus de 1 à 1 1/2 de base pour 1 de hauteur; et, à l'extérieur, c'est-à-dire du côté du large, une inclinaison de 4 à 8 et même 10 de base pour 1 de hauteur, non-seulement sur toute la portion du talus hors de l'eau sur laquelle viennent se répandre tumultueusement les lames brisées par le talus inférieur, mais encore jusqu'à une profondeur de 4 à 8 ou 9 mètres au-dessous du niveau de la basse mer, limite passé laquelle cesse toute action des lames sur les enrochements et où le talus reprend en conséquence son inclinaison naturelle de 1 1/2 à 2 de base pour 1 de hauteur. Par suite de la faible inclinaison du talus extérieur du massif de fondation des digues en enrochements ordinaires, ce massif, dans les grandes profondeurs d'eau, occupe une très-large base et exige l'emploi d'une masse énorme de matériaux. Pour raidir autant que possible les talus d'enrochements naturels et réduire par cela même la masse des matériaux employés à la confection d'une digue, on a généralement le soin de réserver les plus gros blocs pour les revêtements et surtout pour le revêtement extérieur. Dans le même but on a eu recours à des blocs artificiels d'un volume de 10 jusqu'à 20 et même 30 mètres cubes, jetés pêle-mêle comme les enrochements naturels; et qui, par suite de leur stabilité propre et de leur enchevêtrement, se tiennent sous l'action des plus fortes mers à un talus de 1 à 1 1/2 de base pour 1 de hauteur.

Le mode d'installation des chantiers de construction des digues à pierres perdues est différent suivant qu'il s'agit de môles enracinés à la terre ou de brise-lames isolés. Dans le premier cas, ou bien la digue elle-même est utilisée pour le transport de tout ou partie des matériaux en y installant une voie de fer que l'on prolonge au fur à mesure de l'avancement de la digue, ou bien on construit un pont de service destiné à recevoir les voies de fer de transport et dont les poteaux montants restent nécessairement noyés dans le massif de l'enrochement.

Les enrochements naturels sont fournis par des carrières ouvertes à la côte et qu'on relie, soit à l'enracinement du môle, soit à un point commode pour l'embarquement, par des voies de fer qui atteignent parfois plusieurs kilomètres de longueur. On exploite ces carrières d'après les méthodes ordinaires de l'extraction à la poudre, mais en procédant par grandes mines : les prix d'extraction sont à peu près les mêmes qu'avec les mines ordinaires, mais il faut moins de bras. Les grandes mines, d'ailleurs, peuvent seules suffire aux besoins des grands chantiers de construction des digues à la mer. Le procédé d'extraction par grandes mines consiste à percer dans le rocher, normalement au front de carrière, une galerie horizontale d'une longueur pouvant varier suivant les circonstances de la moitié aux deux tiers de la hauteur du massif de roc que l'on veut abattre ; à embrancher ensuite transversalement sur cette galerie principale une autre galerie formant T et que l'on termine à ses extrémités par des fourneaux de mine. On dispose généralement à la suite des unes des autres plusieurs mines semblables que l'on fait partir toutes ensemble à l'aide de l'électricité. Les galeries sont préalablement remplies par une solide maçonnerie destinée à former bourrage et ne laissant que la place réservée au passage des fils électriques. Quelquefois les galeries horizontales d'entrée sont remplacées par des puits verticaux. On parvient ainsi à disloquer en une fois des masses de roches de 100,000 mètres cubes et plus : le rendement dépend de la nature du rocher; il peut varier de 2 à 5 mètres cubes par kilogramme de poudre. Les blocs trop volumineux pour être chargés et transportés sont débités au moyen de trous de mine ordinaires. En France, où l'on a généralement recours aux blocs artificiels pour le revêtement des talus, on ne dépasse guère la limite de 4 à 5 mètres cubes pour les blocs naturels; mais, dans quelques travaux de digues à l'étranger et dans les colonies, on a été plus loin. C'est ainsi, par exemple, qu'au port de Saint-Pierre, à l'île de la Réunion, on a mis en œuvre des blocs de basalte de 13 mètres cubes pesant près de 40 tonnes. Les pierres fournies par la carrière sont chargées à l'aide de bigues à élingues ou de grues roulantes sur des trucs qui les emmènent au lieu de versement ou d'embarquement. Dans le cas où les matériaux doivent être transportés par mer, on les charge à l'embarquement, au moyen de grues fixes, dans des barques à clapets s'il s'agit de moellons et de blocs de faibles dimensions, et, s'il s'agit de gros blocs, suivant les conditions d'emploi, sur des chalands pontés ou dans de grandes barques sans clapets. Le transport se fait, soit à l'aviron, soit à la voile, soit, comme cela se pratique presque exclusivement aujourd'hui, par remorquage à la vapeur. Enfin le débarquement des matériaux a lieu de deux manières suivant les phases du travail : pour la partie du massif de la digue à construire sous l'eau, on se sert presque exclusivement de barques à clapets et de chalands pontés, et il suffit alors, quand on arrive au-dessus de l'emplacement de la digue, d'ouvrir les clapets des barques ou de faire basculer, par différents procédés, les chalands; mais, dès que ces embarcations ne trouvent plus au-dessus de la digue un tirant d'eau suffisant, il faut se servir des barques sans clapets, et le déchargement des blocs ne peut se faire alors qu'au moyen de bigues placées, soit sur l'embarcation même, soit sur les parties déjà émergées de la digue.

Les blocs artificiels ont la forme de parallélipipèdes rectangles. Ils se font en béton ou en maçonnerie ; quelquefois même, lorsque la pierre est difficile à se procurer, on les fait simplement en mortier. Les blocs en mortier ou en béton sont confectionnés dans des caisses sans fond à parois latérales amovibles, qui sont enlevées après un intervalle de huit à quinze jours; les blocs en maçonnerie sont construits sans parois latérales. Pour les uns et les autres on a soin de sabler le sol afin d'empêcher le mortier d'y adhérer. On réserve dans la face inférieure des blocs deux rainures pour le passage des chaînes destinées au levage. Quand on est sur un sol de sable, ces rainures sont inutiles, les chaînes pouvant alors être introduites sous le bloc par chacune de ses extrémités. Quelquefois, pour de très-gros blocs, on remplace les rainures par des tirants en fer noyés dans le massif du bloc, retenus à leur partie inférieure par une forte traverse également noyée ou extérieure, et munis à leur partie supérieure d'une boucle pour l'accrochage des chaînes de levage. Il y a intérêt à laisser les blocs durcir le plus longtemps possible avant de les enlever du lieu de fabrication pour les mettre en place ; toutefois on est limité sous ce rapport par diverses circonstances dépendant de la bonne et économique organisation des chantiers et du degré de rapidité d'exécution des travaux. Suivant la nature du mortier et la saison, il faut compter sur une durée de séchage d'au moins trois à six mois. Les blocs sont construits, tantôt sur place même, tantôt dans des endroits spéciaux d'où ils doivent être transportés ensuite au lieu d'emploi. La confection sur place à laquelle on recourt, dans la mesure du possible, tant pour l'achèvement de la partie supérieure des digues que pour la consolidation ou l'entretien de leur talus extérieur, présente diverses particularités. Quelquefois les blocs sont construits sur l'emplacement même qu'ils doivent définitivement occuper : c'est ce qui a lieu, par exemple, lorsqu'il s'agit de protéger ou renforcer une risberme de digue découvrant à mer basse. D'autres fois ils sont construits sur place pour être culbutés. Ainsi, lorsqu'une digue revêtue extérieurement en gros blocs est couronnée d'une plate-forme, on construit le long de la crête du large une rangée de gros blocs destinés, tant qu'ils restent en place, à former mur d'abri ou parapet, mais ayant en même temps pour autre destination de servir au rechargement du talus extérieur, soit par éboulement naturel à la suite de grosses mers, soit par basculement à l'aide de leviers dès que l'amaigrissement du talus le rend nécessaire. Il va sans dire que l'on a soin de remplacer au fur à mesure les blocs disparus du mur de défense. Ainsi encore, sur le talus même d'une digne revêtue en gros blocs, dans la partie qui découvre, et après avoir convenablement préparé l'emplacement, on construit pendant la belle saison de nouveaux blocs appelés également à basculer lors des gros temps et à venir ainsi recharger le talus inférieur. Pour faciliter ce basculement, on recourt, lorsque les circonstances le permettent, au procédé anciennement indiqué par Vitruve, et qui consiste à construire le bloc sur un massif de sable retenu dans un petit coffrage en charpente ; après le temps jugé indispensable pour le complet durcissement de la maçonnerie, on enlève la paroi antérieure du coffrage, et la mer, en minant le sable, amène le basculement du bloc. On comprend aisément, d'ailleurs, qu'il est possible et facile de donner aux blocs construits sur place, dans la plupart des cas qui viennent d'être énumérés, des dimensions beaucoup plus grandes que celles auxquelles on doit forcément se limiter lorsqu'il s'agit de blocs à transporter : on est arrivé ainsi, en effet, à construire des blocs de 100 à 200 mètres cubes et même davantage. Quant aux blocs destinés à la construction même des digues, ils doivent évidemment être confectionnés dans des endroits spéciaux. Quelquefois on choisit pour cela certaines portions des bassins d'échouage : une pareille disposition a l'avantage de faciliter l'enlèvement des blocs pour les conduire au lieu d'emploi ; mais elle oblige à confectionner lesdits blocs à la marée, et, en outre, on enlève au commerce tout l'emplacement qu'ils occupent. Le plus généralement, surtout quand on veut aller vite, ce qui oblige à avoir toujours d'avance un grand nombre de blocs, on construit ces blocs à terre sur une plate-forme bien dressée aussi rapprochée que possible d'un point convenable pour l'embarquement. L'étendue de cette plate-forme est calculée d'après le nombre de blocs qu'il est nécessaire d'avoir en avance pour répondre au degré de rapidité que l'on veut donner aux travaux. Les blocs sont disposés sur la plate-forme par rangées parallèles laissant entre elles des intervalles suffisants pour l'établissement de lignes de rails destinées au parcours des grues de levage. Ces grues sont formées de forts châssis latéraux portés chacun par deux roues et supportant un solide plancher ou pont de service sur lequel se trouve l'appareil destiné à soulever le bloc. Elles sont en bois ou en fer. L'appareil de levage consiste, soit en verrins, soit en presses hydrauliques fonctionnant à la main ou à la vapeur. Le plus souvent la grue n'embrasse entre ses montants latéraux qu'un seul bloc ; dans ce cas, il est nécessaire que les intervalles entre les rangées de blocs soient tous assez grands pour permettre le passage desdits montants ; la grue, après avoir soulevé le bloc, le transporte elle-même jusqu'à la voie dite d'embarquement placée transversalement à l'extrémité de la plate-forme de fabrication des blocs, en contre-bas des voies longitudinales ; elle arrive jusqu'au-dessus de l'encuvement de cette voie transversale en roulant sur deux rails portés, soit par deux fortes longrines mobiles reposant sur les bords de l'encuvement, soit par le truc même destiné à conduire le bloc à l'embarquement ; elle dépose alors le bloc sur son truc, et elle dégage aussitôt celui-ci en retournant sur la plate-forme. Quelquefois, dans les grands chantiers, la grue embrasse trois rangées de blocs ; dans ce cas les intervalles nécessaires au passage des montants latéraux de la grue n'ont plus besoin d'exister que de trois rangs en trois rangs, les espacements intermédiaires ayant seulement la largeur indispensable pour la facile confection et le levage des blocs ; ce n'est plus alors la grue qui transporte les blocs : en face de l'une des trois rangées on établit une voie de fer mobile, que l'on prolonge à mesure que les rangées se vident, et sur laquelle roule un truc destiné à recevoir le bloc soulevé par la grue pour se rendre ensuite avec le bloc qu'il porte sur le truc de la voie d'embarquement ; l'appareil de levage se meut sur le plancher supérieur de la grue de manière à pouvoir charger successivement les blocs des trois rangées sur l'unique voie de service. Le transport des blocs, dans l'un et dans l'autre cas, d'abord sur la voie de la plate-forme de fabrication, puis sur la voie d'embarquement, se fait, soit en poussant à bras d'hommes ou avec des locomotives, soit en tirant avec des chaînes ou des cordages actionnés par des locomobiles. Deux systèmes sont d'ailleurs employés, suivant les circonstances, pour l'embarquement des blocs et leur transport jusqu'au lieu d'emploi : l'un consistant à faire flotter les blocs et qui ne peut évidemment s'employer que pour les parties immergées des digues ; l'autre consistant à charger les blocs sur des chalands pontés. Voici quelques modes d'application du premier système. Dans la Méditerranée, la voie d'embarquement se termine par un châssis en sapin articulé au rivage, flottant à l'autre bout, et plongeant sous le poids du bloc ; un câble de retenue fixé au bloc permet de l'arrêter dans sa descente juste au moment où il plonge assez profondément pour pouvoir être pris par les flotteurs. Dans l'Océan, les blocs construits dans les bassins d'échouage sont pris là, à mer haute, par les flotteurs ; les blocs construits à terre sont amenés par la voie d'embarquement jusqu'au sommet d'une cale de longueur convenable et sur laquelle on fait descendre le bloc, en réglant la descente à l'aide d'un câble de retenue, jusqu'à ce que ledit bloc puisse être enlevé à mer haute comme dans le cas précédent. Dans l'une et l'autre mer les flotteurs consistent en deux grandes tonnes ou en deux pontons jumelés embrassant le bloc et supportant une plate-forme en bois. Le bloc est amarré par des chaînes à la plate-forme ; on remorque tout l'appareil ; enfin, à l'arrivée sur le lieu d'emploi, on lâche les chaînes et le bloc tombe. Si l'on a besoin d'arrimer les blocs, un treuil est placé sur la plate-forme pour régler la descente. Lorsque les blocs doivent être placés en des points que ne peuvent accoster les flotteurs jumelés, par exemple lorsqu'il s'agit de protéger le pied d'une muraille d'abri dans une digue de l'Océan, de construire la partie supérieure d'un talus dans une digue de la Méditerranée, on se sert d'un grand ponton unique portant à son extrémité une bigue à laquelle le bloc est suspendu. Le second système de chargement et de transport des blocs n'a encore été appliqué que dans la Méditerranée, le jeu des marées de l'Océan permettant toujours de construire avec de simples flotteurs tout le massif de fondation des digues qui ne s'élève généralement que jusqu'au niveau des basses mers. Voici en quoi il consiste : à l'extrémité de la voie d'embarquement se trouve installée une grue fixe, à treuil roulant supérieur, et dont la volée en encorbellement permet de charger sur des chalands pontés amenés bord à quai les blocs arrivant de la plate-forme de fabrication. On charge ainsi plusieurs blocs sur le même ponton, qui est ensuite remorqué jusqu'au lieu d'emploi. Tantôt les blocs sont destinés à être simplement jetés à la mer au moment où le ponton arrive sur l'emplacement de la digue ; dans ce cas, les blocs, généralement alors au nombre de trois, reposent sur le pont du chaland par l'intermédiaire de coulisses inclinées et suiffées, sur lesquelles ils sont maintenus pendant le transport à l'aide de taquets à déclic ; il suffit de lâcher ce déclic pour faire glisser les trois blocs en même temps à la mer. Ce mode d'exécution est rapide et économique ; mais il a l'inconvénient que, quelquefois, les blocs tombant ainsi d'une grande hauteur se brisent en venant choquer les blocs déjà coulés. D'autres fois, et c'est là le seul système possible pour la partie supérieure des digues, les blocs amenés par les pontons sont mis en place à l'aide d'une grande bigue ou mâture flottante actionnée par une machine à vapeur ; en pareil cas les blocs, dont le nombre est alors moins limité, reposent sans intermédiaire sur le pont du chaland ; celui-ci est amené entre la mâture et la digue ; la mâture soulève un bloc, puis, le ponton étant alors retiré, elle se rapproche de la digue et elle fait descendre doucement le bloc à la place qu'il doit occuper ; on éloigne de nouveau la mâture, et l'on recommence la même opération pour chacun des blocs. On emploie encore dans la Méditerranée, pour la confection de la partie supérieure des talus en gros blocs, lorsqu'il s'agit de digues enracinées à la terre, le système très-simple consistant à se servir de la digue elle-même pour le transport des blocs, en utilisant à cet effet la voie de fer construite pour la confection de la partie supérieure du massif en enrochements naturels et qu'il suffit en pareil cas de relier à la voie dite d'embarquement des blocs artificiels.

Le système de fondation à pierres arrimées comporte l'emploi, soit de blocs naturels, soit de blocs artificiels, les premiers, taillés, les autres, confectionnés suivant les gabarits des ouvrages. Tantôt, comme on l'a dit déjà, les blocs sont placés par assises horizontales ; tantôt ils sont disposés par assises plus ou moins inclinées, depuis l'inclinaison de 1/4, par exemple, jusqu'à celle de 45 degrés. Ce mode de construction ne s'emploie guère que pour des digues enracinées à la terre. La construction se fait, soit à l'aide d'un pont de service embrassant toute la largeur de la digue et que l'on prolonge au fur à mesure des besoins, soit en se servant uniquement de la digue elle-même, lorsqu'elle est construite par assises inclinées, pour le transport et la mise en place des blocs. Dans le premier cas, de grands chariots roulants circulent sur le pont de service, avec des treuils se mouvant transversalement ; des voies de fer ordinaires établies sur la portion de digue déjà construite, ou bien des pontons pénétrant par les intervalles des pieux ou par l'extrémité du pont de service, amènent aux treuils les blocs à poser ;

pour la mise en place de ces blocs sous l'eau on se sert de cloches à plongeur suspendues aux chariots roulants, et même, le plus souvent, les ouvriers plongeurs sont simplement revêtus du scaphandre. Dans le second cas, la digue se construit immédiatement sur toute sa hauteur en partant de terre; une voie de fer, placée sur sa plate-forme et que l'on prolonge au fur à mesure de l'avancement de la digue, sert au transport des blocs; puis une grue située à l'extrémité met les blocs en place en le faisant glisser sur les assises déjà posées, ce travail étant aidé par des scaphandriers.

Ce système de fondation, adopté pour plusieurs digues d'Angleterre et d'autres pays, n'a pas reçu d'applications en France.

Les digues construites en France, toutes composées d'un massif de fondation en blocs naturels jetés à pierres perdues, peuvent se réduire à deux types, savoir :

Le premier type, caractérisé par la digue de Cherbourg, dans lequel les enrochements qui forment le massif de fondation prennent leur talus naturel sous l'action des lames;

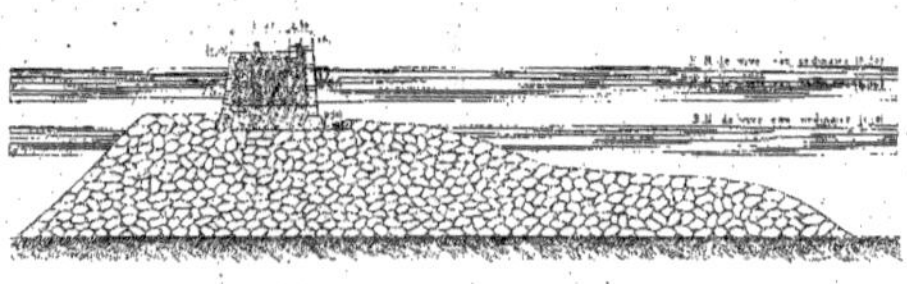

Fig. 13. — Digue de Cherbourg. Échelle de $1^{m.m},5$ pour mètre.

Le brise-lame du port de Cette offre, dans la Méditerranée, un autre exemple de ce genre de digue;

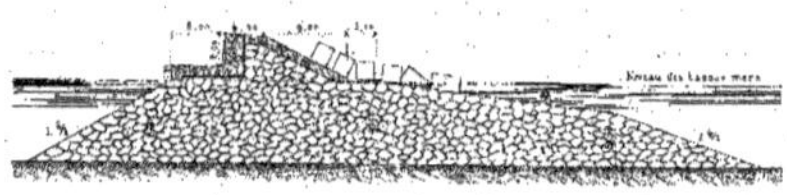

Fig. 14. — Brise-Lame de Cette. Échelle de $1^{m.m},5$ pour mètre.

Le second type, caractérisé par la digue du bassin Napoléon du port de Marseille, où le talus du côté du large est protégé par un revêtement composé de blocs artificiels d'un plus ou moins grand volume suivant la force de la lame et descendu jusqu'à la profondeur qu'indique l'expérience comme étant la limite de l'action des lames sur les enrochements naturels.

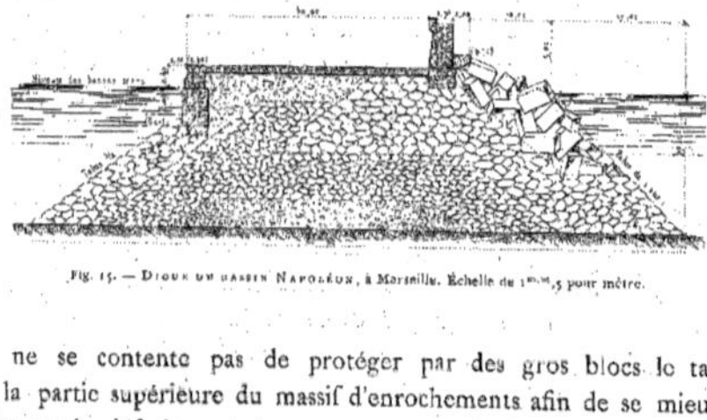

Fig. 15. — Digue du bassin Napoléon, à Marseille. Échelle de $1^{m.m},5$ pour mètre.

Quelquefois on ne se contente pas de protéger par des gros blocs le talus extérieur; on en recouvre également la partie supérieure du massif d'enrochements afin de se mieux garantir des avaries que fait toujours redouter le déferlement des grosses mers par-dessus la digue pendant la période de construction. La digue d'Oran offre un exemple de cette disposition.

La digue de Philippeville présente un autre exemple de la même disposition, mais avec une variante consistant en ce que les gros blocs n'existent que sur les deux rives de la partie supérieure de la digue, la partie centrale restant en enrochements naturels.

A la digue d'Alger, la première des digues françaises où, comme on l'a dit déjà, aient été employés les blocs artificiels, les précautions contre les effets du déferlement pendant la construction ont été poussées plus loin encore qu'à Oran : la partie supérieure de la digue depuis le niveau de l'eau jusqu'à la limite extrême présumée de l'action de la mer sur les enrochements naturels est faite tout entière, en effet,

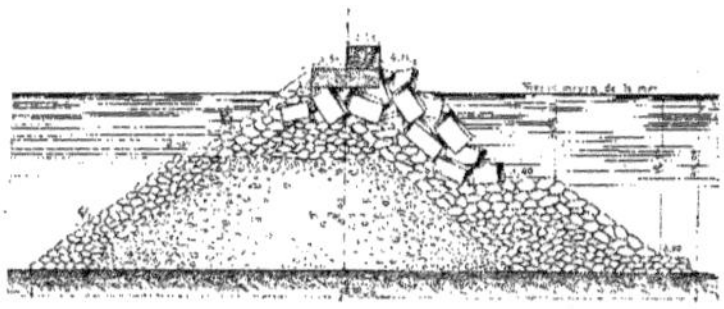

Fig. 16 — Digue d'Oran. Échelle de $1^{mm},5$ pour mètre.

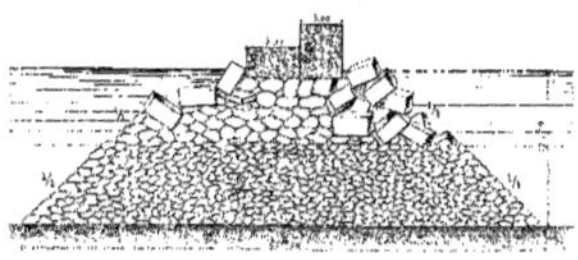

Fig. 17. — Digue de Philippeville. Échelle de $1^{mm},5$ pour mètre.

en gros blocs, au lieu de n'avoir qu'un simple revêtement, et, en outre, le massif inférieur d'enrochements est revêtu en blocs artificiels jusqu'au fond de la mer. Il semble y avoir là exagération de solidité; aussi, l'exemple n'a-t-il pas été imité autre part. La première portion de la digue a même été construite entièrement en blocs artificiels : c'est qu'on était alors au début de l'emploi des gros blocs, et que l'on

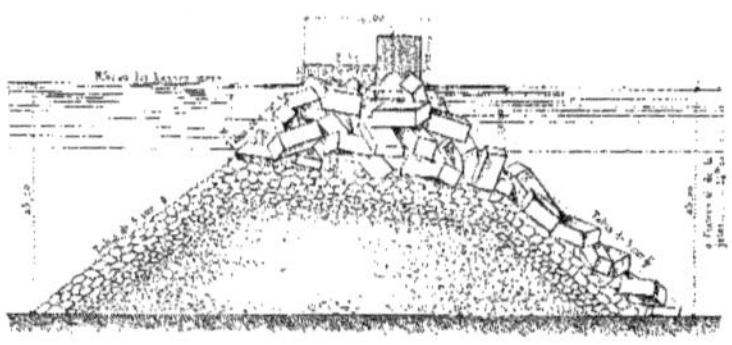

Fig. 18. — Digue d'Alger. Échelle de $1^{mm},5$ pour mètre.

n'avait pas encore suffisamment observé les limites de l'action des lames sur les enrochements naturels. Plus tard, en arrivant dans les grandes profondeurs, on ne manqua pas de profiter de l'expérience alors acquise, et la plus grande partie du massif de la digue fut désormais constituée par de simples enrochements sans qu'il en résultât d'ailleurs aucune modification dans la forme extérieure du profil.

Quelquefois enfin, dans des endroits exposés à de très-grosses mers, sans recourir à la disposition extrême adoptée à Alger pour se garantir des avaries pouvant résulter du déferlement des lames par-dessus la digue, le revêtement en gros blocs du talus du large et de la partie supérieure du massif de fondation de la digue se fait également sur le talus intérieur. On voit un exemple de cette disposition dans la digue en cours de construction sur le rocher de l'Artha à l'entrée de la baie de Saint-Jean-de-Luz.

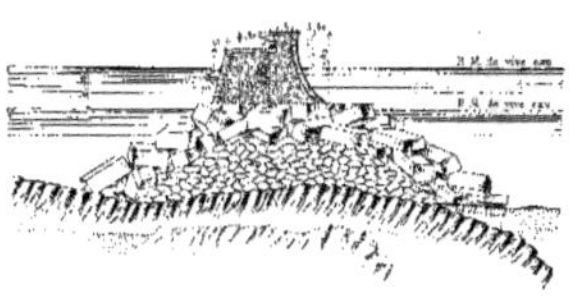

Fig. 19. — Digue de Saint-Jean-de-Luz. Échelle de $1^{mm},5$ pour mètre.

Deux dispositions distinctes sont adoptées pour le couronnement des digues françaises suivant qu'il s'agit de digues dans l'Océan ou de digues dans la Méditerranée.

Dans l'Océan (voir les profils ci-dessus des digues de Cherbourg et de Saint-Jean-de-Luz), le massif de fondation de la digue est arasé au niveau ou un peu en contre-haut du niveau des basses mers de vive eau et l'on construit par-dessus un solide mur d'abri en maçonnerie qui s'élève au-dessus du niveau des hautes mers de vive eau d'une hauteur suffisante pour que sa partie supérieure puisse servir de plate-forme de circulation; cette plate-forme est d'ailleurs protégée du côté du large par un fort parapet dont la crête doit se trouver, en définitive, à 4 ou 5 mètres au moins au-dessus du niveau des hautes mers. Lorsque, comme à Cherbourg, le mur d'abri repose sur un massif construit tout entier en enrochements naturels, il convient de protéger le pied de la muraille par quelques lignes de blocs artificiels venant renforcer la risberme que forment en avant les enrochements; ce mode de consolidation est surtout indispensable sur la portion du contour des musoirs qui fait face à la mer et qui est généralement la partie la plus exposée des digues. La question de la meilleure forme à donner au parement du mur d'abri du côté du large, et, d'une manière plus générale, au parement de tous les ouvrages exposés à la mer, est depuis longtemps, et aujourd'hui encore, l'objet de nombreuses controverses. Au commencement du siècle on pensait que les molécules d'eau dans les lames oscillantes de la mer n'avaient qu'un simple mouvement d'oscillation verticale, et l'on en concluait qu'il fallait donner aux ouvrages un parement à peu près vertical. Depuis lors on a reconnu que les molécules d'eau dans les lames avaient des mouvements curvilignes et l'on en a conclu naturellement, en restant dans le même ordre d'idées que précédemment, que les ouvrages devaient avoir un parement courbe pour ne pas détruire l'état constitutif des lames, condition à défaut de laquelle celles-ci acquièrent leur immense force destructive. Cette dernière conclusion peut être adoptée en principe, c'est-à-dire réserve faite au point de vue pratique des difficultés de construction, pour des ouvrages plongeant à une grande profondeur sous l'eau; mais elle paraît peu applicable aux murailles d'abri qui surmontent les massifs en enrochements des digues de l'Océan. En effet, en poussant plus loin encore que précédemment l'étude pratique des lames, on a constaté que les lames oscillantes de la mer brisent invariablement quand elles arrivent dans une profondeur d'eau moindre que leur hauteur, et qu'elles se transforment alors en lames dites de translation dans lesquelles les molécules d'eau sont surtout animées d'un mouvement de transport horizontal doué d'une vitesse plus ou moins grande suivant les dimensions des lames originelles. Dans les gros temps les lames du large qui arrivent sur une digue brisent donc tout d'abord sur son talus, de telle sorte que ce n'est plus guère qu'à l'état de lames de translation qu'elles viennent rencontrer le mur d'abri qu'elles choquent avec une extrême violence en s'élevant parfois à de très-grandes hauteurs. C'est donc principalement, en définitive, au point de vue de la résistance à opposer au choc d'une énorme masse d'eau, animée d'une grande vitesse, qu'il convient de rechercher les meilleures formes à adopter pour les murs d'abri des digues. La première condition à remplir est évidemment de donner à ces murs une épaisseur suffisante. Or, des expériences ont fait reconnaître que la pression exercée sur un ouvrage à la mer par des lames jaillissant verticalement contre sa paroi est moindre que la pression correspondant à la hauteur atteinte par la colonne jaillissante. En se basant sur cette dernière on a donc un maximum. Lorsqu'il s'agit spécialement de la muraille d'abri d'une digue, il importe de remarquer que la lame ne jaillit jamais à une grande hauteur que sur certains points, en sorte qu'il suffit de calculer l'épaisseur d'après une hauteur moyenne de lame jaillissante, les parties latérales de la muraille étant appelées à soutenir celles où le jet se produit. Indépendamment de la question d'épaisseur, il faut encore que le mur soit construit en bonne et très-solide maçonnerie. Enfin, quant à la question de la forme à préférer pour le parement, soit droit avec un léger fruit, soit curviligne, elle paraît pouvoir être facilement résolue par cette simple considération, à savoir, que le parement droit est beaucoup plus facile à construire que le parement courbe, et qu'il ne présente pas comme celui-ci dans toute sa partie inférieure un point très-faible inévitablement condamné à de fréquentes avaries. On a argué, il est vrai, que le parement avec fruit a l'inconvénient de favoriser le passage de la lame jaillissante par-dessus le parapet de la muraille, et d'occasionner ainsi la chute d'énormes paquets de mer sur la plate-forme, tandis qu'avec le parement courbe, qui la redresse verticalement, la lame retombe presque tout entière en avant de la muraille; mais on peut répondre à cet argument que l'inconvénient attribué au parement incliné n'est vraiment pas bien grave si la muraille est solidement construite, et si la plate-forme n'est pas destinée à servir à des opérations d'embarquement ou de débarquement; que dans cette dernière hypothèse, d'ailleurs, rien n'empêche, comme cela, du reste, se fait fréquemment dans les digues anglaises, de réduire l'importance des paquets de mer, aussi bien qu'avec un mur courbe, en rapprochant simplement le parement de la verticale dans toute la partie supérieure du mur; enfin, qu'il convient de considérer en pareille circonstance, qu'au point de vue de la conservation de la risberme de protection du pied de la muraille, lorsque cette risberme est constituée par des enrochements naturels, ce n'est pas non plus sans inconvénient que l'on fait retomber en avant la presque totalité de la lame jaillissante, surtout avec un parement entièrement courbe qui imprime à la lame retombante un mouvement circulaire tendant à entraîner au loin lesdits enrochements.

Dans la Méditerranée, le massif en enrochements de la digue, arasé à peu près au niveau moyen de la mer, est recouvert d'une plate-forme maçonnée de 2 à 3 mètres d'épaisseur sur laquelle on installe une voie de fer à demeure destinée au transport des matériaux et des blocs tout confectionnés nécessaires à l'entretien de la digue. Sur la rive de cette plate-forme du côté du large on construit, comme on l'a dit déjà, des blocs artificiels destinés, tant qu'ils sont en place, à former parapet de garde, mais qui sont appelés en même temps à renforcer au besoin, par basculement, le talus de protection en blocs artificiels. On donne généralement au parapet de garde une hauteur de $2^{m}50$ à 3 mètres au-dessus de la plate-forme, ce qui porte, en définitive, à 5 ou 6 mètres sa hauteur totale au-dessus du niveau moyen de la mer. Dans les digues où la partie supérieure du massif d'enrochements est en gros blocs, la plate-forme maçonnée s'étend jusque sous les blocs de garde, et elle se trouve ainsi sujette à une double cause de dislocation, à la fois parce qu'elle repose sur de gros blocs qui participent plus ou moins aux tassements du revêtement du large, et parce qu'elle est inégalement chargée. A Philippeville, afin d'éviter cet inconvénient, on s'est attaché à établir la plate-forme uniquement sur la partie centrale en enrochements naturels du massif de base, qui, elle, étant soustraite à l'action de la mer, prend vite son tassement définitif, et l'on construit les blocs de garde en dehors, sur la crête du talus de revêtement en gros blocs. A Alger, dans une nouvelle partie de digue en prolongement de la longueur primitive, on a établi la ligne des blocs de garde également en dehors de la plate-forme dont l'ancienne largeur a été réduite en conséquence. Quelquefois, comme cela se présente à la digue du bassin Napoléon à Marseille, on veut faire servir la plate-forme de la digue à des opérations de chargement et de déchargement; en pareil cas on donne à cette plate-forme une largeur notablement plus grande, et on la limite, du côté du port par un mur de quai, du côté du large par un mur de plusieurs mètres de hauteur, protégé en partie par le talus en gros blocs, et ayant pour double destination de soustraire la plate-forme aux paquets de mer et d'abriter les navires contre l'action du vent. Une disposition semblable doit être adoptée pour une partie de la digue de Philippeville. Au brise-lame de Cette, la risberme en enrochements naturels qui protégeait le mur d'abri du côté du large était sans cesse ravagée par les lames et nécessitait de constants rechargements; on a remédié à cette situation en maçonnant le talus d'enrochements à partir du niveau de la mer, et en protégeant la nouvelle risberme ainsi formée par de gros blocs construits sur place ainsi que cela a été expliqué précédemment.

Dans les premières grandes digues construites en France (à Cherbourg et à Cette), les matériaux de toutes grosseurs provenant des carrières ont été jetés pêle-mêle à la mer. Dans les digues plus récentes on a eu le soin, au contraire, de trier les matériaux suivant leur grosseur avant de les mettre en œuvre. A Marseille, à Oran, les matériaux les plus petits ou simples moellons sont placés au centre; puis, les blocs de différentes catégories sont placés successivement par ordre de grosseur à partir du noyau central et finalement recouverts du côté du large par des blocs artificiels. A Philippeville la disposition est un peu différente : les moellons forment une première couche générale arasée à la hauteur correspondante à la limite de l'action des lames, puis viennent par-dessus des mélanges de blocs de plus en plus gros. Le premier système, celui des matériaux jetés pêle-mêle, a toujours été suivi par les ingénieurs anglais qui le préconisent comme étant le plus rationnel et le meilleur pour la constitution des digues à pierres perdues. Suivant eux, par le mélange systématique des enrochements de toutes dimensions jetés pêle-mêle en laissant à la mer le soin de les arrimer, les vides entre les blocs sont notablement diminués, et l'on a par conséquent moins à redouter les forts tassements ultérieurs. Mais l'expérience semble avoir prouvé que la proportion des vides est sensiblement la même dans les deux systèmes, d'environ 0,30 du volume total; et, en toute hypothèse, il a été constaté que le tassement dans les digues anglaises à matériaux mélangés sont tout aussi considérables et durent tout aussi longtemps que dans les digues françaises à blocs triés. D'un autre côté le système anglais comparé au système français a sans conteste le désavantage de faire enfouir inutilement de forts enrochements dans l'intérieur du massif de la digue, en même temps que les petites pierres de la surface favorisent le déplacement des pierres plus grosses, occasionnant ainsi une plus grande usure et exigeant par suite de plus nombreux rechargements ; et ce dernier inconvénient n'a pu être évité, en définitive, dans les digues anglaises qu'en prenant le parti de réserver les plus gros blocs provenant des carrières pour le revêtement des talus. Bref, le système anglais n'a pas procuré l'avantage, qu'on espérait de lui, de moindres tassements, et il présente certainement par rapport au système français l'inconvénient d'exiger, pour une même résistance de digue, une plus grande dépense de matériaux. Non-seulement la constitution du massif de fondation des digues à pierres perdues est différente en France et en Angleterre, mais aussi le mode d'exécution, tout au moins en ce qui concerne les digues enracinées à la terre. Les ingénieurs anglais ont construit, en effet, plusieurs de leurs grandes digues à l'aide de larges ponts de service portant les voies de fer destinées au transport des matériaux ; ceux-ci sont jetés, pêle-mêle, comme on l'a dit, en amas dans la largeur du pont, et c'est la mer qui est chargée de les répandre pour former les talus de la digue. Ce procédé, par le grand nombre de voies de service qu'il comporte, et en permettant de travailler presque par tous les temps, a incontestablement sur les autres méthodes d'exécution le très-sérieux avantage d'une marche beaucoup plus rapide ; et cette considération semble être la seule qui puisse légitimer le mélange des blocs du système anglais ; mais le pont de service coûte cher à établir, cher également à maintenir contre les attaques de la mer, et il force à accumuler sur le sommet de la digue une masse énorme de matériaux qu'il faut ensuite déplacer à grands frais pour la construction du mur d'abri. Il est à peine besoin d'ailleurs de faire remarquer que le procédé ne saurait s'appliquer au mode d'exécution des digues par couches successives de blocs de différentes grosseurs, ce qui explique de reste pourquoi il n'a reçu en France aucune application.

La plupart des digues anglaises ont été construites comme les digues françaises à pierres perdues, mais sans l'emploi de blocs artificiels pour le revêtement du talus du large. Les digues anglaises à pierres perdues présentent d'ailleurs deux types bien distincts.

Dans le premier type, caractérisé par la digue de Plymouth, le couronnement du massif à pierres perdues s'élève jusqu'à une couple de mètres au-dessus du niveau des plus hautes mers et n'est pas surmonté

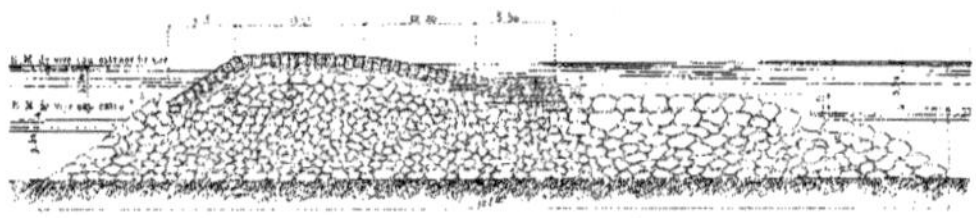

Fig. 20. — Digue de Plymouth. Échelle de 1mm,5 pour mètre.

d'un mur d'abri. A cette digue de Plymouth, spécialement, on n'est parvenu à combattre d'incessantes et très-graves avaries qu'en revêtant tout le couronnement, à partir du niveau de basse-mer, d'un fort perré en pierres de taille posées à sec soutenu à son pied, du côté du large, par un solide massif en maçonnerie également de pierre de taille s'élevant jusqu'à $2^m,30$ au-dessus du niveau de basse mer, et protégé lui-même en avant par une large risberme en gros enrochements. Ce type de profil de digue a d'ailleurs d'une manière générale l'inconvénient que les lames le surmontent dans les gros temps, transmettant à l'intérieur une certaine agitation et y rejetant parfois une partie des enrochements du talus extérieur. A Plymouth, on a récemment pris le parti, pour remédier au mal, de remplacer le simple massif de base du perré, sur la moitié-ouest de la longueur de la digue qui est la plus exposée, par un véritable mur vertical s'élevant jusqu'au-dessus du niveau moyen de la mer

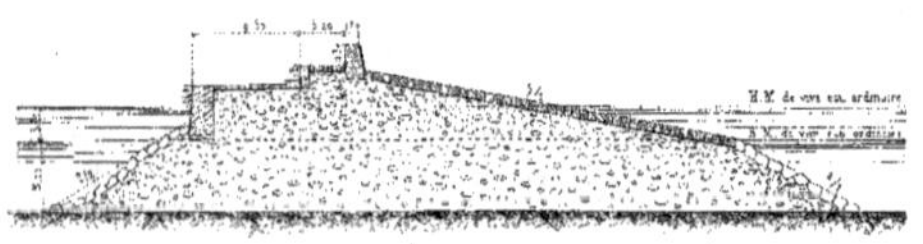

Fig. 21. — Digue de Kingstown. Échelle de 1mm,5 pour mètre.

A la digue de l'est du port de Kingstown, en Irlande, construite dans un système analogue, le talus du large, perréyé dès l'origine en pierres brutes dans toute la partie qui découvre, a dû être consolidé plus tard par le remplissage des joints avec un béton à mortier de Portland, et il a fallu couronner ce talus d'un fort parapet.

Toutefois, à la digue de Portland, dans sa partie isolée de la terre, qui est, comme les digues précédentes, sans mur d'abri (voir le contour pointillé sur le profil ci-dessous de la portion de la digue de Portland enracinée à la terre), on a conservé le couronnement du massif d'enrochements à l'état brut sans qu'il paraisse en résulter aucun des inconvénients précédemment signalés, probablement parce que la digue en question, par suite de sa position, n'est pas exposée à de très grosses mers.

Dans le second type de digues à pierres perdues, le massif d'enrochements qui constitue le corps proprement dit de la digue est surmonté d'une muraille d'abri s'élevant de plusieurs mètres au-dessus du niveau des hautes mers et présentant à sa partie supérieure, comme la muraille de Cherbourg, une plate-forme de circulation bordée par un parapet; mais, en plus, à cette muraille est accolée intérieurement une autre plate-forme élevée seulement d'une couple de mètres au-dessus du niveau des hautes mers pour permettre des opérations de chargement et de déchargement, la dite plate-forme, tantôt soutenue par un mur de quai, tantôt simplement protégée par un perré avec des bouts de quai ou des appontements de distance en distance.

Le second type de digue présente d'ailleurs lui-même deux variantes : l'une s'appliquant aux digues dont le massif d'enrochements à pierres perdues est confectionné à l'aide d'un pont de service; en pareil

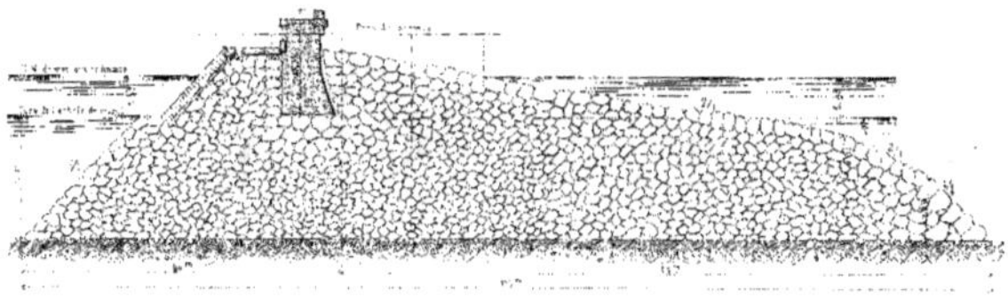

Fig. 22. — Digue de Holyhead. Échelle de 1mm,5 pour mètre.

cas la muraille d'abri est descendue à travers la partie supérieure du massif de fondation jusqu'au niveau des basses mers, et elle se trouve ainsi finalement protégée du côté du large par un long talus d'enro-

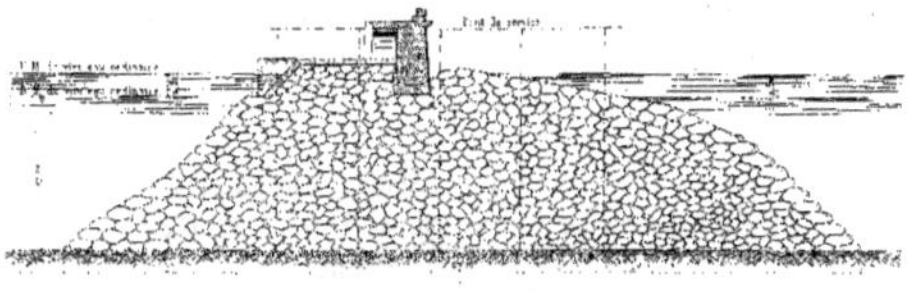

Fig. 23. — Digue enracinée de Portland. Échelle de 1mm,5 pour mètre.

chements s'élevant jusqu'au-dessus du niveau des hautes mers. On voit un exemple de cette disposition dans la digue de Holyhead et sur la partie enracinée à la terre de la digue de Portland.

Fig. 24. — Digue d'Aurigny. Échelle de 1mm,5 pour mètre.

La seconde variante s'applique aux digues dans lesquelles, comme à Aurigny par exemple, les enrochements sont coulés à l'aide de barques. Dans ce cas, le massif de fondation de la digue est arasé à la profondeur de quelques mètres, considérée comme marquant la limite de l'action des lames sur les enrochements à pierres perdues; puis, la muraille d'abri est construite sur la base ainsi préparée, les assises sous l'eau étant placées à l'aide d'un pont de service et de scaphandriers; enfin, de gros enrochements sont mis en avant du pied de la muraille pour former une risberme de protection de ses assises inférieures, le talus de ladite risberme ne s'élevant guère que jusqu'au niveau des basses mers.

Dans toutes les digues à muraille d'abri, sur le pourtour des musoirs qui est généralement, on le sait, la partie de la construction la plus exposée aux attaques de la mer, la muraille est toujours descendue à une profondeur notablement plus grande que sur le reste de la longueur de la digue; et ce, afin de pouvoir abaisser parallèlement la risberme de protection, et soustraire ainsi autant que possible les enrochements dont elle se compose à l'action des lames, même dans les plus gros temps. On a ainsi descendu des musoirs jusqu'à 8 et 9 mètres de profondeur au-dessous du niveau de basse mer.

Mais, indépendamment des digues à pierres perdues, on a construit aussi en Angleterre des digues à pierres arrimées. L'exemple le plus considérable de ce mode de construction est celui de la digue de Douvres où les pierres sont placées par assises horizontales. Sur ce point de la côte les pierres manquaient absolument; on a eu alors, il est vrai, l'idée d'utiliser les galets de la plage pour faire des blocs artificiels; néanmoins, dans de semblables conditions, il fallait évidemment adopter un genre de construc-

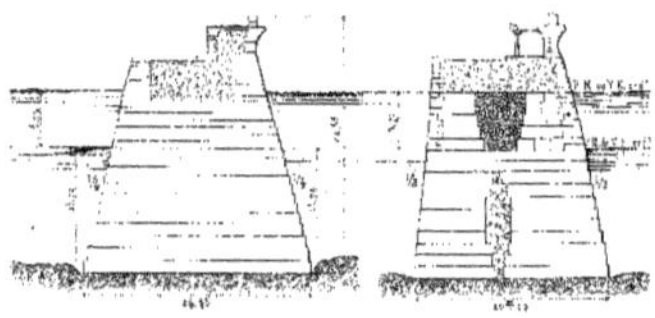

Fig. 25 et 26. — Digue de Douvres. Échelle de 1mm,5 pour mètre.

tion qui économisât le plus possible les matériaux. D'un autre côté, la digue devait être conçue de manière à permettre les opérations d'embarquement et de débarquement à volonté sur chacun de ses côtés, suivant le temps. De là le profil adopté. Le parement seul est en granit; tout le reste est en pierres artificielles ou en béton coulé sur place. En cours d'exécution on a d'ailleurs reconnu la possibilité de réduire la largeur du profil primitif de manière à réduire proportionnellement la dépense.

On voit par les profils de la digue de Douvres que cette digue est à proprement parler une grande muraille à parements presque verticaux descendant jusqu'au fond même de la mer par des profondeurs de 14 à 15 mètres au-dessous du niveau de basse mer. C'est le seul exemple avec d'aussi grandes profondeurs. Dans d'autres digues analogues construites, soit en Angleterre même, soit à l'étranger, la muraille n'a jamais eu à descendre pour atteindre le fond de la mer, ou, dans une variante du type, le lit inférieur d'enrochements servant de base à la digue, au delà de profondeurs de 8 à 9 mètres.

Parmi les digues à pierres arrimées il en existe quelques-unes, tant en Angleterre même que dans ses colonies, où les pierres sont disposées par assises inclinées. On peut citer notamment comme exemples : la première partie de la jetée du port d'Aberdeen, où les assises dans le profil en long sont inclinées à 45° sur l'horizon, et où l'ancien musoir, de forme très-évasée, présentait en parement des lignes de joints non parallèles; la jetée de Folkestone, où ont été employées des assises de très-grandes pierres brutes

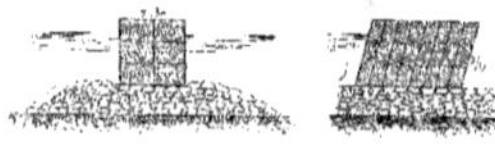

Fig. 27 et 28. — Jetée de Kurrachee. Échelle de 1mm,5 pour mètre.

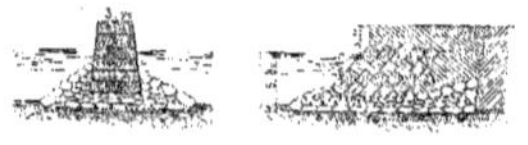

Fig. 29 et 30. — Jetée de Kustendje. Échelle de 1mm,5 pour mètre.

inclinées à 60° sur l'horizon; la jetée de Kurrachee, sur l'Indus, qui est formée de deux blocs dans sa largeur de 7m,30, et de trois blocs dans sa hauteur de 7m,30 également, lesdits blocs posés avec un fruit de 1/4 pour se bien appuyer les uns sur les autres; la jetée de Kustendji, dans la mer Noire, formée d'un seul bloc dans sa largeur, qui est en moyenne de $4^m,50$, et de quatre blocs sur sa hauteur de $7^m,30$ mesurée suivant les lignes d'assises inclinées à 47°, avec un couronnement en maçonnerie construit sur place. Mais tous ces ouvrages ne sont pas, à vrai dire, de grandes digues; ce sont bien plutôt de simples jetées de port n'ayant pas à résister à de très grosses mers.

Enfin, on peut citer comme profils de digues présentant, par rapport aux types précédemment décrits, certaines particularités, savoir :

La digue de Port-Saïd, s'avançant jusque par des fonds de 9 mètres avec une largeur en couronne d'environ 5 mètres à une hauteur moyenne de 2 mètres au-dessus du niveau de la mer, et qui est composée, sur une première partie, d'un noyau en enrochements naturels entièrement recouvert de blocs

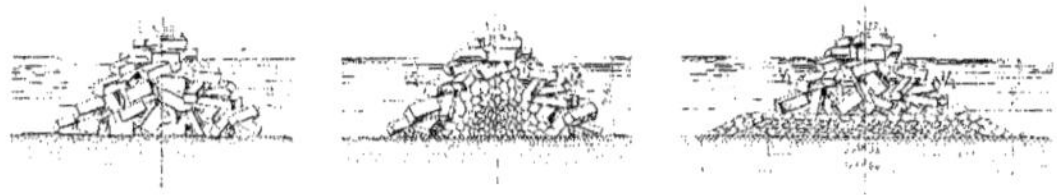

Fig. 31, 32 et 33. — Digue de Port-Saïd. Échelle de $1^{mm},5$ pour mètre.

artificiels; sur une seconde partie, d'un massif tout entier de blocs artificiels; enfin, sur un prolongement exécuté depuis l'ouverture du canal maritime, d'un massif de blocs artificiels reposant sur une base en enrochements naturels arasée à 6 mètres au-dessous du niveau de la mer. Cette digue n'étant appelée qu'à faire l'office de brise-lame, on n'a pas jugé utile d'y faire la forte dépense d'une plate-forme maçonnée à la partie supérieure. Les blocs de couronnement, par leur enchevêtrement, résistent bien aux lames du large, en même temps qu'ils les brisent suffisamment pour assurer le calme de l'autre côté de la digue; on recharge d'ailleurs le couronnement à mesure des besoins à l'aide d'une mâture flottante.

La digue de Carthagène, qui est composée d'un massif en enrochements naturels, protégé du côté du large par des blocs artificiels arrimés méthodiquement en recouvrement les uns sur les autres de manière à être tous parfaitement solidaires. Il est difficile de juger si ce mode d'exécution présente un surcroît de solidité susceptible de justifier la dépense supplémentaire à laquelle il donne lieu, attendu que la mer n'a jamais une grande violence dans la baie de Carthagène, et qu'il eût peut-être suffi, ainsi que cela se pratique dans tous les ports d'Espagne de la Méditerranée, de défendre le talus de la digue par de simples gros blocs naturels jetés à pierres perdues.

Fig. 34 et 35. — Digue du port de commerce de Brest. Échelle de $1^{mm},5$ pour mètre. — Musoir.

Les digues construites sur des points où l'on n'a pas à redouter de trop grosses mers. Dans de pareilles digues le talus en enrochements naturels se tient à une forte inclinaison et n'a pas même besoin d'être exceptionnellement protégé, sinon parfois dans sa partie supérieure, par de gros enrochements.

Fig. 36. — Digue de Trieste. Échelle de $1^{mm},5$ pour mètre.

ments. On peut citer comme exemple de ce genre de digue, d'une part, la digue du nouveau port de commerce de Brest; d'autre part, dans la Méditerranée, la digue récemment construite à Trieste, et celle en cours d'exécution à Fiume, dont le type est à peu près également ...... de toutes les digues des ports de la côte d'Espagne.

Enfin, certaines digues en pierres arrimées, constituant une variante du type de Douvres, dans lesquelles la muraille en blocs artificiels, au lieu de descendre jusqu'au fond de la mer, repose sur un lit d'enrochements naturels arasé à la limite présumée de l'action des lames sur lesdits enrochements. Cette variante du type de Douvres s'applique surtout dans les circonstances où le sol du fond de la mer, à la fois en raison de sa nature et par suite de son peu de profondeur sous l'eau, n'est pas capable de résister à l'action des lames ; elle doit d'ailleurs évidemment être adoptée encore, même dans les grandes profondeurs où l'on pourrait avoir moins à redouter l'action des lames, lorsque le sol n'offre pas par lui-même une consistance suffisante pour supporter le poids de la muraille. On peut citer comme

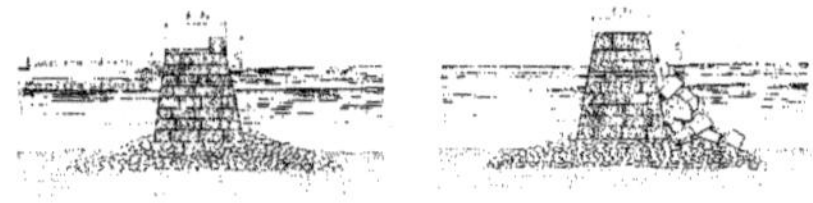

Fig. 37 et 38. — DIGUE D'YMUIDEN. Échelle de 1mm,5 pour mètre.

exemples du type de digue en question les digues du port de débouché du nouveau canal maritime d'Amsterdam à la mer du Nord et la digue actuellement en cours d'exécution au port d'Odessa dans la mer Noire.

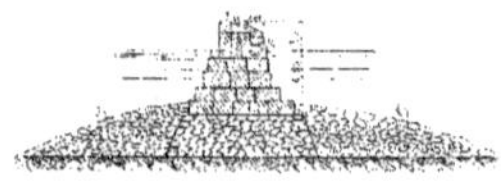

Fig. 39. — DIGUE D'ODESSA. Échelle de 1mm,5 pour mètre.

La question de la meilleure forme à adopter pour les grandes digues à la mer, c'est-à-dire de la préférence à accorder, soit au profil à long talus des digues en enrochements naturels, soit au profil à parement presque vertical des digues en blocs arrimés descendant à une profondeur plus ou moins grande sous l'eau, a été l'objet de nombreuses et très-importantes discussions en Angleterre. Tout le monde, à vrai dire, est à peu près d'accord qu'en principe, c'est-à-dire au seul point de vue de la résistance opposée par la digue à l'action destructive de la mer, le profil à parement vertical est meilleur que le profil à long talus, et ce, parce qu'il conserve aux lames de la mer leur caractère de lames oscillantes peu offensives, tandis que le long talus, en brisant les lames, les transforme en lames de translation d'une masse énorme et d'une très-grande vitesse qui bouleversent les matériaux du talus et vont choquer avec une extrême violence la muraille d'abri, produisant, là une usure excessive, ici de fréquentes dislocations. Mais au point de vue pratique, on a fait ressortir le prix extrêmement élevé de la digue de Douvres comparé au prix des digues en enrochements naturels établies sur des points, où, comme à Holyhead, à Portland, à Aurigny, on avait à proximité de vastes carrières de pierres d'excellente qualité ; la différence du prix de premier établissement était telle, que, même en tenant compte de la nécessité de rechargements annuels plus ou moins importants, l'avantage sous le rapport de la dépense restait encore en faveur des digues à long talus. D'un autre côté, s'il est incontestable que la digue de Douvres s'est jusqu'ici parfaitement comportée, il n'en a pas été de même pour d'autres digues construites sur le même principe, mais où la muraille à parement vertical ne descend pas à une aussi grande profondeur. C'est ainsi, notamment, que la digue d'Aurigny a subi à diverses reprises des avaries considérables dues principalement à l'insuffisance de profondeur de la fondation de la muraille d'abri : les lames brisées par le talus et transformées en lames de translation s'élevaient à une grande hauteur le long de la muraille, puis, en retombant, déchaussaient le pied de cette muraille et produisaient dans le parement d'énormes brèches qui s'étendaient rapidement jusqu'au mur de quai intérieur. On n'a pu remédier à cette cause si puissante d'avaries dans la dernière portion de la longueur de la digue qu'en diminuant le fruit du parement de la muraille afin de charger davantage les assises inférieures ; en diminuant également la hauteur de la plate-forme supérieure et supprimant même son parapet, afin de permettre à une partie du volume des lames jaillissantes de passer par-dessus la muraille ; et, surtout, en descendant plus bas la fondation et avec elle la risberme en enrochements naturels, afin de soustraire davantage celle-ci à l'action des lames retombantes. C'est ainsi, encore, qu'aux digues du port de débouché du canal d'Amsterdam à la mer du Nord et à la digue du port d'Odessa, où, dans le début, la muraille reposait simplement sur la base inférieure en enrochements naturels, on a vu également se produire d'importantes avaries par suite de l'action des lames retombant sur lesdits enrochements ; et que, pour empêcher le retour de ces avaries, on a dû, pour les premières digues, recourir à une défense en blocs artificiels, pour la digue d'Odessa, à des risbermes très-allongées en enrochements naturels. En résumé, on peut conclure des considérations succinctes qui précèdent que le choix à faire, dans un cas donné, entre les deux principaux types de digues anglaises et leurs variantes, dépend essentiellement des circonstances locales, mais que la solution, quelle qu'elle soit, n'est jamais complétement satisfaisante. Les digues françaises à revêtement extérieur en gros blocs artificiels semblent constituer, au contraire, un excellent profil sous tous les rapports. Ce type de digue, en effet, évite la grande dépense en matériaux des digues à long talus ainsi que la nécessité de rechargements annuels pour remédier à l'usure desdits matériaux ; et, en même temps, il présente, au point de vue de la solidité ou de la résistance à la lame, à peu près les mêmes avantages que les murailles à parement vertical, tout en supprimant la grande sujétion et l'énorme dépense auxquelles entraîne la construction de semblables murailles dans de grandes profondeurs d'eau. Toutefois, pour le complet succès des digues françaises il est indispensable que la grosseur des blocs artificiels et la profondeur à laquelle ils descendent soient bien en rapport avec la violence de la mer dans les parages où elles sont établies. Et, à ce sujet, il est très-important de ne pas perdre de vue que l'on n'a pas seulement à résister aux lames des fortes tempêtes locales, mais aussi et surtout à la houle de fond produite par des tempêtes éloignées. On voit parfois, en effet, par des temps relativement calmes au rivage, la mer briser avec une violence extraordinaire à l'approche ou sur le talus même des ouvrages ; et les lames de translation produites en pareille circonstance ont une force de destruction incomparablement plus redoutable que celle contre laquelle les ouvrages ont à lutter même dans les plus fortes tempêtes locales. C'est ainsi, par exemple, que la digue d'Oran, défendue d'abord par des blocs trop faibles ne descendant pas assez bas, fut un jour entièrement bouleversée par une espèce de ras de marée, et qu'il fallut la reconstruire avec un revêtement en blocs plus forts descendant à une plus grande profondeur.

Enfin, à propos de la comparaison des différents profils de digues, il est utile encore de fixer son attention sur la forme des parapets des murailles d'abri des digues anglaises de Holyhead, de Portland et de Douvres. Cette forme de parapet a incontestablement le très-sérieux avantage de mettre le mieux possible à l'abri des paquets de mer la plate-forme intérieure destinée aux opérations d'embarquement et de débarquement ; — et cela est surtout important dans une digue qui, comme celle de Douvres, est affectée à des services réguliers de voyageurs et de marchandises en transit — ; mais, par contre, et malgré tous les soins apportés à la construction, la partie du parapet formant saillie ou encorbellement sur le parement de la muraille est sujette à de fréquentes et très-graves avaries.

CLAIRES-VOIES FIXES ET BRISE-LAMES FLOTTANTS. — Pour prévenir les ensablements que tendent le plus souvent à produire les môles continus, les Anciens, comme nous l'avons dit déjà, avaient construit dans plusieurs de leurs ports des môles tronçonnés composés de piles isolées réunies par des arceaux très-surbaissés. Aucun document ne permet de juger du degré d'efficacité de ces anciens ouvrages qui avaient pour but, on le sait, d'arrêter l'agitation superficielle tout en permettant aux courants d'enlever les dépôts ; on sait seulement que l'ancien port d'Antium, qui était constitué par une combinaison de plusieurs môles à ouvertures, est depuis une époque très-reculée complétement ensablé. Dans les temps modernes, le système des môles tronçonnés a été préconisé par un ingénieur italien, M. Fazio, qui a proposé et fait adopter pour le petit port de Trani, sur l'Adriatique, une série de piles et d'arches avec des vannes ou des poutrelles afin de ne laisser pénétrer dans le port que l'agitation utile pour enlever les dépôts : la digue construite suivant le système indiqué n'a pas empêché le port de s'ensabler. Le même système a été appliqué en 1864 à Saint-Denis-d'Oléron, où, pour abriter l'unique quai du port, tout en empêchant les sables voyageurs de venir combler le port lui-même, — comme cela avait eu lieu précédemment avec une digue pleine, — on a construit un môle à claire-voie formé de piles laissant entre elles des ouvertures qui devaient être fermées au besoin par des poutrelles.

Malgré le môle, l'agitation étant restée très-grande dans le port, on dut maçonner définitivement un certain nombre d'ouvertures, mais en se limitant suffisamment dans cette voie pour ne pas retomber dans les inconvénients de l'ancienne digue pleine. Bref, le môle tronçonné a bien empêché le dépôt des ensablements, mais en laissant subsister dans le port une très-grande agitation à laquelle il a fallu chercher depuis à remédier par un brise-lame continu placé à une plus grande distance.

On peut citer encore un môle en maçonnerie à ouvertures voûtées construit il y a quelques années au vent de la petite gare maritime du Portel, près de Boulogne-sur-Mer, dans le double but, d'une part, d'abriter le plan incliné perreyé qui supporte et protége la plate-forme de la gare et sert en même temps à remonter les bateaux de pêche jusqu'à ladite plate-forme; d'autre part, de maintenir en avant de ce plan incliné une plage alimentée par les sables voyageurs et qui est indispensable pour permettre aux bateaux d'échouer en sécurité.

On peut citer également, au point de vue de la corrélation qui existe toujours, et qui a déjà été signalée, entre le degré d'abri produit par un ouvrage et l'importance des ensablements qu'il provoque, le fait suivant : au petit port de Saint-Georges, à l'entrée de la Gironde, la construction d'une digue, en arrêtant le courant de la marée, avait provoqué l'ensablement intérieur; on coupa la digue à son enracinement et l'ensablement disparut, mais au prix d'une plus grande agitation.

Au petit port du Socoa, à l'entrée de la rade de Saint-Jean-de-Luz, on a essayé, il y a un certain nombre d'années, de briser les lames simplement à l'aide de trois rangs de piles placées en quinconce et qu'il fallut relier par de forts rails en fer parce que la mer les renversait, bien qu'on eût commencé la construction sur des rochers découvrant à mer basse; mais l'agitation passait à travers, et l'on finit par renoncer à ce procédé coûteux et inefficace.

Aux systèmes précédents s'en rattachent d'autres qui ont été proposés en Angleterre, avec emploi de charpentes en fer ou en bois créosoté, mais qui n'ont encore reçu qu'une application fort restreinte. Parmi ceux-ci on peut citer notamment : 1° le système Calver, consistant en pieux creux en fonte espacés tant pleins que vides et soutenus par des étais; mais cette claire-voie coûterait aussi cher qu'un brise-lame en pierres; elle laisserait passer une grande partie de l'agitation, et quelques boulets suffiraient pour la démolir; 2° le système Scott, consistant en une sorte de gril incliné, qui serait plus cher encore et pas beaucoup meilleur que le système précédent; 3° le système Hayes, présentant de grandes lames de persiennes maintenues dans un châssis et formant comme un long plan incliné ramassé sur un petit espace, le tout en fer et monté sur des pieux à vis : ce système paraît rationnel, mais l'expérience seule pourrait montrer s'il est efficace et économique; on a voulu l'essayer en Australie, et, malheureusement, l'installation n'a pu être terminée faute d'argent.

Pour donner seulement des moyens d'embarquement et de débarquement on s'est servi en Angleterre de débarcadères suspendus. Un ouvrage de ce genre a été établi sur la rivière Forth, à peu de distance du port de Granton (Écosse); un autre, sur la plage de Brighton. Le premier n'est plus, depuis longtemps, que d'un usage très-restreint. Le second, qui a $3^{m},90$ de large, se compose de quatre travées de 78 mètres et se termine par une sorte de musoir formant culée; son tablier a été à plusieurs reprises arraché par les tempêtes; on l'a consolidé au moyen de contre-câbles; mais l'ouvrage ne sert plus guère aujourd'hui qu'aux promeneurs. Un autre système, qui a été appliqué pour la première fois à Courtown par Mitchell, l'inventeur des pieux à vis, et qui a reçu, depuis, de nouvelles et nombreuses applications dans d'autres ports d'Angleterre, surtout pour le service des petits bateaux à vapeur affectés aux excursions des touristes, consiste à aller chercher en mer la profondeur convenable à l'aide d'une jetée à claire-voie en fer que l'on termine par un musoir plus ou moins plein, pourvu de planchers à différentes hauteurs, et derrière lequel le navire trouve de l'abri en se plaçant, suivant le vent, tantôt d'un côté, tantôt de l'autre. Mais de pareils ouvrages ne peuvent évidemment être utilisés dans les gros temps.

A la Réunion, où la mer est souvent trop mauvaise pour permettre d'accoster au quai, on a établi sur le quai même des embarcadères suspendus en porte-à-faux pour les canots : des échelles de corde pendent de ces embarcadères et facilitent ainsi les opérations d'embarquement et de débarquement.

Les brise-lames flottants ont été essayés pour la première fois en Angleterre, à Brighton. Là, le brise-lame fut constitué par trois corps flottants mouillés au vent de la jetée suspendue en vue de faciliter l'embarquement à ladite jetée; mais ces corps flottants n'ont pas produit un calme suffisant, et ils ont fini d'ailleurs par être emportés.

Dans la Méditerranée, où les cables d'attache ne devaient pas être successivement raidis et relâchés par la marée, le système avait plus de chances de réussite, et l'on en a fait l'essai à La Ciotat en constituant le brise-lame de dix corps flottants rangés sur deux lignes parallèles et retenus entre eux et au fond par de fortes chaînes. Ce brise-lame, dès que la mer était un peu forte, n'arrêtait pas l'agitation. Il a fini par être emporté en partie, gravement disloqué pour le reste, dans une tempête; et l'on s'est décidé alors à le remplacer par un brise-lame fixe en pierre qui a au contraire parfaitement réussi.

Malgré les insuccès des brise-lames flottants, on a proposé encore de reprendre le système en le couchant de manière à présenter vers le large un plan incliné pour briser la lame, et, à l'arrière, une paroi verticale pour diminuer le recul; mais le plan incliné ainsi obtenu à grands frais ne serait pas assez long et ne descendrait pas assez bas pour combattre efficacement l'agitation.

En Angleterre, on a aussi proposé, pour avoir du calme, d'immenses treillis flottants; mais il faudrait une très-grande surface de ces treillis et par suite une dépense énorme.

On a voulu enfin imiter ce qui se passe dans certaines régions où les eaux sont encombrées par une multitude de longues plantes marines, et l'on a proposé des pieux articulés au fond de l'eau; mais ce système présenterait encore de sérieuses difficultés d'application.

En résumé, dans l'état actuel de la science, il faut toujours, lorsqu'on veut obtenir du calme, recourir de préférence à l'emploi judicieux de brise-lames fixes, soit pleins, soit, dans quelques circonstances spéciales, à claire-voie.

JETÉES. — Les Jetées, comme nous l'avons vu à l'article des Entrées des Ports, sont des ouvrages destinés à améliorer une classe très-nombreuse de ports présentant ce caractère commun de déboucher à la mer par un chenal à travers des plages d'alluvions. De même que les môles et brise-lames, et dans le même but, les jetées sont terminées par des musoirs.

Nous avons déjà étudié les jetées aux divers points de vue de leur direction ou orientation, de leur longueur, de leur forme en plan et de leur espacement ou de la largeur du chenal. Il ne nous reste donc plus à les considérer que sous le double rapport de leur forme en profil et de leur mode de construction.

Ces ouvrages se construisent, soit en charpente, soit en fer, soit en maçonnerie avec ou sans mortier, soit en simples enrochements ou même en fascinages, soit enfin à l'aide de combinaisons diverses de ces différents modes de construction. Pour éviter de trop grandes difficultés d'exécution, on les fonde le plus ordinairement, au plus bas, au niveau de la basse mer, la fondation étant d'ailleurs protégée au besoin, tant du côté du chenal en raison de sa profondeur, que du côté du large pour prévenir les affouillements résultant du ressac, par des risbermes.

Leur hauteur varie suivant les circonstances locales. Il faut que la partie supérieure de l'ouvrage destinée à former chemin de halage, et consistant en un tillac dans les jetées en charpente ou en fer, en une plate-forme de couronnement dans les jetées en maçonnerie, soit au-dessus des hautes lames ordinaires : le long du chenal, on adopte une hauteur de 2 à 3 mètres au-dessus des plus hautes mers; au musoir, qui est plus exposé, souvent une hauteur de $0^{m},50$ à 1 mètre en plus. On rachetait autrefois cette différence de niveau par des marches; mais, dans les manœuvres de nuit, ces marches n'étaient pas sans présenter quelque danger; aussi, préfère-t-on aujourd'hui raccorder les deux niveaux par un plan incliné.

On donne généralement aux jetées, pour augmenter leur stabilité, une forme trapézoïdale, avec un fruit, de chaque côté, de $\frac{1}{10}$ ou d'au plus $\frac{1}{8}$. Les anciennes jetées avaient un fruit beaucoup plus fort, de $\frac{1}{7}$ jusqu'à $\frac{1}{3}$; mais un fruit trop prononcé, tout au moins du côté du chenal, a le grave inconvénient, dans les accostages de navires, d'occasionner à ceux-ci des avaries dans leurs œuvres vives, beaucoup plus graves et plus difficiles à réparer, on le sait, que celles qui ont lieu au-dessus de la carène.

La largeur du couronnement est très-variable : de 2 à 5 et même jusqu'à 8 mètres suivant la force de la mer, l'importance du port, et surtout suivant le mode de construction de la jetée. Quant aux musoirs, il convient de leur donner une largeur de 8 à 12 mètres, sauf dans les petits ports où l'on se contente d'une largeur moindre. Le chemin de halage est d'ailleurs le plus généralement protégé du côté du large, par un garde-corps en bois s'il s'agit d'une jetée en charpente, par un parapet en pierre dans les jetées en maçonnerie; et une protection semblable existe quelquefois du côté du chenal pour la sécurité des haleurs et des promeneurs.

Les jetées présentent trois grands types généraux répondant chacun à une principale destination spéciale, savoir : les jetées à claire-voie, les jetées pleines et les jetées mixtes ou mi-pleines.

Les jetées à claire-voie ont principalement pour double but spécial de fixer le chenal et de fournir en même temps un chemin de halage, tout en évitant d'occasionner par leur présence l'exhaussement et

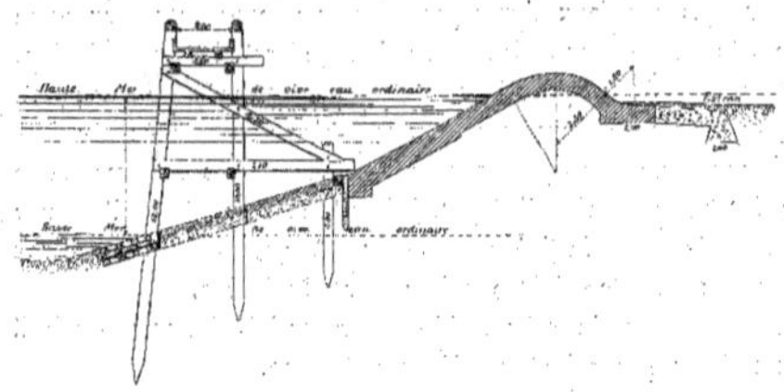

Fig. 40. — Jetée d'Ostende.
Échelle de 5 millimètres pour mètre.

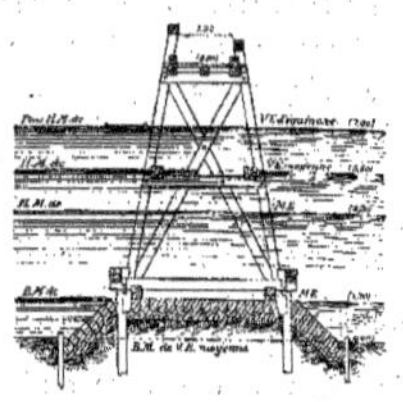

Fig. 41. — Jetées de Gravelines.
Échelle de 5 millimètres pour mètre.

l'avancement de la plage. On les adopte surtout, tout au moins sur une certaine longueur de la partie extrême du chenal, dans les ports jouissant de chasses naturelles ou artificielles assez puissantes pour pouvoir

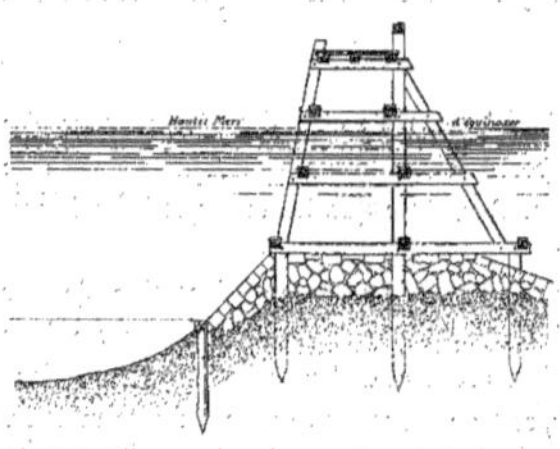

Fig. 42. — Jetée-est de Boulogne. Échelle de 5 millimètres pour mètre.

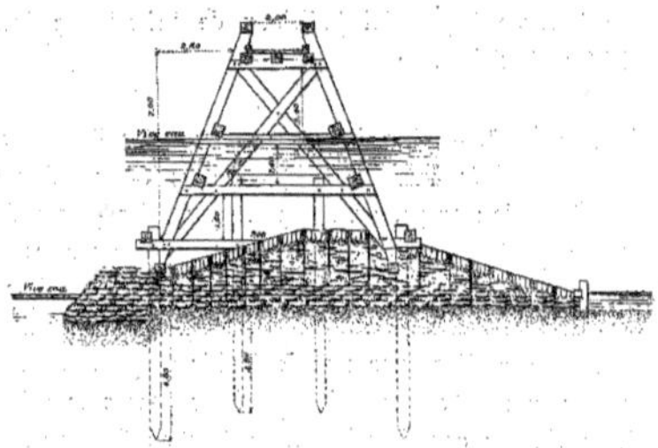

Fig. 43. — Jetée à claire-voie de Dunkerque. Échelle de 5mm pour mètre.

entraîner et repousser au large les alluvions voyageuses qui tombent librement dans le chenal à travers la claire-voie à mesure de leur arrivée.

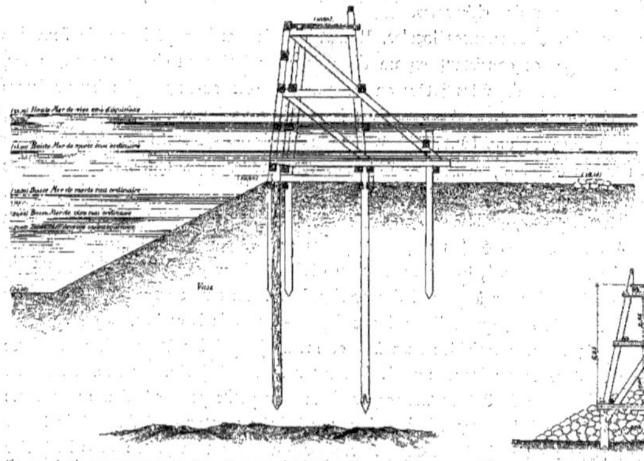

Fig. 44. — Jetée à claire-voie de Saint-Nazaire. Échelle de 5 millim. pour mètre.

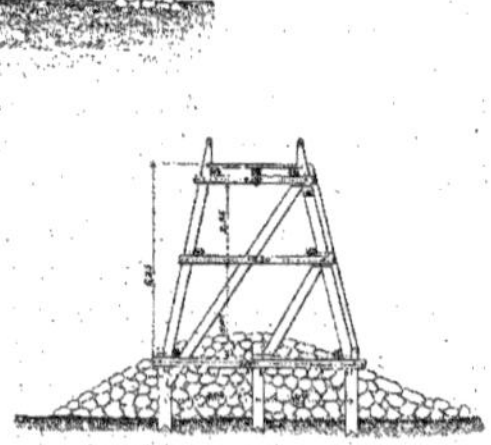

Fig. 45. — Jetée-ouest de Trouville. Échelle de 5 millim. pour mètre.

Presque toutes les jetées à claire-voie exécutées jusqu'à ce jour sont en charpente. Les jetées des ports d'Ostende, de Dunkerque, de Gravelines, la jetée-est de Boulogne, les jetées de Trouville, celles de Saint-Nazaire, présentent différents types de ce genre de jetées. (Fig. 40 à 45.)

Toutes ces jetées sont établies sur des plages de sable. Afin d'éviter que le sol, préalablement creusé en tant que de besoin à la profondeur voulue, ne soit affouillé autour des pieux, ou bien on fait suivre le battage immédiatement par un enrochement, ou bien on le fait précéder par des plates-formes en fascinages que l'on échoue sur le fond en les chargeant de pierres. La partie supérieure de cette espèce de massif de fondation doit s'élever au moins jusqu'au niveau des basses mers de vives eaux ordinaires, afin que le courant des chasses reste bien concentré et dirigé jusqu'à l'extrémité des jetées. Si la jetée doit s'étendre jusqu'à la baisse des basses mers, ou même, exceptionnellement, au delà, il importe évidemment de réduire au strict minimum le relief que forme alors le massif de fondation au-dessus des fonds naturels dans la partie extrême de ladite jetée, ce relief devant avoir pour conséquence inévitable d'arrêter les sables voyageurs et de provoquer ainsi le relèvement de la plage; mais, si la jetée est et doit rester moins longue, on peut sans inconvénient araser le massif de fondation à la hauteur même de l'estran à son extrémité.

Avec des jetées entièrement à claire-voie comme celles dont nous parlons, on aurait à redouter de voir, dans une tempête, le sable de la plage envahir tout à coup en grande masse le chenal et l'obstruer, au moins temporairement. On se prémunit contre ce danger en construisant le long de la jetée, extérieurement, une digue basse en fascinages ou en maçonnerie, dont la crête, afin de n'apporter aucune modification dans le régime de la plage, doit être établie à la hauteur même et suivant la pente de l'estran jusqu'au point où celui-ci vient se raccorder avec le dessus du massif de fondation de la jetée. Cette disposition a été notamment appliquée à la jetée-ouest d'Ostende, — où elle était d'autant plus utile que la digue basse était destinée en même temps à former épi pour le maintien de la plage des bains, — et aux jetées, de même forme, du port voisin de Nieuport : à Ostende, la digue basse avait été formée d'abord d'un simple fascinage de revêtement qui exigeait de fréquentes réparations et que l'on a fini par recouvrir d'une maçonnerie de briques; à Nieuport, des essais de construction immédiate du revêtement en maçonnerie sont restés infructueux, et il a fallu faire également d'abord le fascinage.

Lorsque les chasses, naturelles ou artificielles, dont on dispose dans le port, ne se montrent pas assez puissantes pour entraîner au loin les sables voyageurs qui tombent dans le chenal et qui finiraient dès lors par l'obstruer plus ou moins complètement, on arrête ces sables en fermant la partie inférieure de la jetée par un masque en bordages jointifs s'appuyant sur ses poteaux montants. Mais ce masque, pour être efficace, doit évidemment, tout en suivant la pente de l'estran, se maintenir constamment un peu plus haut; il provoque donc inévitablement le relèvement du dit estran, ce qui oblige à ajouter de nouveaux bordages, lesquels provoquent une nouvelle accumulation de sable, et ainsi de suite, en sorte que la plage s'exhausse et s'avance sans cesse. Les profondeurs primitives se perdent donc promptement à l'entrée; et l'on ne peut, en dernière analyse, recouvrer ces profondeurs, à défaut d'une augmentation de la puissance des chasses, que par des prolongements périodiques des jetées. Les circonstances qui viennent d'être décrites se sont présentées, par exemple, à Trouville, où l'on a jugé prudent toutefois de s'arrêter dans la voie du prolongement des jetées, — remède temporaire, presque toujours suivi finalement d'une situation pire qu'au début, — et où l'on étudie en ce moment même les moyens d'augmenter la puissance des chasses.

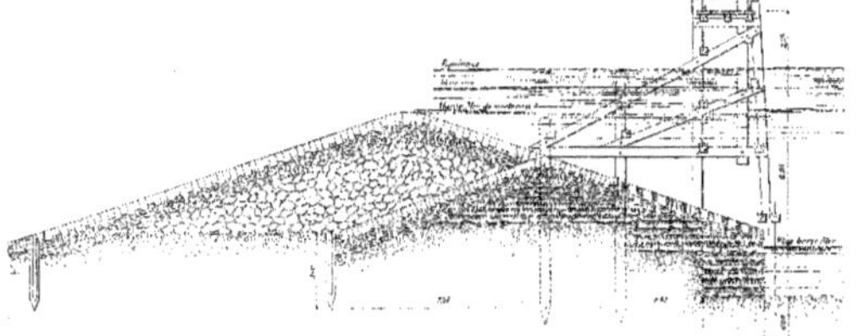

Fig. 46. — Jetées de Calais. Échelle de 5 millimètres pour mètre.

A Calais, le massif de fondation des jetées à claire-voie a été, à l'origine, établi horizontalement à peu près au niveau moyen de la mer. Avec cette constitution primitive des jetées, et bien qu'elles ne fussent ainsi qu'imparfaitement à claire-voie dans leur partie extrême, il régnait dans le chenal, par les gros temps, une très-forte agitation rendue plus redoutable encore par les courants traversiers de flot et de jusant. On s'est décidé alors à construire, en arrière des jetées, des digues brise-lames en pierres sèches revêtues de perrés en moellons smillés, arasées au niveau des hautes mers de mortes eaux, et dont l'une, celle de l'est, côté des plus violentes tempêtes, a même été couronnée de pieux moisés s'élevant jusqu'au niveau des hautes mers de vives eaux. On a constitué ainsi, finalement, un véritable type de jetées mixtes. Mais les digues brise-lames en question ont subi beaucoup d'avaries pendant et après leur construction. Elles sont même, depuis un certain nombre d'années, complétement ruinées à leur extrémité vers la mer où les enrochements épars ne présentent plus aucun relief au-dessus de l'estran. L'expérience ayant prouvé d'ailleurs que ces digues à pierres sèches ne pouvaient se maintenir avec un relief de plus de 1 mètre, au lieu de conserver, dans les réparations, leur crête horizontale, on lui fait suivre maintenant une pente parallèle à celle de l'estran.

A l'embouchure de l'Adour, lorsqu'il a été décidé que l'on essayerait les jetées à claire-voie pour l'amélioration de ladite embouchure, on a construit d'abord des jetées en charpente qui ont parfaitement réussi. Mais les bois ayant été promptement envahis par les vers marins, on a substitué, depuis, à ces jetées primitives, une passerelle américaine supportée par des palées en fer sur piles en enrochements bétonnés; et,

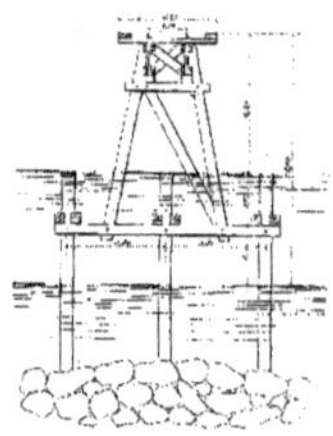

Fig. 47. — Jetée primitive à claire-voie de l'embouchure de l'Adour. Échelle de 5 millimètres pour mètre.

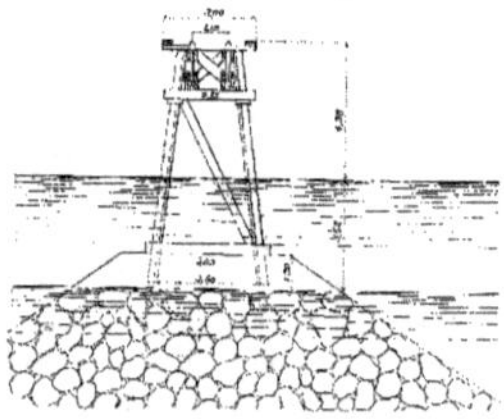

Fig. 48. — Nouvelle jetée à claire-voie de l'embouchure de l'Adour. Échelle de 5 millimètres pour mètre.

en même temps, pour un nouveau prolongement, on a adopté des jetées métalliques formées de grands cylindres en fonte enfoncés à l'air comprimé et supportant une charpente en fer.

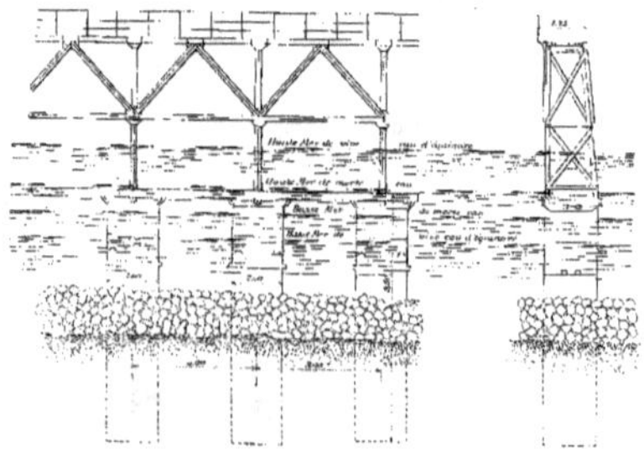

Fig. 49. — Jetées métalliques de l'embouchure de l'Adour. Échelle de 5 millimètres pour mètre.

Nous rappellerons que ces différents types de jetées de l'embouchure de l'Adour ont été combinés en vue de laisser passer les courants littoraux et s'échapper latéralement une partie des courants de jusant. Nous devons mentionner d'ailleurs qu'il est question de remplacer une partie des anciennes jetées encore existantes situées dans la partie amont du chenal, du côté au vent de la marche des alluvions, par des arches en maçonnerie.

Les jetées pleines sont destinées à mettre le chenal complètement à l'abri de toutes les lames du large obliques à sa direction et des courants littoraux. Elles provoquent inévitablement, on le sait, l'exhausse-slumetet 'avancement de la plage. Aussi, dans les mers à marées, ne les adopte-t-on sur les plages de sable que pour la partie amont du chenal correspondante à la région élevée de l'estran. Sur les plages à galets, où elles n'ont pas à s'avancer jusqu'à d'aussi grandes distances, les jetées sont faites le plus généralement pleines sur toute leur longueur. Dans la Méditerranée, on fait toujours les jetées pleines, sauf à les prolonger ultérieurement, si, par suite des circonstances locales, l'exhaussement progressif de la plage finit par faire perdre à l'entrée la profondeur jugée indispensable.

Les jetées pleines se construisent, soit en charpente coffrée avec remplissage en enrochements, soit en maçonnerie, soit en enrochements avec perré de revêtement, soit, enfin, en simples fascinages chargés d'enrochements avec ou sans charpente destinée à la fois à consolider le massif de la jetée et à supporter un chemin de halage.

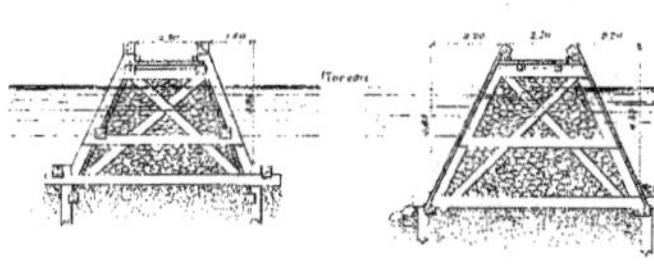

Fig. 50. — Jetées coffrées de Calais.
Échelle de 5 millimètres pour mètre.

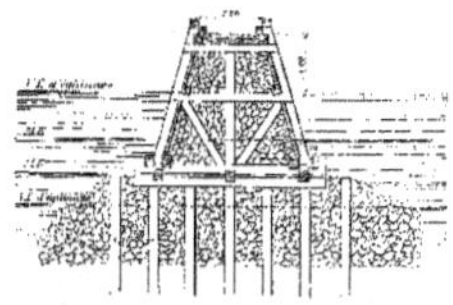

Fig. 51. — Jetée coffrée de l'embouchure de l'Adour.
Échelle de 5 millimètres pour mètre.

Ce sont les jetées coffrées avec remplissage en enrochements qui ont été employées d'abord dans la plupart de nos ports de la Manche et de l'Océan pour fixer et abriter le chenal. Il en reste encore quelques-unes dans la partie amont des chenaux. On peut citer comme types les jetées coffrées du port de Calais et celles de l'embouchure de l'Adour.

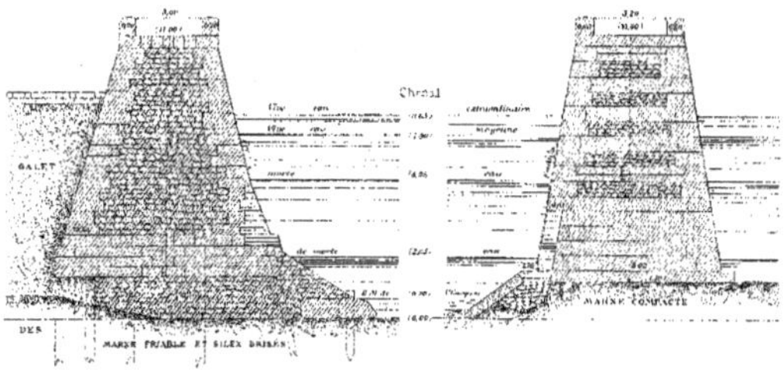

Fig. 52. — Jetées de Fécamp. Échelle de 5 millimètres pour mètre.

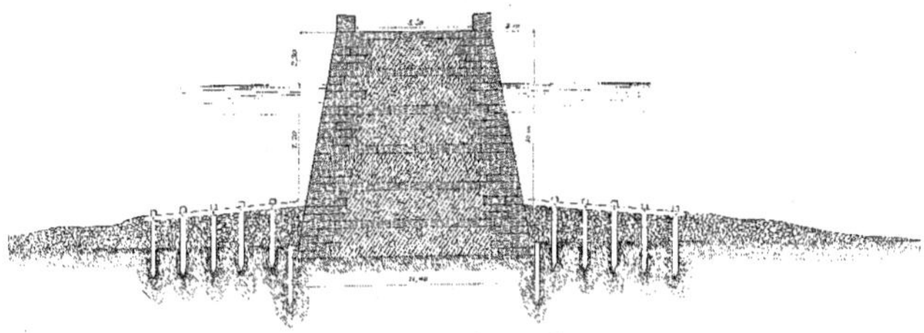

Fig. 53. — Jetée-nord du Havre. Échelle de 5 millimètres pour mètre.

Comme le montrent les profils ci-dessus des jetées coffrées (fig. 50, 51), tantôt le bordage est extérieur, tantôt il est intérieur. Le premier système soutient mieux le choc des vagues, il est plus facile à réparer, et il forme une surface lisse et continue contre laquelle les navires glissent sans se déchirer : il résiste moins bien, il est vrai, que le second à la poussée des enrochements ; mais on peut éviter cette poussée, soit en mettant à l'intérieur des bordages non équarris ou dosses, de peu de valeur, comme on l'a fait pour la première fois dans les anciennes jetées coffrées de Fécamp, soit en parementant le remplissage intérieur en enrochements, comme cela existe dans les jetées coffrées du Tréport.

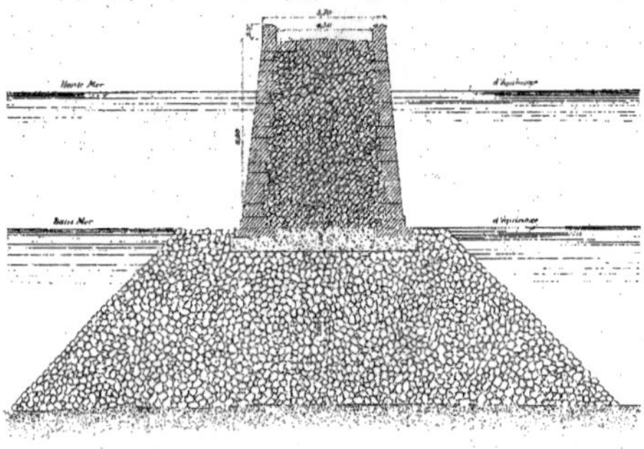

Fig. 54. — Jetée d'Honfleur. Échelle de 5 millimètres pour mètre.

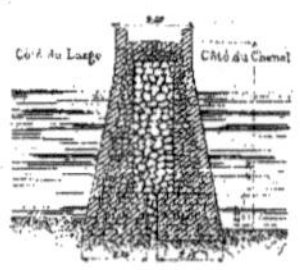

Fig. 55. — Jetée de Saint-Gilles. Échelle de 5 millimètres pour mètre.

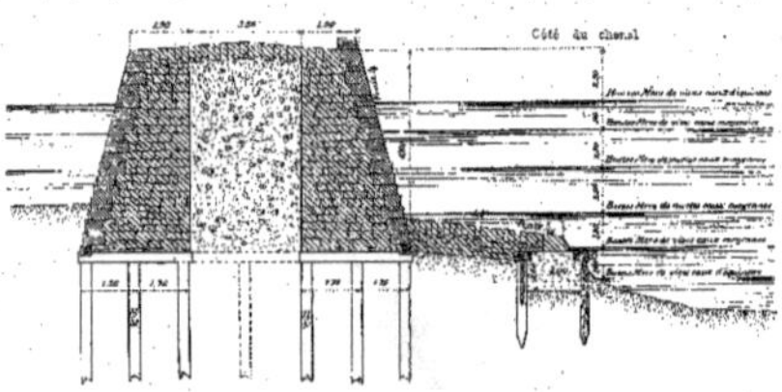

Fig. 56. — Jetée des Sables d'Olonne. Échelle de 5 millimètres pour mètre.

La plupart des jetées pleines actuelles sont en maçonnerie. Nous donnons ci-dessus plusieurs types de jetées en maçonnerie de nos ports de l'Océan, qui se distinguent par diverses particularités dans leur profil et dans leur mode de fondation.

Nous citerons encore, à titre de simple renseignement, les jetées du port de Sunderland qui rappellent les brise-lames anglais à long talus du côté du large.

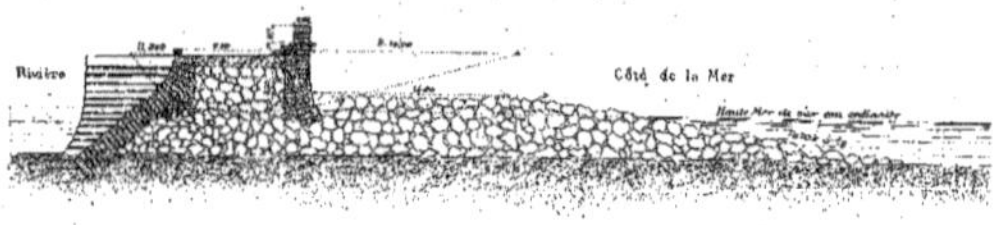

Fig. 57. — Jetée-sud de Sunderland. Échelle de 2mm,5 pour mètre.

Quant aux jetées en maçonnerie de la Méditerranée, elles sont généralement fondées sur des massifs en enrochements à pierres perdues, quelquefois consolidés par des pieux. Nous citerons comme types divers les jetées de Malamocco (fig. 58), celles de Sulina (fig. 59), et les jetées des petits ports de La Nouvelle et des embouchures du Lez et de l'Hérault (fig. 60, 61, 62).

Comme type de jetées insubmersibles en simples remblais et enrochements avec perrés de revêtement, nous mentionnerons les jetées du chenal de Gravelines situées en amont des claires-voies (fig. 63).

Enfin, comme type de jetées en fascinages et enrochements, nous citerons les jetées construites récemment à l'embouchure d'une rectification de la Meuse destinée à desservir le port de Rotterdam. Sur

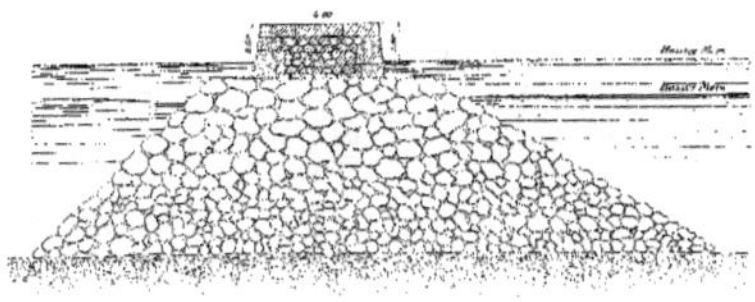

Fig. 58. — Jetées de Malamocco. Échelle de 5 millimètres pour mètre.

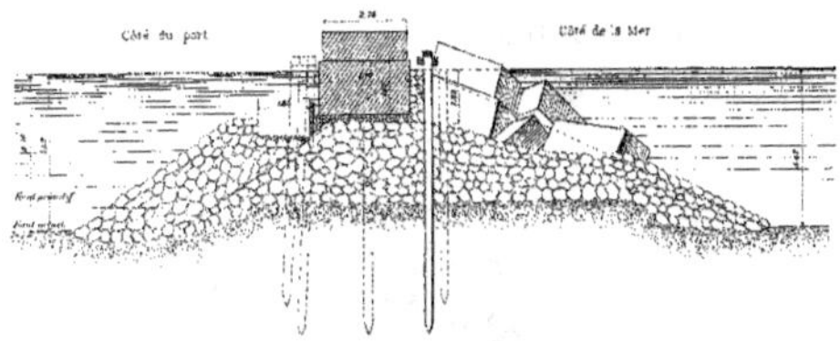

Fig. 59. — Jetées de Sulina. Échelle de 5 millimètres pour mètre.

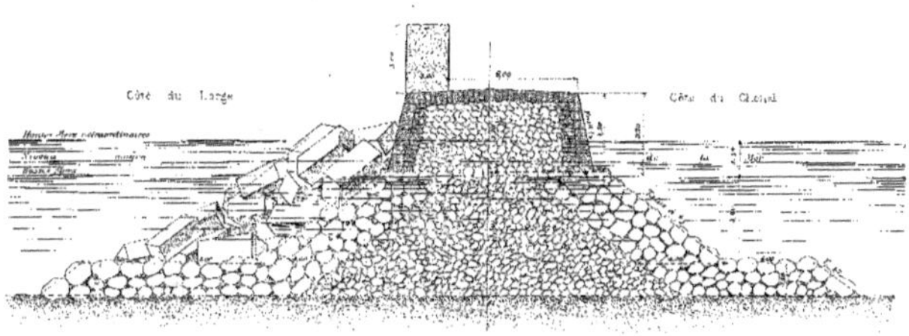

Fig. 60. — Jetées de la Nouvelle. Échelle de 5 millimètres pour mètre.

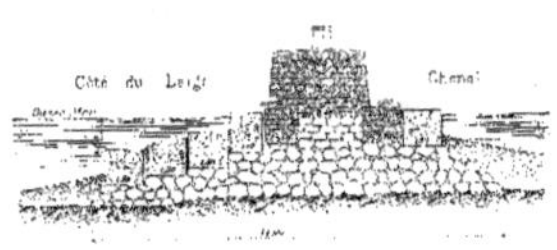

Fig. 61. — Jetées de l'embouchure du Lez. Échelle de 5 millimètres pour mètre.

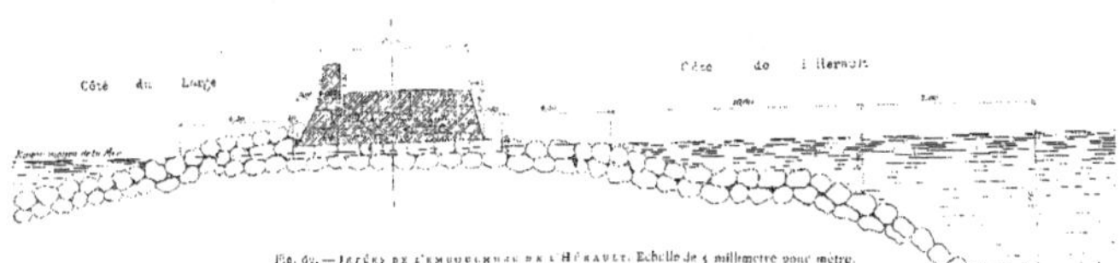

Fig. 62. — Jetées de l'embouchure de l'Hérault. Échelle de 5 millimètre pour mètre.

ce point, l'amplitude des marées est très faible, au maximum de 2 mètres, et les jetées s'étendent jusqu'aux profondeurs de 6 à 7 mètres. On a formé tout le massif de chacune des deux jetées de plates-formes successives en fascinages chargées d'enrochements et coulées en retraite les unes sur les autres de manière à présenter en couronne une largeur de 8 mètres. Le talus du côté de la rivière est protégé

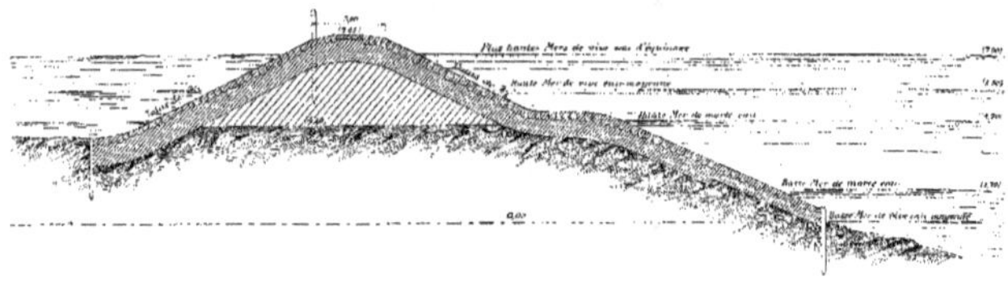

Fig. 63. — Jetées submersibles de Gravelines. Échelle de 5 millimètres pour mètre.

par des enrochements. A la jetée de l'ouest, plusieurs lignes de pieux de 6 et de 9 mètres de longueur traversent tout le massif en conservant une certaine saillie au-dessus de la plate-forme de couronnement.

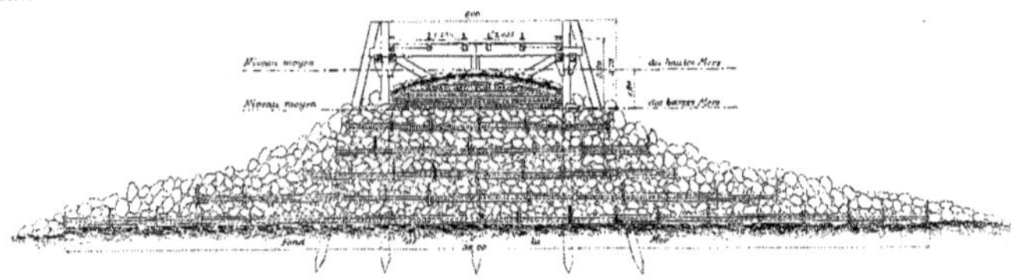

Fig. 64. — Jetée-sud de la nouvelle embouchure de la Meuse. Échelle de 5 millimètres pour mètre.

Les jetées pleines à parois peu inclinées ont plusieurs inconvénients : d'une part, elles transmettent sans atténuation toute l'agitation qui pénètre par l'entrée du chenal jusque dans l'intérieur du port ; d'autre part, dans les gros temps, elles subissent, lorsque les lames du large viennent briser contre leur haute paroi extérieure, des chocs énormes qui tendent à les démolir, en même temps qu'elles donnent lieu à de violents ressacs qui tendent à affouiller leurs fondations, et que leur plate-forme de couronnement est incessamment balayée par des paquets de mer qui rendent le chemin de halage absolument impraticable. Aussi, dans certains cas, a-t-on donné la préférenceà des jetées mixtes, c'est-à-dire à des jetées mi-pleines ou submersibles, qui remédient dans une mesure plus ou moins complète aux divers inconvénients qui viennent d'être signalés, tout en assurant dans le chenal un calme suffisant.

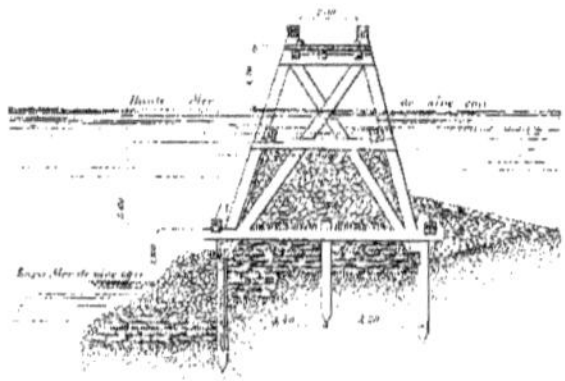

Fig. 65. — Jetée mi-coffrée de Dunkerque.
Échelle de 5 millimètres pour mètre.

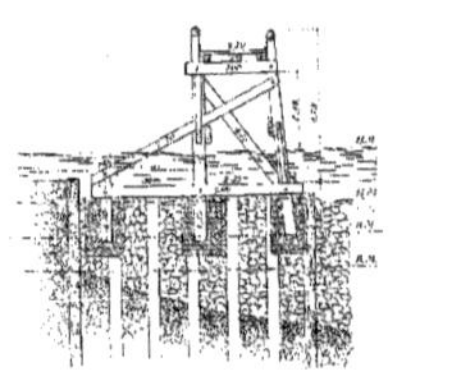

Fig. 66. — Jetée mi-coffrée de l'embouchure de l'Adour.
Échelle de 5 millimètres pour mètre.

Le type le plus simple de ce genre de jetées consiste en une jetée en charpente mi-coffrée, c'est-à-dire coffrée seulement sur une partie de sa hauteur. On a pu d'ailleurs, dans divers ports, prolonger l'existence d'anciennes jetées entièrement coffrées en supprimant le coffrage de la partie supérieure. Nous citerons, parmi divers exemples de jetées mi-coffrées, les types qui ont été adoptés à Dunkerque, à la jetée-est de Boulogne déjà mentionnée, à l'embouchure de l'Adour, et, il y a quelques années, au port de Cap-Breton.

A la jetée de Cap-Breton, le remplissage du coffrage inférieur ayant été fait primitivement par couches alternatives de fascines, d'argile et de moellons, la prompte pourriture des fascines, soumises à des

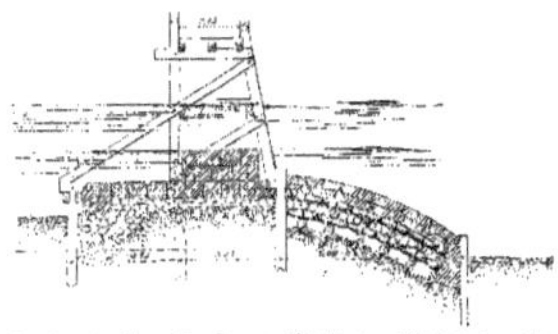

Fig. 67. — Jetée de Cap-Breton. Échelle de 5 millimètres pour mètre.

alternatives de sécheresse et d'humidité, produisait des vides qui étaient l'occasion d'avaries fréquentes dans le bordage. Le remplissage a dû, en conséquence, être refait complètement en enrochements.

Un autre type de jetée mixte, dont la jetée-ouest de Boulogne offre un exemple, consiste en un massif d'enrochements simplement couronné par une charpente à claire-voie supportant le chemin de halage.

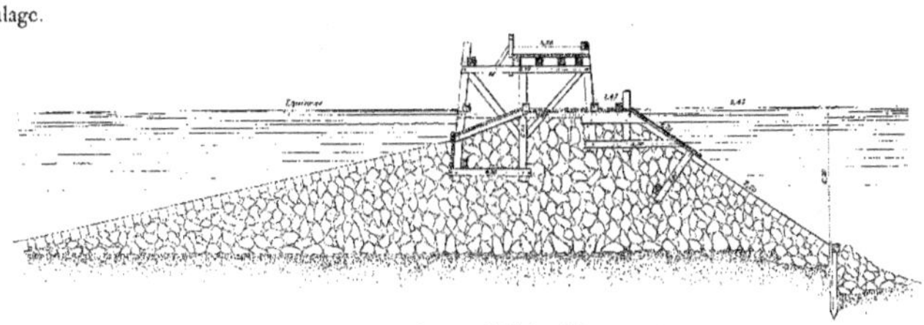

Fig. 68. — Jetée-ouest de Boulogne. Échelle de 5 millimètres pour mètre.

On avait essayé en premier lieu pour la jetée-ouest de Boulogne, par imitation d'une grande digue construite à Ostende, un massif entièrement en enrochements, arasé à 3 mètres environ au-dessus du niveau des plus hautes mers, et ayant un talus du côté du large de 3 de base pour 1 de hauteur. C'est parce que ce massif ne put pas tenir contre les attaques de la mer, que l'on adopta une charpente pour la

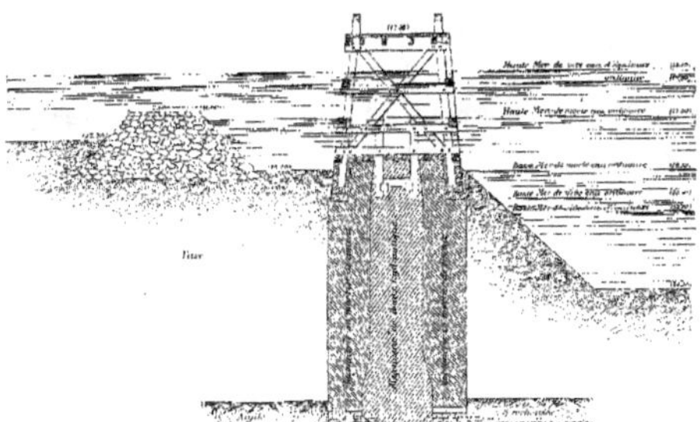

Fig. 69. — Jetée nord de Saint-Nazaire. Échelle de 5 millimètres pour mètre.

partie de la jetée au-dessus des hautes mers, en même temps que le talus du large du massif inférieur d'enrochements se trouva réduit à une inclinaison de 4 à 5 de base pour 1 de hauteur; mais ladite charpente ayant été faite d'abord coffrée avec remplissage en moellons, la paroi du large provoquait un tel ressac que le talus d'enrochements, bien que constitué par de forts libages solidement coincés, était constamment bouleversé dans les gros temps. On n'est parvenu à une situation stable qu'en établissant finalement la charpente supérieure à claire-voie, et en consolidant en outre le talus de libages par un profond jointoiement en béton de Portland. La suppression du coffrage supérieur a d'ailleurs eu pour effet, suivant une remarque précédente, de laisser, sinon dans les très-gros temps, le chemin de halage toujours praticable.

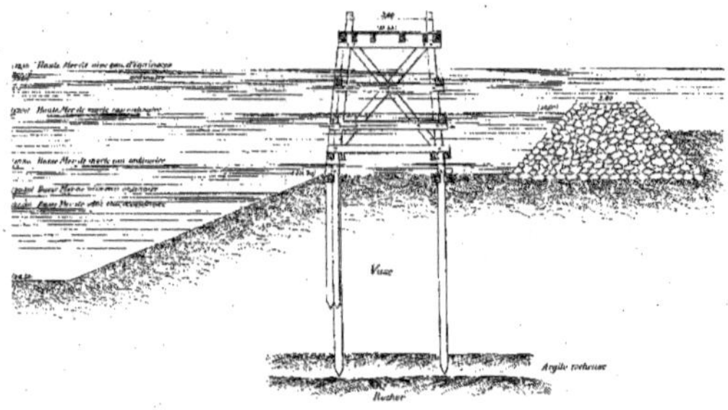

Fig. 70. — Jetée-sud de Saint-Nazaire. Echelle de 5 millimètres pour mètre.

Enfin, un troisième type de jetée mixte se compose d'une charpente à claire-voie supportant le chemin de halage et longée du côté du large par une jetée plus ou moins haute, généralement en enrochements avec ou sans revêtement en moellons smillés. Nous avons déjà mentionné comme exemple de ce type les jetées de Calais. Nous pouvons citer encore les jetées du port de Saint-Nazaire et celles du port de Leith, à l'embouchure du Forth, en Écosse.

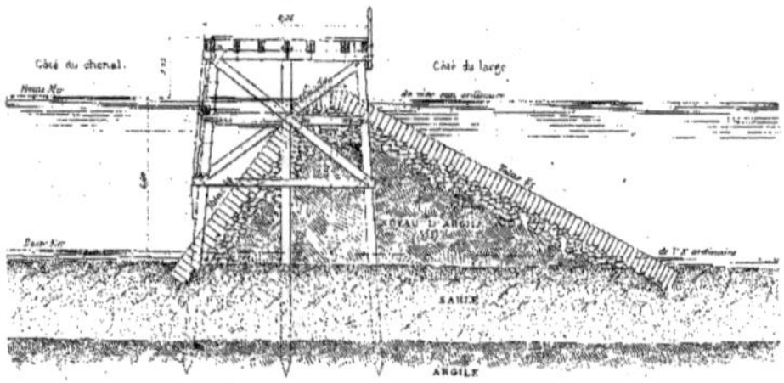

Fig. 71. — Jetées de Leith. Echelle de 5 millimètres pour mètre.

On voit par les profils des jetées de Saint-Nazaire que lesdites jetées, construites sur un point où le sol est formé d'une couche épaisse de vase recouvrant du rocher, ont été fondées par deux procédés qui ont également bien réussi, savoir : la jetée-nord, sur la plus grande partie de sa longueur, par la méthode des puits maçonnés ; la jetée-sud, et même la partie extrême de l'autre jetée, simplement sur pieux.

Nous ne dirons que peu de mots des jetées basses destinées à diriger l'action des chasses au delà de l'extrémité des jetées proprement dites, et qui, comme nous l'avons fait remarquer précédemment, ont le très-grave inconvénient de constituer des écueils que le meilleur balisage ne permet pas toujours d'éviter. Parmi les ports d'une certaine importance, il n'y a guère actuellement, croyons-nous, que les ports de Boulogne, de Trouville et d'Oyestreham, en France, et le port de Littlehampton, en Angleterre, où existent des jetées basses. Ces jetées sont en simples enrochements jetés à pierres perdues, qui suivent, avec un faible relief, la pente de l'estran. Jusqu'à ces dernières années, le long chenal du port de Gravelines n'était délimité que par des jetées basses balisées : on a réalisé une très-grande amélioration en remplaçant ces ouvrages par les jetées insubmersibles, et, vers l'extrémité à la mer, par les jetées à claire-voie dont nous avons donné ci-dessus les profils.

Nous terminerons ce qu'il nous reste à dire des jetées proprement dites par quelques remarques générales touchant les moyens de parer à certaines causes spéciales de destruction auxquelles sont respectivement soumis ces ouvrages suivant leur mode de construction.

Une cause de rapide destruction des jetées en charpente est l'attaque des bois par les vers marins. Dans les ports où ces vers existent, et lorsqu'il s'agit d'ouvrages considérables comme le sont les jetées, il est très-difficile de lutter efficacement contre eux par aucun moyen direct; on ne peut jamais guère espérer, en effet, soit par le mailletage, soit par le créosotage, que de retarder dans une certaine mesure la complète destruction des bois. Un moyen indirect de conservation, qui a reçu de nombreuses applications dans nos ports depuis un certain nombre d'années, consiste, toutes les fois que l'on a à faire des réparations aux jetées coffrées ou mi-coffrées et aux risbernes de protection desdites jetées, à supprimer les anciens bordages de protection des enrochements avec leurs charpentes de soutien, et à y substituer une maçonnerie de revêtement en mortier de Portland englobant sur tout leur pourtour, sauf la face, tous les bois qui forment les parois extérieures de la grosse charpente des ouvrages. Il convient évidemment de suivre désormais le même système dans la construction des ouvrages neufs, c'est-à-dire d'adopter, pour les jetées mi-pleines par exemple, un type comportant un massif inférieur construit en entier ou simplement parementé en bonne maçonnerie, et une claire-voie supérieure en charpente ayant ses poteaux de soutien englobés et solidement fixés dans ladite maçonnerie.

Les jetées en maçonnerie établies sur les plages à galets ont aussi, de leur côté, indépendamment de la résistance qu'elles doivent offrir aux attaques des lames, à lutter contre une usure exceptionnelle qui se produit à leur base par suite du mouvement de va-et-vient des galets. Il importe donc de mettre toujours dans les assises inférieures les pierres les plus dures possibles, et l'on doit avoir grand soin, le cas échéant, de remplacer les pierres usées en temps opportun.

Les ouvrages à pierres sèches, même protégés par des revêtements en moellons smillés, résistent très-difficilement aux attaques de la mer lorsqu'ils forment un relief un peu considérable sur l'estran. En pareil cas, il est préférable de maçonner le revêtement sur une certaine épaisseur, en prenant d'ailleurs tout surcroît utile de précautions pour prévenir les affouillements.

Enfin, en ce qui concerne les ouvrages en fascinages, il est évident tout d'abord qu'ils ne doivent être employés que sur les points où l'on n'a pas à redouter les vers marins. Il importe d'ailleurs de ne pas enfouir dans le corps même des ouvrages des fascinages qui, par le niveau où ils se trouveraient placés, seraient soumis à des alternatives fréquentes de sécheresse et d'humidité. En d'autres termes, au-dessus du niveau des eaux basses, il convient de ne recourir à l'emploi des fascinages que dans les parties des ouvrages où ils peuvent être facilement visités et renouvelés.

TALUS BRISE-LAMES. — Les talus brise-lames, que l'on appelle le plus habituellement du simple nom de brise-lames, sont, comme nous avons eu plusieurs fois l'occasion de le dire précédemment, des ouvrages spéciaux construits le long des chenaux de ports compris entre des jetées pleines pour amortir les lames dans le parcours du chenal, et, surtout, pour empêcher leur propagation jusque dans l'intérieur du port.

L'idée de la construction de pareils ouvrages est née de ce fait d'observation, à savoir, que les longs talus à pente douce, comme ceux des plages, par exemple, détruisent le mouvement constitutif des lames oscillantes, lesquelles viennent mourir doucement, sans se réfléchir, sur lesdits talus. Un brise-lame consiste donc essentiellement en un large plan incliné établi en pente douce sur le bord même du chenal. Pour être complètement efficace, il doit remplir autant que possible les diverses conditions suivantes : d'une part, le plan incliné doit descendre aussi bas que le permettent les dispositions locales, jusqu'au niveau des basses mers de vive eau, si cela est possible, ou, tout au moins jusqu'au niveau des basses mers de morte eau ; d'autre part, l'expérience a montré que la meilleure pente à lui donner est celle d'environ 1/8; et il doit s'étendre avec cette pente, qui peut être légèrement augmentée dans la partie supérieure, au moins jusqu'au niveau des plus hautes mers où il est limité par un mur assez généralement couronné d'un parapet. Par suite de l'insuffisance de l'espace disponible, on a été quelquefois obligé de donner au brise-lame une pente plus forte ou une moindre étendue que celles qui viennent d'être indiquées : en pareil cas l'ouvrage ne répond plus que très-imparfaitement à son but, car, avec l'une ou l'autre disposition, on a des lames réfléchies ou de retour qui donnent dans le chenal une agitation tumultueuse. D'un autre côté, un simple élargissement d'une partie du chenal ou une chambre latérale d'épanouissement sans talus ne produisent pour ainsi dire aucune amélioration : au droit de leur emplacement, les lames s'affaissent bien quelque peu, il est vrai, mais elles reprennent presque toute leur hauteur primitive dès qu'elles retrouvent la largeur normale du chenal. Il y a lieu de remarquer encore, à ce propos, que les éperons plus ou moins saillants, pleins ou à claire-voie, comme il en a été établi anciennement quelques-uns dans divers ports, tantôt le long même du chenal, tantôt dans l'avant-port, en vue d'arrêter la propagation des lames, n'ont nullement répondu à ce but, tout en occasionnant une grande gêne à la navigation et constituant même de véritables écueils : l'inefficacité de pareils ouvrages s'explique aisément, puisque, d'une part, l'éperon plein ne peut que détourner les lames sans les arrêter, et que, d'autre part, l'éperon à claire-voie est impuissant à produire de notables modifications dans l'état constitutif de lames simplement oscillantes. Nous ferons remarquer, enfin, qu'à défaut de la possibilité d'établir des brise-lames le long des jetées, on peut pourtant, comme cela a été fait dans quelques ports, obtenir une certaine réduction de l'agitation dans le chenal par la simple transformation des jetées pleines, sur une étendue plus ou moins grande, en jetées mi-pleines : l'efficacité d'un tel moyen paraît pouvoir s'expliquer par cette considération que les lames oscillantes qui se propagent à partir de l'entrée du chenal trouvent, en arrivant au droit des jetées mi-pleines, à se répandre latéralement à travers la claire-voie supérieure, et ce, malgré l'existence des lames extérieures qui sont surtout des lames de translation de constitution et de hauteur toutes différentes.

Pour empêcher les navires de s'engager sur le talus brise-lame, et, en même temps, pour maintenir la continuité du halage, on élève sur le bord du chenal, s'appuyant sur le pied du plan incliné, une passerelle supportée soit par une claire-voie en charpente appelée estacade, soit par des piles en maçonnerie. Dans les estacades, les fermes étant assez généralement espacées d'environ 3 mètres, il est nécessaire, tout à la fois pour soustraire les navires au danger qui résulterait pour eux de ces larges intervalles où ils pourraient trop aisément engager leurs agrès saillants, et pour empêcher même les petites embarcations d'aller s'échouer sur le brise-lame, de placer en façade le long du chenal des poteaux intermédiaires. Au point de vue de la sécurité des navires et des embarcations sous les rapports qui viennent d'être indiqués, il y aurait évidemment intérêt à réduire le plus possible la largeur des intervalles; mais, par contre, au point de vue du degré d'efficacité du brise-lame, il convient de ne pas trop multiplier les poteaux, car ceux-ci auraient alors pour effet de propager ou de réfléchir dans le canal même une notable portion des lames. L'expérience a montré que le rapport de 1 à 3, et même à 4, entre les pleins et les vides, est le plus convenable; ce qui revient à dire, les poteaux ayant généralement $0^m,30$ d'équarrissage, qu'il convient de ne placer qu'un seul poteau intermédiaire ou, au plus, deux poteaux entre des fermes espacées de 3 mètres d'axe en axe. La présence des poteaux montants de l'estacade est, suivant une remarque précédente, plutôt contraire, en thèse générale, que favorable à l'efficacité du brise-lame. Toutefois, lorsque, par suite des circonstances locales, le plan incliné a une pente trop forte ou une largeur insuffisante, on doit moins redouter de multiplier les poteaux de remplissage, parce qu'il y a alors intérêt à ne pas permettre à la totalité des lames de s'épandre sur le brise-lame, et que, d'autre part, les poteaux atténuent dans une certaine mesure la force des lames de retour en les divisant, les dispersant, les forçant de suivre plusieurs directions qui se combattent par leur opposition. Dans les passerelles supportées par des piles en maçonnerie, les piles ont le grave inconvénient de présenter de sérieux obstacles au passage des lames vers le brise-lame et de produire des réflexions de lames, et, par suite, des ressacs dans le chenal même.

La plupart des brise-lames sont avec estacade à claire-voie. C'est le cas, par exemple, dans les ports de Dieppe, de Fécamp, du Havre. Nous donnons ci-dessous, comme spécimen, le profil de l'un des brise-lames du port de Dieppe.

Il existe des brise-lames avec passerelle reposant sur piles en maçonnerie à la jetée-est du port de commerce de Cherbourg et à la grande jetée des Sables-d'Olonne. Nous donnons également ci-dessous le profil du brise-lame de ce dernier port.

A Cherbourg, le chemin de halage du brise-lame est supporté par de véritables arches en maçonnerie. Aux Sables, comme le montre le dessin, la passerelle repose sur des piles évidées en forme d'arcades.

Lorsque la nécessité est reconnue d'établir des brise-lames dans un port, on doit choisir de préférence comme emplacements de ces ouvrages, lorsque cela est possible, les points de l'une et de l'autre rive du chenal où viennent frapper directement ou par réflexion les fortes lames des vents régnants. Les brise-lames doivent d'ailleurs être placés le plus près possible de l'entrée du chenal afin de restreindre

Fig. 72. — Brise-lame de la jetée-ouest de Dieppe. Échelle de 0m,005 pour mètre.

le plus possible la zone agitée. Le développement total de ces ouvrages doit d'ailleurs évidemment être en rapport avec la force des lames à l'entrée et avec la largeur du chenal. Lorsque les dispositions locales ne permettent pas de les établir en totalité le long du chenal, on en construit dans l'avant-port même

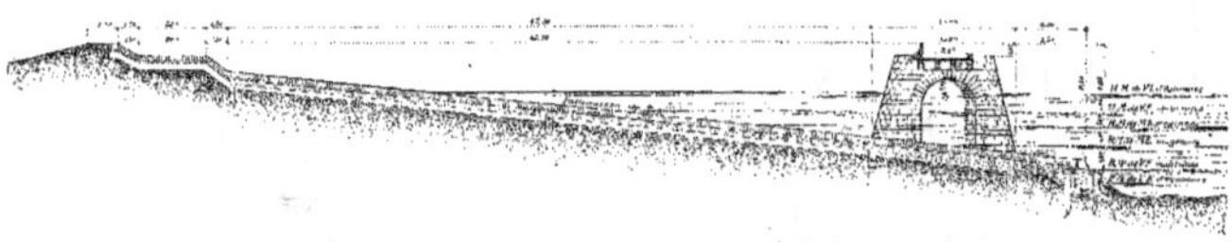

Fig. 73. — Brise-lame de la grande jetée des Sables-d'Olonne. Échelle de 0m,005 pour mètre.

en choisissant toujours de préférence les points où viennent frapper les lames directes ou réfléchies. Enfin de même que, lorsqu'on élargit le chenal d'accès d'un port, il faut construire de nouveaux brise-lames, comme cela a eu lieu, par exemple, pour les élargissements successifs du chenal du Havre; de même la construction de pareils ouvrages est indispensable, soit lorsque l'on est amené à réduire la superficie d'un avant-port, soit lorsque l'on a à construire dans ledit avant-port des quais verticaux en remplacement de berges en talus. Une solution quelquefois adoptée dans ce dernier cas, pour ne pas trop aggraver la houle dans le port, consiste à former une partie des nouveaux quais d'estacades en charpente avec plancher au-dessus de talus perréyés.

TABLEAU STATISTIQUE DES PORTS DE COMMERCE

DE LA MARINE MARCHANDE ET DU MOUVEMENT MARITIME DE LA FRANCE ET DE L'ALGÉRIE PENDANT L'ANNÉE 1877

DÉSIGNATION DES PORTS.	NATURE DES OPÉRATIONS PENDANT L'ANNÉE 1877.	TOTAL approximatif des dépenses de premier établissement au 31 décembre 1877.	DÉPENSES d'entretien en 1877.	SITUATION DE LA MARINE MARCHANDE AU 31 DÉCEMBRE 1877.							MOUVEMENT DE LA NAVIGATION PENDANT L'ANNÉE 1877.													
				NAVIRES À VOILES.		NAVIRES À VAPEUR.			EFFECTIF TOTAL.		COMMERCE EXTÉRIEUR (LONG COURS, GRAND CABOTAGE) ET GRANDE PÊCHE						PETIT CABOTAGE (ENTRE LES PORTS FRANÇAIS DE L'OCÉAN ET DE LA MÉDITERRANÉE).						MOUVEMENT TOTAL (non compris la pêche côtière) À L'ENTRÉE ET À LA SORTIE	
											Nombre total de navires entrés et sortis.	TONNAGES. À L'ENTRÉE.		À LA SORTIE.		TONNAGE	Nombre total de navires entrés et sortis.	TONNAGES. À L'ENTRÉE.		À LA SORTIE.		TONNAGE		
				Nombre.	Tonnage.	Nombre.	Force en chevaux.	Tonnage.	Nombre des navires.	Tonnage.		Navires chargés.	Navires sur lest.	Navires chargés.	Navires sur lest.	TOTAL.		Navires chargés.	Navires sur lest.	Navires chargés.	Navires sur lest.	TOTAL.	Nombre de navires.	TONNAGE.
		fr.	fr.																					
MER DU NORD ET MANCHE.																								
NORD.																								
Dunkerque	Long cours. — Grande pêche. — Grand et petit cabotage. — Pêche côtière	62.447.000	133.000	244	30.936	14	1.040	4.093	258	35.028	4.608	633.510	6.088	145.584	464.645	1.249.827	1.328	58.999	2.945	92.606	6.057	160.607	5.936	1.410.434
Gravelines	—	6.972.000	25.000	143	7.705	1	38	23	144	7.728	643	32.342	1.073	7.533	24.725	65.673	19	374	132	119	871	1.496	632	67.169
PAS-DE-CALAIS.																								
Calais	Long cours. — Grande pêche. — Grand et petit cabotage. — Pêche côtière	10.317.000	67.000	179	5.259	8	1.233	1.882	187	7.141	3.419	374.438	3.833	233.393	142.751	754.415	94	340	»	2.124	847	3.311	3.443	757.726
Boulogne	—	14.487.000	70.000	320	12.867	3	223	215	323	13.082	3.879	436.847	17.105	295.494	147.674	896.820	882	21.775	5.657	32.670	1.387	61.489	4.761	958.309
Le Portel	Anse de refuge	184.000	2.100	»	»	»	»	»	»	»	»	»	»	»	»	»	»	»	»	»	»	»	»	»
Etaples et baie de Canche	Petit cabotage. — Pêche côtière	175.000	3.000	74	1.509	»	»	»	74	1.509	»	»	»	»	»	»	6	»	146	»	146	292	6	292
Berck et baie d'Authie	Pêche côtière	116.000		121	1.211	»	»	»	121	1.211	»	»	»	»	»	»	»	»	»	»	»	»	»	»
SOMME.																								
Le Crotoy	Grand et petit cabotage. — Pêche côtière	730.000	19.000	30	1.058	»	»	»	30	1.058	14	564	»	»	564	1.128	179	230	110	»	»	340	193	1.468
Abbeville	Grand et petit cabotage	305.000	5.000	1	55	»	»	»	1	55	79	3.477	»	»	4.555	8.032	71	2.995	89	587	1.452	5.123	150	13.155
St-Valery-sur-Somme	— Pêche côtière	1.200.000	50.000	12	466	1	40	49	13	545	348	17.114	609	7.682	11.796	37.198	36	1.427	556	»	1.126	3.109	384	40.307
Le Hourdel	— —	280.000	10.000	59	988	»	»	»	59	988	14	705	»	357	651	1.713	12	49	»	»	54	103	26	1.816
SEINE-INFÉRIEURE.																								
Le Tréport	Grand et petit cabotage. — Pêche côtière	4.072.000	16.500	96	2.047	»	»	»	96	2.047	380	26.350	543	20.629	3.214	50.736	31	1.269	»	1.013	198	2.480	411	53.216
Eu	— —										108	2.510	814	1.366	6.890	11.580	37	939	214	729	319	2.201	145	13.781
Dieppe	Long cours. — Grande pêche. — Grand et petit cabotage. — Pêche côtière	21.514.000	47.500	171	7.507	5	380	1.360	176	8.867	3.102	391.279	13.822	214.539	187.709	807.449	87	3.560	447	1.744	1.420	7.171	3.189	814.320
Saint-Valery-en-Caux	Grande pêche. — Grand et petit cabotage. — Pêche côtière	6.024.000	15.600	36	2.249	»	»	»	36	2.249	88	3.105	53	2.892	1.384	7.434	97	2.671	300	1.814	701	5.336	185	12.820
Fécamp	Long cours. — Grande pêche. — Grand et petit cabotage. — Pêche côtière	14.444.000	31.600	197	10.380	5	132	178	202	10.558	369	27.032	409	13.644	17.869	58.654	251	9.983	643	4.606	1.437	16.669	620	75.323
Le Havre	—	97.236.000	158.000	241	82.945	83	46.361	45.591	324	128.536	5.516	1.508.363	20.185	842.650	686.711	3.057.909	5.983	223.223	38.574	248.904	18.486	529.187	11.499	3.587.096
Harfleur	Grand et petit cabotage	170.000	1.600	1	14	»	»	»	1	14	3	180	»	»	100	280	78	912	49	473	558	1.962	81	2.242
Caudebec	—	136.000	6.000	4	133	»	»	»	4	133	39	950	221	2.338	828	4.337	549	3.267	4.353	3.806	1.046	14.532	588	18.869
Duclair	—	»	»	1	63	»	»	»	1	63	122	2.712	143	16.513	543	19.911	60	513	320	440	393	1.666	182	21.577
Dieppedalle	Long cours. — Grand et petit cabotage	»	»	»	»	»	»	»	»	»	32	3.531	1.700	»	3.782	9.013	113	1.549	»	6.533	3.562	11.644	145	20.657
Rouen	— —	6.500.000	34.000	47	8.425	21	802	1.895	68	10.320	2.338	308.425	1.762	203.673	118.755	632.615	1.935	109.495	7.254	80.639	26.041	223.129	4.273	856.744
EURE.																								
Quillebeuf	Port de refuge	696.000	10.000	»	»	»	»	»	»	»	»	»	»	»	»	»	»	»	»	»	»	»	»	»
Pont-Audemer	Grand et petit cabotage	393.000	4.500	»	»	»	»	»	»	»	44	4.654	»	»	1.303	2.957	932	10.527	2.444	8.147	5.116	26.234	976	29.191
CALVADOS.																								
Honfleur	Long cours. — Grand et petit cabotage. — Pêche côtière	9.041.000	57.000	56	2.304	3	454	150	59	2.454	1.795	127.599	65.354	110.664	76.731	380.338	1.667	39.401	9.200	39.917	9.344	97.862	3.462	478.200
Trouville et Touques	Grand et petit cabotage. — Pêche côtière	4.237.000	37.900	127	2.636	»	»	»	127	2.636	394	35.756	»	2.105	31.946	69.777	462	14.772	987	11.026	1.714	36.119	856	95.896
Dives	— —	119.000	3.400	2	12	»	»	»	2	12	12	566	»	»	566	1.132	54	666	19	173	512	1.370	66	2.502
Caen	Long cours. — Grand et petit cabotage. — Pêche côtière	2.043.000	18.500	50	5.592	»	»	»	50	5.592	1.415	108.992	1.603	33.635	83.463	227.693	1.179	36.164	4.522	34.609	2.887	75.182	2.594	302.875
Ouistreham et Canal	Grand et petit cabotage. — pêche côtière	11.389.000		7	80	3	60	61	10	141	13	578	72	72	471	1.193	439	760	6.380	4.557	2.778	14.475	452	15.668
Courseulles	— —	1.151.000	14.900	40	1.356	»	»	»	40	1.356	65	3.033	33	103	2.694	5.863	576	4.481	4.530	5.827	3.330	17.868	640	23.731
Arromanches	Petit port de refuge	34.000	1.700	»	»	»	»	»	»	»	»	»	»	»	»	»	»	»	»	»	»	»	»	»
Port-en-Bessin	Grand et petit cabotage. — Pêche côtière	1.446.000	8.100	28	600	»	»	»	28	600	67	3.913	»	»	3.868	7.781	15	296	33	48	328	705	82	8.486
Grandcamp	Petit port de refuge	121.000	600	»	»	»	»	»	»	»	»	»	»	»	»	»	»	»	»	»	»	»	»	»
Isigny	Grand et petit cabotage. — Pêche côtière	701.000	2.900	71	1.987	»	»	»	71	1.987	167	6.204	45	45	6.029	12.323	160	3.033	136	1.693	1.387	6.254	327	18.574
MANCHE.																								
Carentan	Grand et petit cabotage. — Pêche côtière	1.588.000	11.700	20	416	»	»	»	20	416	356	3.287	5.305	6.167	2.200	17.168	14	321	131	102	37	591	370	17.759
Saint-Vaast	— —	1.477.000	1.500	104	8.139	»	»	»	105	8.139	299	4.233	902	4.619	4.906	14.810	524	7.635	3.098	7.427	2.620	20.680	823	32.490
Barfleur	— —	605.000	3.000	33	582	»	»	»	33	582	418	4.047	2.208	5.586	885	12.726	44	456	629	195	408	1.687	462	14.423

Pontorson	Grand et petit cabotage	»	»	4	247	»	»	»	4	247	20	933	»	224	416	1.567	12	221	»	379	88	688	32	2.255
ILLE-ET-VILAINE.																								
Le Vivier	Grand et petit cabotage. — Pêche côtière	71.000	3.460	8	80	»	»	»	8	80	85	20	859	1.650	»	2.529	174	924	997	1.649	173	3.743	239	6.272
La Houle-sous-Cancale	— —	110.000	1.950	416	3.107	»	»	»	416	3.107	41	150	368	1.025	189	1.732	70	704	473	501	679	2.357	111	4.089
Saint-Malo	Long cours. — Grande pêche. — Grand et petit cabotage. — Pêche côtière	18.337.000	30.210	247	37.674	4	117	152	251	37.820	2.284	142.543	24.694	134.232	47.252	345.721	806	13.009	5.195	5.341	6.102	29.707	3.090	375.428
Saint-Servan	Long cours. — Grande pêche. — Grand et petit cabotage. — Pêche côtière			111	16.418	»	»	»	111	16.418	404	16.245	722	13.504	11.088	41.550	284	7.763	3.596	2.135	1.213	14.707	688	56.266
Saint-Suliac	Grand et petit cabotage	25.000	»	»	»	»	»	»	»	»	8	»	98	175	»	273	154	»	1.162	1.113	17	2.292	159	2.563
Ports divers	Petits ports de refuge	50.000	300	»	»	»	»	»	»	»	»	»	»	»	»	»	»	»	»	»	»	»	»	»
CÔTES-DU-NORD.																								
Plouer	Grand et petit cabotage	55.000	»	13	132	»	»	»	13	132	47	»	419	727	»	1.146	758	5.309	3.434	3.663	4.884	17.290	805	18.436
Dinan	—	595.000	7.000	27	1.231	1	25	42	28	1.273	29	45	135	825	73	1.078	311	1.885	1.831	1.582	1.403	6.701	340	7.779
Saint-Jacut	Petits ports de refuge	79.000	1.000	»	»	»	»	»	»	»	»	»	»	»	»	»	»	»	»	»	»	»	»	»
Le Guildo	Grand et petit cabotage. — Pêche côtière	51.500	1.100	28	200	»	»	»	28	200	29	266	227	845	157	1.495	245	1.257	1.242	4.797	503	4.799	274	6.294
Plancoët	Port de refuge	294.000	1.200	»	»	»	»	»	»	»	»	»	»	»	»	»	»	»	»	»	»	»	»	»
Port-Nieux	Petit port de refuge	61.000	350	»	»	»	»	»	»	»	»	»	»	»	»	»	»	»	»	»	»	»	»	»
Erquy	Grand et petit cabotage. — Pêche côtière	70.400	300	5	26	»	»	»	5	26	74	375	428	1.936	241	2.980	405	669	3.877	3.562	557	8.465	470	11.465
Dahouët	Grande pêche. — Grand et petit cabotage. — Pêche côtière	146.000	1.150	9	533	»	»	»	9	533	140	691	1.393	2.339	820	5.243	29	623	561	260	63	1.507	169	6.750
Légué-Saint-Brieuc	Long cours. — Grande pêche. — Grand et petit cabotage. — Pêche côtière	1.900.000	7.800	90	4.999	»	»	»	90	4.999	774	21.038	2.234	18.017	10.036	31.325	631	10.255	2.318	3.996	3.120	19.689	1.305	71.014
Binic	Grande pêche. — Grand et petit cabotage. — Pêche côtière	1.300.000	1.550	48	3.966	»	»	»	48	3.966	267	9.308	139	9.614	1.428	20.189	285	5.449	463	2.238	1.955	10.105	552	30.294
Portrieux	— — —	900.000	1.150	38	2.428	»	»	»	38	2.428	159	4.631	196	5.029	463	10.349	211	3.137	724	1.745	1.389	6.992	370	17.311
Paimpol	— — —	588.000	2.200	169	6.685	»	»	»	169	6.685	204	3.634	1.316	6.576	1.104	12.620	467	6.440	1.907	2.663	3.232	14.242	674	26.872
Lezardrieux	Grand et petit cabotage. — Pêche côtière	44.500	400	54	639	»	»	»	54	639	24	»	227	634	»	861	58	339	488	95	335	1.257	82	2.148
Pontrieux	— —	215.000	2.300	29	604	»	»	»	29	604	181	2.588	1.901	3.060	2.420	9.669	405	2.772	4.303	5.805	657	13.287	586	22.956
Tréguier	— —	230.000	1.550	105	1.538	»	»	»	105	1.538	237	1.383	2.644	3.297	1.084	8.408	469	3.326	2.024	2.855	2.282	10.487	706	18.895
Perros-Guirec	— —	302.000	500	97	1.280	»	»	»	97	1.280	160	245	2.418	2.660	488	5.811	114	690	1.206	857	766	3.519	274	9.350
Lannion	— —	386.000	2.200	50	819	»	»	»	50	819	120	4.325	1.219	2.755	1.034	6.330	444	4.220	3.625	5.445	4.110	14.409	564	20.739
Ports divers	Petits ports de refuge	221.000	3.550	»	»	»	»	»	»	»	»	»	»	»	»	»	»	»	»	»	»	»	»	»
FINISTÈRE.																								
Morlaix	Long cours. — Grand et petit cabotage. — Pêche côtière	1.874.600	17.500	105	1.194	»	»	»	105	1.494	230	8.402	1.097	3.390	6.872	19.761	472	18.626	235	13.825	3.591	36.276	702	56.037
Roscoff	Grand et petit cabotage. — Pêche côtière	117.000	2.000	74	368	»	»	»	74	368	475	858	7.909	11.819	556	21.142	133	1.029	3.398	376	550	5.353	608	26.495
Ile de Batz	Port de refuge	539.500	110	»	»	»	»	»	»	»	»	»	»	»	»	»	»	»	»	»	»	»	»	»
L'Abervrach	Grande pêche. — Grand et petit cabotage. — Pêche côtière	22.500	1.750	70	204	»	»	»	70	204	99	757	2.606	2.215	1.320	6.898	164	2.191	741	1.186	1.193	5.311	265	12.209
Ports divers	Petits ports de refuge	69.900	900	»	»	»	»	»	»	»	»	»	»	»	»	»	»	»	»	»	»	»	»	»
	Totaux	336.286.900	1.004.880	4.607	308.109	155	26.734	55.846	4.822	363.955	39.044	4.562.026	268.090	2.617.726	2.195.738	9.584.180	27.400	692.081	149.293	693.197	148.294	1.681.862	66.344	11.267.642

OCÉAN

FINISTÈRE (suite).																								
Ile d'Ouessant	Petit port de refuge	144.000	1.270	»	»	»	»	»	»	»	»	»	»	»	»	»	»	»	»	»	»	»	»	»
Ile de Molène	—	34.000	420	»	»	»	»	»	»	»	»	»	»	»	»	»	»	»	»	»	»	»	»	»
Le Conquet	Grand et petit cabotage. — Pêche côtière	154.000	1.070	92	504	»	»	»	92	504	4	209	»	74	»	283	556	2.080	3.768	5.282	1.078	12.208	560	12.491
Brest	Long cours. — Grande pêche. — Grand et petit cabotage. — Pêche côtière	18.428.400	40.000	147	2.690	16	508	1.009	163	3.699	443	30.775	288	2.747	42.110	75.920	2.721	67.380	3.075	45.563	9.754	125.972	3.165	291.892
Landerneau	Grand et petit cabotage	415.000	1.760	6	97	»	»	»	6	97	122	5.471	241	2.287	3.506	11.505	167	3.418	532	1.532	1.541	6.993	289	18.498
Lamberlac'h	Petit port de refuge	50.000	990	»	»	»	»	»	»	»	»	»	»	»	»	»	»	»	»	»	»	»	»	»
Le Faou	Grand et petit cabotage. — Pêche côtière	46.400	1.430	45	526	»	»	»	45	526	16	460	129	935	352	1.876	941	3.046	4.917	6.001	1.249	15.213	927	17.089
Port-Launay	— —	633.500	4.650	10	358	»	»	»	10	358	44	850	136	1.840	464	3.284	1.133	7.734	6.742	11.930	835	27.241	1.177	30.525
Châteaulin	Port de refuge	98.600	1.270	»	»	»	»	»	»	»	»	»	»	»	»	»	»	»	»	»	»	»	»	»
Le Fret	—	50.300	1.320	»	»	»	»	»	»	»	»	»	»	»	»	»	»	»	»	»	»	»	»	»
Camaret	Grand et petit cabotage. — Pêche côtière	327.000	1.750	210	1.077	»	»	»	210	1.077	16	207	305	39	560	1.144	170	1.498	491	1.154	611	3.754	186	4.865
Morgat	Petit cabotage. — Pêche côtière	92.700	500	89	601	»	»	»	89	601	»	»	»	»	»	»	378	2.054	4.405	5.694	765	12.918	378	12.918
Douarnenez	Grand et petit cabotage. — Pêche côtière	524.400	3.780	722	5.376	»	»	»	722	5.376	58	4.191	»	357	1.748	6.296	544	8.600	870	6.846	2.085	18.401	569	24.697
Audierne	— —	755.100	430	157	1.198	»	»	»	157	1.198	49	974	497	1.843	146	3.460	340	3.373	1.437	3.404	987	9.201	389	12.661
Penmarc'h	Petit port de refuge	107.000	»	»	»	»	»	»	»	»	»	»	»	»	»	»	»	»	»	»	»	»	»	»
Guilvinec	—	37.000	1.780	»	»	»	»	»	»	»	»	»	»	»	»	»	»	»	»	»	»	»	»	»
Loctudy	—	48.100	530	»	»	»	»	»	»	»	»	»	»	»	»	»	»	»	»	»	»	»	»	»
Pont-l'Abbé	Grand et petit cabotage. — Pêche côtière	62.800	820	158	1.017	»	»	»	158	1.017	197	1.634	3.440	7.414	102	12.590	278	3.584	2.235	4.334	1.254	11.407	475	23.997
Quimper	— —	252.000	3.080	38	995	»	»	»	38	905	79	2.208	401	3.818	276	6.403	422	5.613	2.052	3.700	1.705	13.070	501	19.473
Bénodet	Petit port de refuge	36.400	1.020	»	»	»	»	»	»	»	»	»	»	»	»	»	»	»	»	»	»	»	»	»
Concarneau	Grand et petit cabotage. — Pêche côtière	227.000	2.690	773	4.755	»	»	»	773	4.755	32	1.843	»	»	1.348	3.191	606	9.090	1.797	8.875	1.905	21.597	638	24.788
Pontaven	— —	84.500	1.410	9	150	»	»	»	9	150	13	66	56	640	66	828	559	875	4.717	4.630	336	10.558	572	11.386
Douëlan	Petit cabotage. — Pêche côtière	34.000	650	62	358	»	»	»	62	358	»	»	»	»	»	»	368	1.832	923	1.493	1.259	5.512	368	5.512
	A reporter	22.632.000	72.570	2.518	19.702	16	508	1.009	2.534	20.711	1.973	48.888	5.187	21.994	50.678	126.747	9.120	120.377	37.896	110.438	25.334	294.045	10.193	420.792

DÉSIGNATION DES PORTS.	NATURE DES OPÉRATIONS PENDANT L'ANNÉE 1877.	TOTAL approximatif des dépenses de premier établissement au 31 décembre 1877.	DÉPENSES d'entretien en 1877.	SITUATION DE LA MARINE MARCHANDE AU 31 DÉCEMBRE 1877. Navires à voiles. Nombre.	Navires à voiles. Tonnage.	Navires à vapeur. Nombre.	Navires à vapeur. Force en chevaux.	Navires à vapeur. Tonnage.	Effectif total. Nombre de navires.	Effectif total. Tonnage.	MOUVEMENT DE LA NAVIGATION PENDANT L'ANNÉE 1877. Commerce extérieur (long cours, grand cabotage) et grande pêche. Nombre total de navires entrés et sortis.	Tonnages. À l'entrée. Navires chargés.	À l'entrée. Navires sur lest.	À la sortie. Navires chargés.	À la sortie. Navires sur lest.	Tonnage total.	Petit cabotage (entre les ports français de l'Océan et de la Méditerranée). Nombre total de navires entrés et sortis.	Tonnages. À l'entrée. Navires chargés.	À l'entrée. Navires sur lest.	À la sortie. Navires chargés.	À la sortie. Navires sur lest.	Tonnage total.	Mouvement total (non compris la pêche côtière) à l'entrée et à la sortie. Nombre de navires.	Tonnage.
FINISTÈRE (Suite).	*Report.*	22.632.000	72.570	2.518	19.702	16	508	1.009	2.534	20.711	1.073	48.888	5.187	21.994	50.678	126.747	9.120	120.377	37.896	110.438	25.334	294.045	10.193	420.792
Quimperlé	Petit cabotage. — Pêche côtière	71.000	600	2	63	»	»	»	2	63	»	»	»	»	»	»	76	651	88	410	267	1.416	76	1.416
Ports divers	Petits ports de refuge	244.500	2.660	»	»	»	»	»	»	»	»	»	»	»	»	»	»	»	»	»	»	»	»	»
MORBIHAN.																								
Groix	Grand et petit cabotage. — Pêche côtière	»	»	240	4.328	»	»	»	240	4.328	1	55	»	»	»	55	926	5.282	5.805	5.282	3.805	22.174	927	22.229
Kernevel	— —	»	»	59	292	»	»	»	59	292	7	»	»	»	751	751	336	4.882	4.136	3.165	750	6.933	343	7.684
Lorient	Long cours. — Grand et petit cabotage. — Pêche côtière	3.030.000	14.000	37	1.308	2	157	138	39	1.446	342	12.098	27	20.274	8.961	41.360	1.274	22.407	9.517	11.318	3.466	46.708	1.616	88.068
Hennebont	Grand et petit cabotage	250.000	700	4	517	»	»	»	4	517	208	10.486	»	11.643	817	22.946	261	5.480	1.075	1.733	2.518	10.805	469	33.751
Port-Louis	Petit cabotage. — Pêche côtière	150.000	600	338	2.176	»	»	»	338	2.176	»	»	»	»	»	»	322	3.717	318	2.702	1.206	7.943	322	7.943
Etel	— —	28.000	400	208	1.821	»	»	»	208	1.821	»	»	»	»	»	»	374	2.346	752	2.509	587	6.194	374	6.194
Le Palais	Grand et petit cabotage. — Pêche côtière	500.000	11.000	230	2.478	2	55	76	232	2.554	16	748	»	204	261	1.183	1.892	28.886	1.857	19.711	11.357	61.814	1.908	62.994
Porthaliguen	— —	283.000	1.480	37	1.390	»	»	»	37	1.390	8	336	»	55	134	525	289	2.073	825	1.802	1.305	6.007	297	6.532
Carnac	Petit cabotage. — Pêche côtière	»	»	16	1.626	»	»	»	16	1.626	»	»	»	»	»	»	16	173	83	94	165	542	16	512
La Trinité	Grand et petit cabotage	46.000	120	20	1.189	»	»	»	20	1.189	2	»	»	241	»	241	131	930	809	785	643	3.167	133	3.408
Rochdu	Petit cabotage. — Pêche côtière	»	»	12	386	»	»	»	12	386	»	»	»	»	»	»	57	637	»	613	551	1.801	57	1.801
Auray	Grand et petit cabotage. — Pêche côtière	220.000	1.450	86	2.393	»	»	»	86	2.393	69	1.147	»	4.990	707	6.844	960	9.832	7.956	16.118	2.987	36.893	1.029	43.737
Port Navalo	Petit cabotage	20.000	1.560	33	2.127	»	»	»	33	2.127	»	»	»	»	»	»	77	735	359	390	673	2.157	77	2.157
Les Quatre-Vents	Grand et petit cabotage	»	»	4	60	»	»	»	4	60	4	122	»	»	122	244	94	261	342	796	190	1.589	98	1.833
Noyalo	—	3.300	»	»	»	»	»	»	»	»	4	»	»	95	»	95	22	194	114	91	103	502	28	597
Saint-Armel	Petit cabotage	»	»	»	»	»	»	»	»	»	»	»	»	»	»	»	125	647	405	608	416	2.075	125	2.075
Sarzeau	— Pêche côtière	»	»	15	1.376	»	»	»	15	1.376	»	»	»	»	»	»	14	51	146	16	182	395	14	395
Vannes	Grand et petit cabotage. — Pêche côtière	700.000	9.150	115	8.878	2	51	51	117	8.929	76	2.482	45	4.043	509	7.079	510	7.079	2.262	3.664	3.993	17.598	586	24.677
Ambon	Pêche côtière	»	»	1	1	»	»	»	1	1	»	»	»	»	»	»	»	»	»	»	»	»	»	»
Penerf	Petit cabotage. — Pêche côtière	9.000	»	2	37	»	»	»	2	37	»	»	»	»	»	»	62	420	167	421	204	1.209	62	1.209
Billiers	Grand et petit cabotage. — Pêche côtière	»	»	19	425	»	»	»	19	425	6	»	»	334	»	334	81	365	1.002	642	308	2.317	87	2.651
Tréhéguier	— —	»	»	4	42	»	»	»	4	42	33	112	269	2.849	»	3.200	234	2.128	2.497	1.084	1.817	7.526	267	10.726
Ports divers	Petits ports de refuge	174.500	2.240	»	»	»	»	»	»	»	»	»	»	»	»	»	»	»	»	»	»	»	»	»
ILLE-ET-VILAINE (suite).																								
Redon	Grand et petit cabotage	2.013.400	28.000	25	2.002	»	»	»	25	2.002	177	8.360	80	9.823	925	19.188	730	9.600	1.127	4.106	5.171	20.004	927	39.192
LOIRE-INFÉRIEURE.																								
Mesquer	Grand et petit cabotage. — Pêche côtière	80.000	370	24	1.544	»	»	»	24	1.544	1	31	»	»	»	31	329	621	3.294	3.746	297	7.928	330	7.959
La Turballe	Petit cabotage. — Pêche côtière	295.000	2.500	127	838	»	»	»	127	838	»	»	»	»	»	»	122	729	366	593	502	2.189	122	2.189
Le Croisic	Grande pêche. — Grand et petit cabotage. — Pêche côtière	2.400.000	17.000	113	1.222	1	40	21	114	1.243	41	898	437	1.330	159	2.844	951	5.693	10.007	15.581	886	32.167	992	35.011
Le Pouliguen	Grand et petit cabotage. — Pêche côtière	400.000	5.400	37	1.250	»	»	»	37	1.250	39	855	167	1.235	314	2.571	656	4.033	4.055	6.851	1.718	16.657	695	19.228
Chantenay	— —	»	»	»	»	»	»	»	»	»	33	2.406	452	167	1.111	3.336	344	10.508	2.304	6.097	7.212	26.121	377	29.657
La Basse-Indre	— —	»	»	14	96	»	»	»	14	96	105	10.424	»	528	4.139	15.091	304	2.919	387	6.635	6.316	16.457	409	31.548
Nantes	Long cours. — Grande pêche. — Grand et petit cabotage	3.376.000	41.000	608	113.675	53	2.708	5.160	661	118.835	1.489	85.866	975	78.357	31.468	196.666	3.039	56.111	15.149	40.459	18.840	130.529	4.528	327.135
Saint-Nazaire	Long cours. — Grand et petit cabotage	22.394.000	142.800	57	3.254	22	6.678	18.435	79	21.689	1.466	339.055	7.036	115.664	227.174	688.929	786	29.193	8.302	22.532	15.132	75.159	2.252	764.088
Pornic	Grand et petit cabotage. — Pêche côtière	200.000	5.000	31	643	»	»	»	31	643	43	1.427	173	1.083	631	3.314	536	3.246	2.555	2.641	3.203	11.645	579	14.959
Bourgneuf	Petit cabotage	»	»	1	14	»	»	»	1	14	»	»	»	»	»	»	2	9	»	»	19	38	2	38
Paimbœuf	Grand et petit cabotage	591.700	3.000	4	93	»	»	»	4	93	49	2.008	74	1.324	1.507	4.913	189	2.277	2.434	1.939	1.979	8.629	238	13.542
VENDÉE.																								
Bouin	Grand et petit cabotage. — Pêche côtière	»	»	1	6	»	»	»	1	6	7	»	»	533	»	533	201	131	2.851	2.424	45	5.471	208	6.004
Beauvoir	— —	196.000	1.680	32	204	»	»	»	32	204	10	44	»	587	44	675	302	1.610	2.921	2.336	1.054	8.421	312	9.096
Noirmoutier	Grande pêche. — Grand et petit cabotage. — Pêche côtière	803.000	4.770	111	1.709	»	»	»	111	1.709	14	79	141	419	»	639	1.479	4.668	12.803	16.168	1.531	35.168	1.493	35.807
Île d'Yeu	Grand et petit cabotage. — Pêche côtière	833.800	2.350	77	1.216	2	25	25	79	1.241	6	183	»	27	156	366	371	3.779	852	2.924	2.731	10.386	377	10.752
Saint-Gilles	— —	755.000	3.270	117	837	»	»	»	117	837	15	521	»	281	239	1.041	279	3.267	1.190	3.764	1.168	9.389	294	10.430
Les Sables	Long cours. — Grande pêche. — Grand et petit cabotage. — Pêche côtière	8.484.000	36.400	463	5.173	2	650	931	467	6.406	327	32.269	1.851	16.149	19.832	70.101	1.097	13.905	6.532	14.842	4.331	39.610	1.424	109.711
L'Aiguillon	Grand et petit cabotage	16.000	1.700	8	152	»	»	»	8	152	32	294	254	1.905	79	2.532	1.145	7.428	6.923	12.802	2.249	29.372	1.146	31.904
Luçon	—	1.049.000	8.440	13	277	»	»	»	13	277	46	1.067	»	2.601	704	4.369	484	5.983	2.735	4.501	2.883	16.382	523	20.751
Ports divers	Petits ports de refuge	235.400	5.850	»	»	»	»	»	»	»	»	»	»	»	»	»	»	»	»	»	»	»	»	»
CHARENTE-INFÉRIEURE.																								
Loix	Petit cabotage	68.500	3.550	8	255	»	»	»	8	255	»	»	»	»	»	»	701	2.132	5.630	7.008	1.672	17.451	701	17.451

																	436	686	830	1.229	285	3.010	136	3.646
Brouage	— —	»	400	»	»	»	»	»	»	»	»	»	»	»	»	»	276	978	3.272	3.563	787	8.500	276	8.500
Rochefort	Long cours. — Grand et petit cabotage. — Pêche côtière.	3.646.000	33.500	73	1.387	»	»	»	73	1.387	466	86.097	»	1.609	67.887	155.593	3.017	39.723	11.194	26.340	18.140	88.397	3.583	243.990
Charente	Long cours. — Grand et petit cabotage.	882.500	8.900	65	3.268	»	»	»	65	3.268	249	25.037	5.200	33.142	8.542	71.921	2.042	23.676	21.563	38.700	7.361	91.300	2.291	163.221
Saint-Pierre	Grand et petit cabotage. — Pêche côtière.	821.000	17.350	15	362	»	»	»	15	362	6	262	»	55	214	531	2.122	34.830	5.387	35.549	4.651	80.467	2.128	80.998
Le Château	— —	»	1.830	58	844	2	40	59	60	903	4	137	55	104	»	296	1.447	11.220	7.122	12.787	6.122	37.251	1.451	37.547
Le Chapus	Petit cabotage. — Pêche côtière	22.000	6.000	42	444	»	»	»	42	444	»	»	»	»	»	»	583	3.956	2.774	2.912	3.845	13.487	583	13.487
Nieulle	— —	»	»	2	4	»	»	»	2	4	»	»	»	»	»	»	104	68	1.365	1.341	30	2.804	105	2.804
Lusac	— —	»	»	»	»	»	»	»	»	»	»	»	»	»	»	»	89	»	1.383	1.359	»	2.742	89	2.742
Le Gua	— —	»	»	1	21	»	»	»	1	21	»	»	»	»	»	»	469	708	1.163	1.659	126	3.656	469	3.656
Saint-Georges	— —	420.000	1.700	8	162	»	»	»	8	162	»	»	»	»	»	»	745	6.542	2.206	7.472	1.353	17.573	745	17.573
Marennes	Grand et petit cabotage. — Pêche côtière.	»	7.900	22	578	»	»	»	22	578	23	1.878	»	»	80	1.958	406	3.249	6.347	9.774	1.150	20.520	429	22.478
Léguille	Petit cabotage. — Pêche côtière.	3.500	2.000	31	421	»	»	»	31	421	»	»	»	»	»	»	110	991	307	842	456	2.596	110	2.596
Saujon	Grand et petit cabotage. — Pêche côtière.	»	»	14	200	»	»	»	14	200	4	381	»	»	»	381	511	5.334	528	3.870	3.405	13.134	545	13.515
Mornac	Petit cabotage. — Pêche côtière.	»	550	30	142	»	»	»	30	142	»	»	»	»	»	»	158	2.719	716	256	»	3.691	158	3.691
La Tremblade	Grand et petit cabotage. — Pêche côtière.	275.000	4.100	51	772	»	»	»	51	772	11	1.303	»	»	»	1.303	687	6.702	1.768	5.090	4.667	18.227	698	19.530
Royan	— —	455.000	17.900	63	1.717	»	»	»	63	1.717	10	637	»	»	459	1.096	1.097	13.205	522	13.840	358	27.925	1.107	29.021
Meschers	Petit cabotage.	40.000	3.700	»	»	»	»	»	»	»	»	»	»	»	»	»	177	2.234	48	2.106	»	4.388	177	4.388
Mortagne	Grand et petit cabotage.	325.000	13.400	»	»	»	»	»	»	»	17	1.332	»	»	»	1.332	2.947	31.755	»	26.788	1.786	60.329	2.960	61.661
Ports divers	Petits ports de refuge. — Nouveaux ports.	1.627.700	32.100	»	»	»	»	»	»	»	»	»	»	»	»	»	»	»	»	»	»	»	»	»
GIRONDE.																								
Blaye	Long cours. — Grand et petit cabotage.	120.000	7.100	2	43	»	»	»	2	43	7	1.456	»	»	991	2.447	3.325	23.335	129	25.252	1.170	49.876	3.332	52.323
Bourg	Petit cabotage.	60.000	3.900	1	2	»	»	»	1	2	»	»	»	»	»	»	4.997	82.553	508	56.855	149	140.055	4.997	140.055
Plaigne	—	18.000	1.900	»	»	»	»	»	»	»	»	»	»	»	»	»	2.998	49.215	1.891	42.614	270	93.990	2.998	93.990
Libourne	Long cours. — Grand et petit cabotage.	290.000	5.000	14	608	»	»	»	14	608	20	2.453	»	»	1.542	3.995	3.992	59.200	»	59.073	4.972	121.145	4.012	125.140
Bordeaux	Long cours. — Grande pêche. — Grand et petit cabotage.	28.000.000	72.000	277	107.491	17	2.216	6.850	294	114.041	3.329	645.044	109.941	646.274	174.437	1.575.696	23.077	444.438	20.638	393.348	34.295	892.759	96.406	2.468.455
Pauillac	Petit cabotage.	268.300	9.100	18	500	»	»	»	18	500	»	»	»	»	»	»	2.159	777	1.260	77.610	440	80.087	2.159	80.087
La Fosse	—	»	»	»	»	»	»	»	»	»	»	»	»	»	»	»	268	2.978	»	3.962	19	6.959	268	6.959
Le Verdon	Grand et petit cabotage.	33.900	700	»	»	»	»	»	»	»	9	701	»	»	106	807	108	1.029	»	340	315	1.684	117	2.491
Cerces	Petit cabotage.	»	»	»	»	»	»	»	»	»	»	»	»	»	»	»	27	549	25	511	»	1.085	27	1.085
Gujan	— Pêche côtière.	24.000	»	1	26	»	»	»	1	26	»	»	»	»	»	»	»	»	»	»	»	»	»	»
La Teste	Grand et petit cabotage. — Pêche côtière.	20.000	1.600	13	364	4	228	211	17	575	31	1.672	861	2.247	564	5.341	55	362	1.164	454	78	2.058	86	7.399
Ports divers	Petits ports de refuge et autres.	1.054.000	24.970	»	»	»	»	»	»	»	»	»	»	»	»	»	»	»	»	»	»	»	»	»
LANDES.																								
Ports divers	Petits ports de refuge.	1.303.000	12.400	»	»	»	»	»	»	»	»	»	»	»	»	»	»	»	»	»	»	»	»	»
BASSES-PYRÉNÉES.																								
Bayonne	Long cours. — Grande pêche. — Grand et petit cabotage. — Pêche côtière.	10.241.000	17.000	68	4.376	6	416	761	74	5.137	831	48.107	4.202	36.771	17.363	106.443	296	12.088	1.159	9.685	782	23.714	1.427	130.157
Biarritz	Port de refuge.	2.210.000	5.800	»	»	»	»	»	»	»	»	»	»	»	»	»	»	»	»	»	»	»	»	»
Socoa	—	567.000	2.200	»	»	»	»	»	»	»	»	»	»	»	»	»	»	»	»	»	»	»	»	»
Saint-Jean-de-Luz	Grand et petit cabotage. — Pêche côtière.	12.046.000	»	39	241	1	12	8	40	249	182	2.048	161	146	1.397	3.092	7	416	»	96	30	542	189	4.234
Guéthary	Petit port de refuge.	8.000	»	»	»	»	»	»	»	»	»	»	»	»	»	»	»	»	»	»	»	»	»	»
	Totaux	147.329.000	838.490	7.422	349.687	147	14.903	36.222	7.269	356.909	11.603	1.449.827	137.910	1.041.909	671.646	3.304.292	104.256	1.431.545	309.307	1.404.175	310.309	3.455.306	115.859	6.756.598

MÉDITERRANÉE

PYRÉNÉES-ORIENTALES.																								
Banyuls	Grand et petit cabotage. — Pêche côtière.	33.500	»	60	300	»	»	»	60	300	166	137	156	80	190	563	267	1.865	124	335	1.615	3.876	433	4.439
Port-Vendres	Long cours. — Grand et petit cabotage.	5.452.000	7.000	26	1.008	»	»	»	26	1.008	961	31.138	3.344	10.373	20.383	65.438	655	12.905	2.105	11.583	1.605	28.157	1.616	93.595
Collioure	Grand et petit cabotage. — Pêche côtière.	15.500	»	156	626	»	»	»	156	626	3	4	»	»	2	6	34	311	21	95	257	684	37	690
Barcarès	— —	31.700	»	119	2.459	»	»	»	119	2.459	16	306	356	70	»	732	601	8.074	962	9.560	573	19.769	617	20.501
AUDE.																								
La Nouvelle	Grand et petit cabotage. — Pêche côtière.	3.000.000	69.800	134	2.423	»	»	»	134	2.423	613	10.083	479	1.364	7.866	19.492	406	7.642	774	7.240	822	16.478	1.019	35.970
HÉRAULT.																								
Agde	Grand et petit cabotage. — Pêche côtière.	960.000	22.000	180	8.438	»	»	»	180	8.438	189	5.192	»	606	4.258	10.056	385	32.961	172	32.355	792	66.280	574	76.336
Cette	Long-cours. — Grande pêche. — Grand et petit cabotage. — Pêche côtière.	19.500.000	245.000	167	6.162	4	152	49	171	6.211	2.852	252.923	8.219	268.460	95.145	624.747	2.099	153.782	29.280	129.850	13.250	326.174	4.951	950.918
Ports divers	Ports de l'étang de Thau.	526.000	4.300	»	»	»	»	»	»	»	»	»	»	»	»	»	»	»	»	»	»	»	»	»
GARD.																								
Aigues-Mortes	Grand et petit cabotage. — Pêche côtière.	595.000	19.000	62	682	»	»	»	62	682	86	2.252	»	»	2.252	4.504	28	448	60	442	36	956	114	5.460
BOUCHES-DU-RHÔNE.																								
Giraud	Petit cabotage.	»	»	»	»	»	»	»	»	»	»	»	»	»	»	»	284	12.475	13.580	26.055	»	52.110	284	52.110
Arles	Grand et petit cabotage. — Pêche côtière	»	»	97	10.252	17	930	1.254	114	11.506	3	»	77	154	»	231	1.286	72.420	22.146	49.332	45.109	189.007	1.280	189.238
	A reporter	30.163.700	367.100	994	32.350	21	1.082	1.303	1.012	33.653	4.889	302.035	12.331	284.307	130.096	725.769	6.045	303.392	69.224	266.747	64.128	703.488	10.934	1.429.257

DÉSIGNATION DES PORTS.	NATURE DES OPÉRATIONS PENDANT L'ANNÉE 1877.	TOTAL approximatif des dépenses de premier établissement au 31 décembre 1877.	DÉPENSES d'entretien en 1877.	SITUATION DE LA MARINE MARCHANDE AU 31 DÉCEMBRE 1877. — Navires à voiles. Nombre.	Navires à voiles. Tonnage.	Navires à vapeur. Nombre.	Navires à vapeur. Force en chevaux.	Navires à vapeur. Tonnage.	Effectif total. Nombre de navires.	Effectif total. Tonnage.	MOUVEMENT DE LA NAVIGATION PENDANT L'ANNÉE 1877. — Commerce extérieur (long cours, grand cabotage et grande pêche). Nombre total de navires entrés et sortis.	Tonnages. A l'entrée. Navires chargés.	A l'entrée. Navires sur lest.	A la sortie. Navires chargés.	A la sortie. Navires sur lest.	Tonnage total.	Petit cabotage (entre les ports français de l'Océan et de la Méditerranée). Nombre total de navires entrés et sortis.	Tonnages. A l'entrée. Navires chargés.	A l'entrée. Navires sur lest.	A la sortie. Navires chargés.	A la sortie. Navires sur lest.	Tonnage total.	Mouvement total (non compris la pêche côtière) à l'entrée et à la sortie. Nombre de navires.	Tonnage.
	Report	30.163.700	367.100	991	32.350	21	1.082	1.303	1.012	33.653	4.889	302.035	12.331	281.307	130.096	725.769	6.045	303.392	69.221	266.747	64.128	703.48?	10.934	1.429.257
BOUCHES-DU-RHÔNE (Suite.)																								
Tour Saint-Louis	Port de refuge	15.160.000	50.000	»	»	»	»	»	»	»	»	»	»	»	»	»	»	»	»	»	»	»	»	»
Port de Bouc	Grande pêche. — Grand et petit cabotage. — Pêche côtière.	1.700.000	3.360	5	144	»	»	»	5	144	300	15.556	718	6.960	14.133	37.367	841	8.304	14.708	22.404	1.439	46.852	1.117	84.219
Martigues	Pêche côtière	880.000	4.000	390	6.935	1	12	90	400	7.025	»	»	»	»	»	»	»	»	»	»	»	»	»	»
Marseille	Long cours. — Grande pêche. — Grand et petit cabotage. — Pêche côtière	68.315.000	154.000	474	67.907	219	37.953	136.295	693	204.292	9.959	2.040.480	23.771	1.824.824	342.389	4.231.464	6.479	496.536	86.060	476.784	93.730	1.153.130	16.438	5.384.594
Le Frioul	Port de quarantaine	3.281.000	1.200	»	»	»	»	»	»	»	»	»	»	»	»	»	»	»	»	»	»	»	»	»
Cassis	Grand et petit cabotage. — Pêche côtière	294.000	4.460	27	240	»	»	»	27	240	16	»	1.112	1.253	»	2.365	264	455	1.136	8.154	45	9.783	280	12.148
La Ciotat	Long cours. — Grand et petit cabotage. — Pêche côtière	1.235.000	15.400	44	193	»	»	»	44	193	8	607	»	884	373	1.864	703	4.802	102.683	747	116.968	225.296	714	227.154
Ports divers	Petits ports de refuge	60.500	1.890	»	»	»	»	»	»	»	»	»	»	»	»	»	»	»	»	»	»	»	»	»
VAR.																								
Bandol	Grand et petit cabotage. — Pêche côtière	900.000	11.000	17	355	»	»	»	17	355	5	»	167	282	»	449	110	1.185	1.051	2.092	101	4.429	115	4.878
Saint-Nazaire	— —	400.000	15.000	34	782	»	»	»	34	782	33	1.976	»	135	1.165	3.276	56	575	195	245	381	1.396	89	4.672
Les Ambiers	Petit cabotage. — Pêche côtière	»	»	20	37	»	»	»	20	37	»	»	»	»	»	»	88	190	1.439	1.549	80	3.258	88	3.258
Cros Saint-Georges	— —	5.000	»	54	605	»	»	»	54	605	»	»	»	»	»	»	6	117	»	117	»	234	6	234
La Seyne	Longs cours. — Grand et petit cabotage. — Pêche côtière	800.000	3.600	68	2.195	7	835	676	75	2.871	9	1.103	»	312	605	2.020	134	2.690	862	4.168	2.149	9.869	143	11.889
Toulon	Long cours. — Grande pêche. — Grand et petit cabotage. — Pêche côtière	1.400.000	3.800	173	5.828	11	229	327	184	6.155	144	10.023	115	4.786	5.756	20.680	630	13.327	569	5.893	7.920	27.699	771	48.379
Porquerolles	Petit cabotage. — Pêche côtière	20.000	300	2	7	»	»	»	2	7	»	»	»	»	»	»	46	81	633	534	180	1.428	46	1.428
Les Peschiers	Long cours. — Grand et petit cabotage. — Pêche côtière	»	»	18	69	»	»	»	18	69	29	»	6.199	5.646	»	11.845	237	116	8.204	7.009	»	15.329	266	27.174
Le Salins d'Hyères	— — —	»	»	23	87	»	»	»	23	87	33	14	2.716	4.873	»	7.603	254	5.469	1.849	5.864	1.454	14.636	287	22.239
Lavandou	Petit cabotage. — Pêche côtière	»	»	23	75	»	»	»	23	75	»	»	»	»	»	»	50	67	384	423	28	902	50	902
Saint-Tropez	Grand et petit cabotage. — Pêche côtière	600.000	1.200	87	1.967	»	»	»	87	1.967	42	382	»	212	175	769	843	10.762	4.896	13.643	2.278	31.579	885	32.348
Sainte-Maxime	— —	45.000	300	7	267	»	»	»	7	267	1	»	»	187	»	187	380	3.370	3.873	9.838	300	17.381	381	17.568
Saint-Raphaël	— —	230.000	2.600	34	218	»	»	»	34	218	32	303	143	485	143	1.074	673	3.671	10.030	12.284	1.488	27.473	705	28.547
Ports divers	Petits ports de refuge	51.000	400	»	»	»	»	»	»	»	»	»	»	»	»	»	»	»	»	»	»	»	»	»
ALPES-MARITIMES.																								
Cannes	Grand et petit cabotage. — Pêche côtière	1.400.000	7.550	114	632	1	18	13	115	645	95	4.367	»	925	2.762	8.054	936	24.693	615	16.980	9.272	51.560	1.031	59.614
Golfe Juan	— —	22.500	50	»	»	»	»	»	»	»	11	»	28	682	»	740	463	3.276	588	3.136	327	7.327	474	8.037
Antibes	— —	2.000.000	800	47	999	»	»	»	47	999	185	2.983	1.730	4.289	605	9.607	184	2.670	918	2.242	1.203	7.033	369	16.640
Nice	Long cours. — Grand et petit cabotage. — Pêche côtière	4.755.000	9.700	98	1.087	1	16	7	99	1.094	772	40.369	395	18.197	21.703	80.664	1.531	58.850	745	51.223	9.286	120.074	2.303	200.738
Menton	— — —	725.000	»	31	349	»	»	»	31	349	95	6.217	136	5.249	691	12.293	263	5.244	29	3.841	1.186	10.300	358	22.593
Monaco	Grand et petit cabotage	»	»	»	»	»	»	»	»	»	24	1.778	»	40	1.601	3.419	226	4.709	70	3.746	921	9.446	250	12.865
Villefranche	— Pêche côtière	2.000.000	4.000	50	258	»	»	»	50	258	6	716	»	»	716	1.432	22	117	69	58	128	372	28	1.804
Saint-Ospice	Petit cabotage	»	»	»	»	»	»	»	»	»	»	»	»	»	»	»	78	731	10	392	264	1.397	78	1.397
Ports divers	Petits ports de refuge et débarcadères	157.000	1.600	1	10	»	»	»	1	10	»	»	»	»	»	»	»	»	»	»	»	»	»	»
CORSE.																								
Calvi	Grand et petit cabotage. — Pêche côtière	106.000	2.650	15	67	»	»	»	15	67	33	116	388	259	270	1.033	223	9.183	9.594	11.327	8.526	38.630	256	39.663
L'Ile Rousse	— —	1.050.000	500	21	340	»	»	»	21	340	74	1.148	436	1.570	384	3.558	264	15.851	148	15.993	686	32.678	338	36.236
Saint-Florent	— —	45.500	210	16	175	»	»	»	16	175	13	252	»	303	»	555	115	1.018	336	829	282	2.465	128	3.020
Canari	— —	»	»	23	189	»	»	»	23	189	33	538	»	531	»	1.069	205	949	367	366	900	2.582	238	3.651
Centuri	— —	77.500	1.570	11	208	»	»	»	11	208	33	519	11	324	72	926	91	1.052	122	1.054	160	2.388	124	3.314
Macinaggio	— —	100.000	2.160	21	258	»	»	»	21	258	39	364	138	490	30	1.022	125	1.528	63	1.441	308	3.340	164	4.362
Porticciolo	— —	12.700	»	13	223	»	»	»	13	223	2	17	»	17	»	34	103	531	80	475	193	1.279	105	1.313
Bastia	— —	5.481.000	4.120	75	3.305	1	16	23	76	3.328	694	63.791	31.108	2.468	38.153	135.520	582	61.000	266	59.306	4.785	125.357	1.276	260.877
Cervione	— —	»	»	»	»	»	»	»	»	»	17	83	544	597	77	1.271	79	904	1.651	1.659	819	5.033	96	6.304
Culzarello	— —	»	»	»	»	»	»	»	»	»	79	402	2.298	2.749	105	5.554	49	489	1.397	1.834	»	3.720	128	9.274
Solenzara	— —	»	»	»	»	»	»	»	»	»	32	»	950	947	»	1.897	118	1.358	2.633	4.093	76	8.160	150	10.057
Porto-Vecchio	— —	6.100	1.730	3	17	»	»	»	3	17	130	254	2.385	2.362	»	5.001	73	1.964	1.471	2.922	562	6.909	203	11.910
Bonifacio	— —	38.200	1.470	18	798	»	»	»	18	798	334	1.403	726	1.311	385	3.825	241	9.860	2.408	11.049	786	28.583	672	27.408
Propriano	— —	261.500	1.340	»	»	»	»	»	»	»	80	2.438	985	1.264	2.121	6.808	330	17.606	3.278	21.092	2.018	42.992	410	49.800
[illegible]	— —	[illegible]	[illegible]	[illegible]	[illegible]	[illegible]	[illegible]	[illegible]	[illegible]	4.268	[illegible]	[illegible]	[illegible]	[illegible]	1.405	59.894	601	36.450	1.085	87.118	1.901	126.615	908	186.509

Nemours	Grand et petit cabotage	75.000	2.500	»	»	»	»	»	»	»	116	661	992	2.013	39	3.706	435	10.069	539	2.593	223	13.354	251	17.060
Beni-Saf	—	»	»	»	»	»	»	»	»	»	18	536	690	3.486	117	4.829	359	7.999	7.344	26.113	1.826	43.212	377	48.041
Mers-el-Kebir	Long cours. Grand et petit cabotage. — Pêche côtière	320.000	4.000	4	»	69	»	»	4	69	62	4.099	1.021	1.299	314	6.733	35	786	»	752	675	2.163	97	8.896
Oran	Long cours. — Grande pêche. — Grand et petit cabotage. — Pêche côtière	13.073.000	50.000	15	»	600	»	»	15	600	2.424	139.624	46.447	183.947	18.720	388.738	992	60.297	6.946	39.338	40.196	146.777	3.446	585.545
Arzew	Grand et petit cabotage	1.600.000	10.000	»	»	»	»	»	»	»	70	1.342	1.224	2.277	3.188	8.028	174	6.715	2.006	4.991	1.848	15.529	244	23.557
Mostaganem	—	3.793.000	5.000	»	»	»	»	»	»	»	40	555	95	849	235	4.704	98	2.762	918	2.490	279	6.449	138	8.453
Tenez	— Pêche côtière	2.800.000	16.400	2	»	21	»	»	2	21	76	1.005	383	1.008	166	2.363	76	1.450	76	1.492	109	3.127	152	5.680
Cherchell	—	2.400.000	6.600	2	»	61	»	»	2	61	16	2.132	842	2.800	23	5.817	411	1.756	588	1.741	119	4.204	127	10.024
Alger	Long cours. — Grand et petit cabotage. — Pêche côtière	50.320.000	70.000	49	»	2.730	»	»	49	2.730	1.092	122.548	5.579	87.357	37.252	242.736	1.237	76.430	1.312	197.214	14.284	289.240	2.329	531.976
Dellys	Grand et petit cabotage. — Pêche côtière	81.000	1.500	3	»	60	»	»	3	60	1	43	»	»	»	43	221	29.910	6.526	4.395	166	40.997	222	41.040
Bougie	Long cours. — Grand et petit cabotage. — Pêche côtière	695.000	12.000	6	»	20	»	»	6	20	26	672	322	1.846	655	3.405	349	102.475	227	15.805	4.410	119.917	375	123.412
Gigelly	Grand et petit cabotage. — Pêche côtière	600.000	6.000	5	»	50	»	»	5	50	21	154	323	848	44	4.309	679	94.415	459	23.953	1.538	120.365	700	121.734
Collo	— —	20.000	6.000	3	»	10	»	»	3	10	27	227	947	2.325	24	3.523	624	41.496	1.856	19.581	450	63.385	651	66.908
Stora	— —	30.000	3.000	10	»	194	»	»	10	194	56	224	158	561	118	1.061	43	462	156	196	81	595	99	1.656
Philippeville	Long cours. — Grand et petit cabotage. — Pêche côtière	11.988.000	9.000	27	»	581	»	»	27	581	240	16.129	2.958	7.290	5.837	32.214	1.489	144.188	23.190	467.426	42.370	347.474	1.729	379.388
Bône	— — —	7.400.000	45.000	31	»	1.033	»	»	31	1.033	751	68.309	57.222	110.666	6.175	242.572	1.368	102.463	15.847	176.368	26.279	314.977	2.119	557.849
La Calle	Grand et petit cabotage. — Pêche côtière	560.000	5.600	4	»	52	»	»	4	52	469	3.577	1.324	6.559	831	12.291	346	19.837	2.397	6.250	456	28.980	815	41.271
Ports divers	Petit cabotage	»	»	»	»	»	»	»	»	»	»	»	»	»	»	»	4.802	12.456	34.736	30.900	2.843	80.935	1.802	80.935
	Totaux	98.297.000	252.600	161	»	5.481	»	»	161	5.481	5.505	361.857	120.525	415.102	63.738	964.222	10.438	715.568	105.122	715.568	105.122	1.641.380	15.643	2.602.602

RÉCAPITULATION

France	Mer du Nord et Manche	326.286.900	1.005.480	4.667	308.109	155	20.734	55.846	4.822	363.955	39.044	4.562.626	208.090	2.617.726	2.195.738	9.584.180	27.400	692.081	149.293	693.197	148.291	5.682.862	66.444	11.267.042
	Océan	147.256.000	835.990	7.122	319.687	147	14.903	36.222	7.269	355.909	11.603	1.449.827	137.940	1.041.909	671.646	3.301.292	104.256	1.431.515	309.307	1.404.475	310.309	3.455.306	115.859	6.756.598
	Méditerranée	145.812.700	688.310	3.095	130.528	263	40.165	138.736	3.358	260.264	18.588	2.552.875	94.470	2.182.036	565.963	5.395.344	24.568	1.116.313	336.300	1.142.337	336.300	2.931.450	43.156	8.326.794
	Totaux	619.355.600	2.528.780	14.884	758.324	565	75.802	230.804	15.449	980.128	69.235	8.565.328	440.470	5.841.671	3.433.347	18.280.816	156.224	3.239.909	794.900	3.239.909	794.900	8.069.618	225.459	26.350.434
Algérie		98.297.000	252.600	161	5.481	»	»	»	161	5.481	5.505	361.857	120.525	445.102	63.738	961.222	10.138	715.568	105.122	715.568	105.122	1.641.380	15.643	2.602.602
	Totaux généraux	717.652.600	2.781.380	15.045	763.805	565	75.802	230.804	15.610	994.609	74.740	8.927.185	560.995	6.256.773	3.497.085	19.242.038	166.362	3.955.477	900.022	3.955.477	900.022	9.710.998	241.102	28.953.036

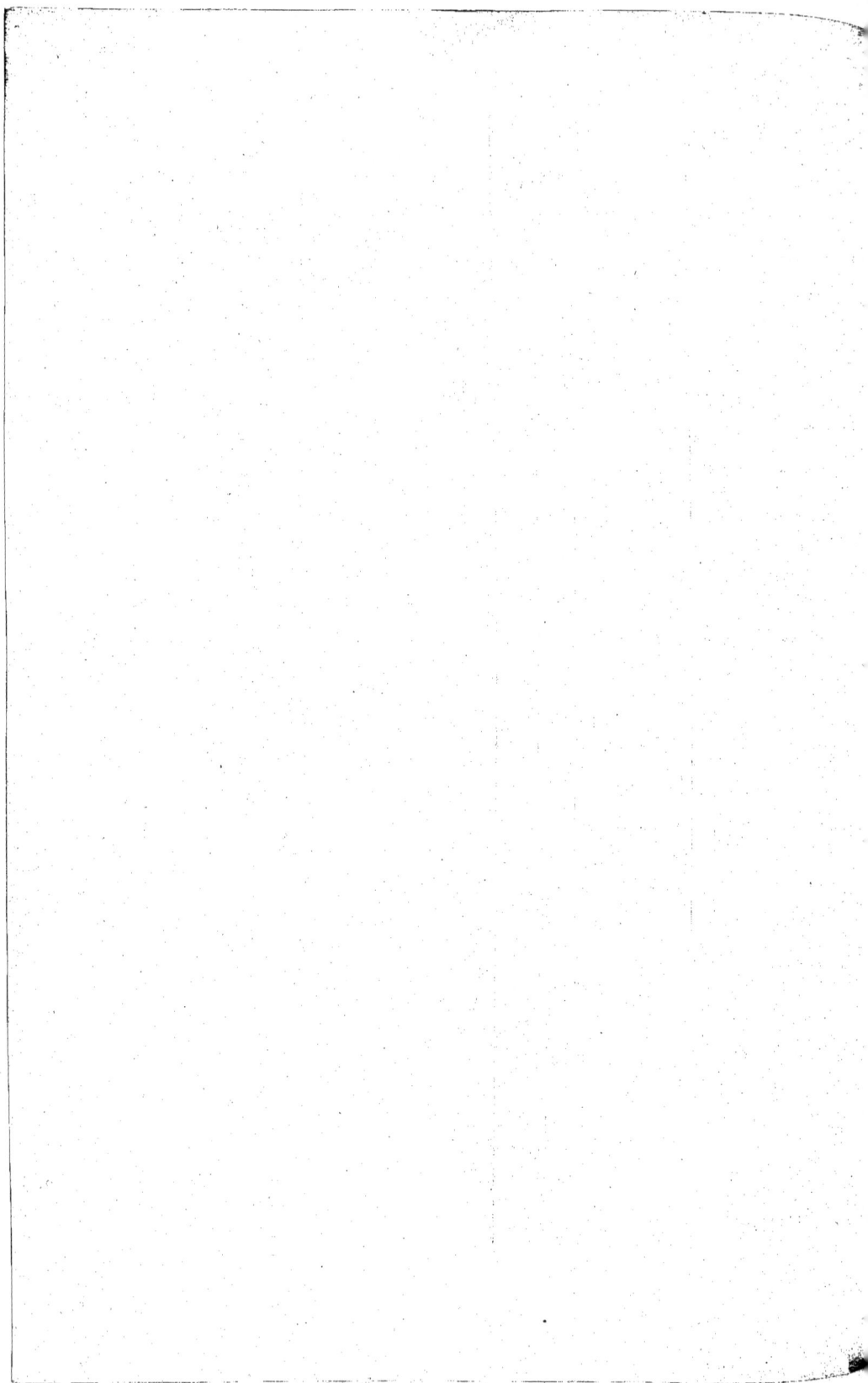

EXPLICATION

DES PLANCHES

Pl. I. — Port de Dunkerque.

Après le Havre, Dunkerque est le principal port de toute la région nord de la France. Il est précédé d'une excellente rade foraine, est accessible en vives eaux aux plus grands navires de commerce, et communique par quatre grands canaux avec le réseau des voies navigables de la France et de la Belgique. Par sa situation et ses débouchés, c'est le port français qui peut le mieux lutter contre Anvers pour le transit vers toute la région nord des pays d'outre-Rhin. D'importants travaux d'amélioration en cours d'exécution doteront le port d'un nouveau bassin à flot d'une superficie de 7 hectares, et, en doublant la puissance des chasses, procureront, suivant toutes prévisions, une profondeur suffisante à l'entrée pour permettre l'accès du port aux plus grands navires du commerce à toutes les hautes mers. Dunkerque fait chaque année des armements considérables pour la pêche de la morue. Sous Louis XIV, Vauban y avait créé un important établissement militaire. Une partie du port est encore réservée aujourd'hui à la marine de guerre.

Pl. II. — Port de Calais.

De tous les ports de la côte française du détroit, Calais est le plus rapproché de la côte anglaise, ayant en face de lui le port de Douvres. Les deux ports, par suite de leur situation, ont eu de tout temps la spécialité du transport des voyageurs et des dépêches entre les capitales des deux pays. Aussi les plus récents travaux d'amélioration y ont-ils été entrepris principalement en vue d'en faciliter l'accès à toute heure de jour et de nuit, de manière à permettre d'avoir entre les deux ports des services réguliers de paquebots exactement en correspondance avec les trains des chemins de fer de terre ferme. Le but est complètement atteint depuis un certain nombre d'années du côté de Douvres. Mais il n'en est pas de même à Calais, où l'on vient de commencer des travaux considérables destinés surtout à augmenter la puissance des chasses et à améliorer précisément par là les conditions encore actuellement insuffisantes de profondeur à l'entrée du port. En dehors de la spécialité du transport des voyageurs et des dépêches, les relations commerciales de Calais sont presque exclusivement limitées aux pays du nord de l'Europe et à l'Angleterre. L'entrée du port est facile par tous les vents, ce qui fait de Calais un port de relâche précieux dans des parages qui ne laissent pas que d'être assez dangereux pour la navigation. Le port est précédé d'une rade foraine qui n'est guère utilisée que par les navires attendant la marée pour entrer dans le port. Il est en communication directe avec le réseau des voies navigables du Nord.

Pl. III. — Port de Boulogne.

Ce port, en relation de l'autre côté du détroit avec Folkestone, partage avec Calais la spécialité du transport des voyageurs et des dépêches entre Paris et Londres. La durée de la traversée entre Boulogne et Folkestone est un peu plus longue, mais les trajets en chemins de fer sont moindres que suivant la ligne par Calais et Douvres, en sorte que la durée totale du voyage est à peu près la même par l'une et par l'autre direction. Bien que le port de Folkestone soit accessible à toute heure de la marée, les conditions de profondeur à l'entrée de Boulogne ne permettent malheureusement pas d'avoir entre les deux ports des services de paquebots à heures fixes. Pour remédier à cette infériorité de Boulogne, on vient d'y décider la création d'un grand port en eau profonde destiné non seulement à améliorer dans la plus large mesure les services de transports internationaux, mais aussi à doter d'un bon port de refuge la longue étendue de notre côte de la Manche s'étendant de la presqu'île de Cotentin au cap Grinez entièrement dépourvue sous ce rapport. Le port de Boulogne possède un grand nombre de bateaux faisant la pêche du poisson frais. Ses relations commerciales ont lieu surtout avec les pays du nord de l'Europe, parmi lesquels l'Angleterre occupe le premier rang, et avec l'Espagne et le Portugal. Le port ne possède qu'une rade foraine médiocre ouverte aux vents régnants.

Pl. IV. — Port de Saint-Valery-sur-Somme.

Petit port de commerce situé sur la rive gauche de la baie de la Somme, à 12 kilomètres de la mer, formant actuellement le port de débouché du canal maritime de la Somme, d'une longueur de 15 kilomètres jusqu'à Abbeville, avec lequel il communique par une écluse à sas munie de pertuis de chasse.

Pl. V. — Port du Tréport.

Ce port, situé presque à l'extrémité de la longue ligne de falaises crayeuses à couches de silex qui s'étend de la baie de Seine à la baie de Somme, a eu de tout temps à lutter contre l'envahissement des galets cheminant vers l'est à partir du cap d'Antifer. L'extrême difficulté de maintenir le chenal en état et l'impossibilité d'y avoir de la profondeur a empêché le commerce du port de se développer. Le Tréport est le port de débouché du canal maritime d'Eu à la mer, d'une longueur de 4 kilomètres, avec lequel il communique par une écluse à sas.

Pl. VI et VII. — Port du Havre.

Le Havre est le premier port de France, après Marseille, sous le double rapport de l'importance du tonnage total des marchandises et du montant des droits de douanes. Indépendamment de ses bonnes conditions nautiques, parmi lesquelles on doit citer la longue durée de son étale de haute mer, il doit sa grande prospérité à son heureuse situation : c'est, en effet, le port du littoral le plus rapproché de Paris avec lequel il communique, ainsi qu'avec tout le réseau des voies navigables de la France, par la Seine, qui reçoit pendant la plus grande partie de l'année des chalands calant 2 mètres à pleine charge; c'est, en même temps, le premier grand port de commerce que rencontrent les navires qui atterrissent après avoir traversé l'Océan. Par sa position, d'ailleurs, il peut lutter contre Anvers pour le transit vers la Suisse et l'Allemagne du Sud. Ses principales relations commerciales sont avec l'Angleterre, la Suède, la Norwège, l'Allemagne, les États-Unis, les Antilles, la Plata et le Brésil. Le port est précédé d'une grande et d'une petite rade foraines où la tenue des fonds est excellente. On achève en ce moment, dans le port, de grands travaux d'amélioration ayant principalement pour objet l'élargissement du chenal d'entrée et l'agrandissement de l'avant-port. On doit en outre, dans un avenir prochain, exécuter sur la Seine, entre Paris et Rouen, des travaux, et construire entre le chenal de la basse Seine et le Havre un canal maritime, qui permettront à des navires de 3 mètres de tirant d'eau de remonter jusqu'à Paris.

Pl. VIII. — Port d'Honfleur.

Ce port, situé sur la rive gauche de la baie de Seine, présente ce double avantage que l'appareillage y est possible par tous les vents, et que les navires ont moins d'espace à parcourir pour entrer en Seine qu'en partant du Havre; mais, par contre, il a beaucoup à souffrir du changement des chenaux de la baie qui en rendent souvent l'accès difficile et qui produisent à son entrée de fréquents envasements : lorsque les courants de la baie s'approchent du port, ils balayent ces envasements, et l'on a à l'entrée de grandes profondeurs; mais, lorsqu'ils s'éloignent, on n'a plus qu'un chenal d'accès étroit, sinueux et peu profond que peuvent à peine maintenir les faibles chasses dont on dispose aujourd'hui dans le port. Des travaux actuellement en cours d'exécution doivent décupler le volume de ces chasses. Mais l'avant-port et les bassins continueront d'être soumis, comme par le passé, à des envasements annuels assez considérables dont on ne peut guère se débarrasser que par des dragages. Parmi les ports de France, Honfleur a été l'un des premiers qui, dès le commencement du XVIe siècle, ait fait des armements pour le Canada, Terre-Neuve, les Antilles, les Indes orientales et la côte de Guinée; mais, depuis la Révolution, il n'a plus de navigation au long cours; le mouvement s'est transporté ailleurs. Il ne fait même plus que très peu de cabotage avec les ports français; ses relations commerciales sont presque exclusivement bornées aujourd'hui à l'Angleterre, à la Suède et à la Norwège. Les chalands de la Seine y viennent charger pour Rouen et Paris.

Pl. IX. — Port de Trouville.

Ce port, situé à l'embouchure de la rivière la Touques, n'était avant 1838 qu'une simple station de pêche. C'est à la suite d'importants travaux exécutés à partir de cette époque, notamment pour l'amélioration de l'entrée, qu'il est devenu un petit port de commerce dont le trafic actuel consiste principalement dans l'importation de houilles d'Angleterre et de matières premières provenant des entrepôts du Havre pour les usines de Lisieux. Il existe d'ailleurs entre le Havre et Trouville, pour le transport des voyageurs, des services quotidiens de bateaux à vapeur qui multiplient naturellement leurs voyages pendant la saison des bains de mer. Les travaux exécutés à l'embouchure ont eu malheureusement pour effet, en amenant l'exhaussement et l'avancement de la plage, de faire perdre à l'entrée une partie de la profondeur primitivement conquise. On étudie en ce moment même les moyens de remédier à cette situation.

Pl. X. — Port de Caen.

Le port de Caen, situé sur la rivière l'Orne, à une assez grande distance de la mer, a eu de tout temps, jusqu'à une époque très récente, son commerce maritime entravé par les difficultés que présentaient à la navigation les fortes sinuosités du cours de la rivière et les constants déplacements de son embouchure. Ce n'est qu'en 1837 qu'a été enfin décidée l'exécution d'un projet conçu depuis près de deux siècles, celui d'un canal maritime indépendant de l'Orne, entre Caen et la mer. Ce canal, qui a été ouvert à la navigation en 1857, a une longueur de 14 kilomètres, et il débouche à la mer par le port d'Ouistreham avec lequel il communique par une écluse à sas. Des combinaisons diverses de digues basses à l'embouchure de l'Orne font d'ailleurs servir le courant de jusant de la rivière à l'entretien de la profondeur du chenal d'accès du nouveau port. Le commerce de Caen consiste principalement dans l'importation de houilles d'Angleterre et de bois du Nord et dans l'exportation de farines alimentaires. Le port entretient d'ailleurs avec le Havre des relations suivies qui continuent de se faire par la rivière l'Orne.

Pl. XI. — Rade et Port de Cherbourg.

La rade de Cherbourg est formée par une grande baie naturelle abritée des vents de terre par les hauteurs qui l'environnent, et que l'on a couverte du côté du large par une digue de 3,600 mètres de longueur établie dans des fonds de 12 à 13 mètres au-dessous du niveau de basse mer et laissant à ses extrémités des passes de 500 mètres et de 1,000 mètres de largeur qui permettent la libre circulation des courants de marées dans la rade. Elle présente une superficie de mouillage d'environ 800 hectares. L'idée de créer un grand refuge maritime sur nos côtes de la Manche remonte à plus de deux siècles, et c'est Vauban qui a fait adopter l'emplacement de Cherbourg, qu'il caractérisait en disant que c'était une « position audacieuse ». Les événements politiques, les embarras financiers ont successivement retardé l'exécution du projet. La digue, commencée enfin en 1784, a été terminée en 1854. Le port militaire commencé, vingt ans plus tard, n'a été complètement achevé qu'en 1866. Ce port a été entièrement creusé dans le rocher. Quant au port de commerce, situé au fond de la baie, à l'embouchure de deux petites rivières, la Divette et le Trottebet, il n'a été que le développement successif de l'arrière-port ou bassin projeté sur ce point par Vauban, et qui avait reçu de son temps un commencement d'exécution. Vauban appelait le port de Cherbourg « l'Auberge de la Manche ». Les relations commerciales de Cherbourg sont limitées presque exclusivement aux pays du nord de l'Europe, à l'Angleterre et aux entrepôts du Havre.

Pl. XII. — Port de Granville.

Le port est situé dans une petite anse formée par la saillie d'un promontoire étroit, dit « Roc de Granville », qui marque en même temps la limite extrême nord de la grande baie du Mont-Saint-Michel. L'abri naturel est complété par deux môles englobant un vaste port d'échouage d'une excellente tenue pour le mouillage. Le port est d'ailleurs le seul parmi les ports de littoral sur toute la côte nord de Bretagne et sur la côte ouest de la presqu'île du Cotentin qui possède un bassin à flot. Aussi, dans ces parages battus en plein par les vents régnants de la région ouest, est-il regardé, malgré l'absence d'une rade et les difficultés de ses approches hérissées d'écueils, comme le meilleur port de refuge pour les navires pouvant difficilement supporter l'échouage. C'est le point du littoral européen où les marées atteignent la plus grande amplitude : dans les fortes marées d'équinoxe cette amplitude dépasse parfois 14 mètres. La plus grande partie du mouvement commercial de Granville est due à la pêche du poisson frais et surtout à la pêche de Terre-Neuve. Le port est peu fréquenté par les navires au long cours; mais il s'y fait un certain mouvement de cabotage tant pour l'exportation que pour l'importation.

Pl. XIII et XIV. — Port de Saint-Malo et de Saint-Servan.

Ce port est formé par une baie naturelle située sur la rive droite de l'embouchure de la Rance, ayant son entrée rétrécie par deux pointes saillantes sur lesquelles sont bâties les deux villes, et dont la superficie, autrefois très vaste, a été successivement réduite jusqu'à ses dimensions actuelles par des endiguements. L'entrée naturelle a été rétrécie encore par l'amorce d'un ouvrage qui était destiné à transformer toute la baie servant de port d'échouage en bassin à flot, mais qui est resté inachevé. Cette contrée est d'ailleurs couverte par un môle enraciné à la pointe du côté de Saint-Malo. Le port est précédé d'une bonne rade abritée du côté du large, surtout à mer basse, par une ceinture de rochers. Dans les gros temps, les navires trouvent un abri meilleur en pénétrant plus avant dans l'embouchure de la Rance, où ils rencontrent successivement les excellents mouillages de Dinard, de Solidor et d'autres encore dans l'intérieur de la rivière. Les marées sont presque aussi fortes à Saint-Malo qu'à Granville. Le port est malheureusement privé encore de bassin à flot. Il fait chaque année des armements importants pour la grande pêche de Terre-Neuve et d'Islande; mais la pêche côtière y est presque insignifiante. Ses relations commerciales ont principalement lieu avec l'Angleterre et les pays du nord de l'Europe; il est notamment en relation avec les îles anglaises et avec les deux ports de Southampton-et-de-Pool par des bateaux à vapeur anglais faisant des services réguliers. L'industrie des constructions navales, autrefois très florissante dans le port, y a conservé une certaine importance. La marine militaire entretient de son côté un grand chantier de construction au port Solidor.

Pl. XV. — Pont roulant de Saint-Malo.

Ce pont établit une communication pour les piétons entre les deux villes de Saint-Malo et de Saint-Servan à travers la passe du port d'échouage. La communication avait lieu précédemment au moyen d'embarcations pendant la marée, et, à mer basse, sur une espèce de chaussée établie sur le fond en travers de la passe. Le pont mobile consiste en un chariot, avec bâtis à claire-voie supportant une plate-forme munie d'une cabine, et roulant sur un chemin de fer établi sur les fondations du barrage anciennement projeté. Il a une hauteur totale de 11 mètres, telle que la plate-forme se trouve au niveau des terre-pleins des abords. Il est mis en mouvement par des chaînes motrices placées à sa base, et il se remise à l'abri des navires dans une chambre située sur la rive de Saint-Malo.

Pl. XVI. — Port du Légué a Saint-Brieuc.

Le Légué est le port de Saint-Brieuc. Il est situé sur la rivière le Gonet, à 2 kilomètres environ au-dessous de la ville et à une égale distance de la mer. Des chemins de halage permettent d'y faire arriver les navires par tous les temps. C'est surtout un port de cabotage. On y achève en ce moment la construction d'un bassin à flot d'une superficie de 1 hectare et demi. Le port possède plusieurs chantiers de construction. Il fait chaque année des armements importants pour la pêche de la morue, et il a également une flottille pour la pêche du poisson frais. Ses principales relations commerciales ont lieu avec les pays du nord de l'Europe et avec les ports français.

Pl. XVII. — Port de Morlaix.

Ce port est situé sur la rivière de même nom, au confluent du Jarlot et du Queffient, à 11 kilomètres de distance de la mer. Il est précédé d'une rade sûre et commode; mais il est sujet à des atterrissements qui exigent des déblais annuels. C'est un grand entrepôt de marchandises venant de l'étranger. On y fait un commerce important de sable et d'engrais de mer.

Pl. XVIII. — Port de Roscoff.

Ce port est le plus septentrional du Finistère. Il est situé dans une petite baie abritée par l'île de Batz, qui n'en est séparée que par un canal d'environ 500 mètres de largeur qui forme le port. L'abri est complété du côté des vents régnants par un môle d'une longueur de 312 mètres. Bien que les approches en soient embarrassées par un grand nombre de roches dangereuses, Roscoff est un port de relâche. Il s'y fait d'ailleurs un commerce assez actif de cabotage.

Pl. XXI. — Port de Labervrach.

Petit port de relâche situé à l'embouchure de la rivière de même nom. Les plus grands navires y trouvent un bon mouillage et les petits bâtiments un excellent échouage.

Pl. XX. — Entrée du port militaire de Brest.

La rade de Brest est, comme on le sait, un vaste bassin parsemé d'îles où débouchent trois rivières : la Penfeld, la rivière de Landerneau et la rivière de Châteaulin, qui forme le point d'arrivée du canal de Nantes à Brest. Cette rade intérieure, la plus belle et la plus sûre qui soit au monde, d'une superficie de mouillage d'environ 3,000 hectares, et où l'on estime que 400 bâtiments de guerre pourraient être ensemble à flot et évoluer, communique avec une rade foraine extérieure par un goulet d'environ 650 mètres de largeur que divise en deux passes un large écueil appelé la roche Maingan. Le port militaire est situé sur les deux rives de la Penfeld, très sinueuses et très encaissées au débouché de la rivière dans la rade. Tous ses ouvrages sont taillés ou creusés dans le roc. La rivière est d'ailleurs assez profonde à mer basse pour tenir à flot les plus grands navires de guerre. Les grands et beaux établissements du port ne remontent guère au delà de cent cinquante ans, et l'on travaille sans cesse à de nouvelles améliorations motivées par les dimensions croissantes des bâtiments. Le port de commerce était naguère intercalé entre deux portions du port militaire. On a récemment construit un port spécial en dehors de la Penfeld sur un emplacement appelé Pestrein, qui avait été désigné dans le temps par Vauban, et qui est situé à l'est du port militaire, au pied du plateau sur lequel se trouve la ville. Le nouveau port, entièrement artificiel, commencé en 1859, a été terminé il y a quelques années en ce qui concerne ses dispositions actuelles; mais il doit comprendre ultérieurement un bassin à flot qui figurait dans le projet primitif et qui a été provisoirement ajourné. Le port ne reçoit guère que les navires marchands chargés pour l'approvisionnement de la ville et pour les magasins du port militaire. Ces navires repartent presque tous sur lest, les denrées et les produits du pays s'expédiant généralement par les petits ports voisins.

Pl. XXI. — Pont tournant de Brest.

Ce pont, établi au-dessus de l'entrée du port militaire, relie la ville de Brest à l'un de ses faubourgs situé sur la rive opposée de la Penfeld. C'est le plus grand pont tournant qui ait été construit jusqu'à ce jour. Il est en tôle, à deux volées. Il laisse aux navires un passage libre de 106 mètres de largeur; et, afin d'éviter d'avoir à le faire tourner pour le passage des navires de faibles dimensions, on a laissé au-dessous de lui une hauteur libre de 19 mètres comptée à partir du niveau des hautes mers ordinaires. La rotation de chaque volée se fait sur un cercle de 50 galets. Des verrins placés aux quatre coins de chaque pile et mus par des presses hydrauliques permettent de soulever la volée lorsque cela est nécessaire pour des réparations.

Pl. XXII. — Port de Douarnenez.

Ce port est situé à l'angle S.-E. de la baie de même nom, d'une étendue de 21 kilomètres de longueur, avec une largeur d'entrée de 8 kilomètres et demi. La baie présente des brassiages de 20 à 30 mètres, et les fonds y ont une tenue généralement bonne; mais comme elle est largement ouverte aux vents régnants de l'ouest, elle n'offre d'abri aux navires qu'à Douarnenez et près de la côte N.-O. abritée par le cap de la Chèvre. En avant du port, et abritée par l'île Tristan, se trouve la rade du Guet dans laquelle stationnent les navires qui attendent l'heure de la marée pour entrer dans le port et les navires en relâche. Le port de Douarnenez comprend deux parties distinctes : le port de Port-Rhu dans la rivière de Pouldavid, qui est le port de commerce, et le port de Rosmeur, établi en pleine côte, mais abrité par une série de petits môles, qui est exclusivement réservé aux barques de pêche. Douarnenez est le principal port de pêche côtière du Finistère : il arme annuellement pour cette pêche de 5 à 6 cents chaloupes. Le port de commerce n'est à proprement parler qu'une annexe du port de pêche.

Pl. XXIII. — Port de Quimper.

Le port de Quimper, situé au confluent des deux rivières de l'Odet et du Steyr, à 17 kilomètres de distance de la mer, est un port de commerce assez fréquenté. Il possède plusieurs chantiers de construction.

PL. XXIV. — PORT DE L'ILE DE SEIN.

Le port de l'île de Sein est un port de pêche d'une certaine importance; mais, à raison des parages où il se trouve et qui sont à la fois très dangereux et très fréquentés, ce port présente surtout de l'intérêt comme station de pilotage et de sauvetage et comme centre de ravitaillement pour le service des phares. Le passage compris entre l'île et le continent porte le nom de Raz-de-Sein, le mot raz signifiant courant violent. Les courants sont en effet très violents dans ce passage où ils atteignent une vitesse de huit nœuds dans les vives eaux.

PL. XXV ET XXVI. — PORT DE LORIENT.

Il existe à Lorient, comme à Cherbourg et à Brest, un port militaire et un port de commerce situés à peu de distance l'un de l'autre : le premier occupe toute la partie inférieure de la rivière du Scorff; le second se trouve dans une lagune voisine séparée de la rivière par le massif sur lequel sont bâtis la ville et l'arsenal. Les deux ports ont une rade commune consistant en un bassin bien abrité, mais de peu d'étendue, formé par le confluent du Scorff et du Blavet. Cette dernière rivière, canalisée, se rejoint à Pontivy avec le canal de Nantes à Brest. La rade intérieure, divisée en deux parties par une île, communique par un goulet très étroit avec une rade foraine extérieure. On a à lutter dans les deux rades et dans le port de commerce contre des envasements annuels assez considérables. Le port militaire est surtout un grand chantier de constructions et de réparations; la profondeur du Scorff y est suffisante à mer basse pour tenir à flot les plus grands navires de guerre. Quant au port de commerce, il n'est guère fréquenté que par de la navigation de cabotage faisant des importations pour la consommation de l'arsenal, de la ville et de la contrée environnante.

PL. XXVII. — PORT D'AURAY.

Port de cabotage situé sur la rivière de même nom, à 16 kilomètres de distance de la mer. La rivière débouche dans la vaste baie de Quiberon. Le port est d'une grande sûreté et peut recevoir des navires d'un assez fort tonnage. Il possède plusieurs chantiers de construction.

PL. XXVIII. — PORT DE PALAIS.

Palais est un port de commerce et de relâche situé sur la côte nord de l'île de Belle-Ile, presque vis-à-vis de la pointe de Quiberon. L'île est la première terre que viennent reconnaître les navires à destination du golfe de Gascogne. Le port, par sa position, est naturellement abrité contre les vents régnants du S.-O. et de l'O., et deux môles complètent cet abri naturel. Il est d'ailleurs précédé d'une rade foraine sur laquelle les navires trouvent une bonne tenue.

PL. XXIX. — PORT DE LA ROCHELLE.

Le port est situé au fond d'une petite anse d'environ 1,800 mètres de profondeur et 1,400 mètres de largeur à l'entrée de laquelle se trouvait la célèbre digue de Richelieu dont il ne reste plus aujourd'hui que les fondations qui se découvrent à mer basse avec une passe centrale pour le chenal d'accès du port. L'anse est abritée contre tous les vents du large par les îles de Ré et d'Oléron qui laissent entre elles et le continent une vaste rade communiquant avec la pleine mer par deux grandes passes appelées le pertuis Breton et le pertuis d'Antioche, et par une troisième passe, étroite et peu fréquentée, le pertuis de Maumusson. Le chenal d'accès du port de la Rochelle, creusé à travers le sol vaseux de l'anse, tend sans cesse à se combler et ne peut être maintenu que par les chasses qui se donnent régulièrement et par des dragages annuels. La situation générale des fonds à l'entrée de l'anse s'oppose d'ailleurs à toute amélioration des conditions actuelles de profondeur, lesquelles sont insuffisantes pour permettre aux grands navires d'entrer dans le port à tout état de la marée. Aussi est-il question d'établir sur un point de la côte au nord de l'anse, vis-à-vis de la pointe sud de l'île de Ré et abrité par elle, un port artificiel en eau profonde. Le commerce de la Rochelle, autrefois très-prospère, s'est beaucoup ralenti depuis la perte de nos colonies. Le port ne fait par lui-même que très-peu d'armements. Les principaux objets d'importation y sont la morue et les bois de sapin du Nord; les exportations consistent surtout en eaux-de-vie.

PL. XXX. — PORT DE SAINT-DENIS D'OLÉRON.

Le port de Saint-Denis est situé sur la côte N.-E. de l'île d'Oléron à l'ouverture du pertuis d'Antioche, au milieu de bancs de rochers qui couvrent la plage. On y arrive par deux passes que la nature a ménagées entre les bancs rocheux. Le port est protégé par une série de môles que l'on a cherché à combiner de manière à obtenir un calme suffisant sans provoquer en même temps l'encombrement du port par les sables voyageurs. Le principal commerce du port, qui se fait par des caboteurs, consiste dans l'exportation de vins de l'île et d'eaux-de-vie.

PL. XXXI. — PORT DE BAYONNE.

Le port de Bayonne est situé au confluent des deux rivières de l'Adour et de la Nive, à 7 kilomètres de distance de la mer. Sur tout son parcours jusqu'à la mer, l'Adour a une largeur moyenne de 250 mètres avec des profondeurs de 4 à 10 mètres en contre-bas des basses mers. Bayonne serait donc un port de grande navigation s'il n'existait malheureusement à l'embouchure de la rivière une barre sur laquelle on ne trouve à basse mer qu'une hauteur d'eau de 1m,50 à 2 mètres. L'existence de cette barre est d'autant plus préjudiciable pour Bayonne que les marées dans le fond du golfe de Gascogne ont une très faible amplitude; qu'à l'embouchure de l'Adour, notamment, cette amplitude n'est que de 2m,20 en moyenne dans les mortes eaux et de 3m,20 dans les vives eaux. Aussi cherche-t-on depuis bien longtemps à obtenir par des travaux à l'embouchure l'amélioration de la barre. Jusqu'à ces derniers temps les essais ont été infructueux. Mais certains résultats déjà acquis permettent de mieux augurer du dernier système de travaux adopté, celui de jetées à claire-voie dont la construction se poursuit sous des formes diverses depuis une vingtaine d'années. Les aspirations du commerce de Bayonne se portent surtout vers l'Amérique du Sud où se trouvent établis de nombreux émigrants du pays. En dehors des navires qui transportent ces émigrants et de quelques navires apportant le pétrole des États-Unis, on ne trouve dans le port que des caboteurs. Les importations consistent surtout en charbons anglais, bois du Nord et minerais de fer d'Espagne; les exportations, en bois et produits résineux des Landes. La pêche a peu d'importance.

PL. XXXII. — PORT-DE-BIARRITZ.

Biarritz est un petit port de pêche sans importance, où l'on a exécuté de 1863 à 1870 des travaux considérables en vue de créer sur ce point un port de refuge. Les ouvrages construits ont été en presque totalité emportés par la mer, et, depuis l'année 1870, ils sont à peu près complètement abandonnés.

PL. XXXIII. — PORT DE SAINT-JEAN-DE-LUZ.

Saint-Jean-de-Luz n'est plus aujourd'hui qu'un petit port de pêche situé au fond de la baie de même nom d'une profondeur de 1,100 mètres et d'une largeur à l'entrée de 1,500 mètres. Cette baie, largement ouverte, est constamment agitée par tous les vents du large. Deux môles destinés à l'abriter, l'un enraciné à la pointe du Socoa, l'autre isolé au milieu de l'entrée, sont en cours de construction. La baie se trouvera ainsi transformée en une belle rade de refuge, si nécessaire dans ces parages, d'une superficie d'environ 70 hectares avec des profondeurs d'eau de 6 à 13 mètres à mer basse. La tranquillité obtenue dans la baie aura cet autre résultat très important de soustraire la digue de protection de la ville de Saint-Jean-de-Luz aux violentes attaques de la mer qui l'ont détruite dans le passé à plusieurs reprises. A l'abri du môle enraciné se trouve le petit port de Socoa, annexe de Saint-Jean-de-Luz, qui sert surtout de port de relâche pour les navires que l'état de la mer ou de la marée a empêchés d'entrer dans l'Adour, et pour ceux qui, sortis de l'Adour, sont surpris par le mauvais temps en se rendant dans les ports de la côte d'Espagne. Les deux ports ne possèdent ensemble qu'une vingtaine de bateaux pour la pêche du poisson frais.

Pl. XXXIV. — Port de Port-Vendres.

Ce port est situé au fond d'une anse étroite et profonde, entourée de tous côtés par de hautes collines rocheuses. Il est abrité contre toutes les mers du large par un môle enraciné de 230 mètres de longueur construit en travers de l'entrée. Il présente des profondeurs suffisantes pour recevoir même les plus grands navires de guerre; mais ceux-ci peuvent également rester sur la rade extérieure où la tenue est excellente. Les avantages de la situation de Port-Vendres ont été signalés pour la première fois par Vauban qui voulait créer sur ce point un port militaire et de commerce. L'idée de la création du port militaire est revenue, depuis, à plusieurs reprises, mais elle a toujours été bientôt abandonnée. C'est en vain également que l'on s'est efforcé de développer à Port-Vendres par des encouragements divers un centre actif de commerce. La constante faiblesse du mouvement commercial s'explique aisément par la position du port resserré entre des montagnes et éloigné de tout centre important soit de production soit de consommation. Port-Vendres rend surtout des services, sur une longue étendue de côtes fort inhospitalières, comme port de refuge.

Pl. XXXV. — Port de Cette.

Le port de Cette, situé au fond du golfe de Lion, est le débouché du canal des deux mers dans la Méditerranée. C'est un port entièrement artificiel, créé au moyen de digues et brise-lames, et dont l'emplacement a été choisi, parmi les débouchés des différents graux ou chenaux qui mettaient les étangs du littoral en communication avec la mer, pour profiter de l'abri qu'offrait la montagne de Cette. Le port est en communication par les canaux des étangs avec le canal de Beaucaire conduisant au Rhône, et, par le canal du Midi, avec le canal latéral à la Garonne conduisant à la Gironde et à l'Océan; il communique en outre, par l'étang de Thau, avec les anciens ports de Mèze, Marseillan, Bouzigues et Balaruc; les deux chemins de fer qui y aboutissent lui apportent d'ailleurs un trafic considérable. Grâce à cette situation si favorable, l'importance commerciale du port a été sans cesse en augmentant, et le développement progressif des ouvrages en a été la conséquence toute naturelle. Toutefois, Cette a encore une sérieuse infériorité sur les autres grands ports de commerce, la profondeur de ses passes d'entrée n'étant que de 6 mètres au maximum. Aussi vient-on d'y décider l'exécution de très importants travaux d'amélioration qui auront pour résultat, non seulement d'agrandir l'avant-port, mais surtout de procurer à l'entrée une profondeur de 8 mètres, de manière à rendre le port accessible aux plus grands navires du commerce. Indépendamment de son importance commerciale, Cette rend de grands services comme port de relâche et de refuge, et il occupe 700 bateaux de diverses grandeurs, tant français qu'étrangers, pour la pêche.

Pl. XXXVI et XXXVII. — Port de Marseille.

Marseille est le plus ancien port, et il est devenu le port de commerce le plus important de la France. Il n'y a pas plus d'une trentaine d'années que le port ne comprenait encore que son ancien bassin formé par une crique naturelle étroite et profonde, d'une superficie de 29 hectares. Ce bassin étant devenu tout à fait insuffisant pour un mouvement commercial qui était alors annuellement de 18,000 navires, entrés et sortis, représentant un mouvement d'environ deux millions de tonnes de marchandises, on construisit en dehors, le long de la côte au nord, un nouveau port dit de la Joliette, entièrement artificiel, et, consistant en un bassin formé par deux môles enracinés à la terre, avec une digue d'abri parallèle à la côte du côté du large. Le nouveau port, à peine achevé, ayant été de nouveau encombré, on a construit successivement à la suite, dans le même système, de nouveaux bassins qui sont encore actuellement en voie d'extension. Depuis le début des travaux d'agrandissement, le mouvement total des marchandises importées et exportées a plus que doublé. Quant au nombre des navires entrés et sortis, il est resté à peu près le même, les transports maritimes se faisant en majeure partie aujourd'hui par des navires de dimensions beaucoup plus grandes que par le passé. Les nouveaux ports de Marseille sont accessibles aux plus grands navires de commerce, lesquels atteignent jusqu'à une longueur de 130 mètres avec un tirant d'eau d'environ 7 mètres. Le port a de nombreux services de bateaux à vapeur desservant tout le bassin de la Méditerranée, les pays de l'extrême Orient et l'Amérique du Sud. Les principales marchandises qui alimentent son commerce sont: à l'importation, les céréales, les graines oléagineuses, les laines, les cotons, les soies, les huiles, les pétroles, les minerais; à l'exportation, les céréales, les farines, les houilles, les sucres.

Pl. XXXVIII. — Port de Cassis.

Le port de Cassis, situé au fond d'une anse sur le littoral des atterrages de Marseille, est un petit port de commerce, de relâche et de pêche. Il est abrité par un môle prolongeant une pointe de rocher, d'une longueur ensemble de 300 mètres.

Pl. XXXIX. — Port de la Ciotat.

Ce port, situé sur la côte ouest de la baie et rade du même nom, à peu près à égale distance de Marseille et de Toulon, est non-seulement un port de commerce et de pêche, mais aussi un lieu de relâche et de refuge, précieux même pour les bâtiments de guerre. Il est abrité contre tous les vents du large par deux môles. La Société des forges et chantiers de la Méditerranée y possède de très-importants chantiers de construction.

Pl. XL. — Port de Toulon.

L'arsenal de Toulon est situé au fond d'une rade intérieure bien abritée, appelée la petite rade, d'une superficie de mouillage d'environ 400 hectares, précédée elle-même d'une rade foraine ou extérieure de dimensions beaucoup plus grandes, appelée la grande rade. L'emplacement du port a été en partie conquis sur la mer au moyen de môles. Les plus anciens bassins de l'arsenal, désignés sous le nom de vieille darse et de nouvelle darse, ont été creusés, le premier, sous Henri IV, l'autre, sous le règne de Louis XIV, d'après les plans de Vauban; mais le port n'a pris successivement son développement actuel que depuis une quarantaine d'années. On a commencé, à raison de l'insuffisance, dans le port même ou à proximité, d'espaces propres à l'établissement de grands chantiers de construction, par créer, à une certaine distance, l'arsenal annexe de Mourillon; puis on a creusé, faisant suite aux deux anciennes darses, les nouvelles darses de Castigneau et de Missiessy. La première forme de radoub, de dimensions assez restreintes, a été construite en 1774. On avait regardé longtemps l'exécution d'un pareil travail comme impraticable. Grâce aux progrès réalisés aujourd'hui dans l'art des constructions, on n'a pas hésité à entreprendre récemment la construction dans le bassin de Missiessy de formes très profondes pour les nouveaux cuirassés. Il est question, pour mettre l'arsenal de Toulon mieux à l'abri d'un coup de main audacieux de la part d'une flotte ennemie, de réduire par des môles la largeur de l'entrée de la petite rade. Dans la partie ouest de cette rade, portant le nom de baie de Seyne, se trouve le petit port de même nom dans lequel la Compagnie des forges et chantiers de la Méditerranée a un établissement considérable de chantiers de construction. Le port de commerce de Toulon, d'ailleurs peu important, occupe un petit emplacement près de la vieille darse.

Pl. XLI. — Port de Cannes.

Cannes est un petit port de commerce et de pêche. Ce port, situé dans le golfe de la Napoule, n'était, il y a une quarantaine d'années, qu'une simple plage sur laquelle s'effectuait le débarquement des marchandises et qui était exposée à toute la violence des vents du large. On y a construit un môle d'abri et un quai de débarquement.

Pl. XLII. — Port d'Antibes.

Antibes est également un petit port de commerce et de pêche qui possède en outre quelques chantiers de construction. Ce port, situé dans le golfe de Gênes, à l'entrée d'une petite anse, est abrité contre les vents de toutes directions par deux môles.

Pl. XLIII. — Port de Nice.

Le port de Nice est très-ancien. C'est un excellent port occupant une crique naturelle, étroite et profonde, où le calme est assuré par une combinaison de plusieurs môles. Le port fait un commerce assez important d'exportation et d'importation, et il occupe un grand nombre de bateaux à la pêche des anchois et du thon.

PL. XLIV. — PORT DE VILLEFRANCHE.

Le port de Villefranche, situé sur la côte ouest de la belle rade du même nom, consiste en une simple darse conquise sur la mer et protégée par un môle parallèle à la côte. C'est un petit arsenal de la marine militaire avec chantiers de construction. Les marins de la localité se livrent d'ailleurs activement à la pêche du thon.

PL. XLV. — PORT DE CALVI.

Le port de Calvi, situé au fond du golfe du même nom, sur la côte ouest de l'île de Corse, est un petit port de commerce, de relâche et de pêche. Il est naturellement bien abrité et capable de contenir une flotte nombreuse. Son commerce d'exportation est assez important.

PL. XLVI. — PORT DE BASTIA.

Le vieux port de Bastia, situé sur la côte est de l'île de Corse, en face de l'Italie, est formé par une petite anse naturelle qui n'a été pendant bien longtemps abritée que par un môle de peu de longueur. Ce port n'offrant pas une sécurité suffisante et étant devenu trop petit pour satisfaire aux besoins croissants du commerce, on a, en 1845, décidé la construction, dans une anse étendue mais peu profonde, dite de Saint-Nicolas, et sise au nord de la précédente, d'un nouveau port plus vaste et plus sûr que le vieux port. Mais, en même temps, on a reconnu la nécessité d'augmenter tout d'abord l'abri de ce vieux port par le prolongement du môle déjà existant et par la construction d'un second môle. Le nouveau port, entièrement conquis sur la mer, est abrité par un môle brisé se retournant parallèlement à la côte qui est encore actuellement en cours d'exécution. Le port de Bastia, desservant une notable partie de l'île, a un commerce d'exportation et d'importation assez considérable. Ses relations commerciales ont lieu surtout avec la France et avec l'Italie. Il est d'ailleurs port d'escale dans plusieurs services réguliers de transports par bateaux à vapeur entre les deux pays.

PL. XLVII. — PORT DE BONIFACIO.

Le port de Bonifacio, situé sur la côte sud de l'île de Corse, consiste en une crique fortement encaissée, longue d'environ 25 kilomètres et d'une largeur moyenne de 200 mètres, se retournant dès son entrée parallèlement à la côte. Ce port peut être considéré comme un des plus sûrs de la Corse. C'est à la fois un port de commerce, de relâche et de pêche. Il est fréquenté chaque année par une cinquantaine de gondoles italiennes qui viennent faire la pêche du corail entre la Corse et la Sardaigne.

PL. XLVIII. — PORT D'AJACCIO.

Le port d'Ajaccio, situé sur la côte ouest de l'île de Corse, est formé par l'une des anses du magnifique golfe du même nom. Le golfe tout entier peut d'ailleurs être considéré comme un vaste port susceptible de recevoir des armées navales : la partie fréquentée par les navires, où l'on trouve des profondeurs d'eau de 30 à 80 mètres, n'a pas moins d'une superficie de 1,200 hectares. Pour abriter le quai sur lequel se font les opérations de chargement et de déchargement, on a prolongé la pointe de terrain rocheux sur laquelle se trouve la citadelle construite à l'entrée du golfe par un môle de 200 mètres de longueur qui doit être prolongé. La pêche côtière constitue une partie importante de l'industrie d'Ajaccio. Pendant la mauvaise saison le port est souvent visité par des navires qui viennent y chercher un refuge. Il est port d'escale dans plusieurs services réguliers de bateaux à vapeur entre la France et l'Italie, et entre la France et Tunis.

PL. XLIX ET L. — PORT D'ALGER.

Le port d'Alger est situé sur la côte ouest de la grande baie du même nom, ouverte de l'ouest à l'est en passant par le nord. La baie tout entière constitue la rade foraine du port; elle n'offre aucun mouillage assuré contre les gros temps de l'hiver. Mais, pendant la belle saison, on peut y jeter l'ancre partout dès que l'on est à une distance de 2 à 3 milles du rivage. Au moment de la conquête, le port ne consistait qu'en une petite darse formée par l'abri d'un îlot, dit de la Marine, qui avait été relié à la terre par une digue en enrochements d'environ 200 mètres de longueur et allongé vers le sud par un môle également en enrochements. Ce petit port artificiel, aujourd'hui englobé dans le nouveau port où il est désigné sous le nom de Darse des Turcs, pouvait contenir quelques bricks et une trentaine de galères. Il était parfaitement à couvert de la grosse mer du large; mais le ressac produit par les tempêtes du nord-est y était parfois assez violent pour broyer les navires contre les quais : la sécurité devait y être bien incomplète, puisque la flotte algérienne avait l'habitude d'aller hiverner à Bougie. Depuis la conquête, on a créé à Alger un grand port formé par deux jetées d'un développement total d'environ 2,000 mètres et offrant un bassin bien abrité de 90 hectares accessibles aux navires de guerre sur presque toute son étendue. Malgré la bonne orientation de la passe, il règne encore dans le port par les gros temps une houle gênante que l'on espère arriver à supprimer par un prolongement suffisant de la jetée au vent. Pendant les premières années de l'occupation, le port d'Alger a eu le monopole du commerce de la colonie; la ville était devenue un grand entrepôt d'où les provenances de la France et de l'étranger se répandaient par le cabotage le long de tout le littoral algérien. Mais, à mesure que la colonie s'est développée, de nouveaux centres commerciaux se sont créés, notamment à Oran, à Bône, à Philippeville.

TABLE DES 50 PLANCHES

Planches.		Planches.	
I.	Port de Dunkerque.	XXV.	Port de Lorient.
II.	Port de Calais.	XXVI.	—
III.	Port de Boulogne[1].	XXVII.	Port d'Auray.
IV.	Port de Saint-Valery-sur-Somme.	XXVIII.	Port de Palais[2].
V.	Port du Tréport.	XXIX.	Port de la Rochelle.
VI.	Port du Havre.	XXX.	Port de Saint-Denis d'Oleron.
VI *bis*.	—	XXXI.	Port de Bayonne.
VII.	—	XXXII.	Port de Biarritz.
VIII.	Port d'Honfleur.	XXXIII.	Port de Saint-Jean-de-Luz.
IX.	Port de Trouville.	XXXIV.	Port de Port-Vendres.
X.	Port de Caen.	XXXV.	Port de Cette.
XI.	Rade et Port de Cherbourg.	XXXVI.	Port de Marseille.
XII.	Port de Granville.	XXXVII.	—
XIII.	Port de Saint-Malo et de Saint-Servan.	XXXVIII.	Port de Cassis.
XIV.	— —	XXXIX.	Port de la Ciotat.
XV.	Pont roulant de Saint-Malo.	XL.	Port de Toulon.
XVI.	Port du Légué Saint-Brieuc.	XLI.	Port de Cannes.
XVII.	Port de Morlaix.	XLII.	Port d'Antibes.
XVIII.	Port de Roscoff.	XLIII.	Port de Nice.
XVIII *bis*	Port de l'Ile de Batz.	XLIV.	Port de Villefranche.
XIX.	Port de LaberVrach.	XLV.	Port de Calvi.
XX.	Entrée du port militaire de Brest.	XLVI.	Port de Bastia.
XXI.	Pont tournant de Brest.	XLVII.	Port de Bonifacio.
XXII.	Port de Douarnenez.	XLVIII.	Port d'Ajaccio.
XXIII.	Port de Quimper.	XLIX.	Port d'Alger.
XXIV.	Port de l'Ile de Sein.	L.	Port d'Alger.

ANNEXE A L'EXPLICATION DES PLANCHES

Planche VI *bis*. — Port du Havre. (Entrée)

Le chenal d'accès du port du Havre était autrefois sinueux et fort étroit par suite de l'existence de deux vieilles tours dites de Vidame et de François Ier qui servaient à la défense de l'entrée. Par la suppression successive de ces deux ouvrages et la réalisation d'autres améliorations, le chenal a été rectifié, et sa largeur, qui n'était primitivement que de 33 mètres, a été portée à la largeur actuelle de 75 mètres. De nouveaux travaux en cours d'exécution doivent porter finalement cette largeur à 100 mètres.

Planche XVIII *bis*. — Port de l'Ile de Batz.

Petit port de refuge formé par l'anse dite de Kernoch naturellement abritée contre les gros temps par les rochers qui l'entourent et dont l'abri a été augmenté à l'aide d'une jetée. Ce port peut recevoir des navires de 250 à 300 tonneaux. Il était autrefois assez fréquenté; mais il ne reçoit guère aujourd'hui en relâche plus de 80 à 90 navires chaque année.

1-2. — Les Vues III et XVIII, n'ayant pu être prises, ont été remplacées par les Vues VI *bis* et XVIII *bis*.

TABLE DES MATIÈRES

CHAPITRE PREMIER.

DE LA NAVIGATION MARITIME ET DES ORIGINES DES PORTS.

CITÉS MARITIMES DE L'ANCIEN MONDE CIVILISÉ.

	Pages.
Phénicie	1
Grèce	2
Carthage	4
Rome	4

PORTS DE LA FRANCE.

	Pages.
Période gallo-romaine	5
Première moitié du Moyen âge	9
Seconde moitié du Moyen âge	12
Renaissance	20
Temps modernes	22

CHAPITRE II.

OUVRAGES DES PORTS.

	Pages.
Historique	39

QUALITÉS DES PORTS ET DES RADES.

Ports	49
Rades	50

MATÉRIAUX DANS L'EAU DE MER.

Pierres et mortiers	51
Métaux	53
Bois	53

OUVRAGES POUR ABRITER LES PORTS ET EN FIXER L'ENTRÉE.

Entrées des ports et Avant-ports	55
Digues, môles et brise-lames	88
Claires-voies fixes et brise-lames flottants	101
Jetées	103
Talus brise-lames	113

TABLEAU STATISTIQUE des Ports de Commerce, de la Marine marchande et du Mouvement maritime de la France et de l'Algérie en 1877 . . . 116

EXPLICATION DES PLANCHES . . . 123

FIN DE LA TABLE.

PORT DE DUNKERQUE

PORT DE CALAIS

LES TRAVAUX PUBLICS DE LA FRANCE

St VALERY-SUR-SOMME

J. ROTHSCHILD, ÉDITEUR, PARIS
Tous Droits réservés

[illegible] — PORT DU TRÉPORT

44

* LES TRAVAUX PUBLICS DE LA FRANCE *

* LE HAVRE * ÉCLUSE DE LA CITADELLE *

J. ROTHSCHILD, ÉDITEUR, PARIS

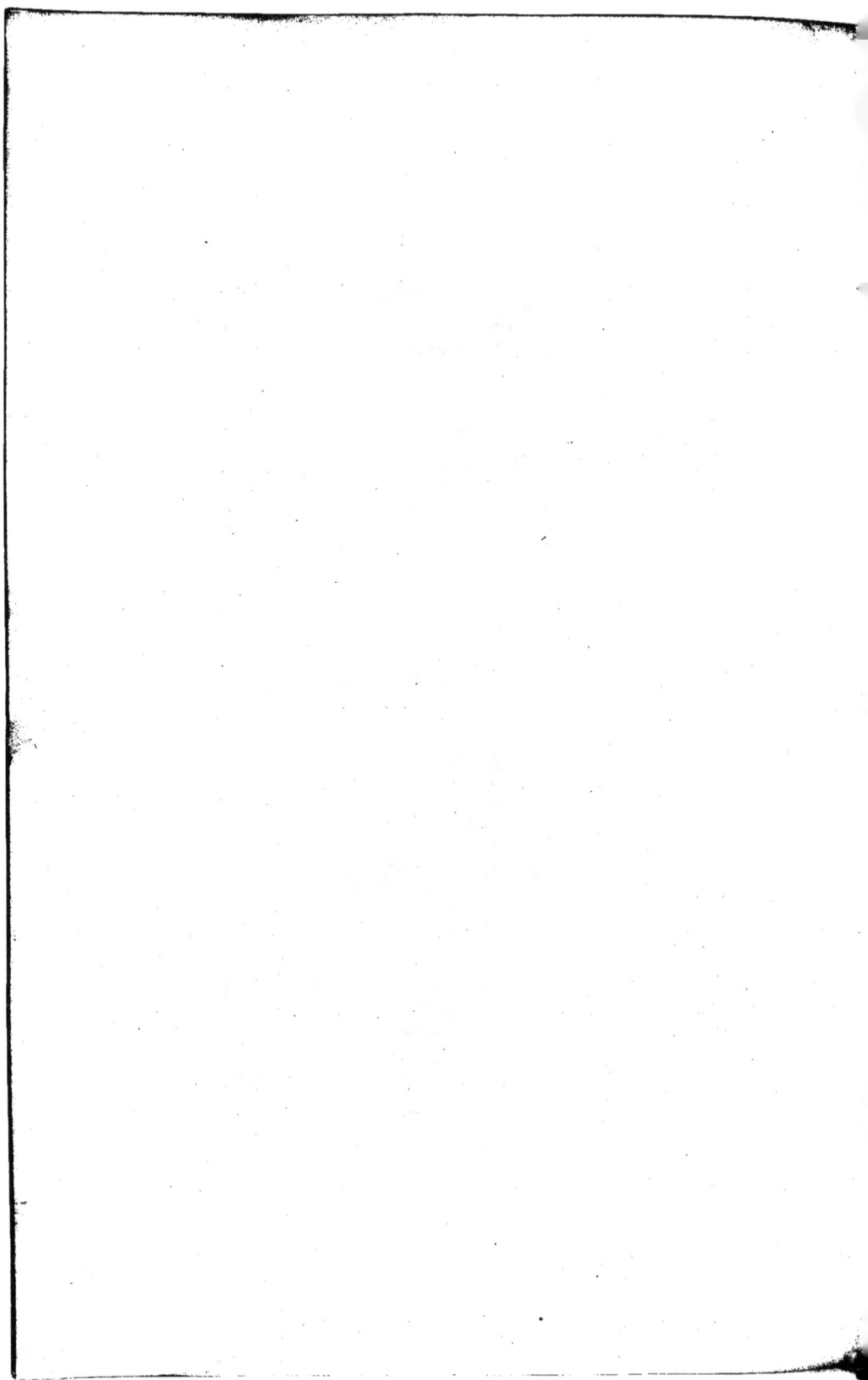

6 bis

LE HÂVRE — ENTRÉE DU PORT

LES TRAVAUX PUBLICS DE LA FRANCE

LE HAVRE • BASSIN VAUBAN

PORT DE HONFLEUR

J. ROTHSCHILD ÉDITEUR, PARIS

ENTRÉE DU PORT DE TROUVILLE

5 · BASSIN DU COMMERCE À CAEN

12

II — PORT DE GRANVILLE — E

13

ENTRÉE DU PORT DE St MALO

51. — PORT DE SAINT-SERVAN

PASSERELLE DE ST MALO

LES TRAVAUX PUBLICS DE LA FRANCE

PORT DU LÉGUÉ A St BRIEUC

PORT DE MORLAIX

PORT DE ROSCOFF

PORT DE L'ILE DE BATZ

PORT DE L'ABERVRAC'H

ENTRÉE DU PORT MILITAIRE DE BREST

ARSENAL DE BREST — PONT TOURNANT

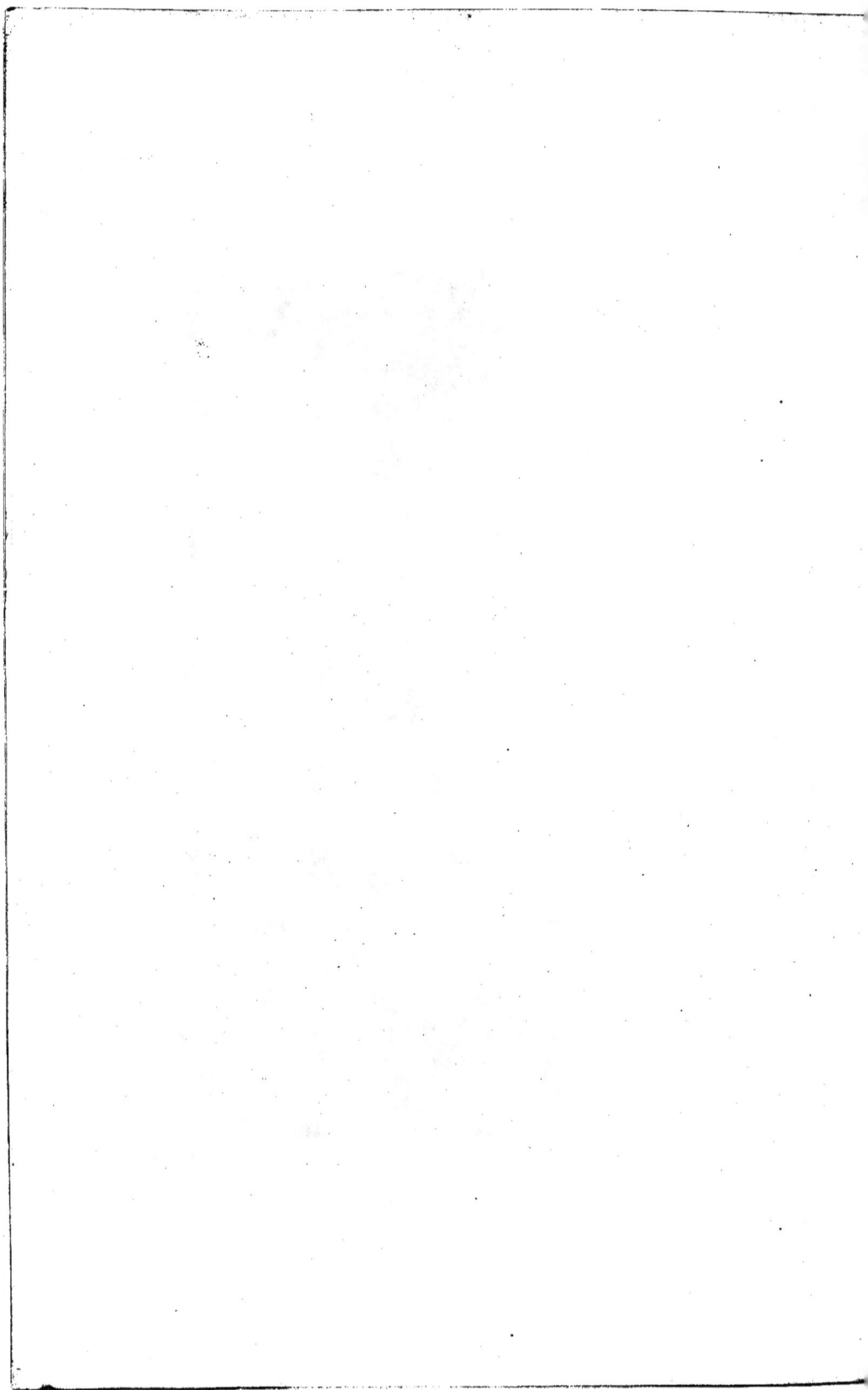

22

PORT DE DOUARNENEZ

PORT DE QUIMPER

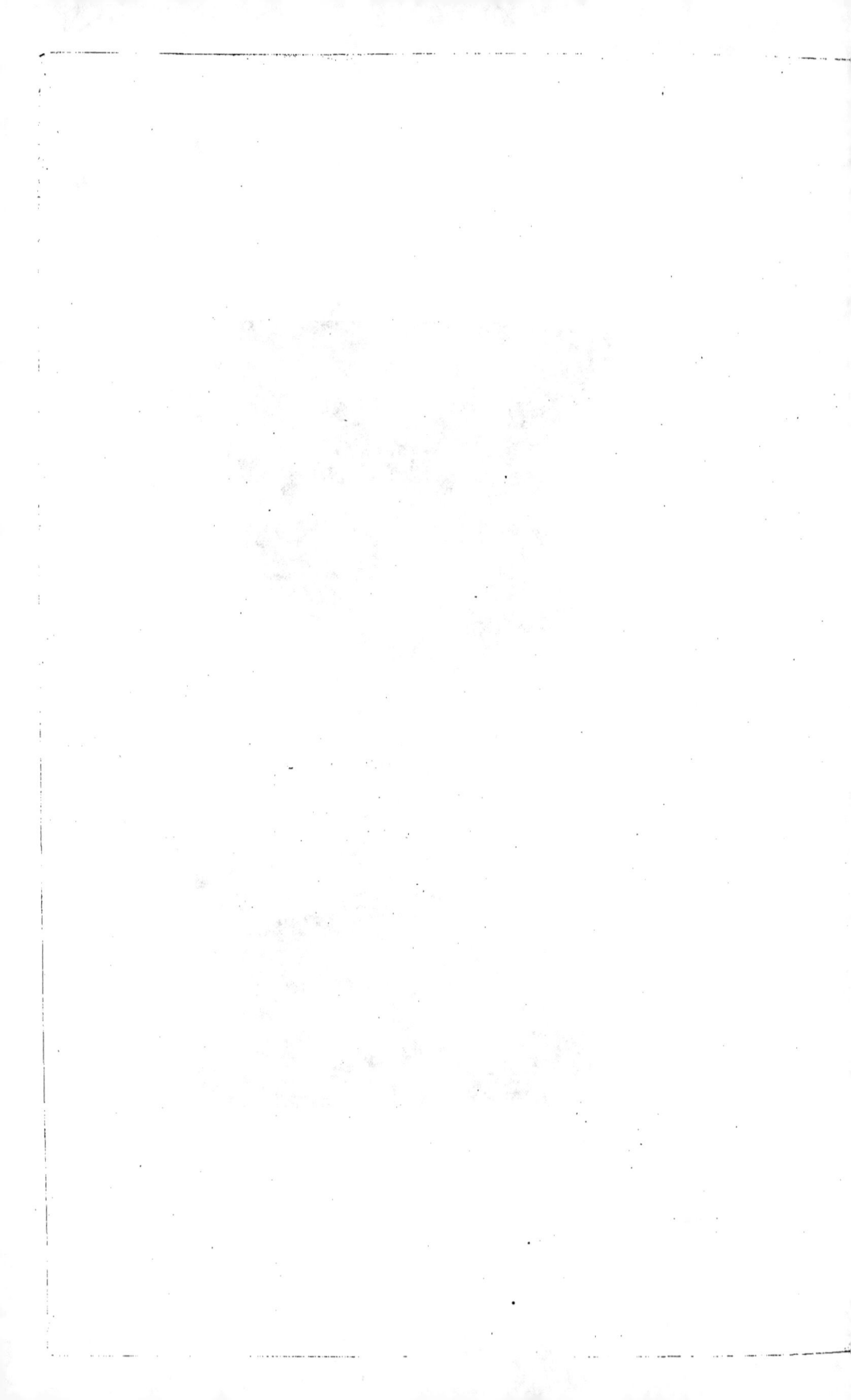

PORT DE L'ÎLE DE SEIN — I

PORT DE LORIENT

PORT MILITAIRE DE LORIENT

PORT D'AURAY

PORT DE LA ROCHELLE

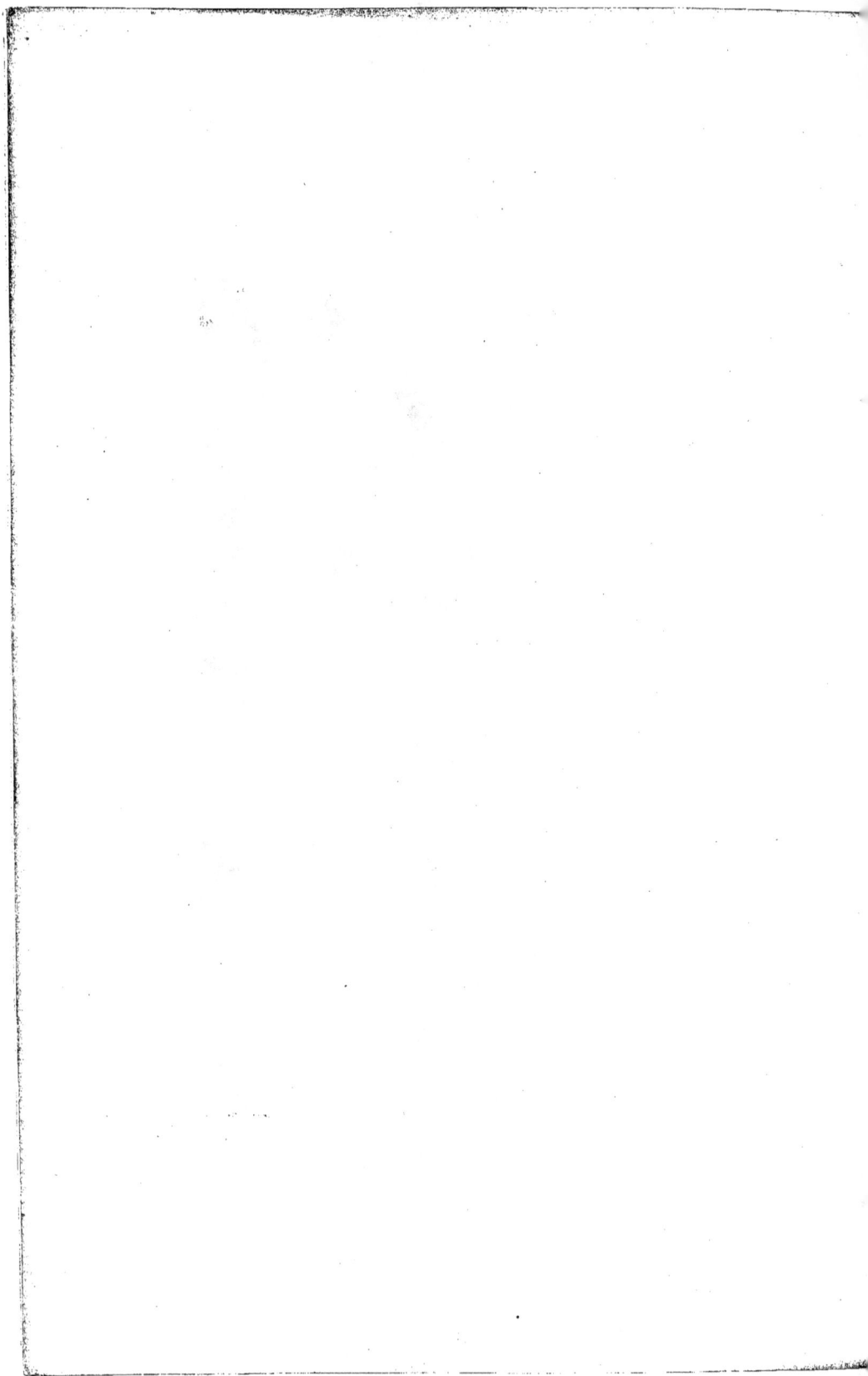

LES TRAVAUX PUBLICS DE LA FRANCE • G

E • PORT St DENIS • ILE D'OLERON •

PORT DE BAYONNE

PORT DE BIARRITZ

35

PORT DE ST JEAN DE LUZ

* ENTRÉE DE PORT-VENDRES *

51 ✳ ENTRÉE DU PORT DE CETTE ✳

MARSEILLE • ENTRÉE DU VIEUX PORT

MARSEILLE • BASSINS DE RADOUB

PORT DE CASSIS

PORT DE LA CIOTAT

PORT DE CANNES

PORT D'ANTIBES

43

PORT DE NICE

ROTHSCHILD, ÉDITEUR, PARIS

44

PORT DE VILLEFRANCHE

LES TRAVAUX PUBLICS DE LA FRANCE

PORT DE CALVI

[illegible] ÉDITEUR PARIS
Tous Droits réservés

46

PORT DE BONIFACIO

LES TRAVAUX PUBLICS DE LA FRANCE

PORT D'AJACCIO

PORT D'ALGER

PORT D'ALGER

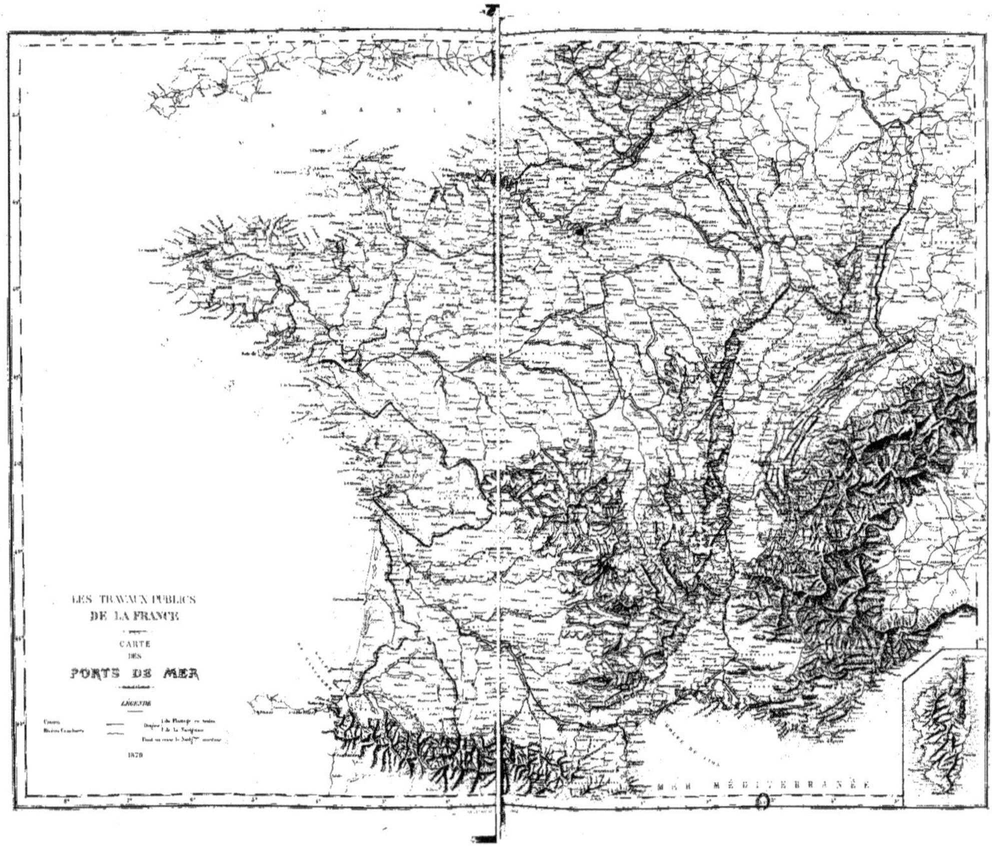
LES TRAVAUX PUBLICS
DE LA FRANCE
CARTE
DES
PORTS DE MER
LÉGENDE
1879
MER MÉDITERRANÉE

gr. V Fol. 32.(4)
LES TRAVAUX PUBLICS DE LA FRANCE
4
P. VOISIN
PORTS DE MER

www.ingramcontent.com/pod-product-compliance
Lightning Source LLC
Chambersburg PA
CBHW070810270326
41927CB00010B/2379
* 9 7 8 2 0 1 9 5 3 8 6 1 3 *